Ludwig   Der deutsche Markt bis 1990

Karlheinz Ludwig

Der deutsche Markt bis 1990

Chancen und Gefahren

Econ Verlag   Düsseldorf · Wien

1. Auflage 1977
Copyright © by Econ Verlag GmbH, Düsseldorf und Wien
Alle Rechte der Verbreitung, auch durch Film, Funk, Fernsehen, Tonträger
jeder Art, fotomechanische Wiedergabe sowie auszugsweisen Nachdruck sind
vorbehalten.
Gesetzt aus 10 Punkt Garamond der Linotype GmbH
Papier: Papier- und Folienfabrik Schleipen GmbH, Bad Dürkheim
Gesamtherstellung: Bercker, Graphischer Betrieb GmbH, Kevelaer
Printed in Germany
ISBN 3 430 16215 7

Inhaltsverzeichnis

6

Grenzen »ewigen Wachstums«

Alles hat seine Grenzen. Auch das Wachstum. Daß die Bäume nicht in den Himmel wachsen, sagt ein Sprichwort. Daß eine Übervölkerung der Welt katastrophale Folgen mit sich bringt, darüber gibt es bereits umfassende Literatur. Daß wachsende Umweltverschmutzung für die Menschheit Selbstmord bedeutet, zählt zum Allgemeinwissen.

Vom Wachstumsvirus sind wir noch immer infiziert. Dafür sorgten die Wachstumsfanatiker. Deren Vorstellung resultiert aus dem Chaos des Zweiten Weltkrieges, das die Bevölkerung zwang, auf sehr tiefem Niveau wieder anzufangen, ein normales Leben zu führen. Bis man wieder auf dem Vorkriegsstand war, erwirtschaftete man Zuwachsraten: Zuwachsraten beim Einkommen, Zuwachsraten beim Firmenumsatz, Zuwachsraten beim Bruttosozialprodukt, Zuwachs überall.

Wünsche wurden geweckt und konnten in hohem Maße erfüllt werden. Vor allem in den klassischen Industrieländern wurden in der Folgezeit Ergebnisse erzielt, die weit über dem Vorkriegsniveau liegen. Die Zuwachsraten stiegen weiter. Alle Jahre wieder tönte es aus den Vorstandsetagen, daß man im vergangenen Jahr abermals x Prozent Zuwachs erreicht habe im Umsatz, bei den Investitionen und vor allem bei den Marktanteilen. Es hat den Anschein, als ob das Wort »Zuwachs« zum meistgedruckten Wort der Wirtschaftspresse wurde. Das Wort »Zuwachs« wurde zum Bündel Heu, das man vor dem Esel baumeln ließ, um ihn zum Laufen zu bringen. Nur Zuwachs war gut. Zu bemitleiden war der Direktor, der nicht mit diesem Wort aufwarten konnte.

Die ganze Wirtschaft dachte an Wachstum. Über dessen Grenzen machte man sich keine Gedanken, solange es aufwärts ging. Man trug Scheuklappen. Man hatte keine Zeit für Fallstudien außerhalb des Wachstums. Und gelegentliche Warnungen vor der Wachstums-Euphorie betrachtete man als Unkenrufe. Selbst

Wirtschaftsprognosen trugen häufig die Scheuklappen des Wachstums. Nur wenige hörten das Knistern im Gebälk. Unterlassungssünden begannen sich bemerkbar zu machen. Doch die Mehrheit blickte weiter durch rosa Brillen.

Es bedurfte eines Anlasses, das Traumgebilde ewigen Wachstums zu zerstören. Das war die Ölkrise, die in Wirklichkeit eine Ölpreiskrise war. Dabei konnte man sich schon lange an den zehn Fingern abzählen, wann die billige Energie zu Enge gehen wird. Natürlich gibt es noch Möglichkeiten, neue Öl- und Erdgasquellen nutzbar zu machen. Aber nur unter Einsatz wesentlich teurerer Produktionsmittel. Um den Energiebedarf in der Zukunft zu decken, müssen andere Energieträger einspringen. Fest steht inzwischen, daß Energie auf lange Sicht ein knappes Gut mit Tendenz zu steigenden Preisen sein wird. Das hat Auswirkung auf alle Budgets, angefangen vom privaten Haushalt über Industrie und Handel bis zur Verwaltung. Alle müssen umdenken.

Der Zwang zum Umdenken

Wir sprechen vom Umdenken. Das bedeutet Denken in neuen Dimensionen. Veränderungen im Wirtschaftsgefüge sind eingetreten. Was gestern noch Gültigkeit hatte, ist heute passé. Auch die Zukunft ist nicht mehr das, was sie einmal war. Zukunftsprognosen vom Vortag sind nicht mehr zu gebrauchen.

Die Weltbank, die vornehmlich Entwicklungsprojekte finanziert, veröffentlichte 1974 eine Statistik über das Wachstum der Weltbevölkerung. Ausgangspunkt war das Jahr 1970 mit 3,6 Milliarden Menschen auf dem Erdball. Bei gleichbleibender Fertilität (= Fruchtbarkeit) würde dies für das Jahr 2000 eine Erhöhung auf 7,2 Milliarden Erdenbürger bedeuten. Bei leicht sinkender Fertilität wären es 6,5 und bei stark sinkender immer noch 6 Milliarden.

Über 10 000 Jahre brauchte die Weltbevölkerung, um auf 3,6 Milliarden Menschen zu kommen. Jetzt sind es nur noch 30 bis 45 Jahre, bis sich diese Zahl unter normalen Voraussetzungen verdoppelt hat. Eine Lawine von Problemen.

In Sendai im Norden Japans gibt es die Kokeshi-Puppen. Sie sind aus Holz gedrechselt und bestehen nur aus einem stabartigen Körper und dem kugelförmigen Kopf. Gliedmaßen haben sie keine. Gesichtszüge und Haare sind mit Tusche angedeutet. Diese Puppen stehen in Gruppen. Sie erinnern an Kinder, die man im Gebirge aussetzte und von denen nur die kräftigsten überlebten. So löste das alte Japan das Problem der Übervölkerung. Wir müssen andere Lösungen finden.

Im August 1974 trat in Bukarest die Weltbevölkerungskonferenz zusammen. Ein Aktionsplan wurde fixiert. Doch seine Formulierung war in weiten Teilen so unverbindlich, daß daraus kaum breit angelegte Aktionen entstehen können. Die Interessen der Teilnehmerländer differierten zu stark. 14,2 Prozent wünschten Bevölkerungszuwachs, 28,4 Prozent der Länder verlangten Familienplanung. Immerhin waren 57,4 Prozent der Regierungen unserer Welt mit ihrer Bevölkerungsentwicklung zufrieden.

Die Problematik pendelt zwischen Extremen. Chinas Bevölkerung wird 1990 die Milliardengrenze überschreiten. Wir hingegen werden weniger. Wir, das sind die hochindustrialisierten Staaten Europas und Nordamerikas. Auf 1000 Einwohner entfielen 1973 (1963) in Spanien 19,2 (21,5) Geburten, in Frankreich 16,4 (18,2), in Italien (16,0 (19,0), in Rumänien 15,7 (18,1), in den Niederlanden 14,5 (21,7), in Großbritannien 14,0 (18,4), in Schweden 13,5 (14,8), in Finnland 12,2 (22,2), in der DDR 10,6 (17,6) und in der Bundesrepublik Deutschland nur noch 10,2 (18,5). Dieser Trend hielt weiter an. 1974 waren die fünf Staaten mit den niedrigsten Geburtenraten Österreich mit 12,9 Lebendgeburten je 1000 Einwohner, Finnland mit 12,2, Luxemburg mit 10,9, die DDR mit 10,6 und ganz zum Schluß die Bundesrepublik mit 10,0.

I.
Auswirkungen der Bevölkerungsentwicklung auf unsere Märkte

Baby-Baisse in der Bundesrepublik

In zehn Jahren hat sich die Zahl der neugeborenen Bundesbürger halbiert. Daß die Gesamtzahl der Neugeborenen zwischen 1964 und 1974 von 1,065 auf 0,623 Millionen und damit »nur« um 42,5 Prozent gefallen war, ist den Geburten von Kindern mit ausländischer Staatsangehörigkeit zuzurechnen, die sowohl tatsächlich als auch prozentual zahlenmäßig stark gestiegen waren, zuletzt auf 0,108 Millionen. 1971/72 lag in der Bundesrepublik erstmals die Sterbe- über der Geburtenziffer. In der Folgezeit vergrößerte sich diese Diskrepanz.

Ende 1990 wird die Bundesrepublik bei Fortsetzung des gegenwärtigen Trends 54,6 Millionen Einwohner haben. Das sind dann 5,8 Prozent weniger als Anfang 1975.

Schon heute zeigen sich die unmittelbaren Folgen des Geburtenrückgangs: Es werden weniger Umstandskleider gekauft. Entbindungsheime haben keine Kapazitätsschwierigkeiten mehr oder wurden sogar geschlossen. Betten in den gynäkologischen Abteilungen der Krankenhäuser werden für andere medizinische Bereiche frei. Hebammen wechseln den Beruf. Die Kinderärzte spüren den Patientenmangel am Rückgang der Krankenscheine und damit am Einkommen. Babyausstatter melden Umsatzeinbußen. Von 1974 auf 1975 sank die Produktion von Kinderwagen um 14 000 Stück, also um 5,5 Prozent. Die Produktion von Puppenwagen fiel sogar um 17,5 Prozent. Die Hersteller von Kindernährmitteln müssen die Produktion drosseln. Kinderlose Ehepaare haben geringeren Wohnbedarf. Dem muß sich die Bauindustrie anpassen. Auf 2 Milliarden DM wurde Deutschlands Babymarkt zu Endverbraucherpreisen 1975 geschätzt, davon 52 Prozent Babyausstattung, 15 Prozent Babyhygiene und 33 Prozent Babynahrung, wie die Zeitschrift »Eltern« 1976 feststellte.

Die Auswirkungen ergreifen weitere Kreise. Es kann zu Betriebsstillegungen und zu Entlassungen kommen. Sprechstundenhilfen und medizinisch-technische Assistentinnen werden überflüssig. Es muß nach Auswegen gesucht werden. Beispielsweise die Gummiwarenfabrik, die ihre freigewordene Kapazität bei der rückläufigen Schnullerproduktion nun bei der Herstellung von Badekappen einsetzt. Soweit Absatzmöglichkeiten dafür vorhanden sind, ist es gut. Muß die betreffende Firma sich jedoch erst einen Markt schaffen, dann sind sämtliche unternehmerischen Register zu ziehen. Das beginnt bei der Marktforschung und führt über Investitionen und Produktion bis zum Vertrieb. Beim Eindringen in einen vorhandenen Markt wird auf jeden Fall die Reaktion der dort bereits etablierten Lieferanten zum gravierenden Faktor.

Die Baby-Baisse in der Bundesrepublik ist keine Utopie. Sie ist eine immer stärker werdende Realität. Mit ihr sind bestimmte Gruppen in der Bundesrepublik schon konfrontiert. Mit zunehmendem Alter werden die heutigen Babys auch in anderen Bereichen zum Problem.

Die Hauptfrage zur gegenwärtigen Baby-Baisse bezieht sich darauf, wie die Geburtenentwicklung in der Zukunft verläuft. Damit ist gleichzeitig die Frage nach dem Grund für den Geburtenrückgang gestellt. Schon viele Leute haben sich darüber den Kopf zerbrochen. Die Literatur darüber hat bereits einen beträchtlichen Umfang angenommen. Die Ergebnisse sind nur bedingt brauchbar. Niemand kann heute wissen, wie der Nachbar morgen denkt. Niemand weiß, wie er selbst morgen denkt. Soviel aber steht schon fest: Die Pille ist es nicht. Schließlich gibt es die Pille auch in Ländern, wo die Geburtenziffern wesentlich höher liegen als in der Bundesrepublik. Ausschlaggebender scheinen die besseren Ausbildungsmöglichkeiten für Frauen zu sein, die – jetzt emanzipiert – den Männern nicht nachstehen wollen und Berufsinteresse zeigen. Kinder wirken dabei störend. Kinder bedeuten Verzicht auf materielle Annehmlichkeiten, auch oder gerade vor allem im wachsenden Freizeitbereich. Junge Familien wollen sich erst einmal »eine Existenzbasis schaffen«. Und dabei bleibt es. Oder man hat bereits ein Kind, war nicht genügend darauf vorbereitet und ist in einer Art »Babyschock« nicht mehr gewillt, weitere Kinder zu haben (3) (4).

Es ist nicht gesagt, ob es wirklich so bleibt. Die Zeiten können sich ändern. Selbst für die USA, dem Land der Prognosen, kam der starke Rückgang der Geburten in den Industrieländern ziemlich überraschend. Jedenfalls stand in den vor zehn Jahren erstellten US-Prognosen nichts, was auf die gegenwärtige Tatsache hingewiesen hätte. Inzwischen ist man mit Voraussagen vorsichtiger geworden. Apokalyptische Andeutungen, die in der Frage gipfeln, ob es in hundert Jahren auf dem Erdball nur noch Stehplätze gebe oder ob der Kannibalismus zur Überlebenschance wird, gehören in die Revolverpresse. Ähnliche Bedeutung ist Fortrechnungen zuzumessen, die auf Grundlage des gegenwärtigen Geburtenrückganges »feststellen« wollen, daß die 1973 noch 10,8 Millionen Einwohner repräsentierende Einwohnerzahl Bayerns in hundert Jahren auf ein Viertel geschrumpft sein wird. Realistischer mutet schon der Bericht an, der 1974 dem UN-Bevölkerungsausschuß vorgelegt wurde. Hier rechnete man damit, daß sich die Geburts- und Sterbeziffern auf der Erde im Verlauf der nächsten hundert Jahre ausgleichen werden. Die Weltbevölkerung wird dann auf 12,3 Milliarden Menschen angewachsen sein.

Realismus in bezug auf die bundesdeutsche Geburtenentwicklung zeigt das Statistische Bundesamt (5). Dort spricht man aus, daß Krisenfurcht schon immer die Geburtenraten verkleinerte. Jüngste Beispiele dafür sind das Jahr 1932 mit der höchsten Arbeitslosenziffer und die bundesdeutsche Rezession 1966/67. Weiter wird darauf verwiesen, daß als Folge einer geburtenschwachen Kriegsgeneration zu Anfang der siebziger Jahre »weit weniger junge Ehen vorhanden waren« als Mitte der sechziger Jahre. Außerdem ermöglichte es die Familienplanung mittels Pille, den Abstand zwischen zwei Geburten zu vergrößern, was bereits ein Sechstel des Geburtenrückgangs ausmacht. Man rechnet mit einer »allmählichen Wiederzunahme der Zahl der jüngeren Ehen«, »sobald die wieder stärkeren Geburtsjahrgänge nach 1950 ins Heiratsalter kommen«. Doch im Zusammenhang mit der »voraussichtlichen Bevölkerungsentwicklung bis 1990« zitiert selbst das Statistische Bundesamt die Äußerung von Bundeskanzler Helmut Schmidt: »Prognose ist nicht nur eine Kunst, sondern eine Glückssache« (8).

Ein Drittel weniger Kleinkinder und Grundschüler

Es ist nicht zu bestreiten, daß sich die Bevölkerungsstruktur in der Bundesrepublik im Prognoseraum 1975–90 stark verändert. Die Zahl der unter 15jährigen Personen wird um 33 Prozent und damit um 4 Millionen abnehmen. Das ergibt folgendes Bild (5):

Alter von 0 bis unter 15 Jahren

| | Bevölkerung in 1000 am Jahresanfang | | | |
	1975	1980	1985	1990
männlich	6 389,7	5 241,8	4 316,3	4 295,5
weiblich	6 092,5	5 004,9	4 124,1	4 103,7
insgesamt	12 482,2	10 246,7	8 440,4	8 399,2

Schrumpfung der Gruppe der Jugendlichen bedeutet nicht unbedingt weiteren Geburtenrückgang. Vielmehr rechnen die Statistiker bereits ab 1975 mit einem leichten kontinuierlichen Anstieg der Lebendgeborenen. Ein gravierender Grund dafür ist das Nachrücken stärker besetzter Frauenjahrgänge in das Heiratsalter. Die Zunahme dürfte bis 1988 andauern, um dann wieder abzusinken.

Man rechnet
    für 1975 mit 523 200 Lebendgeborenen
    für 1978 mit 538 300 Lebendgeborenen
    für 1981 mit 562 900 Lebendgeborenen
    für 1984 mit 592 000 Lebendgeborenen
    für 1987 mit 612 100 Lebendgeborenen
    für 1990 mit 614 300 Lebendgeborenen.

Der Höhepunkt der Kurve wird 1988 bei 613 300 Lebendgeborenen liegen (5).

Das bedeutet, daß viele Kindergärten und Schulen nicht mehr gebaut werden. Die heute schon große Zahl arbeitsloser Junglehrer wird sich mit dem Studienabschluß gegenwärtig studierender Pädagogen noch verstärken. Dieser Personenkreis wird mangels Planstellen in andere Berufszweige ausweichen und dort zu Überangeboten führen, beispielsweise im Journalismus Informationswesen und wohl auch im Sozialbereich. Auch Bankjobs und sogenannte »Listenausfüllberufe« werden sie ansteuern. Mit parallelen Problemen müssen auch andere Industriestaaten fertig werden. In den USA konnten 1969 1600 Junglehrer keine entsprechende Anstellung finden. 1973 waren es bereits 56 900 junge Grundschullehrer (6). In der Bundesrepublik Deutschland waren es Anfang 1976 rund 10 000, davon 1400 in Hessen (35).

Der Rückgang der Kinderzahl bedeutet gleichfalls einen um ein Drittel geschrumpften Markt. Das beginnt bei der Bekleidungs- und Schuhindustrie. Auch Spielwaren und Jugend-Sportgeräte müssen Umsatzeinbußen hinnehmen. Das grafische Gewerbe wird weniger Schul- und Jugendbücher absetzen. Die Lederwarenindustrie wird Absatzrückgang bei Schulranzen und Aktentaschen feststellen, und auch die Schreibwarenindustrie erleidet Einbußen. In der Nahrungsmittelindustrie dürfte die Süßwarenbranche am stärksten in Mitleidenschaft gezogen werden.

Der oben dargestellten Prognose ist zu entnehmen, daß sich der Schrumpfungsprozeß auf die ersten beiden Fünfjahresräume konzentriert. Die Anzahl der 0- bis unter 15jährigen vermindert sich

1975–80 um 2 235 500
1980–85 um 1 806 300
1985–90 um   41 200
1975–90 um 4 083 000 insgesamt.

Innerhalb dieser Gruppe der 0- bis unter 15jährigen treten weitere sehr unterschiedliche Veränderungen auf. Die Zahl der unter 5jährigen wird 1990 nur um 1,4 Prozent und damit nur um 40 000 unter der Ausgangsbasis 1975 liegen. Dagegen wird sich die Zahl der 5- bis unter 10jährigen im gleichen Zeitraum um 39 Prozent und damit um 1,8 Millionen verringern. Noch stärker fällt die Abnahme bei den 10- bis unter 15jährigen ins Gewicht. Bis 1990 wird ihre Zahl um 46 Prozent und somit um

2,2 Millionen schrumpfen. Gerade diese Gruppe stellt den Schwerpunkt der Grundschulkinder.

Sehr starker Rückgang bei älteren Teenagern

Die Folge des starken Geburtenrückganges in der Bundesrepublik seit 1970 zeigt sich im Prognoseraum 1975–90 besonders in der Altersgruppe der 15- bis unter 20jährigen. Hier sieht die voraussichtliche Entwicklung so aus (5):

Alter von 15 bis unter 20 Jahren

	Bevölkerung in 1000 am Jahresanfang			
	1975	1980	1985	1990
männlich	2 156,7	2 463,6	2 345,9	1 535,9
weiblich	2 045,8	2 352,0	2 243,9	1 472,2
insgesamt	4 202,5	4 815,6	4 539,8	3 008,1

Das bedeutet für den gesamten Prognoseraum eine Abnahme um 1,2 Millionen und somit um 28,4 Prozent. Der zeitliche Ablauf ist anders als in der Gruppe der Jüngeren. Er zeigt
1975–80 eine Zunahme um   613 100
1980–85 eine Abnahme um   225 800
1985–90 eine Abnahme um 1 581 700
1975–90 eine Abnahme um 1 194 400.

Nach anfänglicher Zunahme in dieser Bevölkerungsgruppe führt die Entwicklung später zu einer Abnahme. Sie tritt nicht plötzlich in Erscheinung. Deshalb ist nach zehn Jahren 1985 die Anzahl der älteren Teenager sogar um 387 300 größer als 1975 am Ausgangspunkt der Prognose. Es sind hauptsächlich die Berufs- und Oberschüler, Studienanwärter und jungen Soldaten, die diese Gruppe bilden. Die entsprechenden Bildungsanstalten werden – nach anfänglichem Nachfragedruck und darauffolgender Druckminderung auf den Stand von 1975 – kurz nach 1985 mit einer spürbaren Abnahme der Schüler von unten nach oben rechnen müssen. Entsprechendes gilt für den Umsatz bei Wirtschaftszweigen, die speziell in der dargestellten Gruppe der älteren Teenager ein Absatzpotential erblicken, beispielsweise der Zweiradindustrie, bestimmten Zweigen der Sportartikelherstellung, dem grafischen Gewerbe und natürlich der Bekleidungs- und Schuhindustrie. Auch die Nahverkehrsmittel müssen sich rechtzeitig darauf einstellen.

Bei den hier dargestellten Prognosen handelt es sich trotz ihrer rechnerischen Basis und des realen Ausgangsmaterials um hypothetische Aussagen, ohne die eine Zukunftsprojektion nicht möglich ist. Es könnte im Anschluß an die Darstellung für die Folgezeit 1990–95 aus dem vorangegangenen Kapitel der Trend gezogen werden, daß in den Bereich der älteren Teenager geburtenschwache Jahrgänge nachrücken.

Arbeitende Bevölkerung nimmt zu

Ein völlig anderes Bild zeigt die Entwicklung der arbeitenden Bevölkerung im Prognosezeitraum 1975–90. Sie wächst. Betrachten wir zuerst den Bereich der 20- bis unter 45jährigen. Er zeigt (5):

Alter von 20 bis unter 45 Jahren

	Bevölkerung in 1000 am Jahresanfang			
	1975	1980	1985	1990
männlich	9 768,2	10 010,6	10 134,3	10 365,8
weiblich	9 529,9	9 747,1	9 845,1	10 039,1
insgesamt	19 298,1	19 757,7	19 979,4	20 404,9

Die geburtenstarken Jahrgänge der 50er und frühen 60er Jahre kommen hier zur Geltung. Die Zunahme verteilt sich auf
1975–80 um   459 600 mehr
1980–85 um   221 700 mehr
1985–90 um   425 500 mehr
1975–90 um 1 106 800 mehr insgesamt.

Zu diesem Bereich zählen die Familien, die den Nachwuchs planen. Seit es die Pille gibt, ist das Wort Familienplanung angebracht. Hier liegt die große Unbekannte für unseren Prognosezeitraum. Überlegungen, die von unterschiedlichsten Stellen angestellt wurden, brachten Vorhersagen, die von einem Extrem zum anderen reichen. Da gibt es Fertilitätsforscher, die Kindersegen zum Statussymbol hochstilisieren. Kinder als lebendiger Beweis der Zugehörigkeit zu einer bildungsbeflissenen Schicht von Gutverdienern? Das erscheint kaum glaubhaft. Da ist schon eher damit zu rechnen, daß der aktuelle Trend noch eine Zeitlang anhält. Das heißt, daß die Ehefrau ebenfalls möglichst berufstätig ist und damit zum Wohlstand der Familie beiträgt. Das bedeutet größere Ausgabenfreudigkeit. Das kann bedeuten: aufwendigeres Auto, mehr Reisen, mehr kulturelle Interessen, mehr Sport, mehr Auswärtsessen, mehr Geselligkeit. Die kleinere Familie ist flexibler. Auch hinsichtlich des Arbeitsplatzes. Deshalb würde auch der Wunsch nach einer größeren Wohnung wohl kaum in den Vordergrund treten, zumal sie der Hausfrau mehr Arbeit bringt und bei Kinderlosigkeit kaum notwendig ist. Das gilt entsprechend auch für die Familie mit einem Kind, die kein weiteres Kind mehr wünscht und dafür bereits über genügend Wohnraum verfügt. In der Tat sind 43 Prozent aller Mütter mit einem Kind unter 18 Jahren berufstätig (4).

Die Zunahme der arbeitenden Bevölkerung im Prognosezeitraum 1975–90 gilt auch für die Altersgruppe im Bereich von 45 bis unter 60 Jahren. Hier sieht es so aus (5):

Alter von 45 bis unter 60 Jahren

	Bevölkerung in 1000 am Jahresanfang			
	1975	1980	1985	1990
männlich	4 206,1	4 882,3	5 495,8	5 670,6
weiblich	5 443,1	5 715,0	5 729,6	5 784,2
insgesamt	9 649,2	10 597,3	11 225,4	11 454,8

In den einzelnen Fünfjahresabschnitten verteilt sich der Zuwachs wie folgt:

1975–90 um   981 100 mehr
1980–85 um   628 100 mehr
1985–90 um   229 400 mehr
1975–90 um 1 838 500 insgesamt mehr.

Es ist der Zeitabschnitt, in dem bei den einzelnen Familien kaum noch Kleinkinder zu finden sind, wenn höhere soziale Stellungen erreicht und die Hektik zurückgedrängt ist. Erfahrung und Überlegung halten diesen Personenkreis, der in weitem Maß schon an die Sicherung seines Alters denkt, von Impulskäufen ab. Diesem Kundenkreis müssen die Unternehmen künftig mehr entsprechen als bisher. Was sich hier für Möglichkeiten bieten, wurde Ende Februar 1976 auf einer Podiumsveranstaltung der Kölner Herren-Modewoche erörtert unter dem Thema »Der Markt für Spezialgrößen«. Dort stellte man fest, »es gibt eine modische Reservearmee von Dicken«. In der Tat wird diesem beachtlichen Kundenkreis von der Bekleidungsbranche noch zu wenig Aufmerksamkeit entgegengebracht. Die Auswahl in diesem Bereich ist vielfach nicht als solche zu bezeichnen, und mit der beinahe diskriminierend wirkenden Einstufung als »Spezialgrößen« vergrault man auch noch psychologisch die Kaufinteressenten. Bemerkungen der Verkäufer, daß bei Spezialgrößen die Lagerumschlaggeschwindigkeit zu gering sei, ist der Schuld der Produzenten und vor allem der Verkäufer selbst zuzuschreiben. Hier besteht offenkundig eine bisher noch nicht genutzte Marktlücke, in die sich beispielsweise die Anbieter von Kinderkleidung drängen könnten als Ausgleich für vermutlichen Geschäftsrückgang in ihrem angestammten Bereich. Die Möglichkeiten sind hier größer als man annimmt: Jeder zweite deutsche Mann hat Figurprobleme. Für die Bekleidungsindustrie bietet es sich geradezu an, kooperativ zu arbeiten. Ebenso können Einzelhändler kooperieren, um gemeinsam ganze Kollektionen in Auftrag zu geben. Gute Ideen haben gute Aussichten auf Realisierung.

Die Altersgruppe der 60- bis unter 65jährigen wird gesondert ausgewiesen. Sie ergibt folgendes Bild (5):

Alter von 60 bis unter 65 Jahren

	Bevölkerung in 1000 am Jahresanfang			
	1975	1980	1985	1990
männlich	1 420,1	864,0	1 285,5	1 475,0
weiblich	2 095,1	1 323,6	1 981,3	1 747,8
insgesamt	3 515,2	2 187,6	3 266,8	3 222,8

Auch hier soll die Entwicklung in den drei Fünfjahresräumen untersucht werden:
    1975–80 Abnahme um 1 327 600
    1980–85 Zunahme um 1 079 200
    1985–90 Abnahme um   44 000
    1975–90 Abnahme um   292 400 insgesamt.

Im ersten Drittel des Prognosezeitraumes wirkt sich der Geburtenknick des Ersten Weltkrieges aus. Dieselbe Generation wurde im Zweiten Weltkrieg noch einmal stark dezimiert. Im zweiten Drittel des Prognosezeitraums macht sich der Geburtenboom der Zeit unmittelbar nach dem Ersten Weltkrieg bemerkbar, der sich über das letzte Drittel nur wenig verändert fortsetzt.
Ein beachtlicher Teil dieser Altersgruppe wird sich schon einige Jahre vor Vollendung des 65. Lebensjahres zur Ruhe setzen.

Die Rentner

Ungeachtet der Tatsache, daß es vor allem bei den Freiberuflern, Politikern und Universitätsprofessoren eine beachtliche Anzahl gibt, die auch im sogenannten Rentenalter weiterhin voll berufstätig sind, faßt die bundesdeutsche Statistik alle Bürger im Alter über 65 Jahre in einer Gruppe zusammen (5):

Alter 65 und mehr

	Bevölkerung in 1000 am Jahresanfang			
	1975	1980	1985	1990
männlich	3 302,2	3 295,3	2 764,5	2 712,3
weiblich	5 487,8	5 928,2	5 483,5	5 593,6
insgesamt	8 790,0	9 223,5	8 248,0	8 304,9

Die Zahl der Rentner zeigt in den einzelnen Fünfjahresräumen folgende Veränderungen:
1975–80 eine Zunahme um 433 500
1980–85 eine Abnahme um 975 500
1985–90 eine Zunahme um 56 900
1975–90 eine Abnahme um 485 100 insgesamt.

Es fällt auf, daß sich im Prognosezeitraum 1975–90 die bundesdeutsche Rentnerbevölkerung um fast eine halbe Million verringert, daß dies jedoch mit starken Schwankungen verbunden ist, und zwar vorwiegend bei den Männern. Die Sterblichkeit älterer Männer ist größer als die der Frauen und ist vorwiegend auf Krankheiten des Kreislaufsystems zurückzuführen. Die in der Prognose ausgewiesene Abnahme der Männer um 18 Prozent ist damit zu erklären, daß in der zweiten Hälfte des Prognosezeitraums die wenigen noch lebenden Teilnehmer am Zweiten Weltkrieg im Rentenalter stehen. 1990 wird die Relation der Geschlechter so stark verschoben, daß unter den Bürgern im Rentenalter ein Mann zwei Frauen gegenübersteht.

Belastungsquote sinkt

Ist die Prognose richtig, dann gibt es 1990 statt je 1000 Bundesbürger nur noch 942. Auf den ersten Blick schockiert das. Eine der Hauptfragen wird sein, ob die inzwischen ins Rentenalter gelangten Bürger um ihre Rente bangen müssen. Dem ist nicht so. Die Bundesrepublik befindet sich nämlich in einer paradoxen Lage. Bis 1990 wird die »Bevölkerung im erwerbsfähigen Alter« zunehmen. Allgemein sind darin die männlichen Personen von 15 bis unter 65 Jahren und die weiblichen Personen von 15 bis unter 60 Jahren zusammengefaßt (5). Als Folge der verlängerten Ausbildung ist es angebracht, die untere Grenze auf 19 Jahre hinaufzusetzen. Dieser Personenkreis »im erwerbsfähigen Alter« steigt bis 1990 um 2,9 Millionen und damit um 9,3 Prozent. Dabei sind es 13,2 Prozent bei Männern und 5,4 Prozent bei Frauen. Die größte Zunahme verzeichnet die Gruppe der 45- bis unter 60jährigen Männer mit 1,5 Millionen bzw. 34,8 Prozent. Die Altersstruktur der Erwerbstätigen verlagert sich auf ältere Arbeitskräfte. Neu ins Berufsalter kommen die zahlenmäßig großen Nachkriegsjahrgänge. Gleichzeitig schrumpft der sogenannte »Rentenberg«, also die Masse der Rentner, weil in dieser Zeit die vom Krieg besonders getroffenen und damit schwach besetzten Jahrgänge ins Rentenalter überwechseln. Das Problem kommt erst nach dem Prognosezeitraum 1975–90. Erst dann macht sich die größere sozialpolitische Belastung, zu der die Rentenversicherung zählt, bemerkbar.

2,9 Millionen mehr Arbeitskräfte bis 1990. Dabei denkt man an die gegenwärtige Lage auf dem Arbeitsmarkt mit der relativ hohen Zahl von Arbeitslosen. Ganz anders erscheint jedoch eine Prognose der Bundesanstalt für Arbeit. Nach deren Annahme sollen schon 1985 fast 0,8 Millionen und 1990 sogar 1,4 Millionen Arbeitsplätze in der Bundesrepublik von Deutschen nicht mehr besetzt werden können.

Alter von 20 bis unter 65 (männlich) bzw. unter 60 (weiblich)

	Erwerbsfähige Bevölkerung in 1000 am Jahresanfang			
	1975	1980	1985	1990
männlich	15 349,4	15 756,9	16 915,6	17 511,4
weiblich	14 973,0	15 462,1	15 574,2	15 823,3
insgesamt	30 367,4	31 219,0	32 489,8	33 334,7

Es ist bei dieser Übersicht zu beachten, daß sie erst mit dem Alter der erwerbsfähigen Bevölkerung bei 20 Jahren beginnt und mit Männern unter 65 und Frauen bereits unter 60 endet. Das ergibt Zunahmen

1975–80 um 851 600
1980–85 um 1 270 800
1985–90 um 844 900
1975–90 um 2 967 300 insgesamt.

Zu der erwähnten »Belastungsquote« zählen nicht nur die Bevölkerung im Rentenalter, sondern auch die Jugendlichen. Gerade die jungen Menschen sind es, die 20 Jahre lang Geld kosten. Ein 65jähriger hat wenig Chance, noch so lange zu leben (9). Kinder kosten weit mehr Geld als ältere Leute. Kinder kosten nicht nur ihren Lebensunterhalt, sondern zusätzlich noch Ausbildung. Darin stecken auch die Kosten für Schulen und Lehrer, Schulbusse und Kinderspielplätze und viele weitere Aufwendungen, die von der öffentlichen Hand und damit letztlich von der erwerbstätigen Bevölkerung als »Belastung« getragen werden. Auch Kindergeld und Studienbeihilfen kommen aus dem großen Topf, der von der erwerbstätigen Bevölkerung laufend gespeist werden muß.

Sinkt die Zahl der Jugendlichen, dann wird auch dieser Teil der Belastung erträglicher. Das bedeutet letztlich finanzielle Entlastung der Haushalte, ob privat oder öffentlich. Die Zahl aller Jugendlichen unter 20 Jahren wird im Prognosezeitraum 1975 bis 1990 um 5,28 Millionen und damit um 31,6 Prozent abnehmen.

Alter von 0 bis unter 20 Jahren

	Jugendliche unter 20 Jahren in 1000 am Jahresanfang			
	1975	1980	1985	1990
männlich	8 546,4	7 705,4	6 662,2	5 831,4
weiblich	8 138,3	7 356,9	6 368,0	5 575,9
insgesamt	16 684,7	15 062,3	13 030,2	11 407,3

(5)

Das bedeutet Minimierung der Jugendlichen
1975–80 um 1 622 400
1980–85 um 2 032 100
1985–90 um 1 622 900
1975–90 um 5 277 400 insgesamt.

Der Schülerschub

Nicht erkennbar aus vorgenannten Zahlenvergleichen ist auf den ersten Blick ein kräftiger Schülerschub, der sich durch den Prognosezeitraum schiebt. Es sind fünf starke Geburtsjahrgänge, nämlich 1967–72. Die ersten haben eben die Grundstufe in der Schule hinter sich gebracht. Seitdem lichten sich die Schulklassen 1–7 immer mehr, und das zuerst in den Einschulungsklassen. 1974 und 1975 rutschte die Zahl der Schulanfänger erstmals unter eine Million. 1985 wird es nur noch etwas mehr als 600 000 neue Schüler geben. Verfolgen wir die Schülerwelle weiter. 1974/75 hatte sie bereits die 7. Klasse und damit die Sekundarstufe I erreicht. 1978/79 wird auch dieser Schulbereich den Hauptschub hinter sich haben und auf zunehmend mehr leere Bänke blicken. Die Sekundarstufe II, die sich von der 11. bis zur 13. und damit bis zur Abiturklasse erstreckt, bekommt den Schülerschub erstmals 1977/78 zu spüren. Drei Jahre später setzt der große Ansturm auf die bereits heute hoffnungslos überfüllten Universitäten und Fachakademien ein, falls nicht die Bundeswehr einen Teil davon für eineinhalb Jahre absorbiert, was allerdings nur verzögernden Einfluß hat. Der Run auf den tertiären Bildungsbereich beginnt etwa 1981 und dauert bis etwa 1986. Mit anderen Worten: Entspricht die Entwicklung dem gegenwärtigen Bildungsplan, dann werden die Universitäten und Fachakademien bis etwa 1990 überfüllt sein. Erst nach 1990 wird sich auch in diesem Bereich eine Entlastung bemerkbar machen (14).
Wie groß solche »Belastungen« sein können, zeigt folgende Rechnung: 1974 wurden die rund 800 000 Studenten durch die Lohn- und Einkommensteuer von 4,8 Millionen Familien finanziert.

Jeder Medizinstudent kostete die öffentliche Hand im Jahr um die 48 600 DM. Um diesen Betrag aufzubringen, mußten 14 Durchschnittsfamilien ihre Lohn- und Einkommensteuerabzüge zusammenlegen. Der Durchschnittstudent brauchte immer noch 6 Steuerzahler (10).

Die erwähnten »Millionenjahrgänge« bleiben als »Belastung«. Sie sind jedoch nur ein Schub. Der ihnen nachfolgende Rückgang ist – wie aus der letzten statistischen Darstellung ersichtlich – so stark, daß trotzdem die »Belastungsquote« abnimmt. Im Erziehungswesen zeigt man schon heute wenig Neigung, Lehrkräfte lediglich zur Bewältigung des sich über rund fünf Jahre verteilenden Schülerschubs einzustellen, weil man sie später als inzwischen unkündbar gewordene Beamte nicht mehr entlassen kann. Die neuen Lehrkräfte würden sonst ihrerseits zur »Belastung«.

Die »Gesamtbelastungsquote« wird bis 1990 abnehmen. 1975 mußten noch je 1000 sogenannte erwerbsfähige Personen 511 Jugendliche plus 349 Rentner = 860 Nichterwerbstätige mitversorgen. 1990 kommen auf 1000 Erwerbstätige nur noch 314 Jugendliche und 295 Rentner = 609 Nichterwerbstätige. Nach 1990 geht die Kurve wohl wieder nach oben, wird jedoch aller Voraussicht nach nie mehr den Höchstwert des Jahres 1972 erreichen (13).

	Gesamtbevölkerung in 1000 am Jahresanfang			
	1975	1980	1985	1990
männlich	27 243,1	26 757,7	26 342,4	26 055,0
weiblich	30 694,3	30 070,9	29 407,4	28 740,6
insgesamt	57 937,4	56 828,6	55 749,8	54 795,6

(5)

Daraus ergibt sich für die Gesamtbevölkerung der Bundesrepublik
   1975–80 eine Abnahme um 1 108 800
   1980–85 eine Abnahme um 1 078 800

1985–90 eine Abnahme um   954 200
1975–90 eine Abnahme um 3 141 800 insgesamt.

Anpassung ist lebensnotwendig

Anpassung ist nicht nur für Einzelpersonen wichtig. Sie gilt auch für soziale Gruppen. Firmen sind soziale Gruppen. Auch sie wollen in Zukunft nicht schlechter dastehen als heute, wollen ihre Wirtschaftskraft möglichst verstärken.

Augenfällige Veränderungen im Wirtschaftsleben gibt es in sämtlichen Bereichen: Der Milchkonsum geht zurück; Limonaden- und Tafelwasserverbrauch steigt. Die herkömmliche Uhr weicht der Digitaluhr. Es werden weniger Bleistifte verlangt, dafür mehr Kugelschreiber. Rechenstäbe ersetzt man durch elektronische Taschenrechner. Saloppe Kleidung wird bereits dort getragen, wo bisher nur korrekt sitzende Anzüge angebracht waren. Außer-Haus-Essen verändert die Eßgewohnheiten. Die Großfamilie ist in Auflockerung begriffen. Dieser schon seit längerem erkennbare Trend führt zu mehr Kleinhaushalten. Jeder vierte Haushalt in der Bundesrepublik, genau 27,7 Prozent, ist bereits ein sogenannter »Einpersonenhaushalt«. In den Stadtstaaten liegt dieser Anteil noch wesentlich höher: In Berlin sind es 45 Prozent, in Hamburg 39 Prozent und allgemein in den deutschen Großstädten 34 Prozent. In über 70 Prozent dieser Kleinhaushalte leben Frauen. 46 Prozent aller Einpersonenhaushalte gehören Witwen (15). In Kleinhaushalten ist der Bedarf an Konsum- und Gebrauchsgütern sowie Dienstleistungen je Person deutlich höher als in Mehrpersonenhaushalten. Das erweist sich als ein bisher nicht immer erkanntes Absatzgebiet für die verschiedensten Anbieter, angefangen von der Möbelindustrie über Haustextilien-, Elektrogeräte- und Porzellanhersteller bis zu Nahrungsmittelproduzenten mit Convenience- (= Bequemlichkeits-)Produkten. Auch die Nachfrage nach Handwerkern ist bei Kleinhaushalten überdurchschnittlich größer. Vor allem die Bauindustrie hat sich darauf einzustellen. Öffentliche Bauaufträge im Bereich Jugend und Sport werden ohnehin nur noch gering zu Buche schlagen.

Die USA als Vorreiter

Blicken wir in die USA, die sich ähnlichen Problemen konfrontiert sehen. Dort änderte angesichts des Geburtenrückgangs der größte Babynahrungs-Produzent, Gerber Products Co., seinen langjährigen Werbeslogan »Babies are our only business«, indem er »only« herausnahm. Dafür beteiligte sich die Firma am Lebensversicherungs-Geschäft, im Druckereigewerbe und produziert jetzt vorgefertigte Mahlzeiten für Einzelpersonen. Auch ein anderer US-Konzern zeigt Anpassung an die veränderte Bevölkerungsentwicklung. Es handelt sich um Johnson & Johnson. Zwar werden von ihm immer noch Babypuder, Hautpflege- und Haarwaschmittel seiner ehemaligen Kinder-Produktionsreihe hergestellt, neuerdings jedoch unter dem Hinweis, sie seien ebensogut für Erwachsene wie auch für Kinder. Nebenbei erwarb Johnson & Johnson die Ortho Pharmaceutical Corp., einen der größten US-amerikanischen Hersteller von Empfängnisverhütungsmitteln (6). Jetzt ist auch derjenige Personenkreis als Kunde gewonnen, der auf Grund seiner Antibabyeinstellung als Abnehmer von Babyprodukten weggeblieben wäre. Diversifikation wäre dafür nicht der richtige Ausdruck. Das ist tatsächlich Anpassung.

Ein Blick in die Vergangenheit zeigt, daß Bevölkerungswachstum zur Vergrößerung des Nationaleinkommens führt. Nullwachstum der Bevölkerung könnte zum Nullwachstum des Nationaleinkommens führen, wenn die vormals gültigen Fakten unverändert blieben. Das ist aber nicht so. Auch die Fakten sind ständigen Änderungen unterworfen. Langsameres Bevölkerungswachstum läßt die Zahl der erwerbsfähigen Bevölkerung anteilsmäßig steigen. Die Sparquoten wachsen. Der Wirtschaft steht mehr Kapital zur Verfügung, sie wird mehr investieren. Die Produktivität steigt. Zu diesem Ergebnis kam Stephen Enke von der Forschungsorganisation TEMPO des US-Konzerns General Electric (16). Er nimmt sogar an, daß eine zahlenmäßig stabil bleibende erwerbsfähige Bevölkerung ein prozentual gleiches oder sogar noch größeres Nationaleinkommen erwirtschaftet, als es eine wachsende Zahl von Erwerbspersonen tut.

Ein weiterer Aspekt stammt vom US-amerikanischen Soziologen Lincoln Day. Nach seiner Meinung gibt es nur eine geringe Verbindung zwischen Bevölkerungs-Nullwachstum und wirtschaftlichem Nullwachstum. Bevölkerungsforscher Ben Wattenberg, der mit seiner Voraussage bereits in das 21. Jahrhundert blickt, ist der Ansicht, daß der Geburtenrückgang sogar die einzig wichtige Kraft ist für eine massive Expansion und wirtschaftliche Höherentwicklung der bereits gut besetzten Mehrheits-Mittelklasse (6).

Kinder werden künftig fast ausschließlich Wunschkinder sein. Diese Kinder werden mehr umsorgt sein als unerwünschte. Roger Revelle, Chef des Harvard's Center for Population Studies, ist der Ansicht, daß es weniger Schwierigkeiten bereitet, kleine Wilde in Zivilisierte zu verwandeln, wenn in einer Gesellschaft der Prozentsatz der Erwachsenen im Verhältnis zu den Kindern hoch ist. Die Kinder stehen dann auch besser unter Beobachtung. Die Rate der Jugendstraftaten wird zurückgehen. Vor allem bei bestimmten Verbrechen, die zu einem Drittel den Jugendlichen unter 18 Jahren zugeschrieben werden, kann man mit proportionalem Rückgang rechnen.

Im 21. Jahrhundert werden die Menschen länger leben als heute. Man rechnet damit, daß ältere Arbeiter an ihren Jobs festhalten. Das wird die Aufstiegschancen beschneiden. Der 45jährige Juniorchef könnte dann typisch sein. Auch er muß warten, bis der Senior stirbt oder ausscheidet. Allgemein ist die Zahl der besser Ausgebildeten größer. Dafür müssen sie sich mit Positionen zufrieden geben, die ihnen heute zu gering wären. Andererseits werden sie sich mehr leisten können. Ihre Tätigkeit wird interessanter sein, denn den Industrieländern sind dann neue Märkte entstanden mit dem Export von Investitionsgütern, Technologien und Know-how.

Bleiben wir noch in den USA. Mit einem Rückgang der Geburtenrate wird das »American business« keinen konstant expandierenden Markt haben, wohl aber die Käuferschicht mehr Geld zum Ausgeben. Eine nur herkömmliche Produkte schaffende Nahrungsmittelindustrie wird dann mengenmäßig kaum Zuwachs verzeichnen können. Anders bei den teureren Convenience

Foods, denn mehr Frauen werden berufstätig sein und sich weniger um die Küche kümmern. Hier ist mit einem Boom zu rechnen. Das 21. Jahrhundert verspricht profitabel zu werden für Flüglinien und Hotels, für Ersteller von Zweitwohnungen, für die Kraftfahrzeugindustrie und deren Leihwagen anbietenden Kunden und auch für die Hersteller elektronischer Gebrauchsgeräte. Davon wurde an anderer Stelle bereits gesprochen, nämlich im Zusammenhang mit der Entwicklung bundesdeutscher Haushalte. Sie ist typisch für die kommende Entwicklung in den Industriestaaten.

II.
Deutsche Wirtschaft im Strukturwandel

Von der Industrie zur dienstleistungsorientierten Wirtschaft

Die Zukunft der deutschen Industrie hat drei Gesichter: Wachstum, Stagnation und Schrumpfung. Als Wachstumsbranchen gelten Maschinenbau, Elektrotechnik, Chemie, Kunststoffverarbeitung und Luftfahrzeugbau. 1973 arbeiteten hier 3,08 Millionen Beschäftigte. 1985 sollen es 3,57 Millionen sein. Zu den stagnierenden Branchen zählt man Nahrungsmittelindustrie, Möbel, Druckereien und Stahlbau. 1973 wurden in diesem Bereich 1,65 Millionen Mitarbeiter gezählt. Bis 1985 soll sich deren Zahl auf 1,56 Millionen leicht verringern. Unter den schrumpfenden Branchen findet man Textil und Bekleidung, Fahrzeugbau, die eisenschaffende Industrie, EBM-Industrie sowie Steine und Erden. Deren Gesamtbeschäftigungszahl soll von 3,37 Millionen im Jahr 1973 auf 2,66 Millionen im Jahr 1985 zurückgehen.

In kleinen Unternehmen wiegen die Lohnkosten schwerer als in Großbetrieben. Das ist vorwiegend auf Rückstand in der Rationalisierung zurückzuführen. Anders bei Handwerk und Einzelhandel. Je kleiner hier der Betrieb ist, desto größer wiegt die Eigenleistung vom Firmeninhaber und seinen Familienmitgliedern. Hier gemäß statistischem Jahrbuch 1975 die Lohnkosten in Prozent der Gesamtproduktion beim umsatzmäßig kleinstem/ größtem Industriebetrieb: 37,4/33,5 Prozent im Maschinenbau, 37,8/28,8 Prozent in der Bekleidungsindustrie, 45,9/38,5 Prozent in der Druckindustrie und 26,0/21,2 Prozent bei Brauereien. Die Lohnkosten im Einzelhandel verhalten sich in entsprechender Weise: im Einzelhandel mit Lebensmitteln 1,1/12,3 Prozent, mit Schuhen 0,8/17,3 Prozent, mit Möbeln 6,4/15,5 Prozent und mit Bekleidung 7,7/15,4 Prozent. Die Lohnkostenquoten der Handwerksbetriebe mit niedrigsten/höchsten Umsätzen lagen 3,0/9,4 Prozent bei Fleischereien, 4,0/25,9 Prozent bei Möbeltischlern, 5,5/34,0 Prozent bei Installateuren und 8,3/ 29,9 Prozent bei Bäckereibetrieben.

In der Bundesrepublik wird der allgemeine Arbeitskräftebedarf in Zukunft steigen, und das trotz der Annahme eines geringeren Wirtschaftswachstums. Die Bundesanstalt für Arbeit (18) setzte dabei für den Zeitraum 1972–1990 ein reales Wirtschaftswachstum von 3,9 Prozent je Jahr sowie eine durchschnittliche Arbeitszeitverkürzung von jährlich rund 0,9 Prozent je Erwerbstätigen voraus. Auch die Strukturveränderungen als Folge der Energiekrise berücksichtigte sie. Noch nicht berücksichtigt sind die jüngsten Erkenntnisse des Statistischen Bundesamtes hinsichtlich der Abnahme unserer Bevölkerung (siehe Abschnitt S. 21). 1975–90 um 3 Millionen. Die Bundesanstalt für Arbeit sagte für 1970–90 eine Zunahme der Arbeitsplätze um 1,2 Millionen voraus. Von dieser beträchtlichen Differenz abgesehen, dürften die generellen Aussagen der Anstalt dem Trend entsprechen. Die nachfolgenden Zahlen sind die der Bundesanstalt für Arbeit.

1960 waren 77 Prozent der Arbeitsplätze mit Arbeitnehmern, 23 Prozent mit Selbständigen und mithelfenden Familienangehörigen besetzt. 1970 stand dieses Verhältnis etwa 84 : 16. 1980 rechnet man mit 87 : 13 und für 1990 mit 90:9. Innerhalb der von Arbeitnehmern eingenommenen Arbeitsplätze waren 1960 rund 45 mit Arbeitern, 22 mit Angestellten und 6 mit Beamten besetzt. 1970 waren es 47 – 30 – 7. Die Hochrechnungen für 1980 lauten 45 – 34 – 8 und für 1990 bereits 42 – 38 – 10. Daraus ergibt sich für die Zeitspanne 1970 bis 1990 ein Rückgang bei den Arbeitsplätzen der Selbständigen von 2,7 auf 1,9 Millionen und bei den mithelfenden Familienangehörigen von 1,7 auf 0,8 Millionen. Im gleichen Zeitraum steigen die Arbeitsplätze der Beamten von 1,9 auf 2,7 Millionen und der Angestellten von 7,8 auf 10,7 Millionen. Bei den Arbeitern reduzieren sich die Arbeitsplätze von 12,5 auf 11,7 Millionen.

Der Rückgang der Arbeitskräfte in absoluten und prozentualen Zahlen bis 1990 wird im Bereich Land- und Forstwirtschaft am größten sein. Zwischen 1970 und 1980 gibt es hier rund 900 000 und 1980–90 nochmals rund 500 000 Arbeitsplätze weniger. Das ändert nichts daran, daß auch hier, wie in sämtlichen Wirtschaftszweigen, eine gewisse Ersatznachfrage besteht. Natürlich verflacht sich der Arbeitskräfterückgang mit der Zeit, denn Land- und Forstwirtschaft werden schließlich nicht aussterben. Der Bergbau wird prozentual weniger Arbeitskräfte benötigen, und zwar 1970–80 etwa 100 000 und 1980–90 weitere rund 70 000. Bei den häuslichen Dienstleistungen in Privathaushalten ist der Rückgang bereits weit fortgeschritten (18). Sie wurden zu teuer, und der Trend zur Kleinfamilie läßt das Interesse an Haushaltshilfen weiter sinken.

Einen absoluten Rückgang der Arbeitsplätze erwartet man im Textilgewerbe sowie im Leder- und Bekleidungsgewerbe. Zollpräferenzen und hohes Exportaufkommen vor allem in einer beachtlichen Anzahl von Entwicklungsländern, zeigen hier ihre Auswirkungen. Das gilt ebenso für Feinkeramik. Auch im Bereich Nahrungs- und Genußmittel machen sich Importe, anfangs vor allem mit tropischen Erzeugnissen, aus Entwicklungsländern bemerkbar. Das führt 1970–80 zum Rückgang um 100 000 und 1980–90 um weitere 70 000 Arbeitsplätze in diesem Bereich. Der Rückgang im Eisenbahnwesen zählt bereits zu den Standardberichten der Massenmedien. Im Fahrzeugbau, der 1960–70 mit rund 240 000 Arbeitsplätzen den ausgeprägtesten Zuwachs aufwies, wird 1980–90 mit einer Verminderung um rund 25 000 Plätze zu rechnen sein. Die Fertigung von Standardwagen mit international bekannter Technologie wird im Verbund europäischer Produzenten möglichst in Niedrigpreisländern erfolgen. Bundesdeutsche Firmen werden sich künftig zunehmend auf Personenwagen hoher Preisklassen konzentrieren, wo die Lohnkosten weniger ins Gewicht fallen. Gute Aussichten haben technische Neuentwicklungen.

Die stärkste Zunahme der Arbeitsplätze wird der Staat mit öffentlichem Gesundheits- und Bildungswesen verzeichnen. Der Trend von 980 000 zusätzlichen Arbeitsplätzen im vergangenen Zeitraum 1960–70 wird sich unverändert in fast gleichem Maß 1970–80 und 1980–90 fortsetzen. Ein Zuwachsbereich sind auch die Dienstleistungen von Unternehmen, wobei Gaststätten und ähnliche Sektoren nicht mitgerechnet werden. Große wirtschaftliche Möglichkeiten sieht man hier in der Vergabe von Technologien und Know-how an Dritte. Im Dienstleistungbereich wird es 1970–80 rund 270 000 und 1980–90 sogar 360 000 neue Arbeitsplätze in der Bundesrepublik geben. Standortvorteile und hohes technologisches Niveau im deutschen Maschinenbau mit weitgehender Spezialisierung sind Stärken gegenüber dem Importdruck. Die Zahl der Arbeitsplätze wird hier 1970–80 um 140 000 und 1980–90 um 270 000 steigen. Auch das Bankwesen zählt zu den Wirtschaftszweigen mit Personalwachstum, allerdings mit prozentualem. 1970–80 wird es hier 160 000 und 1980–90 etwas über 200 000 neue Arbeitsplätze geben. Zuwachsraten gibt man auch privaten Organisationen ohne Erwerbscharakter, und zwar 120 000 für 1970–80 und 150 000 neue Arbeitsplätze für 1980–90. Der zusätzliche Arbeitnehmerbedarf der Versicherungsunternehmen wird in den genannten Zehnjahresräumen jeweils auf 70 000 kommen. Die Elektrotechnik, Feinmechanik, Optik, EBM- und Spielwaren werden nach einem Arbeitsplatzrückgang 1970–80 dann im Zeitraum 1980–90 an die 80 000 neue Arbeitsplätze anbieten. Gerade bei der Elektroindustrie wird Strukturanpassung notwendig, und zwar derart, daß man die Bereiche mit hochqualifizierten Arbeitskräften, wie Meß- und Regeltechnik, Elektro-Motoren-, Generatoren- und Transformatorenbau sowie Elektromedizin, fördert. Andere Produktbereiche wie Bauelemente, phonotechnische Geräte und Leuchten könnten konkurrenzfähiger im Ausland produziert werden. Das gilt analog auch für die anderen erwähnten Produktbereiche. Die Energiewirtschaft wird 1980 bis 90 ihr Angebot an neuen Arbeitsplätzen von 30 000 auf 50 000 erhöhen. In der Chemischen Industrie, der Mineralöl-, Kunststoff- und Gummiverarbeitung wird das Mehrangebot an Arbeitskräften sich von 90 000 auf 40 000 in der letzten Dekade verringern. Die Post, das Gaststätten- und Beherbergungsgewerbe und als dritter Bereich Straßenverkehr, Luftfahrt, Lagerei und ähnliche Bereiche dürften je Dekade zwischen 70 000 und 30 000 neue Arbeitsplätze anbieten (18).

Von Baugewerbe, Groß- und Einzelhandel sowie Handelsvermittlung sind 1980–90 weder neue Arbeitsplätze noch eine Abnahme des Personals zu erwarten. Schiffahrt, Wasserstraßen, Häfen und die Gruppe Stahl-, Schiff- und Luftfahrzeugbau werden eine leichte Personaleinsparung haben.

Ab 1985 mehr als die Hälfte der Arbeitsplätze im
Dienstleistungsbereich

Abgesehen von den vermutlich viel zu niedrig geschätzten Zahlen der Bundesanstalt für Arbeit, die deshalb keinesfalls einfach
um 60 Prozent erhöht werden können, macht die Prognose der
Anstalt die generelle Aussage, daß ab 1985 die Hälfte aller
Arbeitsplätze in der Bundesrepublik im tertiären Sektor liegt.
Dieser Sektor umfaßt Handel, Verkehr, Banken und Versicherungen, Staat, private Organisationen, private Haushalte, Gast-
stätten- und Beherbergungsgewerbe sowie übrige Dienstleistungen. Anteilsmäßig hat der Bereich
  1960 = 38 Prozent
  1970 = 42 Prozent
  1980 = 48 Prozent
  1990 = 53 Prozent von allen Arbeitsplätzen.

Dementsprechend verläuft der primäre Sektor Landwirtschaft
und Bergbau
  1960 = 16 Prozent
  1970 = 10 Prozent
  1980 = 6 Prozent
  1990 = 4 Prozent.

Der sekundäre Sektor bezieht sich auf das verarbeitende Gewerbe (Industrie und Handwerk), und unter anderem Energiewirtschaft. Sein Rückgang ist kontinuierlich:
  1960 = 46 Prozent
  1970 = 48 Prozent
  1980 = 46 Prozent
  1990 = 43 Prozent.

Unterschiedliche Entwicklungen bei Dienstleistungen

Der Trend zur Dienstleistungsgesellschaft und damit zum tertiären Sektor wird sich bis 1990 ungebrochen fortsetzen. Gemäß

der hinsichtlich ihrer Arbeitsplatzzahlen wohl inzwischen über-
holten Angabe der Bundesanstalt für Arbeit (18) werden 1990
im tertiären Sektor 14,7 Millionen Arbeitsplätze (1970 = 11,4
Millionen, 1980 = 13,0 Millionen) besetzt sein. Innerhalb dieses Sektors verläuft dann die Entwicklung unterschiedlich. Im
Zeitraum 1970–90 wird der Anteil des Handels in diesem Bereich prozentual am stärksten abnehmen, nämlich von 29,5 auf
22,9 Prozent. Unverändert bleibt dabei jedoch die Anzahl der
Arbeitsplätze. Im Bereich des Staates klettert der Arbeitsplatz-
anteil in der öffentlichen Verwaltung und Sozialversicherung
von 15,9 auf 18,0 Prozent, im öffentlichen Gesundheits- und
Bildungswesen von 10,4 auf 14,5 Prozent. Die verfügbaren
Arbeitsplätze werden im Verkehrssektor prozentual von 8,5
auf 6,8 Prozent abnehmen und im Gaststättengewerbe von 5,9
auf 5,0 Prozent. Private Organisationen und private Haushalte
behalten beide ihren Anteil von 5,7 Prozent. Bei den übrigen
Dienstleistungen steigt der Anteil der Arbeitskräfte von 14,8
auf 15,7 Prozent, bei Banken und Versicherungen steigt er von
5,3 auf 7,6 Prozent, und bei der Post ist ein leichter prozen-
tualer Rückgang von 4,0 auf 3,8 Prozent Anteil ihrer Arbeitskräfte am stark gestiegenen Arbeitsplatzpotential des Dienst-
leistungsbereiches vorhergesagt. Daraus geht hervor, daß die
größte Zunahme im tertiären Bereich bei den öffentlichen
Dienstleistungen im Gesundheits- und Bildungswesen liegt.

Entwicklung örtlich verschieden

Die bisher dargestellten Prognosen für Bevölkerungsentwicklung
und Arbeitsplätze in der Bundesrepublik gelten generell für das
gesamte Staatsgebiet. Das verzerrt jedoch die Realitäten. Das
Statistische Bundesamt hatte erstmals 1972 seine demoskopische
Vorausschätzung auch für die 38 Gebietseinheiten des Bundes-
raumordnungsprogramms durchgeführt. Das Ergebnis zeigt eine
regional sehr unterschiedliche Bevölkerungsentwicklung. In 13
Gebietseinheiten erwartet man eine Bevölkerungsabnahme, vor
allem in Berlin (West), Hamburg und München-Rosenheim. Auf

diese drei Gebietseinheiten entfallen zusammen fast 60 Prozent der berechneten Bevölkerungsabnahme. (48) In diesen dicht besiedelten Räumen sind die Geburtenraten überdurchschnittlich klein, was zu einem natürlichen Bevölkerungsrückgang führt. Einen Ausgleich würde nur eine Zuwanderung bringen. Das setzt besondere Attraktivität dieser Ballungsräume voraus. Im Fall Raum München wirkt hemmend, daß sein großer Freizeitwert die Bevölkerung immobil macht, viele ältere Personen und Studenten festhält und damit die Zuwanderung blockiert. Hinzu kommt, daß nicht nur bei deutschen Regionalzentren internationaler Konzerne, sondern auch im zukunftsträchtigen Dienstleistungsbereich die Konzentration auf die besseren Standorte des Verkehrs ausgerichtet sind, wie z. B. auf den Raum Frankfurt/Main. Zunahmen der Bevölkerung werden für fünf Gebietseinheiten vorausgesagt. Dabei sind nur Ems und Münster erwähnenswert, also Einheiten mit einer relativ kleinen Einwohnerzahl. Zonen mit überwiegend ländlichem Charakter werden eine Zuwachsrate ihrer Bevölkerung feststellen. Für die Ballungsräume ist mit einer Auflockerung auf natürlichem Wege zu rechnen. Betriebe, die nur regional tätig sind, haben diese Entwicklung bei ihrer Planung zu berücksichtigen.

Diese Betriebe sind in ihrer Versorgungsfunktion in erster Linie auf Kundenproduktion eingestellt, im Gegensatz zur Marktproduktion der Großunternehmen. Es sind vor allem die kleinen und mittleren Unternehmen, die hier tätig sind. Sie produzieren in unmittelbarer Nähe des Verbrauchers. Ihre große Chance liegt in ihrer Anpassungsfähigkeit. Sie sind flexibler als Großunternehmen und infolgedessen auch konkurrenzfähiger. Strukturelle und saisonale Produktionsänderungen sind bei kleineren und mittleren Unternehmen leichter zu bewältigen. Überzeugendes Beispiel dafür ist der Sektor Nahrungs- und Genußmittel. Hier konnte sich trotz hoher Kapitalintensität neben den bekannten Großunternehmen eine beachtliche Zahl kleiner und mittlerer Unternehmen durchsetzen. Hier ließ sich auch Massenproduktion bei relativ kleinen Betrieben erfolgreich anwenden. Gerade in den letzten Jahren konnte man feststellen, daß im Bereich Nahrungs- und Genußmittel weniger ein Verdrängungswettbewerb zwischen Groß- und Kleinunternehmen stattfand. Es war vielmehr der Wettbewerb kleiner und mittlerer Betriebe untereinander, der hier und da zu Schwächeerscheinungen mittelständischer Unternehmen führte. Doch auch da bewies sich wieder die Flexibilität. Es entstanden Kooperationen unterschiedlichster Art. Es gab Zusammenschlüsse im Vertrieb, durch die vielfach die Angebotspalette verbreitert wurde und dabei auch dem kleineren Einzelhandel Vorteile gegenüber den Großmärkten bot. Es gab Produktionsabsprachen, die zur Konzentration auf bestimmte Produkte bei bestimmten Betrieben führte und damit den Betrieben größere Stückzahlen wirtschaftlich zu produzieren erlaubte. Selbst gemeinsamer Einkauf, Export oder Import kann durch Kooperation erreicht werden. Das ist nicht nur für regional arbeitende Unternehmen von Bedeutung. Das gilt auch für überregional arbeitende mittelständische Firmen.

Die bedeutende Rolle der kleinen und mittleren Unternehmen wird besonders dann deutlich, wenn man sich vorstellt, daß sie gegenwärtig mehr als 95 Prozent aller Unternehmen in der Bundesrepublik Deutschland stellen. Es sind 1,8 Millionen (52). Zwei Drittel aller Arbeitsplätze befinden sich in der mittelständischen Wirtschaft. Im Bericht der Bundesregierung »Zur Lage der Nation« ist zu lesen, daß weniger als 40 Prozent aller industriellen Arbeiter in einem Betrieb mit mehr als 500 Personen beschäftigt sind. Kehren wir diese Tatsache um. Es sind also über 60 Prozent aller Industriearbeiter in Betrieben mit weniger als 500 Beschäftigten tätig. Das beweist, daß selbst im produzierenden Gewerbe die Klein- und Mittelbetriebe überwiegen. Es muß gesagt sein, daß die breite Schicht selbständiger kleiner und mittlerer Unternehmen allein durch ihre Existenz den Bestand eines freiheitlichen Wirtschaftssystems ermöglichen. Gerade hier ist die Dezentralisierung am weitesten fortgeschritten. Daß Dezentralisierung heute wieder als Maßstab größerer Effektivität gilt, zeigen gerade die Großkonzerne mit der Bildung sogenannter Profit-Centers oder Job-Enrichments. Dies ist eine Bestätigung dafür, daß die mittelständische Industrie mit ihren kleineren Betriebsgrößen nicht leistungsschwächer als Großbetriebe sein muß.

Standortfragen spielen häufig die entscheidende Rolle in der Unternehmenspolitik. Auch bei Klein- und Mittelbetrieben ist es so. Bevölkerungsarme Gebiete sind auch für sie oft nicht die idealen Standorte für ihre Betriebe, zumal vom Arbeitskräftepotential her und auch aus dem Blickwinkel der Marktproduktion. In bevölkerungsarmen Räumen und Kleingemeinden können die Versorgungsfunktionen häufig nur im Rahmen von Nebenerwerbsbetrieben wahrgenommen werden. Anders in Klein- und Mittelstädten und in Vororten bzw. Satellitenstädten von Großstädten. Hier findet man bisher – von den Ballungsräumen abgesehen – eine weniger ausgeprägte Versorgung durch Großmärkte. Hier haben kleine und mittlere Einzelhändler noch gute Zukunftsaussichten, zumal sie durch persönliche Kundenkontakte schneller in der Lage sind, den Wünschen ihrer Kunden nachzukommen. Vor allem in den Randgebieten von Großstädten, die vielfach den Charakter von Schlafstädten für die in der Großstadt Tätigen angenommen haben, ist das der Fall. In den Großstädten selbst finden kleine und mittlere Einzelhändler ihre Chance auch in Zukunft in der Spezialisierung. Es ist bekannt, daß sie hier konkurrenzlos sein können, weil die Fülle des Warenangebots die breit sortierten und in fast allen Warenbereichen tätigen Großunternehmen des Einzelhandels in den einzelnen Sektoren zur Angebotskonzentration zwingt. Auch der Qualitätsfaktor kann die Chance kleiner und mittlerer Unternehmen verstärken.

Mittelständische Industrie im Strukturwandel

Die Frage, wo über das bisher Gesagte hinaus die kleinen und mittleren Unternehmen auch in Zukunft gute Aussichten haben, ist nicht einfach zu beantworten. Schließlich ist für derartige Untersuchungen eine Reihe von Kriterien zu berücksichtigen, für die es keine zuverlässigen Daten gibt. Die Statistik ist hier lückenhaft. Beispielsweise kann kaum das Problem analysiert werden, wie sich die Konkurse in den einzelnen Unternehmensgrößen unterschiedlich auswirken. Der Präsident der Bundesanstalt für Arbeit (55) bemängelt, daß für den Arbeitsmarkt keine Statistiken nach Betriebsgrößenklassen vorliegen. Selbst dort, wo Statistiken auftauchen, sind sie unterschiedlich abgegrenzt, zum Beispiel einerseits institutionell gemäß ihrer Eintragung in die Handwerksrolle oder andererseits industriell, wobei die Industriestatistik Produktionsbetriebe von zehn Beschäftigten an aufwärts erfaßt. Die diesbezügliche Mängelliste ist noch viel größer. Unmöglich wird es daher, die Rolle der Klein- und Mittelbetriebe für den Arbeitsmarkt zu analysieren, ihre Rolle im regionalen Entwicklungsprozeß oder auch ihren effektiven Konzentrationsgrad. Gerade der zuletzt erwähnte Grad der Konzentration ist nicht mit einem einzigen Kriterium, wie die Zahl der Beschäftigten oder Umsatzerlös, zu ermitteln. Es ist vielmehr ein Bündel von Kriterien für eine Analyse notwendig, das unter Einschluß der beiden erwähnten Faktoren noch viele weitere Angaben beinhaltet, wie etwa die Betriebsform, Grad der Verflechtung mit anderen Unternehmen, Zahl der Betriebe, Töchter und Beteiligungen, Kooperationsverträge mit Dritten und vor allem die wertberichtigte Bilanzsumme, die alles jährlich aufbereitet. Derartige Untersuchungen wurden bereits durchgeführt, wie bei der Grundlagenermittlung für die Aktienrechtsreform 1965 und auch im Rahmen der Untersuchung der Konzentration in der Wirtschaft, der sogenannten Konzentrations-Enquête. Sie beinhalteten jedoch nur einen begrenzten Zeitraum oder betrafen nur Unternehmen über 1000 Beschäftigte, 25 Millionen DM Bilanzsumme und 50 Millionen DM Umsatz bei Erfüllung von zweien dieser drei Merkmale, also Großunternehmen.

Hier ist nicht die Stelle, über Fehlendes noch längere Klagen anzustimmen. Vielmehr sollen die Möglichkeiten dargestellt werden, die sich künftig der mittelständischen Wirtschaft in der Bundesrepublik Deutschland unter den vorhersehbar veränderten Gegebenheiten bieten. Fest steht, daß ein gesamtwirtschaftlicher Strukturwandel und darüber hinaus auch ein weltwirtschaftlicher stattfindet. Unter gewissen Vorbehalten kann man annehmen, daß dieser keine allgemeine Konzentrationswelle mit sich bringt. Vielmehr wird der Strukturwandel gerade in der

mittelständischen Wirtschaft mittels großer Flexibilität zu relativ reibungsloser Anpassung führen. Hinzu kommen neue Entwicklungsmöglichkeiten, die sich der mittelständischen Wirtschaft bieten werden. Als positiver Faktor wird dabei gewertet, daß die Ausbildung wie auch die Fortbildung der Arbeitskräfte auf hohem Stand stehen. Wie eine neuere Untersuchung der Industrie feststellt, beträgt der Anteil der Auszubildenden an der Beschäftigtenzahl bei Betriebsgrößen bis zu 49 Beschäftigten 9,2 Prozent. Bei Betrieben über 5000 Beschäftigte sind es dagegen nur 3,9 Prozent. Es ist demnach nicht nur das Handwerk der Lehrmeister der Nation, sondern es sind auch die Klein- und Mittelbetriebe. Wie der Präsident der Bundesanstalt für Arbeit feststellte (55), beschäftigte 1970 die Industrie die Mehrzahl aller Männer mit einer abgeschlossenen betrieblichen Berufsausbildung, hatte jedoch weniger als die Hälfte dieser Fachkräfte selbst ausgebildet. 51 Prozent ihrer männlichen Facharbeiter holte sich die Industrie aus anderen Wirtschaftsbereichen, vorwiegend vom Handwerk. Damit erweist sich, wie unentbehrlich die Klein- und Mittelbetriebe für die berufliche Ausbildung sind. Das beweist ebenfalls die dort konzentrierte Kapazität an erfahrenen, denkenden Mitarbeitern. Das ist ein Positivum für die künftig noch wichtigere Flexibilität in der Anpassung an veränderte Strukturen. Als weiteres Positivum gilt, daß im Fall von Entlassungen die aus der mittelständischen Wirtschaft stammenden Arbeitslosen meist leichter wieder im Arbeitsprozeß unterkommen, eben weil es sich hier um einen hohen Anteil von Facharbeitern handelt. Speziell für das Handwerk heißt es, es »hat sich in der Vergangenheit im wirtschaftlichen Bereich nur behaupten und bewähren können, weil es die Fähigkeiten entwickelte, in Veränderungen und strukturellen Wandlungen relativ schnell heimisch zu werden. Maßgebend dafür waren sein starker Leistungswille, berufliches Können und seine hervorragende aktive Anpassungsfähigkeit an wirtschaftliche und technische Entwicklungen, nicht zuletzt aber auch die im Handwerk vielfach vorhandene Sparsamkeit und das Fehlen bürokratischen Aufwands« (58).
Strukturwandel ist nicht gleichzusetzen mit einer Konzentra-

tionswelle. Andererseits erwartet man in der Zukunft eine Verringerung der Betriebe mit weniger als 10 Beschäftigten. Man prognostiziert für die Jahre bis 1985, daß sich im Strukturgefüge der Unternehmensgrößen die Unternehmen mit 10 bis 200 Beschäftigten am besten behaupten. Das gilt generell. Die Entwicklung in den einzelnen Sektoren und Branchen wird dagegen sehr differenziert sein. In seiner Analyse über den »Einfluß des Strukturwandels auf die Verteilung der Betriebs- und Unternehmensgrößen in der Industrie« kam Prof. Dr. Kaufer (59) zu dem Ergebnis, daß der gesamtwirtschaftliche Strukturwandel zu einem Anpassungsdruck führt. Dieser gehe aus von den Verschiebungen innerhalb der Wirtschaftssektoren, von der Außenhandelsverflechtung und von den unterentwickelten Ländern. Es sei festzustellen, daß in der Bundesrepublik Deutschland der Anteil des Dienstleistungssektors am Bruttosozialprodukt kleiner ist als in vergleichbaren anderen Industrienationen, der Anteil der Industrie jedoch entsprechend größer. Der Trend zum größeren Dienstleistungssektor hatte sich in der Bundesrepublik Deutschland verzögert. Ob der Dienstleistungsbereich schon in den nächsten Jahren an Bedeutung gewinnt, darüber sind sich die Gelehrten selbst nicht ganz einig. Anders die Prognose der Prognos AG (60). Nach deren Berechnungen werden sich die Beschäftigungsanteile in den nächsten Jahren in Richtung Dienstleistungen verschieben, wobei darin auch die der Öffentlichen Hand enthalten sind.

Struktur der Erwerbstätigen in der Bundesrepublik Deutschland in Prozent (60)

Jahr	Landwirtschaft	produzierendes Gewerbe	Dienstleistungen
1960	13,6	47,6	38,7
1970	8,5	48,8	42,7
1974	7,2	47,1	45,7
1985	4,0	45,0	51,0

Es wurde davon gesprochen, daß die Entwicklung in den einzelnen Sektoren und Branchen unterschiedlich verlaufen wird. Die Prognos AG (60) erwartet eine Tendenz zugunsten mittlerer Unternehmen vor allem in der Elektroindustrie und im Maschinenbau. Unter gewissen Einschränkungen wird die Entwicklung auch günstig vorhergesagt für die Leder-, Textil- und Bekleidungsindustrie sowie für den Bereich Steine und Erden. Auch dem produzierenden Handwerk räumt man gute Entwicklungschancen ein; die kleiner Unternehmen dürften rückläufig sein im Baugewerbe, der Stahl- und der NE-Metall-Industrie

Die Aussichten im Dienstleistungsbereich werden ebenfalls unterschiedlich beurteilt: »Befürchtungen, die beginnende Mechanisierung und Automatisierung im Dienstleistungsbereich, vor allem durch die elektronische Datenverarbeitung (EDV), aber auch durch die Medizintechnik im Gesundheitswesen, könnte zu vergleichbaren Konzentrationstendenzen wie in der Industrie führen, haben sich nicht bestätigt. Im Gegenteil, zum einen erweist sich die EDV-Technologie in hohem Maße als teilbar (Miniaturisierung und Datenfernverarbeitung), zum anderen bieten diese Technologien Ansatzpunkte für neue Dienstleistungen (Buchungsstellen, EDV-Beratungsgesellschaften, Diagnose-Zentren etc.), und schließlich ist – z. B. im Kreditgewerbe, wo immer noch rein mechanische Buchungsvorgänge weitgehend von Hand vorgenommen werden – damit zu rechnen, daß diese Technologien Arbeitskräfte freisetzen werden. Das führt dort bei konstanter Unternehmenszahl dann wieder zu sinkenden Unternehmensgrößen.« (61)

Die Entwicklung in der Welt wird weder auf die Großunternehmen noch auf die Klein- und Mittelbetriebe in der Bundesrepublik Deutschland ohne Auswirkung sein. Der weltwirtschaftliche Strukturwandel bewirkt einen zusätzlichen Anpassungsdruck auf die Unternehmen im Inland.

Wie Eigeninitiative zu Problemlösungen im Bereich des Strukturwandels führen kann, zeigt das Beispiel der Filzfabrik Fulda, die allerdings in ihrer Größenordnung kaum mehr als mittelständisches Unternehmen bezeichnet werden kann. Diese Firma produzierte früher vor allem Massenware, nämlich Filzstoffe, aufgewickelt auf große Rollen. Wettbewerb und Importdruck zwangen jedoch das Unternehmen, neue Ideen zu entwickeln, um auch in Zukunft bestehen zu bleiben. Das Ergebnis ist ein gelungener Strukturwandel. Heute bieten die Filzfabrik und ihre Tochtergesellschaften viele neue Produkte an. Im Produktionsprogramm stehen jetzt Turnmatten aus Filz, Ölsaugfilze, die bis zum Dreißigfachen ihres Gewichts an Öl aufnehmen und viele Male verwendet werden können, und Polierwerkzeuge aus Filz. Diese Spezialisierung hat sich ausgezahlt. Die Durchschnittserlöse je Kilo haben sich innerhalb weniger Jahre fast verdoppelt.

Internationaler Markt auch für Klein- und Mittelbetriebe

Es war bereits davon die Rede, daß Bereiche mit hochqualifizierten Arbeitskräften auch künftig gute Aussichten haben. Es wurde aber gleichfalls davon gesprochen, daß arbeitsintensive und mit weniger qualifizierten Arbeitern besetzte Bereiche schon aus Wirtschaftlichkeitsgründen gefährdet sein werden. Mehr als bisher werden letztgenannte Produktionsbereiche in das Ausland verlagert, und zwar in Niedriglohnländer. Der Konkurrenzdruck wird das zunehmend notwendig machen, was man heute den sogenannten multinationalen Konzernen zum Vorwurf macht, nämlich billigere Teileproduktion in Entwicklungsländern. Und schon erscheint für unsere bundesdeutsche Zukunft eine weitere Entwicklung geboten, nämlich der Transfer der von uns entwickelten Technologie in Drittländer, vorwiegend in Entwicklungsländer. Auch auf diesem Sektor sind die multinationalen Unternehmen bereits Meister. Und auch hier wurden sie vielfach angegriffen. Meist erfolgten die Angriffe aus gegenwärtigen Konfliktsituationen heraus, beispielsweise der herrschenden Arbeitslosigkeit. Auf die Dauer wird sich das Betreten ausländischer Märkte mit Produktionsbetrieben und know-how-Übertragung auch für mittlere und in Fällen weitgehender Spezialisierung auch für kleinere bundesdeutsche Unternehmen nicht vermeiden lassen.

Internationalisierung lohnt sich. Fast sieben von zehn multinationalen Unternehmen machten in den Jahren 1971–75 die Erfahrung, daß ihr internationaler Umsatz schneller wuchs als der Inlandsumsatz. Eine US-amerikanische Studie bestätigt dies. Sie brachte folgendes Ergebnis: (62)

Bei 69,2 Prozent aller Unternehmen wuchs im Berichtsraum der internationale Umsatz schneller.

70 Prozent aller Unternehmen sind für die folgenden Jahre 1976–80 der Ansicht, daß ihr internationaler Umsatz schneller wächst als der nationale.

Von den Unternehmen mit jeweils weniger als 225 Millionen US-$ Jahresumsatz waren es 66,7 Prozent, bei denen der internationale Umsatz schneller stieg und 66,0 Prozent, die das für 1976–80 erwarten.

In der Gruppe 225 bis 440 Millionen $ waren es 66,7 Prozent mit schneller gestiegenem Auslandsumsatz und sogar 77,3 Prozent, die das für 1976–80 erhoffen.

Die Gruppe der Unternehmen von 450 bis 999 Millionen $ Jahresumsatz ermittelte 62,3 Prozent mit schnellerem Auslandsumsatz. Für 1976–80 rechnen damit 63,9 Prozent.

Interessant ist die Gruppe der Großkonzerne über eine Milliarde $ Jahresumsatz. Von ihnen verzeichneten 78,7 Prozent einen schnelleren Auslandsumsatz. Es sind aber nur noch 71,2 Prozent, die auch für 1976–80 dasselbe annehmen.

Große Schwankungen zeigen die einzelnen Industriezweige.

Im Nahrungsmittel-Bereich wuchs 1971–75 bei 61,5 Prozent der untersuchten Unternehmen der internationale Umsatz schneller. Für die anschließenden fünf Jahre sind es jedoch nur noch 53,8 Prozent, die einen international schneller wachsenden Umsatz für ihr Unternehmen voraussagen.

Ganz anders ist das Bild im Stahlwerksbereich. Hier überwog bisher der nationale Umsatz, denn nur bei 42,6 Prozent der befragten Unternehmen wuchs der Umsatz im internationalen Bereich schneller. Für 1976–80 glauben allerdings 61,5 Prozent an relativ schneller wachsenden internationalen Umsatzteil.

Elektromaschinen-Hersteller hatten zu 77,8 Prozent im vergangenen Fünfjahresraum schneller gewachsenen internationalen

Umsatz. Ihr Optimismus ist so stark, daß 15,2 Prozent dieser Produzentengruppe für 1976–80 mit schneller wachsendem internationalen Umsatz rechnet.

Umgekehrt ist das Bild bei nicht-elektrischen Maschinen. Hier hatten 81,5 Prozent der Unternehmen 1971–75 einen schnelleren internationalen Umsatz, aber nur noch 63,0 Prozent erwarten das in der Folgezeit 1976–80.

Optimistisch gestimmt für ihr künftiges Auslandsgeschäft sind auch die Transportmittel-Hersteller. Hatten 1971–75 von ihnen 54,5 Prozent einen schneller gewachsenen internationalen Umsatz, so erwarten dies für die anschließenden fünf Jahre bereits 72,7 Prozent.

Unverändert zuversichtlich ist die Chemie. Von ihren Unternehmen erzielten durchweg 90,3 Prozent im Auslandsgeschäft schnellere Umsatzzuwachsraten. Und alle diese Firmen erhoffen das auch für die Zukunft.

Die Frage, ob auch mittelständische Unternehmen aus der Bundesrepublik Deutschland in bestimmten Bereichen einen schnelleren Zuwachs im Auslandsgeschäft erzielen können, ist durchaus positiv zu beantworten. Es gibt eine Reihe spezialisierter Mittelbetriebe, bei denen der Auslandsanteil weitaus höher liegt als der Inlandsanteil am Gesamtumsatz. Kellereimaschinen sind ein Beispiel. Es sind aber auch exportorientierte Weinhandelsfirmen. Oder Spezialfirmen für Hühnerzucht- und Verarbeitungsanlagen. Bestimmte Produzenten von Schwarzwälder Kukkucksuhren gehören ebenso dazu wie Spezialfirmen für Wertpapierdruck. Vielerorts gibt es derartige mittelständische Unternehmen, deren Chance im Export liegt. Künftig werden es noch mehr sein. Die Staatshandelsländer des Ostblocks, an ihrer Spitze die Sowjetunion, suchen den Kontakt gerade mit der deutschen mittelständischen Industrie. Sie haben erkannt, daß hier viel know-how liegt.

Nennen wir Tatsachen: Eines der wenigen großen Unternehmen der mittelständisch strukturierten Werkzeugmaschinenindustrie in der Bundesrepublik Deutschland ist Gildemeister & Comp. AG in Bielefeld. Sowohl Gildemeister als auch die ihr gehörende Maschinenfabrik Max Müller in Hannover lieferten in hohem

Maße vor allem Drehautomaten für die sowjetische Automobil-industrie. Auch die Firma Heidenreich & Harbeck in Mölln ge-hört zu Gildemeister. Am 28. März 1973 schloß Gildemeister mit der Sowjetunion einen Vertrag über gemeinsame Entwick-lung, Produktions-Kooperation und über den Vertrieb neuer Hochleistungs-Werkzeugmaschinen mit digitaler Programmsteu-erung, die für die komplexe spangebende Formung von Einzel-teilen innerhalb von Aggregatbaugruppen bestimmt sind. Inge-nieure aus der UdSSR und der BRD arbeiten gemeinsam an die-sem Projekt, das schon weit gediehen ist. Eine andere Koopera-tion besteht zwischen der sowjetischen Werkzeugmaschinenindu-strie und der Firma Kapp in Coburg. Es werden Versuche mit Schleifscheiben aus dem in der Sowjetunion neu entwickelten besonders festen Schleifmaterial »Elbor« auf Kapp-Schleifma-schinen durchgeführt. Kapp, eine Werkzeugmaschinenfabrik mit 340 Beschäftigten, stattet seine Maschinen mit den erwähnten Schleifscheiben aus und exportiert sie in eine Reihe von Län-dern. Die Firma Wendt in Meerbusch, Produzent von Diamant-werkzeugen und Schleifmaschinen, die 230 Mitarbeiter beschäf-tigt, schloß einen Vertrag über wissenschaftlich-technische Zu-sammenarbeit und Reihenfertigung einer Anzahl Werkzeugma-schinenmuster in der UdSSR. Diese Maschinen werden voraus-sichtlich bei der Endbearbeitung von nicht-nachschleifbaren Hartmetallplättchen für Schnittwerkzeuge eingesetzt. Die hier genannten Beispiele bieten Einblick in bereits realisierte Koope-ration speziell mit der Sowjetunion auf dem Sektor Werkzeug-maschinen. Und was für die Sowjetunion gut ist, ist für den ge-samten Ostblock gut. Jedenfalls steht fest, daß dies nur ein An-fang ist. Mit einer weiteren Zahl westdeutscher Firmen hat die Sowjetunion Lizenzverträge geschlossen, bei denen die Liefe-rung technischer Unterlagen und Ausrüstungen vorgesehen sind. Schuler in Göppingen und Eumuco in Leverkusen werden der UdSSR bei der Gestaltung des Pressenbaus, Rexroth in Lohr bei der Gestaltung der Produktion von Pumpen und Hoch-druckverteilern, Künkel, Wagner & Co. in Alfeld bei der Ge-staltung des Baus von Formungs-Taktstraßen und Ernst Winter & Sohn in Hamburg bei der Herstellung von Diamanten-Präzi-sionsrichtrollen technischen Beistand leisten (63).

Es gibt noch andere Arten von Kooperation mit dem Ostblock, die gerade der bundesdeutschen mittelständischen Industrie interessante Aspekte bieten. So ist es möglich, daß sowjetische Werkzeugmaschinenfabriken ihren Vertrieb außerhalb des *Comecon*-Bereiches einer auf den Vertrieb von Werkzeugmaschinen spezialisierten Firma in der Bundesrepublik übertragen. Diese wählt sich aus der Produktion ihrer sowjetischen Kooperationspartner ein Angebot aus, dessen Vermarktung sie selbst übernimmt. Das bedeutet, daß die deutsche Firma ihr Programm erweitert. Andererseits wird sie nur solche sowjetische Maschinen in ihre Angebotsprojekte aufnehmen, denen sie echte Marktchancen zubilligt. Um die Exportfähigkeit der angebotenen sowjetischen Maschinen auf Dauer zu gewährleisten, würde der westdeutschen Vertriebsfirma auch Einfluß auf die konstruktive Weiterentwicklung des Angebotsprogramms eingeräumt. Es könnte beispielsweise zweckmäßig sein, bestimmte Aggregatteile, wie eventuell die Elektrik, von westdeutschen Herstellern zu beziehen. Ist doch gerade die Elektro- und Elektronik-Industrie der Bundesrepublik Deutschland reich an Erfahrung und an Ergebnissen intensiver Forschung. Ein großes Potential bieten hier die Klein- und Mittelbetriebe, die vielfach hochspezialisiert sind (63).

Kooperation mit dem Ostblock kann gerade für die mittelständische Wirtschaft der Bundesrepublik interessant sein. Der Weg dorthin ist jedoch mühsam und steinig. Rund 40 Großunternehmen aus der Bundesrepublik Deutschland hatten Anfang 1976 bereits eigene Niederlassungen in Moskau, die sie mit Lizenz der zuständigen sowjetischen Handelsgesellschaften gründen konnten. Diese Niederlassungen sind mit deutschem und sowjetischem Personal besetzt, nicht zuletzt auch aus sprachlichen Notwendigkeiten. Ergibt sich im Bereich der sowjetischen Wirtschaftsplanung ein Bedarfsfall, so ist es für die am Ort ansässigen Niederlassungen deutscher Großunternehmen relativ einfach, hier Kontakt aufzunehmen. Sie wissen auch, wo sie das tun müssen.

Beispielsweise liefert ein bundesdeutsches Chemieunternehmen ein interessantes Additiv für die Lebensmittelindustrie. Oder es bietet ein Verfahren an, Lebensmittel haltbarer, geschmacklich besser und repräsentativer zu machen. Es kann vorkommen, daß das zu erzeugende Produkt im Bereich der Ernährungswirtschaft liegt, das zu liefernde Produkt vielleicht im Bereich der Chemie, und es kann auch sein, daß noch Patent- und Rechtsfragen hinzukommen, die dritte Instanzen in Moskau berühren. Von einer Niederlassung in Moskau aus läßt sich das regulieren. Niederlassungen haben – wie bereits gesagt – bisher nur die Großunternehmen. Mittlere und kleine Firmen geraten jedoch ins Hintertreffen. Sie können nur von Zeit zu Zeit in Moskau erscheinen. Und dann ist es für sie schwierig, bei der unübersehbaren Vielfalt der zuständigen Behörden und Instanzen den besonderen Problemen bei der Koordination technisch-wissenschaftlicher Fragen mit denen einer besonders schwerfällig arbeitenden Superbürokratie derart gerecht zu werden, daß sie mit ihrem Angebot an die richtigen und fachlich entscheidenden Stellen gelangen. Und selbst das kann nie direkt geschehen, sondern nur durch Vermittlung einer sowjetischen Staatshandelsgesellschaft. Dies macht sehr viele Reisen und Besprechungen erforderlich. Schon viele bundesdeutsche mittelständische Unternehmen haben nach einer Reihe quasi nutzloser Versuche derartige nervenzehrende Anstrengungen aufgegeben.

Dies und die Tatsache, daß interessierten sowjetischen Fachkreisen auf solche Weise wertvolle Anregungen aus dem Kreis besonders initiativer und fruchtbarer Klein- und Mittelbetriebe der Bundesrepublik entgehen, hat sich anscheinend bis zur höchsten sowjetischen Instanz durchgesprochen. Auch die Tatsache, daß betriebliche Kooperationen erst am Anfang ihrer Möglichkeiten stehen und der durch sie gebotene Spielraum bei weitem noch nicht ausgeschöpft ist. So jedenfalls ist das Ende Oktober 1974 unterzeichnete Abkommen über die weitere Entwicklung der wirtschaftlichen Zusammenarbeit zwischen der UdSSR und der Bundesrepublik Deutschland zu verstehen. Darin heißt es: »Die Vertragsparteien werden im Rahmen ihrer Möglichkeiten die Zusammenarbeit auf breiter Basis unterstützen und dabei die Interessen mittlerer und kleiner Unternehmen weiterhin berücksichtigen.« In diesem Sinn wurde von deutscher Seite im Herbst 1975 ein wichtiger Schritt getan. Im Rahmen der Moskauer Botschaft der Bundesrepublik Deutschland bildete man eine spezielle Abteilung dafür, den Klein- und Mittelbetrieben den Kontakt mit sowjetischen Außenhandelsorganisationen zu erleichtern (63).

Leistungsfähigkeit ist mehr als Produktivität

Wir wollen hier nicht in das weite Gebiet der Volkswirtschaftslehre eindringen. Auch nicht in die Produktivitätstheorien. Trotzdem ist die Produktivität als solche Gegenstand dieses Kapitels. Allgemein versteht man unter Produktivität das Verhältnis der Erzeugung zum dafür erforderlichen Aufwand. Oder die volkswirtschaftliche Ergiebigkeit der Produktionsfaktoren Arbeit, Kapital, Boden oder Rohstoffe, unternehmerische Disposition. Wenn man sich diese Faktoren ansieht, dann erkennt man bereits, daß es hier Zuordnungs- und Berechnungsschwierigkeiten gibt, vor allem hinsichtlich des Faktors »Unternehmerische Disposition«. Deshalb werden Produktivitätsberechnungen auch fast ausnahmslos auf die Arbeitsproduktivität abgestellt, das heißt auf das Verhältnis von Ausbringung von Arbeitsleistung pro Beschäftigten und Arbeitsstunde. Produktivität kann man aber nicht nur am Arbeitsaufwand messen, der für eine bestimmte Gütermenge notwendig ist. So ließe sich bei der Eisenverhüttung die Produktivität wesentlich erhöhen, indem man versucht, weniger Koks und Energie für eine Tonne Eisen zu benötigen.

Trotzdem wird die Produktivität zu rechnerischen Vergleichen herangezogen, weil andere Möglichkeiten fehlen. Es lassen sich auch die Produktivitäts-Unterschiede zwischen Großunternehmen mit mehr als 100 Beschäftigten und den sonstigen Unternehmen, also den Klein- und Mittelbetrieben, in der Bundesrepublik Deutschland darstellen (64). Hier im Jahresvergleich 1954 mit 1967:

Effektive Nettoproduktion je Beschäftigten in DM

im Jahr	Unternehmens- größe	Grundstoff- u. Produk- tionsgüter- Industrie	Investi- tionsgüter- Industrie	Verbrauchs- güter- Industrie	Gesamt- Industrie
1954	Groß- unternehmen	16 385	10 829	8 721	12 420
	sonstige Unternehmen	12 227	9 707	8 041	9 419
1967	Groß- unternehmen	40 942	24 257	21 564	29 366
	sonstige Unternehmen	30 788	23 881	19 969	23 507

Fiktive Nettoproduktion je Beschäftigten in DM

im Jahr	Unternehmens- größe	Grundstoff- u. Produk- tionsgüter- Industrie	Investi- tionsgüter- Industrie	Verbrauchs- güter- Industrie	Gesamt- Industrie
1954	Groß- unternehmen	15 836	10 319	8 247	11 902
	sonstige Unternehmen	12 830	10 175	8 163	9 754
1967	Groß- unternehmen	38 710	24 299	20 277	28 512
	sonstige Unternehmen	34 456	23 828	20 304	24 286

Es soll hier darauf aufmerksam gemacht werden, daß vorliegende Untersuchung nur für die Industrie gilt, die bekanntlich nur
ein Teil der Wirtschaft ist.

*Produktivitätsdifferenzen zwischen Großunternehmen und
sonstigen Unternehmen in Prozenten*

im Jahr		Grundstoff- u. Produktionsgüter- Industrie	Investi- tionsgüter- Industrie	Verbrauchs- güter- Industrie	Gesamt- Industrie
1954	Statistischer Vorsprung	+ 34,0 %	+ 11,6 %	+ 8,5 %	+ 31,9 %
	davon: strukturbedingt	+ 23,4 %	+ 1,4 %	+ 1,0 %	+ 22,0 %
	echter Vorsprung	+ 10,6 %	+ 10,2 %	+ 7,5 %	+ 9,9 %
1967	Statistischer Vorsprung	+ 33,1 %	+ 1,6 %	+ 8,0 %	+ 24,9 %
	davon: strukturbedingt	+ 12,3 %	+ 2,0 %	− 0,1 %	+ 17,4 %
	echter Vorsprung	+ 20,8 %	− 0,4 %	+ 8,1 %	+ 7,5 %

Der Vergleich einer Querschnittsrechnung aus dem Jahr 1954
mit einer aus dem Jahr 1967 ergibt, daß der statistische Pro-
duktionsvorsprung der Großunternehmen in beiden Ermitt-
lungsjahren zum größten Teil strukturbedingt war, also auf
Einflüssen der Branchenstruktur beruhte. Der echte Vorsprung
hat tendenziell eher abgenommen.
Bei der Beurteilung von Unternehmen ist es falsch, nur die er-
rechnete Produktivität zu betrachten. Man muß sich vielmehr
an die wirtschaftliche Leistungsfähigkeit halten. Das ist ein Begriff, der mehr ist als die ohnehin nicht in allen Faktoren er-
rechenbare Produktivität. Wirtschaftliche Leistungsfähigkeit ist
in ihrer Gesamtheit ein komplexer Begriff, der Kriterien beinhaltet, die sich teilweise einer exakten Darstellung entziehen,
beispielsweise die Frage des Zugangs zum Kapitalmarkt, das
Problem der Führungsqualität, der Führungskontinuität und

unter vielen anderen Kriterien auch Flexibilität in Produktion und Marktverhalten, langfristige Bindung des Personals und die Qualität der Mitarbeiter. Der Begriff der wirtschaftlichen Leistungsfähigkeit hat sich, trotz seiner Undefinierbarkeit, sowohl in der Forschung wie in der Executive durchgesetzt. Er ist nicht an eine bestimmte Unternehmensgröße gebunden.

Den Beweis dafür liefern die Klein- und Mittelbetriebe, die sich auf einer großen Zahl von Märkten trotz hartem Wettbewerb mit Großunternehmen gut behaupten. Es gibt genügend Beispiele dafür, daß Handwerksbetriebe rationeller und kostengünstiger arbeiten als Regiebetriebe von Großunternehmen oder öffentlichen Institutionen. Das gilt vielfach auch dann, wenn man die bei Regiebetrieben bereits rechnerisch vorbelastenden sogenannten Gemeinkosten, die das gewünschte Produkt zusätzlich mit Kosten belasten, außer Betracht läßt. Es ist kein Geheimnis, daß gut rechnende Abteilungsleiter von Großbetrieben beispielsweise ein benötigtes Regal von einer kleinen Schreinerwerkstatt außerhalb der Firma herstellen lassen statt von der betriebseigenen sogenannten Hausschreinerei. Das Konto der Abteilung wird dabei oft nur halb so hoch belastet wie bei der Herstellung »im eigenen Haus«. Der Abteilungsleiter hat, ohne sich dessen richtig bewußt zu sein, damit zur besseren Ausnutzung volkswirtschaftlicher Kapazitäten beigetragen. Vielleicht findet sich mal ein betrieblicher »Kostenjäger«, der dann feststellt, daß die Schließung der betriebseigenen Schreinerei für das Gesamtunternehmen der Eliminierung eines Verlustbringers gleichkommt.

Es ist eine alte Weisheit, daß große Betriebsgrößen die Gefahr versteckten Leerlaufs mit sich bringen. Man kennt die Story, wo der neu eingestellte Fertigungsleiter eines Großkonzerns in einem Nebenraum auf eine kleine Gruppe kartenspielender Arbeiter traf. Seine Frage »Wer sind Sie?« wurde im Choral beantwortet: »Wir sind die Stehbolzen-Einzieher!« Der neue Direktor griff sich an den Kopf und japste: »Die Motorenfertigung hat unsere Firma doch schon vor fünf Jahren eingestellt. Seitdem gibt es doch nichts mehr, wo Stehbolzen eingezogen werden könnten!«

Kapitalintensive Branchen bieten Großunternehmen bessere Chancen als den Klein- und Mittelbetrieben. Das gilt für die Erdöl- und Erdgasbranche, für Chemie, Bergbau, eisenschaffende Industrie, Zigarettenindustrie, Schiffs- und Fahrzeugbau. Das ist allgemein bekannt. Und doch gelang es einer ganzen Reihe mittelständischer Unternehmen, hier Fuß zu fassen. Teilweise macht es die Technik möglich.

Beispielsweise in der eisenschaffenden Industrie. Dort können jetzt Elektroöfen der Elektrostahlwerke aus Eisenschwammpellets direkt Stahl herstellen. Hochöfen, bisher aufwendiges Kernstück der Eisengewinnung, werden dabei nicht mehr gebraucht. Jetzt ist der Weg frei für kleine Stahlwerke am Ort, wo der Stahl benötigt wird. Auch im Chemiebereich findet man eine wachsende Zahl mittelständischer Unternehmen, wie auf dem Sektor pharmazeutischer Spezialitäten. Es sind hier vornehmlich Außenseiter, die mittels der Überlegenheit ihrer Produkte im kapitalintensiven Bereich Fuß fassen konnten. Um sich auf die Dauer in diesem Bereich halten zu können, müssen sie auf Expansion setzen, um selbst in die Gruppe der Großunternehmen zu gelangen. Das hängt letztlich mit der Kostenrechnung zusammen, speziell den degressiven Kosten, einer der fünf Kostenkategorien von Prof. Dr. Schmalenbach, dem verstorbenen Altmeister der Betriebswirtschaftslehre. Schmalenbachs empirisch-realistische Forschung konzentrierte sich vor allem auf die Kostenlehre und das Gewinnproblem.

Nach Schmalenbach liegen degressive Gesamtkosten immer dann vor, wenn die Grenzkosten unter den Durchschnittskosten liegen. Grenzkosten sind jedoch die Mehrkosten, die bei einer Erweiterung der Produktionsmenge bei der Herstellung der letzten Produktionseinheit entstehen. Auch bei kapitalintensiver Produktion muß schließlich in entsprechend großer Menge produziert werden, damit man, wie es im Volksmund heißt, »auf seine Kosten kommt«. Und das sind hier nun mal große Mengen. Kapitalintensive Massenproduktion ist daher der Bereich, in dem das anonyme Kapital arbeitet, das Aktienkapital. Hier herrschen angestellte Manager, herrschen Technokraten.

Im Bereich kleiner und mittlerer Unternehmungen herrscht Privatkapital vor, das in weitem Maß von seinen Eigentümern in persönlichem Einsatz als Direktor oder Geschäftsführer manipuliert wird. Hier geht die Verantwortung an den eigenen Geldbeutel. Das bedeutet nicht, daß patriarchalische Zustände herrschen müssen. Aber es ist für diese mittelständischen Unternehmen typisch, daß zwischen der obersten Geschäftsleitung und den Mitarbeitern weitgehende persönliche Bindungen bestehen, die sich positiv auf das Betriebsklima auswirken. Der Mitarbeiter, der sich mit seinem Unternehmen persönlich verbunden fühlt, wird sich mehr als ein Fließbandarbeiter für die Belange seiner Firma einsetzen. Das führt zu einem Optimum des Informationsflusses innerhalb des Betriebes. Und die vielfach bei mittelständischen Firmen aufgrund ihres Standortes vorhandene Marktnähe bringt ein ebenso befruchtendes enges Verhältnis zur Kundschaft. In diesem Bereich sind Großunternehmen oft nicht mehr konkurrenzfähig.

Hier liegt die Domäne der mittelständischen Industrie, die direkt im Markt sitzend sogar konkurrenzlos günstig Massenartikel herstellen kann, die für denselben Markt gedacht sind. Die Nahrungsmittelindustrie beweist dies. Die mittelständische Industrie wird daher marktmäßig-flexibel reagieren und sich veränderten Marktsituationen anpassen.

Große Kreativität bei mittelständischen Unternehmen

Kreativität wurde zum neuen Schlagwort. Eigentlich heißt es: Schöpferkraft. Damit bezieht sich die Kreativität auch auf die Innovation, die Verwirklichung neuer wirtschaftlicher Konzepte, also neuer Produkte, aber auch neuer Verfahren in Produktion, Management und Organisation (65). Sie ist letztlich eine »Ideenproduktion«. Damit wäre die Innovation ebenfalls ein Produktionsfaktor, also auch ein Teil der wirtschaftlichen Leistungsfähigkeit.

Schon verschiedentlich wurde im vorliegenden Text darauf hingewiesen, daß das innovatorische Potential mittelständischer Unternehmen beachtlich ist. Das merkten auch die Ostblockländer, und hier vor allem die Sowjetunion. In der deutschen Wirtschaftsforschung dauert diese Erkenntnis etwas länger. Man klammerte sich zu lange an die These von Professor Schumpeter, eines der bedeutendsten Nationalökonomen des 20. Jahrhunderts. Nach dieser These wäre das Großunternehmen der ideale Rahmen zur Vorbereitung und Durchsetzung des volkswirtschaftlich relevanten Fortschritts in den einzelnen Innovationsprozeßphasen. Neuere Untersuchungen stellen das in Frage. So z. B. Hearings vor dem US-Senat Ende der sechziger Jahre. Auch neuere IFO-Untersuchungen bestätigen das. Dr. Oppenländer (66) untersuchte, wie der technische Fortschritt in den drei Ablaufphasen Invention, Innovation und Diffusion in den einzelnen Unternehmensgrößenklassen wirkt, und wie sich Unternehmen der verschiedenen Größenklassen im Innovationsprozeß verhalten:

In der Inventionsphase, der Zeit des Forschens und Entwickelns, sind die Großunternehmen im Vorteil. Ihre größere Aktivität in diesem Bereich ist nicht zu übersehen. Hier ist der Anteil der Ausgaben für Forschung und Entwicklung am Umsatz größer als bei Klein- und Mittelbetrieben. Auch beschäftigen Großunternehmen mehr Personal in diesem Bereich. Doch die mittelständische Industrie holt seit einigen Jahren auf. Bei ihnen hat in den Investitionsgüterbereichen der Forschungs- und Entwicklungsaufwand überdurchschnittlich zugenommen. Allerdings sind diese Aktivitäten nur kurzfristig ausgelegt. Technischer Fortschritt wird für kleine und mittlere Unternehmen nur dann risikoärmer und aussichtsreicher, wenn langfristig beobachtet wird, so, wie es beim Großunternehmen üblich ist. Hier sind Aufklärung notwendig und Hilfen, um die Planungskosten zu verringern.

Phase zwei ist die Innovationsphase. Das ist die Phase des Umsetzens von Erfindungen in Produkte. Hier sind die kleinen und mittleren Unternehmen offenbar den Großunternehmen voraus. Gemessen wurde dies an der Zahl der nach zwei Jahren noch nicht genutzten Erfindungen. Sie lag bei Klein- und Mittelfirmen weitaus niedriger als bei Großunternehmen. Daraus zog man den Schluß, daß mittelständische Betriebe offenbar einem andauernd starken Konkurrenzdruck ausgesetzt sind, der sie zwingt, lohnende Erfindungen möglichst rasch zu verwirklichen, also zu innovieren.

In der Diffusion, der Phase drei, schneiden die Großunternehmen besser ab. Fortschreitende Technik kann im Zwang zum größeren Optimum die größere Betriebseinheit notwendig machen. Die Entscheidung darüber liegt im dafür vorhandenen Markt und der diesbezüglichen Effektivität des eigenen Vertriebssystems einerseits und in der damit geschaffenen Lage des Grenzwertes im Rahmen der degressiven Gesamtkosten Schmalenbach'scher Prägung andererseits. Mit anderen Worten: Die Wirtschaftlichkeit entscheidet über die Produktionsgröße. Und die muß nicht unbedingt so groß sein, daß sie eine große Betriebseinheit erfordert. Ist sie es nicht, sind die Stückzahlen des neuen Produktes also nicht sehr groß, dann kann es ohne weiteres sein, daß mittelständische Unternehmen hier die Chance haben. Sie können gut im Regionalmarkt und ebenso im internationalen Spezialmarkt stehen. Schließlich bietet sich für mittelständische Unternehmen auch der Weg der Vertriebskooperation an. Das heißt, mehrere kleine oder mittlere Unternehmen richten ihr Produktionsprogramm derart aus, daß sich jede Firma auf bestimmte Typen konzentriert, die sich im gemeinsamen Vertrieb als vollständige Angebotspalette formieren und damit sämtlichen Kundenwünschen im zuständigen Markt gerecht werden.

Fazit: Wer in Phase drei besser abschneidet, die Großen oder die Kleinen, bleibt offen. Auch Oppenländer (66) stellt fest, daß verschiedene Untersuchungen empirischer Art zeigen, daß eine eindeutige Aussage hier nicht möglich ist. Nach seiner Meinung hängt es stark von der zuständigen Industriegruppe und deren Produktionsprogramm ab, ob viel oder wenig von dem neuen Produkt produziert wird. Gerade in der Diffusionsphase können sogenannte Sperr-, Vorrats- und Umzäunungspatente, die überwiegend von großen Firmen gehalten werden, zu einer Verzögerung der Innovation führen. Untersuchungen über die Lizenzbereitschaft ergaben kein einheitliches Bild. Einerseits ist die Lizenzquote verhältnismäßig gering. Andererseits wächst die

Lizenzbereitschaft mit zunehmender Unternehmensgröße. Es wäre notwendig, erst einmal die Bedeutung mittelständischer Unternehmen im Innovationsprozeß zu erkennen. Dann gilt es, Wege zu finden, wie auch diese Gruppe an der Forschungs- und Investitionsförderung beteiligt werden kann. Es gibt verschiedene Vorschläge, durch steuerliche Maßnahmen die Ertragskraft kleiner und mittlerer Unternehmen und dadurch die Finanzstruktur, d. h. letztlich die Rahmenbedingungen, zu verbessern. Das Gesamtproblem der Notwendigkeit erhöhter Abschreibungsmöglichkeiten für Investitionen in der Forschung und Entwicklung ist in der Bundesrepublik Deutschland nicht neu (67). Dr. Ernst von Siemens referierte darüber auf der außerordentlichen Hauptversammlung der Siemens & Halske AG in Berlin am 19. 7. 1963.

Die Bundesregierung weiß, daß der industrielle Wettbewerb durch eine Innovationskonkurrenz gekennzeichnet ist, bei der die raschere Beherrschung der besseren Technologie über den wirtschaftlichen Erfolg entscheidet. Die hierzu erforderlichen Forschungs- und Entwicklungsaufwendungen, die in einigen Industriebereichen bereits 10 Prozent vom Umsatz und mehr betragen, belasten ebenso wie die Marktrisiken technischer Neueinführungen kleinere Unternehmen in der Regel stark. Großunternehmen verfügen über einen breiteren Risikoausgleich und bessere Finanzierungsmöglichkeiten. Unternehmen mit einem Jahresumsatz von mehr als 250 Millionen DM beschäftigen zwar nur 34 Prozent der Arbeitnehmer, bringen jedoch 80 Prozent der industriellen Forschungs- und Entwicklungsaufgaben auf. Daher wird vielfach nicht verstanden, weshalb die staatlichen Förderungsmittel überwiegend Großunternehmen zufließen, wie aus der nachfolgenden Tabelle ersichtlich wird. Diese Tabelle zeigt jedoch nicht die Beteiligung kleinerer Unternehmer als Unterauftragnehmer bei Großprojekten. Die Gründe liegen in den bisher schwerpunktmäßig geförderten Bereichen Kern-, Weltraum- und Computertechnik, die einen außerordentlich hohen technischen und finanziellen Aufwand erfordern und trotz staatlicher Finanzhilfe oder teilweiser Risikoabdeckung mit beträchtlichen Entwicklungs- und Marktrisiken verbunden sind. Diese eignen sich meistens nur für Großunternehmen, oft sogar nur für großindustrielle Unternehmensgruppen (68).

Übersicht über die Erstempfänger der Zuwendungen des Bundesministeriums für Forschung und Technologie in der Wirtschaft. Anteile am jeweiligen Programmbereich.

Programmbereich	Jahr	Großunternehmen einschl. Beteiligungen ab 50 Prozent	Gemeinschaftsunternehmen u. Konsortien von Großunternehmen	andere (kleinere) Unternehmen	Sonstige
Neue Technologien einschließlich Meeresforschung	1972	84,9 %	3,3 %	11,6 %	0,2 %
und Meerestechnik	1973	84,4 %	1,9 %	12,4 %	1,3 %
Daten-	1972	68,9 %	21,5 %	8,9 %	0,7 %
verarbeitung	1973	69,7 %	18,8 %	10,3 %	1,2 %
Kernforschung und kerntechnische	1972	32,7 %	65,6 %	1,7 %	—
Entwicklung	1973	19,8 %	75,0 %	5,2 %	—
Weltraumforschung, Weltraumtechnik,	1972	65,2 %	0,9 %	28,7 %	5,2 %
Luftfahrtforschung	1973	47,8 %	39,1 %	12,0 %*)	1,1 %
insgesamt in %	1972	54,5 %	35,4 %	9,1 %	1,0 %
	1973	47,9 %	42,2 %	9,1 %	0,8 %
in Millionen DM	1972	482	313	80	8
	1973	543	478	103	8

*) Absinken des Anteils kleinerer Unternehmen 1973 aufgrund eines Auftrages an das Deutsch-Französische Industriekonsortium für den Satelliten Symphonie (68).

Von einer Förderung der Forschung und Entwicklung bei kleinen und mittleren Unternehmen ist nach vorliegender Tabelle noch herzlich wenig zu merken. Daß dies keine Dauererscheinung sein darf, ist dem Bundesministerium für Forschung und

Technologie bewußt. Minister Matthöfer spricht daher von seinen nachhaltigen Bemühungen, kleinere und mittlere Unternehmen bei allen Vorhaben zu unterstützen, bei denen spezifische Erfahrungen genutzt und weiter ausgebaut werden können. Die seit 1970 angelaufenen Förderungsprogramme im Bereich der technologischen Forschung und Entwicklung, beispielsweise der Optik und Meßtechnik, Materialentwicklung und Gesundheitstechnologie, bieten dazu Ansatzpunkte. Mittelständische Unternehmen haben bei der Bewerbung um Fördermittel vielfach Schwierigkeiten: fehlende Informationen über Förderungsverfahren, Scheu vor zusätzlichem Verwaltungsaufwand oder staatlicher Einflußnahme, mangelnde Erfahrung des Managements, zu enger Finanzierungsspielraum und zu geringe Risikobereitschaft hinsichtlich der wirtschaftlichen Umsetzung der Ergebnisse. Die Bundesregierung bemüht sich, Forschung, Entwicklung und Innovation auch in kleineren und mittleren Unternehmen verstärkt zu fördern durch

— das seit 1972 beim Bundesminister für Wirtschaft in Zusammenarbeit mit den Ländern laufende Programm zur Förderung von Erstinnovationen, nach dem nur über bedingt rückzahlbare, also nur im Erfolgsfall rückzahlbare Zuwendungen solche Unternehmen gefördert werden, die technologisch neue und volkswirtschaftlich bedeutsame Produkte und Verfahren entwickeln (wie sie in oben stehender Tabelle bereichsweise genannt werden);

— das seit 1969 laufende Programm zur Förderung der technischen Entwicklung in der Berliner Industrie;

— die staatliche Unterstützung der industriellen Gemeinschaftsforschung über die Arbeitsgemeinschaft industrieller Forschungsvereinigungen (AIF), die erheblich dazu beitragen kann, daß auch Unternehmen ohne eigene Forschungskapazität Zugang zu Forschungs- und Entwicklungsergebnissen haben;

— die weitgehende Übernahme des Risikos für eine private Wagnisfinanzierungsgesellschaft, die Beteiligungskapital und Managementhilfe für Innovationen in kleineren Unternehmen bereitstellen wird;

– eine bessere Beratung und Information mittlerer und kleinerer Unternehmen durch eine »Förderfibel« sowie durch die Projektträger des Bundesministers für Forschung und Technologie;

– leichteren Zugang zu den Ergebnissen öffentlich geförderter Forschung und Entwicklung, in Einzelfällen ausschließliche Nutzungsrechte und Aufbau der Arbeitsgruppe Patentverwertung der Fraunhofer-Gesellschaft sowie Ausbau der Vertragsforschung (68).

Es sei an dieser Stelle auf die zweite sogenannte Kooperationsfibel des Bundesministeriums für Wirtschaft verwiesen, die unter dem Titel »Zwischenbetriebliche Zusammenarbeit: Chancen für den Mittelstand« am 10. 3. 1976 vorgelegt wurde. Die erste war am 29. 10. 1963 veröffentlicht worden. Die Fibel geht auch auf Forschung und Entwicklung in Zusammenhang mit der gemeinschaftlichen Spezialisierung ein.

Kostendruck vom Umweltschutz

Für die künftige Entwicklung der Unternehmen ist mit vermehrter oder zusätzlicher Belastung vorwiegend von zwei Seiten zu rechnen, nämlich von hohen Energiekosten und Maßnahmen für den Umweltschutz. Es dürfte überraschen zu wissen, daß die Europäische Gemeinschaft jährlich allein 1,5 Milliarden Tonnen Müll produziert. Was darin allein an wertvollen Rohstoffen steckt, bringen in jüngster Zeit Untersuchungen über das Recycling, die Rückverwandlung von Abfällen in nutzbare Stoffe, ans Tageslicht. Das alles kostet Geld. Das belastet die Kassen der Unternehmen.

Welche Unternehmensgrößen davon relativ am meisten betroffen werden, läßt sich schwer feststellen. Aussagen sind eher für ganze Branchen möglich: angeblich am geringsten der tertiäre Bereich, der Bereich der Dienstleistungen. Doch das täuscht. Auch dieser Bereich hat seine Umweltprobleme. Prof. Dr. Krengel (64) verweist darauf, daß der tertiäre Bereich in erheblichem

Maß Vorleistungen von anderen Sektoren in Anspruch nimmt, die zum Teil unter großen Umweltbelastungen produziert werden, wie z. B. Strom aus Kernkraftwerken. Außerdem wächst mit allgemein steigendem Einkommen auch die Umweltverschmutzung durch die privaten Haushalte, wie die Benutzung von Kraftfahrzeugen und Heizanlagen beweisen. Trotzdem wird der eigentliche tertiäre Bereich vorwiegend in Ballungsräumen Fuß fassen, zumal Verwaltungen in ihren Funktionen vielfach aufeinander angewiesen sind. Mit Schmunzeln denkt man dabei unwillkürlich an das »Parkinson'sche Gesetz«: »Beamte machen für Beamte Arbeit.«

Für Unternehmen, die im primären und sekundären Sektor arbeiten, wird die Frage nach dem Standort schwierig, in Einzelfällen wird sie zur Existenzfrage. Die Umweltschutzbestimmungen werden künftig viel weniger Industriestandorte ausweisen als bisher. Der Standort wird zum eingrenzenden Faktor unternehmerischer Entscheidungen werden. Das gilt auch für mittelständische Unternehmen, deren Produktion die Umwelt belastet. Welche Unternehmen sind das? Im Umweltbereich Lärm sind es bestimmte Wirtschaftszweige, die sich häufig in Wohngebieten ansiedelten. Hierzu zählen Gesenkschmieden, die bei der Stahlverformung eingesetzt werden. Es können aber auch Reparaturbetriebe sein, die oft Probeläufe veranstalten müssen, wie beispielsweise Privatunternehmen, die Panzerfahrzeuge alliierter Truppen in der Bundesrepublik warten. Daran zeigt sich die oft mangelnde Koordination zwischen kommunaler Bauplanung und Umweltschutz.

Eine weitere speziell auf Klein- und Mittelbetriebe abgestellte Frage lautet, von welchen umweltpolitischen Maßnahmen diese besonders betroffen sind. Prof. Dr. Hansmeyer (69) beantwortete die Frage nach der finanziellen Belastung kleiner und mittlerer Unternehmen durch Maßnahmen der Umweltschutzpolitik. Er betrachtete einerseits den Anteil der Umweltschutz-Investitionen an den Gesamtinvestitionen. Das ergab eine Kennzahl für die Beanspruchung des industriellen Investitionsbudgets durch Umweltschutzmaßnahmen. Zum anderen wurde der Betriebskosten-Anteil am Umsatz der Unternehmen als Meßzahl herangezogen. Die angegebenen Kennziffern basieren auf den jüngsten Erhebungen des Batelle-Instituts (70). Die Zahlen zeigen, daß die Anteile der Umweltschutz-Investitionen an den Gesamt-Investitionen in den Jahren 1971–73 wie auch der Anteil der Betriebskosten an den Umsätzen 1973 bei den kleinen und mittleren Unternehmen jeweils *unter* den Belastungszahlen der Großunternehmen lagen. Danach belief sich die Relation der Umweltschutz-Investitionen zu den Gesamt-Investitionen im genannten Zeitraum 1971–73 auf

7 Prozent bei kleinen Unternehmen bis 499 Beschäftigte,
17 Prozent bei mittleren Unternehmen von 500 bis 999 Beschäftigten,
24 Prozent bei großen Unternehmen von 1000 und mehr Beschäftigten.

Der Anteil der Betriebskosten für Entsorgungsausrüstungen am Umsatz betrug 1973
27 Prozent bei kleinen Unternehmen,
19 Prozent bei mittleren Unternehmen,
28 Prozent bei großen Unternehmen.

Das Investitionsbudget kleiner und mittlerer Unternehmen ist durch Umweltschutz-Maßnahmen geringer belastet als das großer Unternehmen. Hansmeyer (69) führt dies darauf zurück, daß kleine und mittlere Unternehmen vorwiegend in »sauberen« Branchen arbeiten. Zu wesentlich anderen Ergebnissen kommt das IFO-Institut. Sprenger (71) schätzt, daß in der Industrie (außer Bergbau und Elektrizitätswirtschaft) 1971–73 nur an die 4 bis 4$^1/_2$ Prozent der Gesamtinvestionen auf Umweltschutz fallen. Im Gegensatz zu Batelle ermittelte IFO, daß die kleineren Betriebe relativ mehr für den Umweltschutz investieren mußten als die großen. Im einzelnen ermittelte IFO für die Industrie (außer Stahl, Chemie, Bergbau und Energie) folgende Prozentsätze für die Relation Umweltschutz-Investitionen zu Gesamt-Investitionen:
3,1 Prozent für kleine Betriebe bis 199 Beschäftigte,
4,2 Prozent für mittlere Betriebe von 200 bis 999 Beschäftigten,
2,6 Prozent für große Betriebe von 1000 und mehr Beschäftigten.

Diese von IFO gezeigten Zahlen muten schon realistischer an. Sie verweisen auf sinkende Belastung bei steigender Betriebsgröße. Dasselbe gilt – gemessen am Umsatz – für Zahlen über bestimmte Betriebskostenbelastungen aus den Entsorgungseinrichtungen, also Gebühren, Beiträge, Entgelte für Umweltschutzleistungen Dritter. Diese belaufen sich auf
1,4 Prozent für kleine Betriebe,
1,2 Prozent für mittlere Betriebe,
0,8 Prozent für Großbetriebe.

Sprenger (71) führt die gezeigte größere Belastung kleiner und mittlerer Unternehmen darauf zurück, daß diese gezwungen sind, eigene Umweltschutz-Investitionen durch Fremdkapital zu ersetzen. Das gilt vor allem für den Abfall- und Abwasserbereich. Im Bereich von Luft und Lärm sind dagegen nur Eigenleistungen der Unternehmen zum Schutze der Umwelt möglich.
Jedes Ding hat zwei Seiten. Auch der Umweltschutz. Zunehmender Druck bewirkt eine zunehmende Nachfrage nach Gegenmitteln. Das kann neue Technik sein, beispielsweise der bereits erwähnte Fortfall von Hochöfen bei direkter Elektrostahlerzeugung aus Eisenschwamm. Jedoch mit der Herstellung von Eisenschwammpellets in Direktreduktion, also Erzkugeln von 8–15 mm Durchmesser, denen in Reduktionsschachtöfen, die von großen Mengen Gas durchströmt werden, der Sauerstoff entzogen wurde und die zu Eisen reduziert werden, ohne dabei zu schmelzen, wird ein neuer Fall von Umweltbelastung geschaffen. Aber diese Produktion kann transportgünstig dort stattfinden, wo die großen Erzlager liegen, sei es in der Sowjetunion, in Mauretanien oder auch in Brasilien.
Jedenfalls kann neue Technik neue Fakten schaffen und dies auch im Bereich des Umweltschutzes. Und dann wird es Hersteller geben müssen, die Anlagen im Einklang mit dem Umweltschutz produzieren. Hier öffnet sich ein weites Feld von Produktionsmöglichkeiten für die mittelständische Industrie, zumal es sich dabei nicht um Massengüter handelt. Die Absatzmöglichkeiten auf diesem Markt sind günstig. Es ist ein Markt

für Innovationen, der kontinuierlich wächst und außerdem im internationalen Bereich weite Möglichkeiten bietet – ein typischer Markt für den mittelständischen Unternehmer.

Strukturwandel greift in die Kasse

Es liegt in der Natur des Strukturwandels, daß nur das Unternehmen ihn übersteht, das ihn möglichst frühzeitig erkennt und daraufhin zur rechten Zeit die Initiative ergreift. Das bedeutet Umstellung, und die gibt es nicht umsonst. Es müssen demnach beträchtliche Finanzmittel eingesetzt werden.

Das Wort Strukturänderung ist ein neues Ersatzwort für alle Schwierigkeiten geworden, für alle generell krisenartigen oder rezessionsartigen Erscheinungen. Normale Wachstumsvoraussetzungen werden künftig für einen längeren Zeitraum nicht mehr gegeben sein. Wir müssen mit dem Trend rechnen, daß arbeitsintensive Produktion in unserem Lebensraum immer schwerer wird. Auf lange Sicht werden sich arbeitsintensive Teilfertigungen in Niedriglohn-Länder verlagern. Unsere heimische Aktivität wird sich auf Forschung, Entwicklung, Endkontrolle, Absatz und Kundendienst konzentrieren.

Die Zeit, in der dank hoher Privatinvestitionen und der Zuwanderung von Gastarbeitern mit 4 Prozent Jahreswachstum des Produktionspotentials gerechnet werden konnte, ist mindestens bis 1980 vorbei. Die Ertragsschwäche der Unternehmen führt mit Verzögerung zur Investitionsschwäche. Ein Bericht der Industriekreditbank kommt zum Ergebnis, daß ihr Kundenkreis, der sich aus mittleren Firmen zusammensetzt, in den Jahren 1972–74 etwa 40 Prozent an Umsatzrendite verloren hat. Den größten Einbruch hatten die mittelgroßen Firmen zwischen 100 und 200 Millionen DM Jahresumsatz zu verzeichnen, nicht so sehr der ausgesprochene Kleinbetrieb. Die Umsatzrendite, die sich bei diesen Unternehmen jetzt zwischen 3 und 4 Prozent vor Steuern bewegt, reicht zur Bildung von Rücklagen als wesentlicher Faktor für Investitionen nicht aus, zumal darin noch die Scheingewinne zu berücksichtigen sind (72). Scheingewinne sind ausgewiesene Gewinne, die wohlgefällig unter dem Strich stehen, aber wirklichkeitsfremd sind. Sie sind aufgebläht, weil das Rechnungswerk der Unternehmen durch die Geldentwertung im Gefolge von Lohn- und Preissteigerungen aufgebläht ist. Für ausgewiesene Gewinne und daraus gesammelte Rücklagen hätte man noch vor zehn Jahren eine Reihe von Investitionsgütern kaufen können. Das ist heute bei weitem nicht mehr der Fall. Doch die dafür zu entrichtenden Steuern nehmen darauf kaum Rücksicht. Die Vorschriften für die steuerfreie Bildung von Rücklagen zur Substanzerhaltung sind zu eng. Zunehmend geht bei den Unternehmen Substanz verloren. Der Gewinn von gestern kann heute als gleicher Gewinnbetrag bereits ein Verlust sein. Das ist eine Tatsache, die mit fortlaufender Inflation immer bedrohlicher wird (73).

Anpassung an den Strukturwandel ist unumgänglich, auch für kleine und mittlere Betriebe. Doch ihre ungünstige Kapitalstruktur erschwert die Anpassung. Die Eigenkapitaldecke kleiner Unternehmen hat sich weniger gut entwickelt als die der großen Firmen. Investitionen über Fremdkapital zu finanzieren, ist schwierig. Der Zugang zum Kapitalmarkt ist den kleinen und mittleren Unternehmen in weitem Maße verschlossen, nicht zuletzt durch Gesellschaftsformen, unter denen Aktiengesellschaften in der Minderzahl sind.

1971 hatte man ermittelt, daß 53 Prozent der befragten Klein- und Mittelbetriebe noch nie langfristige Bank- und Sparkassenkredite mit Laufzeiten von mehr als vier Jahren in Anspruch genommen haben, 73 Prozent noch nie einen mittelfristigen Kredit. Daraus wird ersichtlich, daß diese Unternehmen durch kurzfristige Kredite unnötig hoch belastet sind. Andererseits macht man Fremdfinanzierung oft dadurch schwer, daß die Konditionen für Kredite variabel gestaltet sind. Wie Staatssekretär Dr. Schlecht vom Bundesministerium für Wirtschaft (74) feststellte, mangelt es den Unternehmen vielfach an Informationen über adäquate Finanzierungsmöglichkeiten. Dr. Schlecht sieht hier eine wichtige Aufgabe für die Banken, die immer wieder prüfen sollten, ob ihre Finanzierungsberatung nicht noch erheblich zugunsten kleiner und mittlerer Unternehmen ausgebaut werden kann. Er kündigte an, daß das Bundeswirtschaftsministerium 1976 den kleinen Unternehmen verstärkt KW- und ERP-Mittel zu langfristigen, festen Bedingungen zur Verfügung stellen will.

Diese Problemlösung wurde von anderen Wirtschaftswissenschaftlern angezweifelt. Vielmehr sei es für die Existenz dieser Unternehmen unerläßlich, die Eigenfinanzierung zu verstärken. Nur so lasse sich eine Verbesserung der Ertragslage erreichen. Dr. Schlecht erinnerte die kleinen und mittleren Unternehmen an die Beschaffungsmöglichkeit für haftendes Kapital durch Aufnahme von Beteiligungen. Der Beteiligungsfinanzierung kommt auch deshalb besondere Bedeutung zu, weil eine hinreichend breite Eigenkapitaldecke eine zentrale Voraussetzung für die Kreditaufnahme ist. Dabei erwähnte Dr. Schlecht die neu gegründete Wagnisfinanzierungs-GmbH, mit der mittelständische Unternehmen verstärkt Risikokapital zugeführt werden soll. Auch die Anlage von Geldern des 624-DM-Gesetzes als haftendes Kapital in Personengesellschaften, jedenfalls der mittleren Wirtschaft, wurde als neuer Weg der Beteiligung erklärt.

Das Thema »Kapitalbeteiligungsgesellschaften« macht mittelständische Unternehmen hellhörig. Nicht zuletzt deswegen, weil man nie genau weiß, wer am Schluß hinter diesen Kapitalbeteiligungsgesellschaften stehen könnte. Es soll hier nicht irgend jemand verteufelt werden. Aber die Vergangenheit liefert Beispiele für oft überraschende Eigentümerwechsel derartiger Gesellschaften. Das ändert nichts am schon angedeuteten möglichen Nutzen solcher Firmen zur Verbreiterung der Eigenkapitalbasis. Innerhalb der gesamten deutschen Industrie ist die Eigenkapitalbasis ohnehin sehr schmal. Sie liegt bei mittelgroßen Firmen zwischen 25 und 30 Prozent. Wie Prof. Dr. Rodenstock (72) meint, müßte hier dringend ein Wandel eintreten, und zwar auch bei den Aktienemissionen. 1974 wurde lediglich der minimale Betrag von 1 Milliarde DM neuer Aktien emittiert bei einem Kapitalbedarf von etwa 15 Milliarden. Für die nicht emissionsfähigen Firmen müßte etwas Zusätzliches zur Ertragsverbesserung, und zwar rechtzeitig und konsequent, getan werden. Man müßte bei dem vielfach gegebenen ruinösen Preiswett-

bewerb vielleicht auch, so anstößig das klingen mag, an Krisen-
kartelle denken, bevor es zu spät ist, meinte Prof. Dr. Rodenstock (72).

Die Zukunft in den Griff bekommen

Nichts ist so leicht wie die Zukunft vorherzusagen, denn – frei
nach Nestroy – »am End' weiß keiner nix«. Man kommt nun
mal nicht daran vorbei, daß unter allen Gaben, mit denen der
Mensch ausgestattet ist, die Unwissenheit über die Zukunft mit
zu den besten gehört. Um das zu erkennen, braucht man sich nur
zu überlegen, wie man sich selbst benehmen würde, wenn man
in seiner eigenen Zukunft wie in einem Bilderbuch lesen könnte.
Die meisten Menschen haben die Erfüllung des Wunsches, in die
Zukunft zu blicken, bereits aufgegeben. Andere versuchen ihr
Glück bei einer Wahrsagerin. Und ebenso hartnäckig versucht
man, im politischen Bereich die Zukunft zu erforschen. Schließlich ist jede Politik auf die Zukunft gerichtet. Seit statt der del-
phischen Pythia Ökonometriker und Kybernetiker am Werk
sind, der Dreifuß durch den Computer ersetzt wurde und die
Propheten, anstatt Dämpfe einzuatmen und Lorbeerblätter zu
kauen mit mathematischen Gleichungen und globalen Weltmodellen spielen, lassen die Prognosen an Deutlichkeit nichts mehr
zu wünschen übrig (33).
Allerdings gibt es Symptome, also bestimmte Anzeichen für
kommende Entwicklungen. Diese muß man nutzen. Mit ihnen
sollte man, wie es das Militär tut, Planspiele veranstalten unter
Verwendung vorhandener Faktoren. Über das, was dabei her-
auskommt, soll man diskutieren. Definitive Aussagen zu machen, ist nicht möglich. Aber die unterschiedlichen Ergebnisse der
verschiedenen Betrachtungsweisen führen zu individuellen
Denkanstößen, die in weitem Maß vor Überraschungen schützen. Darin liegt der wahre Nutzen von Prognosen.
Prognosen haben ihren Wert, auch wenn ihre Ergebnisse in ein
und derselben Sache manchmal zu Gegensätzlichkeiten führen.
Vor allem bewirken sie, daß sich der davon Berührte, sei es eine

Person, der Staat, eine Branche oder eine Firma, weiterhin mit der Thematik befaßt. Er bleibt wachsam und ist dadurch in der Lage, den im Verlauf der Zeit eintretenden Veränderungen gegenüber schnell zu reagieren.

Vieles in unserer Betrachtung bleibt ungeklärt. So beispielsweise die Bedeutung der kleinen und mittleren Unternehmen für den Wettbewerb. Hier gibt es theoretische Erklärungsweisen, jedoch fehlen empirische Informationen. Die französische Zeitung »Le Figaro« befaßte sich mit der vergleichsweise zur französischen Wirtschaft krisenfesteren deutschen. Hinsichtlich der Vielfältigkeit der deutschen Exportbemühungen wurde darauf verwiesen, daß in Frankreich 33 Unternehmen Träger von drei Vierteln der französischen Ausfuhr sind. Aber in der Bundesrepublik sei noch der kleinste Akkordeon-Fabrikant im hintersten Schwarzwald stolz darauf, sein Erzeugnis selber an die Kundschaft im Ausland zu liefern (75). Den modernen Grundsätzen von Wirtschaftlichkeit steht das in der Tat entgegen.

Ungereimtheiten gibt es noch mehr. Es wird von der künftigen Verlagerung arbeitsintensiver Massenproduktion aus hochindustrialisierten Ländern in unterentwickelte Länder gesprochen. Prof. Dr. Rodenstock meinte zu den Möglichkeiten derartiger Auslandsinvestitionen: »... das hieße doch, unsere Betriebe hier kleiner machen und Kapazitäten ins Ausland tranferieren« (72). Unseren Außenhandelsüberschuß durch Auslandsinvestitionen einebnen zu wollen, sei illusionär.

Hinsichtlich der Strukturveränderung der Wirtschaft in Richtung auf den tertiären Bereich erheben sich ebenfalls Bedenken. Dr. Voss (76) ist der Ansicht, daß bei niedrigen und stagnierenden gesamtwirtschaftlichen Wachstumsraten auch die Entwicklung zur Dienstleistungsgesellschaft nicht ungebrochen anhalten kann. Zum einen können die Dienstleistungen des Staates wegen der Grenzen bei den öffentlichen Haushalten ohne gesamtwirtschaftliches Wachstum nicht expandieren. Zum anderen bestehen zwischen dem sekundären und dem tertiären Sektor derart enge Verknüpfungen, daß ein Wachstum im tertiären Bereich nicht ohne Fortschritte im sekundären Sektor erzielt werden kann. Auch im privatwirtschaftlichen Bereich muß erst eine Ausdehnung und vor allem auch eine zunehmende Technisierung der Produktion im sekundären Sektor erfolgen, bevor die komplementären Funktionen im Dienstleistungsbereich weiter entwikkelt werden können.

Nach einer Prognose des Industrieseminars der Universität Mannheim (82) werden im Jahr 2000 nur noch rund 30 Prozent aller Erwerbstätigen im warenproduzierenden Gewerbe tätig sein. Das bedeute nicht, daß weniger produziert wird. Vielmehr würden weniger Mitarbeiter in diesem Bereich mehr produzieren, ja sogar doppelt so viel. Da die Nachfrage nach Dienstleistungen steige, rechne man damit, daß im gesamten tertiären Wirtschaftssektor um das Jahr 2000 über 60 Prozent, vielleicht sogar 65 Prozent aller Erwerbstätigen zu finden sind. Die Produktivität steige bei Dienstleistungen weniger schnell als im warenproduzierenden Gewerbe, das im dritten Quartal unseres Jahrhunderts mit etwa 260 Prozent eine höhere Produktivität erreichte als der gleichzeitig nur um 100 Prozent in seiner Produktivität gestiegene tertiäre Dienstleistungsbereich.

Die wirtschaftliche Stagnation gefährdet den notwendigen Strukturwandel in der Bundesrepublik Deutschland. Auf mittlere Sicht wird der Strukturwandel in der Industrie zu einem Arbeitskräfteüberschuß beitragen. Auch landwirtschaftliche Arbeitskräfte, also aus dem primären Sektor, werden frei. Nach Dr. Voss (76) würde dies bedeuten, daß der Dienstleistungssektor bis 1985 zwischen 2 und 2,7 Millionen Arbeitsplätze zur Verfügung stellen müßte, wenn strukturell bedingte Arbeitslosigkeit vermieden werden soll. Mit den gegenwärtigen Beschäftigungsproblemen und mittelfristigen Perspektiven der Arbeitsmarktpolitik befaßt sich eine Ausgabe der WSI-Mitteilungen (77). Dort schreibt Dipl.-Volksw. Kühl (78), daß einem erheblich wachsenden und ständig sich verbessernden Bildungs- und Arbeitspotential zu wenig und qualitativ unzureichende Berufsbildungs- und Erwerbschancen gegenüberstehen. Deshalb befürchten Politiker auf Grund von Prognostik und Rahmenplanung, daß offene und verdeckte Arbeitslosigkeit sowie die Unterforderung von Bildungsbereitschaft oder potentiellem Arbeitsvermögen ein generelles Dauerphänomen werden könnten.

Dies geschehe in bisher ungewohntem Ausmaß, wenn auch deutlich unterhalb von Depressionsgrößen und von Qualifikationsvergeudung. Auch das ist eine Prognose, und zwar auf mittlere Sicht bis 1980.

Der tertiäre Wirtschaftssektor »Dienstleistung« wird schon bald alle anderen Wirtschaftssektoren, also auch die Produktion von Lebensmitteln und Industriegütern, in den Schatten stellen (79). Man kann das auch so interpretieren, daß die Menschen eine Steigerung ihres Komforts dadurch vornehmen können, daß sie sich wechselseitig bessere Dienste leisten, ohne Anspruch an wesentlich erweiterte technische Produktion. Solche Dienste betreffen z. B. die Sektoren Gesundheit, Sozialfürsorge und Bildung. Sie sind überall dort realisierbar, wo nach bisheriger wirtschaftlicher Gepflogenheit der Anteil des zu zahlenden Lohnes den Anteil der technischen Kosten bei weitem übertrifft.

Das würde beispielsweise bedeuten, daß wir auf technische Raffinessen, wie aufwendige Reisen, materialintensive Vergnügungen, wie Kleider, Autos und Apparate, zugunsten einer Steigerung menschlicher Hilfsangebote verzichten könnten. Dabei ist zu bedenken, daß jede nach technischen Prinzipien organisierte Wirtschaft nur von der Produktion und nicht von Dienstleistungen leben kann. Das gilt ebenso für kapitalistische wie auch kommunistische Länder. In der Wirtschaft selbst müßten demnach Mechanismen entwickelt werden, die ohne eigenes obligates Wachstum und bei wachsendem Dienstleistungsanteil die Wirtschaftsbetriebe existenzfähig erhalten müßten. In dieser Hinsicht sähe sich dann die Wirtschaft zwischen die Forderungen von Umweltschutz/Recyklisierung, der Stabilität ihrer Produktion und der Existenzsicherung (z. B. gegen Konkurrenz) gestellt. Es ist zu fragen, welche Wirtschaftssysteme diese Bedingungen miteinander verbinden können (80).

III.
Die Entwicklung in den einzelnen Märkten

Bundesrepublik Deutschland im Trend des Weltenergiemarktes

Energie ist weltweit lebenswichtig. Ob morgen unsere Welt ausreichend über Energie verfügen wird, hängt von Entscheidungen ab, die heute getroffen werden. Diese Erkenntnis beginnt sich langsam durchzusetzen. Seit Herbst 1973 spricht alle Welt von Energie. Die Ölpreiskrise machte auch sorglos dahinlebenden Bürgern klar, was Energie bedeutet, wenn man sie besitzt, und welche verheerenden Folgen entstehen können, wenn man sie nicht besitzt. Länger als ein Jahrzehnt war Energie in ausreichender Menge und zu niedrigen Preisen verfügbar gewesen und hatte wesentlich zum wirtschaftlichen Wachstum und zur Verbesserung des Lebensstandards der Völker beigetragen. Schon seit Beginn der siebziger Jahre zeichnete sich jedoch immer deutlicher ab, daß Energie zu den bisher ungewöhnlich günstigen Preisen nicht unbegrenzt zur Verfügung steht. Die Zuwachsrate des Weltenergiebedarfs verminderte sich entgegen allen Erwartungen zu Beginn der siebziger Jahre nicht. Der weltweite wirtschaftliche Aufschwung hielt an und ließ den Energiebedarf zwischen 1970 und 1973 um 5,5 Prozent jährlich wachsen. Mit dieser Steigerungsrate des Energiebedarfs konnte die Ausweitung des Angebots an Erdgas, Kohle und Kernenergie nicht Schritt halten. Entweder waren diese Energiearten aus wirtschaftlichen Gründen nicht wettbewerbsfähig, oder sie standen nicht in ausreichenden Mengen zur Verfügung. Umweltschutzmaßnahmen wirkten bremsend. Auch die Erweiterung des Erdölangebots wurde durch staatliche Eingriffe begrenzt. Ölförderländer, wie Kuwait und Libyen, drosselten die Rohölförderung, um ihre Ölreserven zu strecken. Die Förderung von Öl in Alaska konnte nicht wie geplant 1972 aufgenommen werden. Die Aufnahme der Ölförderung vor den Küsten der USA wurde durch Umweltschutzeinsprüche verzögert. Insgesamt gab es dadurch 250 Millionen Tonnen Erdöl weniger als bereits verplant. Die Zuwachsraten hatten sich vermindert. Damit ging die Periode gleichbleibender oder gar sinkender Energiepreise, die in der Vergangenheit stark zum wirtschaftlichen Wachstum, zur Ausweitung des Welthandels und zur Steigerung des Lebensstandards beigetragen hatten, zu Ende (83). Energie wird aller Voraussicht nach auf lange Sicht ein knappes Gut mit Tendenz zu steigenden Preisen sein. Das gilt weltweit und damit auch für die Bundesrepublik Deutschland.

Wir dürfen die Hände nicht in den Schoß legen. Man muß daher die konventionellen Energieträger weiterentwickeln. Neue Energiequellen müssen erschlossen werden. Das setzt voraus, daß man den Energiebedarf kennt. Um die verschiedenen Energieträger miteinander vergleichbar zu machen, werden sie auf einen einheitlichen Wärmewert umgerechnet. Dafür schuf man die Steinkohleeinheiten (SKE). 1 Kilogramm SKE entspricht 7000 Kilokalorien (kcal). Zum Vergleich:

1 kg Steinkohle	=	7 000 kcal	= 1,00 kg SKE
1 kg Rohöl	=	10 000 kcal	= 1,44 kg SKE
1 m³ Erdgas	=	7 600 kcal	= 1,08 kg SKE,

wobei die für Erdgas genannte Zahl starken Schwankungen unterworfen ist, die sich nach dem jeweiligen Vorkommen richten (84).

Der Weltenergiebedarf ist 1975 ebenso wie im Vorjahr 1974 weiter zurückgegangen, und zwar um rund 3 Prozent auf 6,1 Milliarden Tonnen SKE. Das ist eine Folge weltweiter Rezession. Die ESSO AG rechnet für die Zeit bis 1990 mit einem jährlichen Wachstum des Bruttosozialproduktes in den USA, Westeuropa und Japan um 4 Prozent und des Eigenverbrauchs mit 3,3 Prozent. Damit wird – nicht zuletzt wegen der höheren Energiepreise – der jährliche Zuwachs des Energiebedarfs etwa um ein Viertel geringer sein als in den Jahren 1964 bis 1973. In ihrem Geschäftsbericht 1975 erscheint der ESSO AG über die Deckung des künftigen Energiebedarfs folgende Entwicklung als wahrscheinlich:

– Die Kernenergie dürfte ihren Anteil an der Weltenergieversorgung von heute rund ein auf 13 Prozent im Jahre 1990 erweitern. Wenn sich die Pläne der Kernenergie verwirklichen lassen, wird sie dann ebensoviel Energie liefern wie heute das Nahostöl.

– Trotz einer erheblichen Steigerung der Kohlenförderung in

Nordamerika – bei stagnierender Kohlenproduktion in West-europa – wird der Anteil der Kohle an der Energieversorgung zwischen heute und 1990 leicht zurückgehen und dann lang-fristig zwischen 16 und 18 Prozent schwanken.

– Auch das Erdgas wird keine größeren Entlastungen bringen können. Wegen seiner vor allem in Nordamerika begrenzten Reserven sowie der kostspieligen und zeitraubenden Entwick-lung der Transporteinrichtungen gehen wir davon aus, daß der Erdgasanteil an der Deckung des Weltenergiebedarfs bis 1990 von heute 20 auf etwa 14 Prozent zurückgehen wird.

– Entgegen allen ursprünglichen optimistischen Prognosen wer-den die sogenannten synthetischen Energieträger – flüssige und gasförmige Brenn- und Kraftstoffe aus Ölsänden, Öl-schiefer und Kohle – in den Jahren bis 1990 keine Ent-lastung bringen. Ihr Anteil an der Deckung des Weltenergie-bedarfs wird für 1990 auf ein Prozent geschätzt.

Ausgehend von dieser Prognose wird Erdöl bis 1990 weiter die Hauptlast der Energieversorgung der Welt (ohne Osteuropa, UdSSR und VR China) tragen müssen. Voraussetzung hierfür ist allerdings, daß die übrigen Energieträger die in sie gesetzten Erwartungen erfüllen (85).

Welt-Primärenergie-Bedarf (ohne Ostblockstaaten)
in Milliarden t SKE (86)

	1690	1965	1970	1975	1980	1985	1990
Gesamt	3,2	4,1	5,3	6,1	7,3	9,2	11,3
davon in Prozent:							
Kohle	36	30	23	20	19	18	16
Öl	40	45	50	51	51	50	49
Erdgas	16	17	19	20	18	16	14
Kernenergie	—	—	—	1	5	9	13
Wasserkraft	8	8	8	8	7	7	7
synthetische Energieträger	—	—	—	—	—	—	1

Die Entwicklung des Energiemarktes der Bundesrepublik Deutschland unterscheidet sich kaum von der des Weltenergie-marktes. In der Bundesrepublik ist 1975 der Energieverbrauch von rund 366 Millionen auf 345 Millionen SKE gesunken. Auf lange Sicht ist ebenfalls nicht mit einem Energieüberschuß, sondern mit einer Energieknappheit zu rechnen. 1975 bis 1990 wird der Energiebedarf in der Bundesrepublik um etwa 55 Prozent wachsen. Wie in der ganzen Welt wird hier die Kernenergie in diesem Zeitraum das stärkste Wachstum erfahren und Ende der achtziger Jahre knapp 20 Prozent des Energiebedarfs decken. Der Anteil der deutschen Kohle an der Deckung des Energiebedarfs wird dann ebenfalls 20 und der des Erdgases 17 Prozent betragen. Nach wie vor wird das Erdöl mit einem Deckungsbetrag von mehr als 40 Prozent die Hauptlast der Energieversorgung tragen müssen. Den restlichen Beitrag liefert die Wasserkraft. Da bis Ende der achtziger Jahre auch der größte Teil des von den Kernkraftwerken benötigten Urans nur aus dem Ausland kommen kann, wird sich der Anteil der Importenergien bis dahin deutlich über die heutigen 55 Prozent erhöhen (85). Daraus ergibt sich folgende Übersicht:

Entwicklung von Bedarf und Deckung an Primärenergie in der Bundesrepublik (ohne Bunker) in Millionen t SKE (86)

	1960	1970	1973	1974	1975	1980	1985	1990
Gesamt	212	337	379	366	345	410	480	540
davon in Prozent:								
Kohle insgesamt	76	39	32	33	30	25	23	20
(davon Steinkohle)	(61)	(29)	(23)	(23)	(19)	(17)	(15)	(13)
(davon Braunkohle)	(15)	(10)	(9)	(10)	(11)	(8)	(8)	(7)
Öl	—	5	10	13	14	18	18	17
Kernenergie	—	1	1	1	2	6	12	19
Wasserkraft	3	2	2	2	2	2	2	2

Aus den Erfahrungen während der Versorgungsengpässe bei Erdöl um die Jahreswende 1973/74 erhielt in der deutschen Wirtschaftspolitik die Energieversorgung einen höheren Stellenwert. Die sich daraus ergebenden Aufgaben umschrieb die Bundesregierung wie folgt:

– Energie muß künftig sparsamer verwendet werden.
– Der deutschen Steinkohle muß eine gesicherte Position in der deutschen Energieversorgung eingeräumt werden.

– Der Bau von Kernkraftwerken ist zu fördern und die erweiterte Nutzung der Braunkohle zu beschleunigen.

– Es muß optimale Vorsorge gegen Krisenfälle getroffen werden, z. B. durch stärkere Bevorratung, und zwar besonders beim Minerolöl.

– Die Energieunternehmen müssen zu größeren Investitionen ermutigt werden.

– Die beste Voraussetzung für eine gesunde Struktur des deutschen Energiemarktes sowie für eine der Menge und dem Preis nach günstigen Versorgung ist die freie Entfaltung der auf dem deutschen Markt tätigen Unternehmen.

Es gilt die Faustregel, daß ein Wirtschaftswachstum von 1 Prozent in der Bundesrepublik von einem Energiemehrverbrauch von ebenfalls 1 Prozent begleitet wurde. Eine viel stärkere Wirkung geht, und das ist nicht allgemein bekannt, von der Witterung aus. So macht 1 Grad Veränderung der Durchschnittstemperatur eines Jahres – das ist freilich eine ganze Menge – ein Mehr oder Weniger von 5 Millionen t SKE aus (87).

Energieverbrauch in der Bundesrepublik nach Sektoren
in Millionen t SKE (86)

	1970	1975	1980	1985	1990
Haushalte und Kleinverbraucher einschließlich Militär	100,1	103,7	121,1	138,3	148,7
Industrie	90,8	82,9	93,8	105,1	113,0
Verkehr	39,4	46,3	50,8	55,3	57,6
Endenergieverbrauch	230,3	232,9	265,7	298,7	319,3
Umwandlungsverluste und Verbrauch im Energiesektor	81,8	89,5	112,9	144,2	179,4
Nicht-energetischer Verbrauch	24,7	23,6	31,4	37,1	41,3
— (davon Chemie)	(15,7)	(15,0)	(21,8)	(27,2)	(31,6)
Umwandlungsverbrauch	106,5	113,1	144,3	181,3	220,7
Primärenergieverbrauch ohne Bunker	336,8	346,0	410,0	480,0	540,0

Es wird in der Zeit von 1976 bis 1995 notwendig sein, das Angebot an Energie weltweit noch einmal zu verdoppeln und in der Bundesrepublik Deutschland um 75 Prozent zu steigern.

Bis 1990 wird das Öl noch die Hälfte des Weltenergiebedarfs decken, in der Bundesrepublik noch rund 40 Prozent. Das bedeutet, daß der Ölverbrauch der westlichen Welt von 2,2 Milliarden Tonnen im Jahre 1975 auf etwa 3,8 Milliarden Tonnen im Jahre 1990 wachsen wird. Innerhalb dieses 15-Jahres-Zeitraumes müssen demnach etwa 45 Milliarden Tonnen Öl gefördert werden. Das entspricht rund dem Doppelten des Verbrauchs der zurückliegenden 15-Jahres-Periode. Die bestätigten Ölreserven der freien Welt betrugen Mitte 1976 an die 75 Milliarden Tonnen. Wenn die Exploration mit dem erforderlichen Nachdruck angetrieben wird, könnte es möglich sein, bis 1990 noch einmal 30 bis 35 Milliarden Tonnen zu finden. Die Vorräte dürften daher ausreichen, um das geschätze Bedarfsvolumen bedienen zu können.

Leider sind die Möglichkeiten, bis 1990 die Ölförderung außerhalb des OPEC-Bereiches wesentlich zu steigern, sehr begrenzt. Trotz Nordsee- und Alaska-Öl wird die westliche Welt weiterhin von Öllieferungen der OPEC-Länder abhängig bleiben. Die Nachfrage nach OPEC-Öl dürfte 1990 um etwa 70 Prozent über der Liefermenge des Jahres 1975 liegen. Je größer der Bedarf an OPEC-Öl ist, um so stärker wird die Position der Anbieterländer. Andererseits kann es nicht Anliegen der OPEC-Länder sein, ihre eigenen Märkte zu stören und damit ihre Ölreserven abzuwerten. ESSO-Generaldirektor Oehme plädiert für ein Arrangement im Sinn einer Kooperation mit den OPEC-Ländern. Es soll sichern, daß die trotz möglichst schneller Entwicklung alternativer Energien noch verbleibende Bedarfsdeckungslücke durch Lieferungen aus dem OPEC-Bereich geschlossen wird. Das stellt hohe Anforderungen an Energiewirtschaft und Regierungen der westlichen Industrieländer (88).

Kohle braucht große Investitionsmittel

Kohle ist nach Öl der zweitwichtigste Energieträger der Bundesrepublik Deutschland. 1960 wurden davon 128 Millionen Tonnen SKE verbraucht. 1975 waren es nur noch 66,5 Millionen

Tonnen SKE. Damit dürfte für lange Zeit der Tiefststand erreicht sein. Für 1980 bis 85 rechnet man mit jährlich 70 und bis 1990 mit 72 Millionen Tonnen SKE. Mit dem vorhersehbaren deutschen Gesamtverbrauch an Primärenergie hält diese relativ geringe Steigerung nicht Schritt. Deshalb sinkt der Trend des prozentualen Anteils der Steinkohle am Primärenergieverbrauch von 19,2 Prozent im Jahr 1975 bis auf 13 Prozent im Jahr 1990.

Neben der Steinkohle gibt es die Braunkohle. Die Steinkohle hat etwa den dreieinhalbfachen Heizwert der Braunkohle. 1975 wurden in der Bundesrepublik 36 Millionen Tonnen SKE Braunkohle einschließlich sonstigen festen Brennstoffen verbraucht. Für 1990 rechnet man noch mit derselben Menge. Allerdings wird dann auch ihr Anteil am deutschen Primärenergieverbrauch von 10 auf 7 Prozent zurückgegangen sein.

Der Steinkohlenverbrauch konzentriert sich stark auf die Elektrizitäts- und Stahlerzeugung. Die Steinkohle erzeugt 30 Prozent des Stroms in der Bundesrepublik. Die deutsche Steinkohle deckt 50 Prozent des Kokskohlenbedarfs der Stahlindustrie in der ganzen EG. Die Reserven an Steinkohle in der Bundesrepublik sind bedeutend. Sie liegen mit 20 Milliarden außerordentlich hoch und reichen für lange Zeit (87). Die Entwicklungstendenzen auf dem Energiemarkt ließen den Schrumpfungsprozeß des Steinkohlenbergbaus zum Stillstand kommen. Die Förderung soll auf dem erreichten Niveau längerfristig stabilisiert werden. Der Abbau der Kohle muß wirtschaftlicher gestaltet und mit einer größeren Sicherheit und Qualität für die Arbeitsplätze ausgestattet werden. Nach einer Vorausberechnung des Steinkohlenbergbaus sind 18 Milliarden DM (auf Preisbasis 1974) Investitionen bis 1985 zur längerfristigen Stabilisierung der Steinkohlenförderung notwendig. Nicht enthalten in diesem Betrag sind die in den achtziger Jahren zu erwartenden notwendigen Finanzierungen im Rahmen neuer Technologien zur Kohleverflüssigung. Eine eindeutige Abgrenzung des Investitionsvolumens in Neu- und Ersatzinvestitionen ist wegen der spezifischen Besonderheiten im Bergbausektor nicht möglich.

Von der gesamten Braunkohlenförderung 118,7 Millionen Tonnen (etwa 34 Millionen Tonnen SKE) in der Bundesrepublik 1973 wurden rund 83 Prozent in den öffentlichen und industriellen Braunkohlenkraftwerken eingesetzt, die im gleichen Jahr rund 75 Milliarden kWh Strom erzeugten. Wenngleich in den darauffolgenden nächsten Jahren noch fünf 600 MW-Kraftwerksblöcke auf Braunkohlenbasis in Betrieb gingen bzw. gehen, wird die Bedeutung der Braunkohle als billiger Primärenergieträger zur Stromerzeugung mit dem Durchbruch der Kernkraftwerke zurückgehen, die ihrerseits mehr und mehr die bisherige Funktion der Braunkohlenkraftwerke im Grundlastbereich der Stromerzeugung übernehmen werden. Wirtschaftlicher und effizienter als in der Stromerzeugung wird sich die Braunkohle langfristig als industrieller Rohstoff zur Deckung des Bedarfs an Kohlenstoff und seinen Umsetzungsprodukten nutzen lassen. Als neue Anwendungsgebiete bieten sich an: die Direktreduktion von Eisenerzen, die Erzeugung von Spezialkoksen, die Braunkohlenvergasung zur Erzeugung von synthetischen Gemischen und reinem Wasserstoff für die Eisenhütten-Industrie und die chemische Industrie.

Um auf weitere Sicht den Braunkohlenbedarf für die Stromerzeugung, die Brikettherstellung und für die sich abzeichnenden neuen Anwendungsgebiete sicherzustellen, ist die Erschließung von Ersatzkapazitäten für die in den achtziger Jahren auslaufenden Tagebaue erforderlich. Die entsprechenden Schritte sind bereits mit dem Entscheid über den Aufschluß des Tagebaus Hambacher Forst eingeleitet worden, der in einer Tiefe bis zu 500 m über 4,5 Milliarden Tonnen (= rund 1,6 Milliarden Tonnen SKE) wirtschaftlich nutzbare Braunkohlenvorräte verfügt und im Energiegehalt mit dem holländischen Erdgasvorkommen bei Groningen vergleichbar ist. Für den Aufschluß des Braunkohlenfeldes Hambach wird man etwa 4 Milliarden DM Investitionsmittel benötigen. Besondere Schwierigkeiten ergeben sich hierbei aus der Vorfinanzierung während der zehnjährigen Aufschlußphase, weil in dieser Zeit dem Kapitaldienst für Sachanlagen-Investitionen und den Ausgaben für den Grubenaufschluß keine entsprechenden Absatzerlöse gegenüberstehen. Insgesamt dürften damit die gesamten Zusatzaufwendungen im

Steinkohlen- und Braunkohlenbergbau bis etwa 1985 die Größenordnung von mindestens 22 Milliarden DM erreichen (89). Im Steinkohlenbereich sieht es ähnlich aus, wenn auch nicht so spektakulär. Es sind eine Reihe Anschlußzechen zu bauen, wodurch die Produktion stufenweise verlagert wird. Langfristige Planung ist auch hier wichtig. Der Bau eines neuen Steinkohlenbergwerks dauert von der Planung bis zur Fertigstellung acht bis zehn Jahre. Die Baukosten für eine Förderkapazität von 3 bis 4 Millionen Tonnen – und das ist gar nicht viel – liegen bei einer Milliarde DM. Wenn mit diesem Vorhaben 1976 begonnen wird, dann kämen die Investitionen erst 1985 zum Tragen. Das Bergwerk würde allerdings bis weit nach der Jahrhundertwende Kohle liefern.

Auch daraus geht hervor, welch riesige Investitionen für Energieerschließung fast jeder Art nötig sind und auf welch lange Zeit sich die Abschreibungsdauer erstreckt. Andererseits gibt es auf dem Energiemarkt im Grunde nur kurzfristig, bestenfalls mittelfristig anhaltende Preise. Mit anderen Worten: Es gibt keine Preisbildung auf diesem Markt, die den Investoren zuverlässige Unterlagen darüber gibt, ob die Investitionen in der fernen Zukunft noch rentabel sind oder nicht. Hinzu kommt noch ein Problem, das unter dem seltsam klingenden Arbeitstitel »catch 23« diskutiert wird. Darunter versteht man die Erscheinung, daß alle Maßnahmen, die beispielsweise dazu führen sollen, den Preisanstieg des Öls in den Griff zu bekommen – also die Gewinnung von Ersatzenergien – im Falle des Erfolges die eigene Rentabilität in Frage stellen (87).

In der Herstellung von Benzin aus Kohle, der sogenannten »Kohleverflüssigung«, war Deutschland bahnbrechend. Wirtschaftlich konkurrenzfähig gestaltete sich diese Produktion nie. Sie erreichte bis zum Kriegsjahr 1942 in insgesamt 17 Hydrieranlagen eine Kapazität von mehreren Millionen Tonnen im Jahr. In einigen Industrieländern wird jedoch nun wieder versucht, die bekannten Verfahren zur Kohlenvergasung und Kohlenverflüssigung weiter zu entwickeln und neue Verfahren anwendbar zu machen (90). Das gilt auch für die Bundesrepublik Deutschland. Die ESSO-Konzernmutter Exxon griff in den USA

die Kohleforschung wieder auf und betreibt bereits Versuchsanlagen zur Kohlevergasung und Kohleverflüssigung. Letztlich
wird die Erzeugung von Benzin aus Kohle erst dann eine
Chance haben, wenn das Verfahren hierfür weniger Kosten verursacht als die Herstellung von Benzin aus Erdöl selbst bei weitaus höheren Rohölpreisen.

Veränderte Bedarfsstruktur bei Mineralöl

Der Mineralölbedarf der Bundesrepublik wird gegenüber der
Zeit vor der Ölkrise wesentlich langsamer wachsen, nämlich nur
um 1,5 Prozent jährlich, während der gesamte Energiebedarf bis
1990 etwa um drei Prozent pro Jahr steigen dürfte. Die Bedarfsstruktur wird sich ändern. Das schwere Heizöl wird künftig am Wachstum des Mineralölbedarfs kaum mehr beteiligt
sein. Energiepolitische Maßnahmen – Versorgungsgesetze, Förderung der Kernenergie und andere – sowie die Vergrößerung
des Erdgasanteils an der Deckung des Energiebedarfs beschränken seine Absatzmöglichkeiten. Auf längere Sicht erfordert das
eine Änderung der Raffineriestruktur in der Bundesrepublik
(85).
Die Raffinerien waren 1975 noch so eingerichtet, daß etwa 25
Prozent des eingesetzten Mineralöls als schweres Heizöl anfal-
len. Das schwere Heizöl kann praktisch nur in Kraftwerken verbraucht werden. In den USA war zur gleichen Zeit die anteilige
Zusammensetzung der Raffinerie anders. Dort fielen nur 6 Prozent schweres Heizöl an. Die Differenz zwischen 6 und 25 Prozent ging in den USA in die leichten Fraktionen. Die deutschen
Raffinerien waren 1975 dafür noch nicht ausgerüstet. Andererseits kann schweres Heizöl relativ leicht durch Kohle ersetzt
werden (87).
Kurzum, die vorhandene Ausrüstung der meisten Mineralölver-
arbeitungswerke in der Bundesrepublik Deutschland erlaubte
1975 bei limitiertem Absatz von schwerem Heizöl nur eine un-
befriedigende Auslastung der Raffinerien. Andererseits wird der
Bedarf an Motoren- und Rohbenzin steigen. Daher dürfte der

Anteil der Fertigprodukteneinfuhren an der Deckung des Mineralölverbrauchs in der Bundesrepublik solange anwachsen, bis die Raffinerien an die veränderte Struktur der Nachfrage angepaßt sind. Solche Anpassung erfordert erhebliche Investitionen für Konversionsanlagen. Außerdem müssen zusätzlich beträchtliche Mittel für Einrichtungen zum Umweltschutz aufgebracht werden. Allein für die Erfüllung des Benzin-Blei-Gesetzes mußte die Mineralölindustrie in der Bundesrepublik rund eine Milliarde DM aufwenden. Weitere Investitionen in Höhe von mehreren hundert Millionen DM erfordert die bis 1979 vorgesehene Senkung des Schwefelgehaltes bei leichten Heizölen auf 0,3 Prozeit (85).

Mineralölbedarf in der Bundesrepublik Deutschland in Millionen Tonnen (ohne Bunker) (85)

	1970	1975	1980	1990
Gesamt	124	125	141	158
davon in Prozent:				
Petrochemische Rohstoffe	9	8	11	14
Motorenbenzin	12	15	15	15
Dieselkraftstoff	8	8	8	8
Leichtes Heizöl	35	36	35	32
Schweres Heizöl	21	18	16	15

Mineralölverbrauch in der Bundesrepublik Deutschland in Millionen Tonnen (85)

	1971	1972	1973	1974	1975
Inlandsverbrauch	119,0	126,0	134,6	120,4	116,1
Militär	1,6	1,9	2,0	1,8	1,6
Großbunker	3,8	4,0	3,7	3,1	2,9
Raffinerie-Eigenverbrauch	7,7	7,9	8,3	8,2	7,3
Gesamt	132,1	139,8	148,6	133,5	127,9
Exporte	8,4	7,8	8,9	9,3	6,5

Der künftige Benzinbedarf hängt ab von der Zahl der Einwohner und dem Bestand der Kraftfahrzeuge, von der durchschnittlichen Jahresfahrleistung der Autos sowie von der Struktur der PS (kW)- und Hubraumklassen der vorhandenen Fahrzeuge.

Zwar dürfte sich bis 1985 die Fahrleistung eines Kraftfahrzeuges von etwa 14 000 auf rund 13 400 Kilometer im Jahr leicht vermindern. Der jährliche Kraftstoffbedarf wird aber voraussichtlich auf etwa 1400 Liter oder gut eine Tonne Benzin pro Fahrzeug und Jahr leicht steigen, weil höhere Verkehrsdichte und längere Wartezeiten an Verkehrsampeln im dichten Stadtverkehr den Verbrauch pro gefahrenen Kilometer etwas erhöhen dürften (91).

Daher schätzt eine Prognose des Mineralöl-Wirtschaftsverbandes (MWV), daß der Benzinverbrauch in der Bundesrepublik 1985 etwa 22 Millionen Tonnen erreichen wird, gegenüber 18,5 Millionen Tonnen 1973 und rund 18,8 Millionen Tonnen 1975. Für 1990 rechnet man mit einem Bedarf von etwa 24 Millionen Tonnen Benzin und rund 13 Millionen Tonnen Dieselkraftstoff. Leichtes Heizöl, von dem man 1975 noch an die 45 Millionen Tonnen benötigte, wird im Bedarf bis 1980 auf 49 Millionen Tonnen und bis 1990 auf 50 Millionen steigen. Schweres Heizöl bleibt bis 1980 bei einem Bedarf von 23 Millionen Tonnen und steigt bis 1990 nur wenig auf etwa 24 Millionen Tonnen.

Wie in den meisten Bereichen, so werden auch im Tankstellengewerbe die Kosten weiter steigen, nämlich beim Personal, bei Strom, Heizung und Wasser, aber auch bei Instandhaltung und Grundstücksmieten. Diese steigenden Kosten können nur aufgefangen werden durch eine Steigerung des Umsatzes an Waren und Dienstleistungen. Tankstellen mit 50 000 Liter Monatsabsatz, die noch vor wenigen Jahren zur Spitzengruppe zählten, sind künftig kaum noch wirtschaftlich. Zwangsläufig ergibt sich dadurch eine konsequente Rationalisierung des Tankstellengeschäftes und eine Konzentration auf eine geringere Zahl größerer und leistungsfähigerer Stationen.

Nach einer überschlägigen Rechnung verbraucht ein Pkw pro Jahr etwa eine Tonne Motorenbenzin. Unter der Voraussetzung, daß der Benzinbedarf durch Rohöl aus dem Nahen Osten und der zusätzliche Bedarf in erster Linie durch Rohöl aus den Lagerstätten der Nordsee gedeckt wird, daß ferner die gegenwärtige Benzinmenge weiter in den vorhandenen Raffinerien und die zusätzliche Benzinmenge in Konversionsanlagen hergestellt wird – unter diesen Voraussetzungen muß die Ölindustrie schätzungsweise 4000 DM für jedes neu hinzukommende Auto investieren. Das heißt: Bei einem erwarteten Zuwachs von 3 Millionen Pkw zwischen 1973 und 1985 muß die Mineralölindustrie zur Deckung des zusätzlichen Benzinbedarfs allein der deutschen Autofahrer rund 12 Milliarden DM an Investitionen nur für die Ölsuche, Ölförderung und Ölverarbeitung aufwenden (91). Natürlich wird man einwenden, daß die Ölindustrie kein Wohlfahrtsinstitut ist und daß letztlich über den Benzinendverbrauchspreis noch ein Gewinn erwirtschaftet werden muß. Es ist jedoch Zweck dieser Darstellung zu zeigen, daß die Investitionen in diesem Bereich sehr hoch sind und ohne Mut zum unternehmerischen Risiko und ohne leistungsfähige und international arbeitende Unternehmen nicht zu bewältigen sind.

Erdgasverbrauch steigt überdurchschnittlich

Dem Naturgas kommt als Primärenergie steigende Bedeutung zu. Bisher ließ es sich nur nutzen, wenn die Vorkommen in der Nähe der Verbrauchszentren lagen oder durch Fernleitungen zum Verbraucher transportiert wurden. Inzwischen kann es bei noch weiteren Entfernungen verflüssigt in Tankern transportiert werden. 1960 lag das Naturgasangebot in der Bundesrepublik Deutschland noch bei 1 Milliarde Kubikmetern und 1965 bei 3,1 Milliarden Kubikmetern. 1970 hatte sich das Angebot bereits auf 16,9 Milliarden Kubikmeter erhöht. Diese Zahl verfünffacht sich bis 1990.
Die deutschen inländischen Erdgasreserven beliefen sich 1973 nach Angaben der Bundesanstalt für Bodenforschung nur noch auf 325 Milliarden Kubikmeter – gerechnet in Erdgasqualität –, so daß man damit rechnet, daß die deutschen Erdgasreserven auf Basis des damaligen Inlandsaufkommens etwa bis 1990 aufgebraucht sein werden. Nur wesentlich verstärkte Importe können die wachsende Nachfrage befriedigen. Der Verband der deutschen Gas- und Wasserwerke stellte Anfang 1974 eine Untersuchung über den Investitionsbedarf für den Erdgassektor an.

*Naturgasangebot in der Bundesrepublik Deutschland
in Milliarden Kubikmeter* (86)

	1970	1975	1980	1985	1990
Inlandsproduktion					
Erdgas/Erdölgas	12,7	18,1	18,8	16,8	13,9
Grubengas	0,3	0,2	0,2	0,2	0,1
Total Inlandsproduktion	13,0	18,3	19,0	17,0	14,0
Importe					
Niederlande	3,9	23,3	27,5	25,5	18,5
UdSSR	—	2,9	9,5	10,4	10,4
Nordsee (Ekofisk u. Albuskjell)	—	—	11,5	12,4	10,0
Iran	—	—	—	6,0	6,0
Noch nicht kontrahiert					
(Nordsee, Nigeria, Algerien, UdSSR,					
Naher Osten)	—	—	—	12,2	28,6
Total Importe	3,9	26,2	48,5	66,5	73,5
Exporte/Verluste	—	0,3	0,5	1,5	1,5
Total Naturgasangebot	16,9	44,2	67,0	82,0	86,0
— dto. in Millionen t SKE	18,3	47,6	72,0	89,0	93,0

*Naturgasverbrauch in der Bundesrepublik Deutschland
in Millionen Tonnen SKE* (86)

	1970	1975	1980	1985	1990
Industrie	8,3	14,7	24,5	30,0	31,5
Petrochemie	0,4	1,0	2,0	3,0	3,5
Haushalte, Kleinverbraucher					
einschließlich Militär	2,2	10,6	20,0	29,1	29,7
Kraftwerke	4,3	17,8	20,0	19,2	18,9
Kokereien und Gaswerke	1,4	0,5	0,7	0,4	0,4
Fernwärme	0,4	1,1	2,4	3,5	4,5
Eigenverbrauch, Verluste und					
statistische Differenzen	1,3	1,9	2,4	3,8	4,5
Total in Millionen t SKE	18,3	47,6	72,0	89,0	93,0
Total in Milliarden Kubikmetern	16,9	44,2	67,0	82,0	86,0
Anteil an Gesamt-Primärenergie	5 %	14 %	17 %	17 %	17 %

Die Dresdner Bank AG tat dasselbe. Beide schätzten die entsprechenden Investitionen bis 1985 auf 24 bis 25 Milliarden DM. Da beide Untersuchungen einen in Anlehnung an die vorangegangenen zehn Jahre kontinuierlichen Anstieg des Erdgasanteils an der Primärenergiebilanz unterstellten, man aber inzwischen von einem überproportionalen Anstieg des Erdgasverbrauchs ausgehen muß, wird in der Zukunft bestimmt mit Investitionen in erheblich größerem Maß zu rechnen sein.

Als weiterer Aspekt kommt hinzu, daß in stark steigendem Umfang Kapitalmittel für den Erdgasbezug aus Drittländern aufzubringen sind. Das bezieht sich auf Mittel für Gasverflüssigungs- und Wiedervergasungsanlagen, den Bau kostspieliger Methantanker oder für Infrastruktur im Ausland. Weitere erhebliche Aufwendungen können auf die deutsche Gaswirtschaft zukommen, falls der Bau von autothermischen und allothermischen Kohlevergasungsanlagen realisiert werden sollte. Daher ist anzunehmen, daß die Investitionen im Gasbereich bis 1985 eher in der Größenordnung von 40 Milliarden DM liegen werden (89).

Kernenergie hilft Energielücke decken

Zu den neuen Energiequellen und Technologien zählt die Kernenergie. Man versteht darunter die Nutzung bedeutender Energiemengen von Atomkernen. Während bei der üblichen Energienutzung – der Verbrennung – die Energie aus denjenigen Kräften stammt, mit denen die äußeren Elektronen der Atome diese zu Molekülen zusammenfügen, werden bei der Atomenergie die sehr viel stärkeren Kräfte genutzt, die die Teile des Atomkerns zusammenhalten. Während die *Kernspaltung* seit der Inbetriebnahme des ersten industriellen Kernkraftwerkes der Welt – Calder Hall – im Jahr 1956 in wachsendem Maß zur Erzeugung von Elektrizität genutzt wird, befindet sich die *Kernverschmelzung* noch im Forschungsstadium. Sie dürfte nicht vor Ende dieses Jahrhunderts als nennenswerte Energiequelle zur Verfügung stehen (92).

Ende 1974 lieferten in der gesamten Welt bereits 163 Kernkraftwerke Strom; 332 waren im Bau oder geplant. Die 49 Anlagen in den USA erzeugten mit rund 32 000 Megawatt die Hälfte der Weltleistung. Die Bundesrepublik nahm ihr erstes

Kernkraftwerk mit einer Leistung von 15 *Megawatt* 1961 in Betrieb. Bis 1975 waren in zehn Anlagen 3300 Megawatt installiert, davon allerdings mehr als die Hälfte erst in den letzten fünf Jahren. Insgesamt lag die Bundesrepublik Deutschand 1975 im Betrieb von Kernkraftwerken gegenüber den anderen Industrieländern hinter den USA auf dem zweiten Platz. Es ist allerdings fraglich, ob der bis 1985 geplante Bau von 21 weiteren Anlagen über eine Leistung von 22 300 Megawatt voll verwirklicht werden kann. Die Schwierigkeiten liegen vor allem in der Bestimmung und Durchsetzung geeigneter Standorte. Inzwischen wurde eine von Wissenschaftlern im Auftrag der Bundesregierung aufgestellte Liste von rund 190 überwiegend noch unbekannten »möglichen Kernkraftstandorten« in der Bundesrepublik vorgelegt. Danach könnten bis zum Jahr 2030 insgesamt 600 Anlagen mit einer Gesamtleistung von 540 000 Megawatt errichtet werden. 16 weitere Standorte würden sich zum Bau von Wiederaufbereitungsanlagen für Kernbrennstoffe eignen (90).

Leichtwasserreaktoren waren 1974 an der Kernkraftwerkkapazität der ganzen Welt mit rund 70 Prozent beteiligt. Leichtwasserreaktoren benützen als Brennstoff leicht angereichertes Urandioxid, das etwa drei- bis fünfmal mehr *Uran 235* enthält als im natürlichen Uran enthalten ist. Natürliches Uran besteht zu 99,7 Prozent aus nicht spaltbarem *U 238* und nur zu 0,3 Prozent aus dem spaltbaren *U 235*.

Der Leichtwasserreaktor kann in zwei Arten betrieben werden. Eine davon ist der Siedewasserreaktor. Seine in den Brennelementen erzeugte Wärme läßt das gleichzeitig als Moderator und Kühlmittel dienende Wasser verdampfen. Dieser Primärdampf von rund 300° C, der Sattdampf, geht entweder direkt zur Turbine oder wird zur größeren Sicherheit über Wärmeaustauscher in Sekundärdampf umgewandelt, der seinerseits die Turbine antreibt.

Die andere Art von Leichtwasserreaktoren ist der Druckwasserreaktor. Bei ihm wird der Kühlkreislauf unter 150 atü Druck gesetzt und damit das Sieden des Wassers verhindert, weil Wasserdampf bekanntlich die Wärmeleitung verschlechtert. Der Er-

höhung des Druckes sind jedoch aus Sicherheits- und Kosten-
gründen Grenzen gesetzt. Um einen hohen Wirkungsgrad zu
erreichen, muß die Kühlmitteltemperatur beim Druckwasserreaktor möglichst hoch sein. Im übrigen arbeiten beide Reaktortypen nach demselben Prinzip. Der Druckwasserreaktor muß
jedoch aufgrund seines hohen Druckes kompakter gebaut sein
und zur Dampferzeugung über einen indirekten Kreislauf verfügen (92).
Noch wird der Leichtwasserreaktor am meisten verwendet. Sein
Brennstoff Uran muß unter großem Kostenaufwand angereichert werden. Der Wirkungsgrad dieses Reaktortyps liegt bei
nur 33 Prozent. Ein allzu schneller Ausbau der Leichtwasserreaktoren müßte in wenigen Jahrzehnten zu einer Erschöpfung
der Uranreserven führen. Die Ende 1975 als sicher bekannten
und die wahrscheinlichen Uranreserven, die zu wirtschaftlichen
Bedingungen erschlossen werden können, beliefen sich auf etwa
zwei Millionen Tonnen Uranerz, davon befinden sich zwei
Drittel in den USA und je etwa ein Fünftel in Südafrika,
Australien und Kanada. Sofern nur Leichtwasserreaktoren im
Gebrauch bleiben, wird dagegen der Uranbedarf bis zum Jahr
2000 auf etwa fünf Millionen Tonnen geschätzt (90).
Von den drei erfolgreichen bzw. aussichtsreichen Reaktortypen
– den Leichtwasserreaktoren
– den *Hochtemperaturrekatoren*
– den *schnellen Brutreaktoren*
sind die Leichtwasserreaktoren heute wirtschaftlich einsatzfähig.
Die Fördermaßnahme im 4. Atomprogramm der Bundesrepublik Deutschland für die Jahre 1973 bis 1976 konzentrierten
sich dabei auf die noch weniger entwickelten Hochtemperaturreaktoren und die schnellen Brutreaktoren sowie für die fernere
Zukunft auf die *kontrollierte Kernfusion* (91). Bis etwa 1985
bis 1995 wird der Leichtwasserreaktor in der Erzeugung von
Energie aus Kernkraft weiterhin das wichtigste Verfahren sein.
Das gilt auch für die Bundesrepublik, in der Kernenergie bei
der Bedarfsdeckung an Primärenergie 5,9 Prozent im Jahr 1980,
12,5 Prozent im Jahr 1985 und 19 Prozent im Jahr 1990 erreichen dürfte. An der Brutto-Stromerzeugung wird sie 1980 einen

Anteil von 24,4 Prozent und 1985 bereits von 43,5 Prozent haben, bei der Kraftwerkskapazität 1980 etwa 20,5 Prozent und 1985 etwa 35,7 Prozent. Neben den vorwiegend verwendeten Leichtwasserreaktoren könnte nach Untersuchungen der Bundesregierung der Anteil der Hochtemperaturreaktoren und der schnellen Brutreaktoren an der nuklearen Stromerzeugungskapazität 1980 bei 3 und 1990 bei etwa 10 Prozent liegen (92). Der Hochtemperaturreaktor mit 40 Prozent Wirkungsgrad wird in Zukunft wahrscheinlich ein wesentlicher Bestandteil der neuen Technologien sein. Da man mit Leichtwasserreaktoren Heißdampf – d. h. Temperaturen über 600° C – erzeugt, stößt man bei der Ummantelung der Brennelemente auf technische Probleme. Eine von dem Zwang der Ummantelung befreite Brennelementform des Hochtemperaturreaktors der Arbeitsgemeinschaft Versuchsreaktor GmbH in Jülich/Rheinland zeigte gute Erfolge in der Erzeugung hoher Temperaturen. Der Kern dieses Reaktors besteht aus einem Kugelhaufen von etwa 100 000 Graphitkugeln von je 6 cm Durchmesser, in die der Kernbrennstoff in Form von Urankarbid eingebettet ist. Als Kühlmittel dient Helium. Mit den Hochtemperaturreaktoren konnten bereits bis zu 100° C erreicht werden.

Große Chancen auf längere Sicht werden dem Brutreaktor (schneller Brüter) eingeräumt. Seine Vorteile bestehen darin, daß in diesem Reaktor während des Betriebes neues spaltbares Material erzeugt wird: aus dem *natürlichen U 238* das spaltbare *Plutonium 239*, bzw. aus *Thorium 232* spaltbares *U 233*. Als Kühlmittel dient bei diesem Typ flüssiges Natrium. Da es im Reaktor hoch radioaktiv wird, ist aus Sicherheitsgründen ein zweiter *Natrium-Kreislauf* erforderlich. Vom »schnellen Brüter« befindet sich bereits eine Anzahl Reaktoren im Versuchsstadium (92). Schon 1972 hatten die Bundesrepublik, Belgien und die Niederlande die gemeinsame Förderung eines 280-MWe-Prototyp-Kraftwerkes mit einem natriumgekühlten Schnellbrutreaktor beschlossen. Nach umfangreichen Forschungs- und Entwicklungsarbeiten in den beteiligten Ländern einschließlich Forschungszentrum Karlsruhe wurde dieser Typ ausgewählt, dessen Entwicklung weltweit als einzige zur Zeit technisch realisierbare Variante verfolgt wird (96).

Die Kernverschmelzung oder *Kernfusion* wäre eine ganz neue Energiequelle, die den gegenwärtigen Bedarf an Primärenergie für Millionen von Jahren decken könnte. Sie liegt in den riesigen Mengen Wasserstoff, die vor allem im Wasser der Weltmeere vorkommen. Bei der Verschmelzung (Fusion) der Atomkerne dieses Elements zum schwereren Element Helium werden noch weit größere Energiebeträge frei als bei der Aufspaltung eines Urankerns, wenn man die Energie im Verhältnis zum Gewicht der Ausgangsstoffe betrachtet. Auf der Sonne und in allen Fixsternen führt die Fusion leichter Atomkerne seit Milliarden von Jahren zur Freisetzung der ungeheuer großen Energiemengen.

Auf der Erde geschah dies unkontrolliert in Wasserstoffbomben. Zur Energiegewinnung benötigt man Fusionsreaktoren, in denen dieser Prozeß mit kontrollierbarer Geschwindigkeit abläuft. Das grundlegende bislang ungelöste technische Problem liegt darin, daß zur Einleitung des Brennvorgangs Temperaturen von mehr als 40 Millionen Grad Celsius erzeugt und die Wasserstoffatome bei dieser hohen Temperatur für Bruchteile einer Sekunde in ausreichender Dichte konzentriert gehalten werden müssen, um sie zur gegenseitigen Reaktion zu bringen. Nach dem jetzigen Stand der Entwicklung kann mit der Errichtung eines Fusions-Versuchsreaktors frühestens 1990 gerechnet werden (90).

Verdoppelung der Kraftwerkskapazitäten

Die Elektrizitätswerke hatten 1974 einen Anteil von 28,4 Prozent am gesamten Primärenergieaufkommen der Bundesrepublik Deutschland. Dieser Anteil wird künftig steigen, weil der Elektrizitätsverbrauch schneller zunimmt als der jeweilige Gesamtverbrauch an Primärenergie. Obgleich sich die Zuwachsraten im Stromverbrauch gegenüber dem ersten Drittel der siebziger Jahre bis 1980 etwas verlangsamen dürften, wird sich der Stromverbrauch zwischen 1975 und 1990 voraussichtlich mehr als verdoppeln.

*Strombedarf in der Bundesrepublik Deutschland bis 1985
in TWh (97)*

	1973	1975	1980	1985
Brutto-Stromerzeugung ohne Importe	299	347	489	686
davon:				
Kernenergie	11,8	25,2	119,6	299
Steinkohle	102,6	100,6	105,7	115
Braunkohle	75,5	86,5	93,5	91
Erdgas	34,0	56,7	72,1	72
Heizöl	44,1	44,5	63,1	70
Wasser	15,5	17,0	18,0	20
Sonstige	15,5	16,5	17,0	19

Diese Vorausschätzung der Vereinigung Deutscher Elektrizitätswerke (VDEW) basiert auf einem Zuwachs des Bruttosozialproduktes von real 4 Prozent pro Jahr für den Zeitraum 1973 bis 1985. Sie unterstellt ferner:

– Das Preisniveau aller Energieträger wird langfristig steigen. Die Industrie ist bestrebt, durch verstärkte Energiesparmaßnahmen den Stromverbrauch einzuschränken. Dabei würde – wie in der Vergangenheit – der Faktor Arbeit auch weiterhin durch Elektrizität ersetzt werden. Der Stromverbrauch im industriellen Sektor wird demnach stärker ansteigen als die Produktion.

– Im Verkehrssektor wird der Stromverbrauch durch einen Zuwachs im Nahverkehrsbereich gekennzeichnet sein. Insgesamt ist aber eine Verringerung der durchschnittlichen Zuwachsraten von 6,7 Prozent auf 6,3 Prozent im Zeitraum 1973 bis 1985 zu erwarten.

– Im Sektor Haushalt und Kleinverbraucher könnte ein steigendes Energiepreisniveau zu einer verstärkten Substitution anderer Energieträger durch die relativ billigere und umweltfreundliche Elektrizität führen.

Diese Vorausschätzungen decken sich auch mit denen des Bundes-
beauftragten für den Steinkohlenbergbau über die Entwicklung
der Stromerzeugung (89).
Ebenfalls nach Berechnungen der VDEW wird sich die Kraftwerkskapazität entsprechend der Zunahme des Stromverbrauchs
erhöhen:

*Kraftwerkskapazität in der Bundesrepublik Deutschland
in Megawatt (97)*

	1973	1975	1980	1985
Kraftwerkskapazität	61 900	75 178	103 926	140 000
davon:				
Kernenergie	2 415	4 425	20 679	50 000
Steinkohle	23 600	24 100	28 184	30 700
Braunkohle	11 208	12 908	13 958	13 300
Erdgas	6 432	10 442	13 102	15 000
Heizöl	10 475	14 273	18 314	20 000
Wasser	4 830	5 990	6 589	7 500
Sonstige	2 940	3 040	3 100	3 500

Wie die Dresdner Bank in einer Studie feststellt, müssen ausgehend von der prognostizierten Entwicklung der Kraftwerkskapazitäten bis zum Jahr 1985 etwa 94 Milliarden DM in
Kraftwerks-Neubauten investiert werden. Das wurde auf Basis
der Kraftwerkskosten von Anfang 1974 errechnet, denen eine
jährliche Preissteigerungsrate um 6 Prozent unterstellt wurde.
Unberücksichtigt sind die während der langjährigen Bauzeit
aufzubringenden Steuern und Zinsen auf die eingesetzten Kapitalmittel, die z. B. bei Kraftwerken zu einem Aufschlag von 30
Prozent auf die Anlagekosten führen. Auch Ersatzinvestitionen
sind in der Prognose nicht in Ansatz gebracht, weil sie sich
kostenmäßig im voraus nicht erfassen lassen. Man geht jedoch
davon aus, daß diese Investitionen von den einzelnen Elektrizi-
tätsversorgungsunternehmen schon heute über deren Eigen- und
Fremdfinanzierungsspielraum gedeckt werden können.

Investitionen für die Erweiterung der Kraftwerkskapazitäten in
der Bundesrepublik Deutschland in Milliarden DM

	1974–1980	1981–1985	Summe 1974–1985
Kernenergie	28,63	44,29	72,92
Steinkohle	3,35	2,11	5,46
Braunkohle	1,09	–	1,09
Erdgas	2,86	2,02	4,88
Heizöl	3,84	1,78	5,62
Wasser	1,44	1,83	3,27
Sonstige	0,15	0,53	0,68
	41,36	52,56	93,92

Erhebliche Aufwendungen werden im Bereich der Elektrizitätswirtschaft in der Bundesrepublik auf dem Gebiet der Kernfor-
schung und kerntechnischen Entwicklung zu leisten sein. Neben
staatlichen Förderungsmitteln sind von den Unternehmen selbst
noch erhebliche Kapitalmittel aufzubringen, die sich in ihrer
Größenordnung nicht abschätzen lassen und daher in dieser Untersuchung unberücksichtigt bleiben mußten.
Die Anlagen zur Fortleitung und Verteilung der Elektrizität
sind ebenfalls nicht im ausgewiesenen Kapitalbedarf von 94
Milliarden DM für Kraftwerksneubauten 1974–1985 enthalten.
1973 machten sie 46 Prozent der gesamten Investitionsaufwendungen in diesem Bereich aus. Da die Investitionen in den
Stromerzeugungsanlagen im ersten Drittel der siebziger Jahre
überproportional zugenommen haben und 1974 fast die Höhe
der Investitionen zum Ausbau des Leitungsnetzes erreichten, unterstellt die erwähnte Studie der Dresdner Bank ein Verhältnis
zwischen Kraftwerksinvestitionen und Aufwendungen für das
Leitungsnetz in der Größenordnung von 1:1. Auf dieser Basis
errechnen sich die Investitionen in das Leitungsnetz im Zeitraum 1974–1985 unter Berücksichtigung der geltenden Zahlungsbedingungen auf etwa 87 Milliarden DM (89).
Die Brennstoffversorgung der Kernkraftwerke verlangt ebenfalls beträchtliche finanzielle Aufwendungen. Die bisher bekannten Uranvorkommen in der Bundesrepublik Deutschland lassen

sich heute nicht unter wirtschaftlichen Bedingungen abbauen. Auch Uran muß daher importiert werden. Die zur Zeit wirtschaftlich verwertbaren Uranvorräte sind derart auf der Welt verteilt, daß politisch bedingte und untereinander abgestimmte Exportverbote der Uran-Export-Staaten unwahrscheinlich sind. Eine Kartellbildung nach Art der OEPC (Organisation der Erdöl exportierenden Staaten) hat kaum eine Chance. Außerdem ist die Vorratshaltung bei Uran günstig. Dadurch kann Versorgungsstörungen vorgebeugt werden.

Heute abbauwürdige Vorkommen enthalten einige Kilogramm Uran pro Tonne Erz. Wie groß die abbauwürdigen Uranvorräte der Welt sind, ist derzeit nur schwer abzuschätzen. Die Kosten für Natur-Uran machen zur Zeit nur etwa 5 bis 7 Prozent der Stromerzeugungskosten aus. Die Bevorratungsmöglichkeiten von Uran sind dadurch gekennzeichnet, daß sich aus einer Tonne Natur-Uran mit nur etwa einem Zehntel Kubikmeter Rauminhalt (!) ebensoviel elektrische Energie gewinnen läßt wie aus knapp 10 000 Tonnen Erdöl, die ein Volumen von etwa 11 000 Kubikmetern beanspruchen. Das Uran kann problemlos in normalen Fässern gelagert werden (93).

Sollte es zu der prognostizierten Erweiterung der Kernkraftkapazität auf 50 000 MW bis zum Jahr 1985 kommen, dann würde die Bundesrepublik Deutschland noch weit hinter der Zielvorstellung der EG-Kommission liegen, die in der Europäischen Gemeinschaft bis 1985 einen Kernenergieanteil von 50 Prozent an der Elektrizitätsversorgung für wünschenswert hält. Durch den Kapazitätsausbau auf 50 000 MW steigt der geschätzte Bedarf an Natur-Uran bis 1985 auf jährlich etwa 10 000 Tonnen an. Der kumulierte Bedarf an Natur-Uran ist demnach auf rund 56 000 Tonnen anzusetzen.

Damit wird die Bundesrepublik etwa 10 Prozent des von der International Atomic Agency der Vereinten Nationen und der OECD mit 100 000 Jahrestonnen geschätzten Bedarfs an Natur-Uran im Jahr 1985 für sich beanspruchen. Daraus ergeben sich zur Bedarfsdeckung in den achtziger Jahren umfassende Suchprogramme. Die Bundesrepublik muß sich in verstärktem Maß an der *Uranprospektion* im Ausland beteiligen. 250 Millionen DM pro Jahr sind im Durchschnitt dafür anzusetzen. Das wären für den Zeitraum 1974–85 rund 3 Milliarden DM. Der Bau eigener Anlagen zur Urananreicherung dürfte etwa 2 Milliarden DM Investitionsaufwand verlangen (89).

In den Finanzierungsaspekten zählen auch die in die Brennelemente eingehenden Kosten zu den Aufwendungen der Brennstoffversorgung. Die gegenüber herkömmlichen Energieträgern langen Herstell- und Verbrauchszeiten machen das notwendig. Auf Grundlage der von der *Nuclear Exchange Corporation* bekanntgegebenen Vorausschätzungen über die künftige Preisentwicklung für Natur-Uran (94) und unter Berücksichtigung der geltenden Zahlungsbedingungen bis zum Jahr 1985 werden für Urankäufe rund 7,5 Milliarden DM aufzubringen sein. Weitere rund 0,6 Milliarden DM benötigt man für die Konversion von Uranoxyd (U_3O_8) in Uranhexafluorid (UF_6), und zwar auf einer Preisbasis von 3 US-$ und Steigerungsraten von jährlich 0,06 bis 0,08 US-$ pro Kilo Uran (95). Die Urananreicherung wird angesichts der 1974 von der *USAEC* (= Atomenergiekommission der USA) angekündigten Preiserhöhung Mittel in Höhe von rund 6,8 Milliarden DM binden. Der kumulierte Finanzbedarf für die Brennelementherstellung wurde von der Dresdner Bank (89) auf rund 4,1 Milliarden DM und der für die Wiederaufbereitung auf rund 2,5 Milliarden DM veranschlagt.

Finanzielle Belastung zur Sicherung der Brennstoffversorgung für Kernkraftwerke bis 1985 (89)

Uranprospektion	3 Milliarden DM
Käufe von Natur-Uran	7,5
Konversion	0,6
Urananreicherungsanlagen	2,0
Urananreicherung	6,8
Brennelement-Herstellung	4,1
Wiederaufbereitung	2,5
	26,5 Milliarden DM

Damit beläuft sich der Gesamtbedarf für Investitionen des Elektrizitätssektors bis 1985 auf 207 Milliarden DM, zusammengesetzt aus

94 Milliarden DM für Kraftwerksneubauten
87 Milliarden DM für Leitungsnetz und
26 Milliarden DM für Kernbrennstoffversorgung.

Auf der Suche nach neuen Energien

Wachsender Energiebedarf erfordert neue Energiequellen. Das größte Kraftwerk der Erde ist 149 Millionen Kilometer von ihr entfernt. Es ist die Sonne. Die Gesamtmenge an Sonnenenergie, die jährlich die Erde erreicht, beträgt 7 mal 10^{17} Kilowattstunden. Das sind 700 Billiarden Kilowattstunden, mehr als 30 000 mal soviel Energie, wie wir zur Zeit mit der Gesamtheit unserer Maschinen und Motoren, Kraftwerke und Öfen verbrauchen (98). Sollten wir nicht wenigstens einen Teil der Sonnenenergie nutzen können?

Seit der Ölkrise wird mit Hochdruck daran gearbeitet, wirtschaftliche Verfahren zur Nutzbarmachung der Sonnenenergie zu entwickeln. So erteilte die amerikanische Energiebehörde im Jahre 1975 den Auftrag für ein 500-Megawatt-Sonnenkraftwerk, das bis 1985 fertiggestellt sein soll. Mit dem Bau der ersten deutschen Großversuchsanlage wurde ebenfalls 1975 begonnen. In Wiehl im Bergischen Land erzeugen 1100 *Sonnenkollektoren* in den Monaten Mai bis September Energie von rund 65 Kilowattstunden, die zur Beheizung eines Schwimmbades dienen.

In der Planung befindet sich als weitere Versuchsanlage ein »Solar-Hallenbad« in der Gemeinde Schwalmtal, bei der die Sonne erstmals in der Welt auch im Winter zur Energieerzeugung dienen soll: ein Sonnenkollektorensystem wird die Infrarotstrahlung auffangen, die auch Wolkendecken durchdringt. Ein weiterer Versuch beschäftigt sich mit der Entwicklung einer über die Ausdehnungsenergie eines von Sonnenkollektoren erhitzten Mediums in einem Kolbensystem angetriebenen Pumpe zur Erschließung unterirdischer Wasservorräte. In der Erprobung befindet sich weiter ein »Sonnenhaus« in Aachen. Nach Ansicht des Bundesministers für Forschung und Technologie liegt es im Bereich des Möglichen, bis zu 60 Prozent der in den Haushalten für Heizung und Warmwasserbereitung notwendigen Energie mit Hilfe der Sonne zu gewinnen. Im Rahmen des deutschen Energieforschungsprogramms wird die Entwicklung von Sonnenkraftwerken unterstützt (90).

Rechnet man für die Bundesrepublik mit einer mittleren Sonnenenergieeinstrahlung von 100 Watt pro Quadratmeter und mit einem Wirkungsgrad der Energiegewinnung von 10 Prozent (Photosynthese: bis 15 Prozent), so wäre eine Selbstversorgung der Bundesrepublik bei einer Vervierfachung des Energiebedarfs nur dann möglich, wenn zwei Drittel der Gesamtfläche mit Energieplantagen bedeckt würden. Das ist nicht machbar.

Würde man dagegen davon ausgehen, daß wir in Zukunft nicht mehr Nutzenergie brauchen als heute, daß unser derzeitiger Primärenergiebedarf durch Entschwendung (Rationalisierung) sogar etwa halbiert werden könnte, so wäre der Flächenbedarf freilich nur noch ein Zwölftel der Fläche der Bundesrepublik (99). Doch auch das wäre nicht realisierbar. Wir sehen: die Nutzung von Sonnenenergie erfordert einen riesigen Flächenbedarf und verursacht damit hohe Kosten.

Um bei einem Pro-Kopf-Leistungsbedarf von vier Kilowatt weltweit zehn Milliarden Menschen zu versorgen, wären in einer hypothetischen Rechnung 1,6 Millionen Quadratkilometer Gesamtfläche für Sonnenkraftanlagen erforderlich. Diese Fläche beträgt etwas mehr als ein Prozent der Landoberfläche der Ende. In den großen Wüstengürteln der Erde könnten diese Flächen gefunden werden. Doch sie liegen weitab von den Industriezentren. Damit stellt sich das Problem des Energietransportes. Man spricht von der Entwicklung der Wasserstoff-Technologie, der Umwandlung von Sonnenenergie für Transportzwecke in Wasserstoff. Doch inzwischen waren auch Versuche erfolgreich, elektrische Energie mit Hilfe von Radiowellen hoher Frequenz zu transportieren (90). Es gilt als sicher, daß Sonnenenergie eines Tages genutzt wird. Nahziel bis in die neunziger Jahre hinein

bleibt vorerst der Bau kleiner Sonnenenergieanlagen für den Einsatz am Ort dieser Anlagen für fest abgegrenzte Aufgaben.
Wind wird schon lange als Energieproduzent benutzt, etwa in der Segelschiffahrt und bei Windmühlen. Man hat errechnet, daß bei weltweitem Einsatz von Windmaschinen die »günstig nutzbaren« Winde 20 Millionen Megawatt erzeugen können, was jedoch höchstens einem Zehntel des Weltenergieverbrauches von 1973 entspricht. Hohe Investitionen und erheblicher Wartungsaufwand für große mechanische Systeme sind weitere Nachteile (90). Trotzdem befaßt man sich weiterhin mit der Entwicklung der Windtechnik – auch in der Bundesrepublik.
Gezeitenkraftwerke, in Frankreich mit dem 240-Megawatt-Kraftwerk der Electricité de France an der Mündung des Flusses Rance bei St. Malo bereits zufriedenstellend realisiert, kommen an dem relativ kurzen Küstenstreifen der Bundesrepublik Deutschland wohl nicht in Betracht. Auch Erdwärme ist bei uns kaum nutzbar. Sie wirtschaftlich zu nutzen, bleibt den »warmen Zonen« der Welt vorbehalten. Dagegen erscheinen Projekte, Brennstoffe aus Abfall zu nutzen, für unseren Raum schon sinnvoller.

Mittel- und langfristige Rohstoffprobleme der chemischen Industrie

Der Bedarf an chemischen Produkten wird auch in Zukunft steigen. Die Chemie ist eine Wachstumsbranche. Mit ihrem Forschungs- und Entwicklungspotential steht die Chemie in der Bundesrepublik Deutschland an erster Stelle. Es überrascht daher nicht, daß hier das Arbeitsangebot für Chemiker 1980 um 18 Prozent, 1985 um 37 Prozent und 1990 um 52 Prozent über dem Arbeitsangebot von 1975 liegen wird. Mit anderen Worten: Im Forschungsbereich der deutschen Chemie benötigt man 1990 doppelt so viele Akademiker wie 1975.
Weitaus die meisten Produkte der chemischen Industrie zählen zu einem der vier Bedarfsbereiche des Menschen, nämlich Ernährung, Bekleidung, Gesundheit, Werkstoffe. Entstanden war die

chemische Industrie mit der Entwicklung der synthetischen Farbstoffe. Damit öffnete sich das weite Gebiet der klassischen organischen Chemie und somit die Möglichkeit der Herstellung von Hunderttausenden von organischen Verbindungen, die inzwischen Eingang in alle Lebensbereiche gefunden haben.

Die Chemie ist großer Vorlieferant für viele Bereiche der gesamten Volkswirtschaft. Sie zählt zur sogenannten Schlüsselindustrie. Deshalb ist die sichere Versorgung der chemischen Industrie mit Rohstoffen besonders lebenswichtig. Mehr als 95 Prozent der deutschen organischen Chemieproduktion sind heute direkt von der Bereitstellung *petrochemischer Rohstoffe* abhängig. Gerade hier sind die Kosten seit der Ölpreiskrise besonders stark gestiegen. Unter Wettbewerbsdruck und ständig steigenden Kosten ist die industrielle Forschung der chemischen Industrie vorwiegend auf Nahziele ausgerichtet. Heute gelten folgende Prioritäten (100):

- Umstellung der Rohstoffbasis. Hier ist davon auszugehen, daß eine Reihe wichtiger Rohstoffe in Zukunft knapp bleiben wird.
- Entwicklung neuer Technologien, durch die Rohstoffe und Energie optimal genutzt werden.
- Umweltschutz. Suche nach Produkten, die in Verarbeitung und Verbrauch die Belastung der Umwelt verringern.
- Wiederverwendung von Abfällen.

Die weite Verwendung von Chemieprodukten kann auf vielen Gebieten nicht mehr rückgängig gemacht werden. Damit ist der chemischen Industrie eine Versorgungsverpflichtung auferlegt. Die Minderung der starken Abhängigkeit vom Rohstoff Erdöl durch Entwicklung oder Weiterentwicklung von wirtschaftlichen Verfahren zur Kohleveredelung wird zum Gegenstand von mittelfristigen und langfristigen Programmen. Eine mittelfristige Planung schrittweiser Substitution von Erdöl bei der Energieerzeugung ist vordringlichstes Ziel. So könnten die Ölreserven gestreckt und eine Versorgung der Chemie auf lange Zeit sichergestellt werden.

Damit wird der beschleunigte Ausbau und Neubau von *Hydro-*

crack- und anderen *Konversionsanlagen* im Raffineriebereich notwendig, damit die durch Substitution verfügbar werdenden Schwerölfraktionen in leichtere Chemierohstoffe umgewandelt werden können. Andere Möglichkeiten sind der erhöhte direkte Einsatz von schweren Mineralölfraktionen in der chemischen Weiterverarbeitung wie zum Beispiel *Gasöl* für die *Äthylenherstellung* oder schweres Heizöl für die Düngemittelproduktion. Kurzfristig ist nicht damit zu rechnen, daß Kohle zur Rohstoffbasis der chemischen Industrie in der Bundesrepublik Deutschland wird. Das beachtliche vorhandene Know-how muß jedoch weiterentwickelt und den heutigen technischen Möglichkeiten und wirtschaftlichen Erfordernissen angepaßt werden. Auf lange Sicht gesehen ist Kohle als Rohstoffquelle der chemischen Industrie die einzige Alternative zum Erdöl.

Voraussetzung ist jedoch, daß wirtschaftliche Verfahren zur *Kohlevergasung* und Kohleveredelung rechtzeitig zur Verfügung stehen. Es ist vorstellbar, daß zunächst die Kohlevergasung in Richtung einer *Synthesegas*-Erzeugung ausgebaut wird. Mit zunehmender Verknappung von Erdöl werden dann auch andere Kohlenstoff-Bausteine gefragt sein, die zum Beispiel durch weiterführende Verarbeitung von $CO + H_2$ über modifizierte *Fischer-Tropsch-Verfahren* zugänglich sind. Ein weiterer Schwerpunkt sollte folglich bei der Verwertung von Synthesegas liegen.

In den USA, wo die Problematik ähnlich liegt, wird man in der ersten Phase der angedeuteten Entwicklung dadurch Rechnung tragen, daß bis 1990 voraussichtlich 35 bis 40 große *SNG* (= *substitute natural gas*)-Anlagen auf Kohlenbasis in Betrieb sein werden, die dann etwa ein Drittel der heutigen US-Kohleförderung verarbeiten. Wie schon aus der Bezeichnung SNG hervorgeht, denkt man in den USA vor allem an den Ersatz von Erdgas zur Energieerzeugung. In der Bundesrepublik Deutschland sollten die Schwerpunkte einer Weiterentwicklung der Kohlechemie sein:

– Vergasung von Braun- oder Steinkohle (auch unter Einsatz von Kernwärme) zu
  Synthesegas (Kohlenmonoxyd/Wasserstoff)

Kohlenmonoxyd
Wasserstoff
Methan
– Weiterverarbeitung von Synthesegas zu
Ammoniak
Methanol
Olefinen
Naphtasubstituten
Paraffinen
– Hydrierung und hydrierende Extraktion von Steinkohle, bevorzugt zu Aromaten
– Schwelung von Braun- oder Steinkohle mit Anfall von aromatischen Verbindungen wie ein- und zweiwertigen Phenolen u. a. m.
– Acetylenerzeugung auf Kohlebasis.

Der Aufwand für die genannten Forschungsvorhaben, die kurzfristig begonnen werden müssen, wenn langfristig wirtschaftlich nutzbare Ergebnisse erzielt werden sollen, übersteigt die finanziellen Möglichkeiten der chemischen Industrie. Die Bundesregierung hat diese Tatsache erkannt und bereits in ihrem »Rahmenprogramm Energieforschung 1974–1977« sowie in der ersten Fortschreibung des Energieprogramms vom November 1974 die Kohlevergasung und *Kohleverflüssigung* besonders hervorgehoben (101).

Forschung ist außerordentlich personalintensiv. 1975 gab allein die Hoechst AG pro Arbeitstag mehr als 2 Millionen DM für Forschungszwecke aus. In einer Zeit, in der die Forschungsaufgaben größer werden, steigt das Forschungsrisiko als Folge zunehmender Komplexität und erhöhter Auflagen. Die indirekte Forschungsförderung durch den Staat wird abgebaut. Das engt den Spielraum der Forschung ein. Der Weg von der *Invention* über die *Innovation* bis zur technischen Reife eines Produktes oder Verfahrens wird mühsamer und länger.

Aber produktive Kräfte müssen mobilisiert werden, damit die Wirtschaft auch künftig bestehen kann. Darin liegt unsere Chance. Auch in Zukunft wird die chemische Industrie im Rahmen der industriellen Forschung die Hauptlast der Innovation tragen, da sie am ehesten über die erforderliche wissenschaftliche und technische Infrastruktur verfügt. Im Vergleich zu anderen Industriezweigen hat die Chemie als eine der forschungsintensivsten Branchen bisher kaum Bundesmittel in Anspruch genommen. 1975 waren es bei der Hoechst AG circa 2 Prozent der eigenen Forschungsaufwendungen (102).

Staatlicher Dirigismus drückt auf Pharma-Industrie

Der internationale pharmazeutische Markt in den Ländern der westlichen Welt hatte Mitte 1976 einen Umfang von etwa 73 Milliarden DM. Nach den USA mit 16 und Japan mit 11 Milliarden DM stand die Bundesrepublik Deutschland mit 8,2 Milliarden DM (Anfang 1975) an dritter Stelle vor Frankreich und Italien. Bis 1985 wird sich der Gesamtmarkt in diesem Bereich auf rund 170 Milliarden DM ausweiten. Dann werden die Industrieländer, die heute 78 Prozent der Produktion aufnehmen, diesen Anteil auf 88 Prozent steigern. Der damit verbundene Rückgang des Anteils der Entwicklungsländer ist darauf zurückzuführen, daß 1985 u. a. Mexiko, Malaysia, Brasilien und der Iran nicht mehr als Entwicklungsländer gelten. Das bedeutet, daß auch 1985 diese Entwicklungsländer mit pharmazeutischen Produkten nicht schlechter versorgt sind als heute. Die Länder des östlichen Machtbereichs einschließlich der Volksrepublik China werden als Handelspartner besonders für neue Forschungsprodukte an Bedeutung gewinnen.

Beim prozentualen Anteil der einzelnen Präparategruppen am Gesamtmarkt erwartet man bis 1985 keine gewichtigen Veränderungen. *Antiinfektiva* sind weltweit die größte *Indikationsgruppe*. Ihr Anteil am Pharmamarkt der Entwicklungsländer zeigt ihre außergewöhnliche Bedeutung für diese Gebiete. Die Herz-Kreislaufmittel, die bekanntlich in den Industriestaaten dominieren, rücken mit wachsender Industrialisierung auch in den Entwicklungsländern immer stärker in den Vordergrund. Ähnlich verhält es sich mit den Psychopharmaka.

Die Regionalverteilung der Märkte erfährt bis 1985 keine wesentlichen Änderungen. Die Erfahrungen der letzten Jahre zeigen, daß die Entwicklung der einzelnen Pharmamärkte in enger Korrelation mit dem Wachstum des Bruttosozialproduktes dieser Marktbereiche, also der jeweiligen Länder, steht.

In allen Ländern wird die durchschnittliche Lebenserwartung steigen, in den USA nach Aussagen einiger Forscher bis zum Jahr 2025 auf 90 Jahre. Der Trend in Richtung höherer Lebenserwartung besteht bereits. Er ist letztlich einer der Gründe, warum innerhalb der Produktgruppenentwicklung gerade das Gebiet der *Koronartherapeutika* weiterhin an Bedeutung gewinnt.

Bis 1985 wird sich der Arzneimittelverbrauch in der westlichen Welt pro Kopf von 26,80 auf 55,– DM im Jahr erhöhen. In den Industrieländern wird das Preisgefüge nur langsam ansteigen und der mengenmäßige Konsum langsam wachsen. Dagegen werden in den Entwicklungsgebieten bei durchschnittlich niedrigerem Preisniveau als in der industrialisierten Welt die mengenmäßigen Steigerungen des Medikamentenkonsums ganz erheblich sein.

Der Patentschutz wird in den hoch industrialisierten Ländern in stark wirksamer Form beibehalten werden. In den meisten Entwicklungsländern wird dagegen der Patentschutz völlig verschwinden oder de facto keine Bedeutung mehr haben. Beim Warenzeichenschutz führt die Entwicklung dahin, daß nur *neue* Forschungspräparate für eine gewisse Zeit echten Warenzeichenschutz genießen werden. Das gilt in zunehmendem Maße auch für Industrieländer. Hier wird man ihn rechtlich zwar aufrechterhalten, doch tatsächlich wird er für ältere Produkte seinen Wert verlieren. In den Schubladen des Gesundheitsministeriums der USA liegen bereits Pläne, nach denen die maximal zulässigen Kosten für gleichartige (interchangeable = austauschbare) Arzneimittel *verschiedener* Hersteller festgelegt werden sollen. Davon betroffen sind besonders patentfreie Präparate. Diese Pläne bergen die Gefahr in sich, daß das Warenzeichen möglicherweise an Bedeutung verliert.

Die Pharmamärkte in den heutigen Entwicklungsländern werden sich zunehmend zu einem »commodity«-Geschäft entwikkeln. Das bedeutet, man wird in diesen Regionen die Pharmaspezialitäten vom Marketing-Konzept her wie andere gewöhnliche Verkaufsprodukte behandeln, deren Preis sich aus dem Gleichgewicht von Angebot und Nachfrage ergibt. Von diesen Ländern wird ein Preisdruck ausgehen, der forschende Pharmaproduzenten dazu veranlassen dürfte, in diesen Ländern nur zögernd ihre echten Forschungsinnovationen auf den Markt zu bringen. Weltweit wird der staatliche Dirigismus besonders für die pharmazeutische Industrie weiterhin zunehmen. Dies gilt ganz besonders für gesundheitsbehördliche Aspekte bei der Neueinführung von Präparaten sowie für die Festsetzung von Pharmapreisen. Vermutlich wird 1985 kein Land mehr ohne staatliche Preiskontrolle für Medikamente sein. Preise werden künftig nur noch aufgrund nachweisbarer Kostenunterlagen genehmigt werden (103).

In den 90er Jahren wird der Gesundheitsmarkt wesentlich geprägt durch die voraussichtlich bis dahin erreichten Fortschritte auf diagnostischem und therapeutischem Gebiet sowie in der Präventiv- oder Sozialmedizin. An medizinischen und pharmazeutischen Forschungsergebnissen erwartet man bis dahin (104):

– Die weitgehende Ausrottung der Infektionskrankheiten, sei es durch orale Antivirusmittel oder umfassende Immunisierung,

– die Lösung des Krebsproblems,

– die Transplantation künstlicher Organe und Glieder,

– mit gestiegener Lebenserwartung die Möglichkeit, Vergreisungserscheinungen wirksam bekämpfen zu können,

– die Kompensation nahezu aller psychiatrischen Krankheitsbilder,

– eine wirksame Geburtenkontrolle für die gesamte Weltbevölkerung,

– die dauerhafte Hebung der Intelligenz und

– die wirksame Therapie asozialen Verhaltens.

»Gesundheit« wird insgesamt teurer werden, vor allem durch den erzielten medizinischen Fortschritt. Die höhere Lebenserwartung wird auch die Zahl der Alterserkrankungen steigen lassen, und die Gesundheitsvorsorge wird zusätzlich Kosten bringen. Das wirkt sich aus bei der *immunbiologischen Prophylaxe* durch die Entwicklung weiterer vorbeugender Impfstoffe. Das gleiche gilt für Reagenzien und Diagnostika zur Früherkennung gesundheitlicher Schäden. Auf dem Gebiet bakterieller Infektionen erwartet man bis 1990 viele kleinere und nur wenige größere Veränderungen. Bedeutsame Fortschritte erhofft man in den 80er Jahren in der Kontrolle chronisch wiederkehrender Infektionen, wie beispielsweise Bronchitis und Nierenkrankheiten. Dabei ist zu bemerken, daß Bronchitis an sich keine bakterielle Erkrankung darstellt, wohl aber gewöhnlich mit wiederholten Bakterieninfektionen verbunden ist.

Bei progressiv wiederkehrenden Infektionen schenkt man künftig neben der eigentlichen Infektion auch anderen Faktoren stärkere Beachtung, nämlich der Umgebungskontrolle. Maßnahmen zur Umweltkontrolle werden wohl erst um 1990 herum voll zur Wirkung kommen. Bis dahin hofft man auch, die progressive Pyelonephritis (= Entzündung der Niere und des Nierenbekkens) bei Personen unter 20 Jahren aufgehalten zu haben. Neue Antibiotika werden gefunden werden, die gegen heute noch resistente Organismen wirksam sind, wie z. B. *Proteus* und *Pseudomonas*, die bei Nieren- wie bei Atmungserkrankungen eine große Rolle spielen. Das Problem der Resistenz gegen Antibiotika wird vermutlich anwachsen. Vertieftes Verständnis der biologischen Vorgänge und spezifische Maßnahmen der Krankheitsbekämpfung dürften jedoch die Gefahr in vernünftigen Grenzen halten. Antibiotische Mittel werden immer mehr in Verbindung mit Antibiogrammen verwendet, also Aufzeichnungen, gegen welche Erreger das betreffende Antibiotikum wirksam ist.

Auf dem Gebiet der Virusinfektionen ist es wahrscheinlich, daß gegen 1980 Mittel und Wege gefunden werden, die Produktion von *Interferon* im menschlichen Körper anzuregen. Interferon ist ein Hemmstoff der Virussynthese. Noch ist nicht klar, ob dies bei der Verhütung oder Therapie von Virusinfektionen von Wert sein wird. Fest steht, daß die Bekämpfung von Virusinfektionen sich nicht auf Impfstoffe beschränken wird. Wahrscheinlich werden um das Jahr 1980 Viren als Erreger von gewissen Tumoren festgestellt werden.

Besonders schwer sind die Probleme bei Krebskrankheiten zu lösen. Es gibt zu viele Ursachen und Typen von Krebs. Auch ist die Wahrscheinlichkeit groß, daß an vielen Punkten der in Frage kommenden Entwicklungen in der Zelle Funktionsstörungen auftreten können. Die Vorgänge sind äußerst kompliziert. Eine der Voraussagen deutet an, daß fruchtbare therapeutische Ergebnisse sich eher aus zufällig auf anderen Gebieten gemachten Beobachtungen ergeben könnten als aus systematischer Krebsforschung. Weniger optimistische Voraussagen im Hinblick auf die Lösung des Krebsproblems noch in diesem Jahrhundert gibt es genügend. Mit Fortschritten ist jedoch in jedem Fall zu rechnen. Es ist durchaus denkbar, daß die Entdeckung krebsbekämpfender Substanzen, falls sie spezifisch genug sind, die Entstehungsgeschichte gewisser Arten von Krebs aufklären wird. Das dürfte zur Entwicklung zuverlässiger Forschungsmethoden führen und so schließlich zur Auffindung weiterer, entweder stärkerer oder spezifischer krebsbekämpfender Arzneimittel.

Zielgruppen pharmazeutischer Forschung gibt es außerordentlich viele. Es sollte um 1990 möglich geworden sein, Anfälle von *Koronarthrombose* auf Tage vorauszusagen und damit Todesfälle infolge plötzlicher Störung der Herztätigkeit zu vermindern. Der Früherkennung von Gefäßerkrankungen gilt besondere Aufmerksamkeit, weil hier akute Episoden oft schnell zum Tod führen und Veränderungen *nach* aufgetretenen Symptomen oft irreparabel sind. Vor allem werden Gehirnschäden, die durch eine *vaskulare Katastrophe* verursacht sind, auch noch 1990 unbehandelbar sein. Man rechnet damit, Gefäßerkrankungen in der 90er Jahren unter Kontrolle zu bringen.

In der Chirurgie dürfte es um 1980 möglich sein, beinahe alle Körperteile außer Gehirn und Rückenmark durch Transplantationen oder durch Prothesen zu ersetzen. So sollte künstlicher Ersatz für Herzklappen, periphere Gefäße, Gelenke und Knochen verfügbar sein sowie für verschiedene lebenswichtige Organe. Man rechnet damit, daß dann Lungen- und Lebertransplantationen zu einer Routineangelegenheit werden. Es ist wahrscheinlich, daß die Überwachung der Funktionen des Patienten während der Operation um 1980 automatisch erfolgt. Um 1990 sollten Anästesierungs-(= Schmerzausschaltungs- oder Narkose-)Mittel vorhanden sein, durch die der Patient auf Wochen oder Monate in einen »Winterschlaf« versetzt werden kann. Hierbei werden die Hauptprobleme in der Erprobung am Menschen und der Bewertung des therapeutischen Nutzens liegen.

Auf dem Gebiet der Veterinärmedizin rechnet man damit, schon um 1980 Mittel zur Verfügung zu haben, die eine weitgehende Kontrolle der Vermehrung ermöglichen: Paarungsperiode und Zeitpunkt der Paarung, ob Konzeption stattfinden soll oder nicht, die Anzahl der gewünschten Nachkommenschaft und die Auswahl des Geschlechts der Nachkommenschaft. Man erwartet eine erfolgreichere Bekämpfung parasitischer Erkrankungen und eine wesentlich systematischere und regelmäßigere prophylaktische Behandlung von Tierkrankheiten, insbesondere bei Jungtieren. Allerdings ist zu beobachten, daß sich die veterinärmedizinische Forschung immer bis zu einem gewissen Grad in Konkurrenz mit der medizinischen Forschung befindet, was Arbeitskräfte und Finanzmittel betrifft (105).

Chemie gegen Hunger

400 Millionen hungernde Menschen auf der Welt sind ein Problem, das alle angeht. Die gegenwärtigen und zukünftigen Aufgaben der Forschung der chemischen Industrie im Bereich Ernährung sind daher allein vor dem Hintergrund einer schnell wachsenden Weltbevölkerung zu sehen. Die jährliche Zuwachsrate der Nahrungsmittelproduktion von etwa einem Prozent (1975) reicht bei weitem nicht aus, um den Hunger zu bekämpfen, zumal sich nach Meinung der Fachleute die Agraranbaufläche der Erde von jetzt circa 1,5 Milliarden ha nur noch unwesentlich vergrößern läßt.

Notwendige Voraussetzungen für die Erhöhung der Agrarproduktion sind zunächst einmal die Verbesserung der Landbautechnik, die Intensivierung von Bewässerungsanlagen und der Anbau von Hochleistungssorten bei Getreide, Reis, Mais und anderen Kulturen. Diese können jedoch nur dann ihre eingezüchteten Qualitäts- und Ertragseigenschaften voll entfalten, wenn sie bei optimaler Mineraldüngerversorgung krankheits- und schädlingsfrei aufwachsen können. Hier bietet sich auch künftig unserer chemischen Industrie die Chance, zum weltweiten Fortschritt beträchtliche Beiträge zu leisten. Dazu zählt auch der Pflanzenschutz. Bis heute wird jährlich mehr als ein Drittel der Welternte von Schädlingen, Krankheiten und Unkraut vernichtet, was einem Nahrungsmittelwert von circa 300 Milliarden DM pro Jahr entspricht. *Insektizide, Fungizide, Herbizide* und umweltfreundliche biologische Schädlingsbekämpfungsmittel gewinnen künftig noch mehr an Bedeutung. Dabei sind auch anwendungstechnische Fragen von *Sexual-Lockstoffen* zu lösen.

Ein zentrales Ernährungsproblem ist der weltweite Mangel an Eiweiß, das vorwiegend in Fleisch, Fisch und Eiern enthalten ist. Um eine ausreichende Versorgung mit Eiweiß sicherzustellen, muß die tierische Veredelungswirtschaft verbessert werden. Zukünftige Forschungsthemen auf dem Gebiet der Futterzusätze sind das Auffinden neuer, wachstumsfördernder Substanzen sowie die Herstellung von Eiweiß auf *fermentativer Basis* (106). Man bedient sich dabei der Mikroorganismen, zu denen Bakterien, Hefen, Pilze und Algen zählen. Sie sind überall vorhanden. Ohne sie würde der Kreislauf der Natur zum Erliegen kommen. Der Mensch benützt sie zur Wein- und Bierherstellung oder zur Käsebereitung. Weniger bekannt sind technische Prozesse, die mit Hilfe von Mikroorganismen zum Beispiel *Butanol* oder *Zitronensäure* herstellen. Alle diese Verfahren gehen von folgenden Grundlagen aus:

– Mikroorganismen teilen sich extrem schnell. Verdoppelungszeiten von 0,4–2 Stunden sind durchaus möglich.
– Mikroorganismen können fast alle kohlenstoffhaltigen Verbindungen zum Aufbau der Zellmasse verwenden. So wachsen sie auf Erdöl, Methonal, Holz, Kohle und anderen Substanzen.

– Es ist möglich, viele »Stoffwechselleistungen« der Mikroorganismen in industriellen Prozessen zu nutzen (*Biotechnik*).

Die Hoechst AG, die seit 1942 Mikroorganismen nutzt, begann 1971/72 zusammen mit der Uhde GmbH und der Gelsenberg AG unter Förderung durch die Bundesregierung ein Projekt zur industriellen Gewinnung von Eiweiß. An der Verfahrensentwicklung arbeitet eine differenziert zusammengesetzte Gruppe von Laboratorien, Tierversuchsanlagen und technischen Anlagen. Aus Boden- bzw. Wasserproben wurden Mikroorganismen isoliert, die in der Lage sind, statt Zucker oder Stärke *Paraffin* oder *Methanol* als Kohlenstoffquelle zu verwenden. Sie wachsen in einer Nährlösung, die neben Salzen und Ammoniak beispielsweise 1–3 Prozent Methanol enthält. Methanol ist deshalb so interessant, weil dieses Substrat gegenwärtig die billigste Kohlenstoffquelle darstellt und künftig in ausreichender Menge zur Verfügung steht, denn Methanol kann aus einer Reihe von Rohstoffen wie Kohle, Erdöl oder Erdgas hergestellt werden. Der Prozeß erbringt Zellmasse (Biomasse) mit einem Eiweißanteil der Zellen von 50–80 Prozent. Derartige Werte erreicht man sonst nur bei Soja, Fisch oder Fleisch. Auch andere Forschungsgruppen publizieren derartige Eiweißgehalte. Für das Hoechster Verfahren ist aber zu betonen, daß jeweils 90 Prozent oder mehr des Eiweißes real aus *Aminosäuren* sowie die Hälfte aus *essentiellen Aminosäuren* besteht. Das sind gerade die Eiweißanteile, die Tier und Mensch für ihren Wachstumsprozeß benötigen. Entsprechend sind auch die Anteile der unerwünschten *Nukleinsäuren* sehr niedrig. Die Tierversuche brachten bisher sehr befriedigende Ergebnisse. 1976 entstand eine Versuchsanlage, die als Vorstufe zur Fabrikation um 1980 gedacht ist. Eine Biotechnik neuer Dimension wurde entwickelt.

Auch die Verwendung synthetischer Nährlösungen stellt einen großen Fortschritt dar. Diese Anstöße werden über 1990 hinaus zu interessanten Entwicklungen führen. Antibiotika, *Enzyme*, Nahrungsmittel und Pharmaka können aus natürlichen Zellen gewonnen werden. Neue Produkte und Verfahren zeichnen sich ab, wenn man die biotechnischen und genetischen Erkenntnisse und Entwicklungen voll anwendet. Eine wichtige Voraussetzung für die Nutzung der extrem vielfältigen Möglichkeiten der Mikroorganismen ist die Massenzucht von Mikroorganismenzellen als Verfahren zur klima*un*abhängigen Eiweißproduktion (107).

Chemie gegen Hunger, das bedeutet auch Konservierung, denn jährlich verderben bis zu einigen Millionen Tonnen Nahrungsmittel. Verluste werden sich hier nie ganz vermeiden lassen. Aber man kann hier einiges verbessern. Tiefkühlen, vor allem das Schockgefrieren, ist eine von vielen Konservierungsmethoden. Flüssig-Stickstoff und andere moderne Kältemittel stellt die deutsche Chemie bereits zur Verfügung. Ohne Zweifel wird künftig mehr Tiefkühlkost zum Verbraucher gelangen. Doch nicht immer ist Tiefkühlung anwendbar. Deshalb entwickelte die Hoechst AG Konservierungsstoffe wie Sorbinsäure und deren Salze, die im Körper völlig schadlos abgebaut werden. Auch auf diesem Sektor wird die Forschung vorangetrieben und künftig weitere brauchbare Ergebnisse für die Konservierung unserer Nahrungsmittel liefern.

Wachstumsregulatoren sind ein neues, interessantes und weitgespanntes Forschungsgebiet für den chemischen Pflanzenschutz. Die Entwicklung von Stoffen, die in pflanzenphysiologische Prozesse und biochemische Steuermechanismen bei Pflanzen eingreifen, ist für die Zukunft von größter Bedeutung. Sie können zur Erntesicherung, Reifebeschleunigung und Ertragssteigerung ebenso beitragen wie zur Arbeits- und Ernteerleichterung. Langfristig erhofft man sich auch im Rahmen der Grundlagenforschung von der biochemischen und biologischen Seite her neue Impulse für den Pflanzenschutz. Man arbeitet in diesem Zusammenhang an zuverlässigen Prüfmethoden, die Untersuchungen ermöglichen über die Beziehungen zwischen chemischer Konstitution und biologischer Wirkung (106).

Kunststoffchemie weiter expansiv

Es gibt eine Reihe von Versuchen, über den Kunststoffmarkt Prognosen anzustellen. In einem sind sie sich einig: Die *Polymerchemie* gewinnt künftig noch mehr an Bedeutung. Ihr Siegeszug wird in steigendem Maß der Produktion von Kunststoffen und Synthesefasern ganz besonders zugute kommen. Durch Erzeugnisse mit zum Teil völlig neuen Eigenschaften haben die Kunststoffe bereits große Lücken ausgefüllt und teilweise Naturstoffe und sogar Metalle ersetzen können, die zum gehobenen Konsumverbrauch der Bevölkerung viel beigetragen haben. Diese Entwicklung wird sich fortsetzen. Allerdings haben sich viele ältere Voraussagen in der ersten Hälfte der siebziger Jahre als trügerisch erwiesen. Durch weit überhöhte Zahlenwerte wurde beispielsweise die Kunststoffindustrie in ein falsches Licht gerückt. Man mußte aufgrund dieser Angaben annehmen, daß für die Kunststoffherstellung Raubbau mit den Erdölvorräten getrieben wird und die Kunststoffabfälle auf Dauer nicht mehr im Griff gehalten werden können. Abwehrreaktionen verschiedener Art sind die Folge. Unternehmen der Kunststoffbranche, die wegen ihrer geringen Größe keine eigene Marktforschung betreiben können, sind auf solche Angaben aus der Literatur angewiesen und werden durch nicht zutreffende Zahlen zu falschen Handlungen veranlaßt, z. B. zu Fehlinvestitionen durch erhöhte Absatzerwartungen. Unternehmen anderer Branchen, die ebenfalls nicht immer über detaillierte Kenntnisse des Kunststoffmarktes verfügen, können irritiert werden und beispielsweise zum falschen Zeitpunkt in die Kunststoffindustrie einsteigen oder sich in unangemessener Weise gegen den Konkurrenten wehren (108).
Trotz aller Ungenauigkeit des statistischen Zahlenmaterials sind jedoch Aussagen möglich. Auf Basis der Jahre 1973 und 1974 lagen nur 800 Millionen Menschen oberhalb des durchschnittlichen Pro-Kopf-Verbrauches von 11,2 kg im Jahr. Über 3 Milliarden verbrauchten weniger. Die Bundesrepublik Deutschland hatte 1973 1,6 Prozent der Weltbevölkerung und verbrauchte 12 Prozent der Weltkunststoffproduktion. Die USA mit 5,4

Prozent der Bevölkerung verbrauchten 27,5 Prozent aller gefertigten Polymere. Jedoch die halbe Weltbevölkerung verbrauchte nur 4 Prozent der Weltkunststoffproduktion. Es liegt deshalb nahe, in den »armen« Ländern einen zukünftigen Markt zu sehen. Diese Erwartung muß kritisch betrachtet werden: Die Kunststoff-Verwendung läuft grundsätzlich parallel zum Prokopf-Einkommen. Die Ölpreiskrise hat in dieser Hinsicht eher zu einer Verschlechterung als zu einer Verbesserung geführt. Zunehmender Kunststoffbedarf in den Entwicklungsländern muß nicht zu Exportsteigerungen der bisherigen Erzeugerländer führen, da sich ein Teil der Kunststoffproduktion in Länder mit steigendem Verbrauch verlagern kann, und das sind vor allem die Ostblockländer. Oder es werden Kunststoffe in den Entwicklungsländern selbst produziert. Eine für die Weltproduktion wirkame Erweiterung ist zumindest bis 1985 kaum bei den Niedrigverbrauchern, die bis zu 2 kg pro Kopf und Jahr verbrauchen, zu erwarten. Auch die Erweiterung der Märkte oberhalb 50 kg dürfte sich infolge zunehmender Marktsättigung verlangsamen. Dagegen rechnet man mit größeren Mengen im Mittelfeld, den Ländern mit bisher 3 bis 50 kg Kunststoffverbrauch pro Bewohner und Jahr. Die Befürchtung der Resubstitution von Kunststoffen durch solche aus anderen Materialien ist nach den bisherigen Erfahrungen unbegründet. Viele dieser anderen Materialien sind durch höhere Energie- und Rohstoffpreise ebenfalls teurer geworden. Auch spricht die rationellere Fertigung bei Kunststoffen vielfach zugunsten der Kunststoffe (108).
Der Kautschukverbrauch hängt zu mehr als 68 Prozent vom Automobil ab. Die Fahrleistung der Autos ging in der Bundesrepublik zurück. Steigende Kraftstoffpreise werden diesen Trend beschleunigen. Die Reifenerstausstattung hängt mit dem Pkw-Verkauf zusammen. Neben Geschwindigkeitsbegrenzungen wird der Ersatzreifenmarkt auch durch bessere Reifenqualitäten verzögert. Bestand bisher eine enge Beziehung zwischen Bruttosozialprodukt und Kautschukverbrauch – mit dem Automobil als Bindeglied –, so ist diese Beziehung als Folge der Erdölereignisse offensichtlich abgebrochen. Überschlägig zusammen-

gefaßt dürften 7 Prozent Wachstumsrate des Gesamtkautschuk-
bedarfs der Vergangenheit angehören. Künftig muß man damit
rechnen, daß sich die jährliche Wachstumsrate bei weniger als
4 Prozent einpendelt. Für die Zeit von 1974–80 erwartet man
beim Weltkautschukverbrauch einen Zuwachs um 4,5 Prozent
von 10,81 auf 14,05 Millionen Tonnen, wobei Synthesekautschuk um 5,1 Prozent von 7,28 auf 9,80 Millionen Tonnen und
Naturkautschuk nur noch um 3,2 Prozent von 3,25 auf 4,25
Millionen Tonnen ansteigen wird. Dieser Trend zeigt entsprechende Auswirkungen auch in der Bundesrepublik Deutschland.

Die Entwicklung bei den Kunststoffen läßt erkennen, daß bis
1985–90 nicht zu erwarten ist, daß den drei großen Produktgruppen *Polyolefine, Styropolymere* und *Polyvinylchlorid* eine
mengenmäßig ähnliche Neuentwicklung gegenübergestellt werden kann. Die bekannten Produkte paßt man den steigenden
Anforderungen in der Verarbeitung und Gebrauchsanforderung
an, um wettbewerbsfähig zu bleiben. Als weitere Tendenzen
werden anhalten: Durch Verschäumung in Spritzguß, *Extrusion*
und Reaktionsguß sollen die Produkte den Anforderungen angepaßt und die steigenden Rohstoffkosten durch Materialein-
sparungen aufgefangen werden. Verstärkende, modifizierende
und füllende Stoffe dienen ebenfalls der Verbesserung des End-
produktes oder der Materialeinsparung. Die Erwartungen, mit
Mischungen aus Polymeren, sogenannten »*Polymerlegierungen*«,
neuartige Produkte zu erhalten, haben sich nur in einigen Fällen
erfüllt. Künftig wird man die Aufmerksamkeit verstärkt den
»*chemisch legierten*« *Stoffen* zuwenden, also den *Copolymeren*
und *Pfropfcopolymeren*. Die Copolykondensation, z. B. bei
gesättigten Polyestern und Polyamiden, bietet besonders gute
Voraussetzung für die »chemische Legierung«. Petrochemisch
abbaubare Kunststoffe dürften an Interesse verlieren. Man löst
damit nur das Problem sichtbaren Abfalls, schafft dagegen ein
unsichtbares Problem, indem Bruchstücke außer Kontrolle und
schließlich ins Grundwasser geraten können. Die Tendenz zur
Verwendung höherwertiger Kunststoffe steigt, da bei höherem
Preisniveau und gestiegenem Rohstoff- und Umweltbewußtsein

mehr Wert auf lange Gebrauchsdauer und bei Packmitteln auf Zweitnutzen gelegt wird (108).

Bei *Polyolefinen* erwartet man vorerst keine wesentlichen Weiterentwicklungen, wohl aber Verbesserungen. Der steigende Trend bei der Verwendung von Polypropylen dürfte anhalten. Styrolpolymere erwiesen sich bisher als vielseitig. Neben dem Austausch des *Butadiens* (AS) in *Acrylnitril plus Butadien* (ABS) wird schlagfestes *Polystyrol* mit *Äthylen-Propylen-Kautschuk* und dadurch erhöhter Witterungsbeständigkeit zur Anwendung kommen. Bei Polyvinylchlorid (PVC) werden Techniken weiterentwickelt und voraussichtlich noch vor 1985 zum Abschluß gebracht, um den *Vinylchloridgehalt* in der Atemluft und im Produkt auf ein möglichst niedriges Niveau einzustellen. PVC ist nicht nur wegen der einzigartigen Summe seiner Eigenschaften, sondern auch wegen des Chlor-Natronlauge-Verbundes unersetzbar. Es ist zu erwarten, daß PVC seinen Marktanteil an Massenkunststoffen weiter behält. Der Anteil von PVC für langfristigen Nutzen liegt heute bei rund 80 Prozent. Dieser Anteil wird konstant bleiben oder zunehmen, da sich besonders stark witterungsbeständige Typen für Fensterrahmen, Dachrinnen u. a. m. stärker durchsetzen. Bei *Polyamiden* sind die Kombinationsmöglichkeiten noch nicht ausgeschöpft. Auf längere Sicht werden weitere Polyamide erscheinen. Das glasklare Polyamid dürfte nicht lange das einzige seiner Art bleiben. Auch das Interesse an leicht löslichen Polyamiden für spezielle Beschichtungen nimmt zu. Dasselbe gilt auch für *thermoplastische Polyester*. Im Bereich von *Polyäther* wird für *Polyacetate* ein starker Verbrauchsanstieg angenommen. Eine Ausweitung ihrer Typenpalette dürften *Acrylpolymere* erfahren. Bei *Fluorpolymeren* rechnet man mit einer Verbreiterung der Anwendungsgebiete (108).

Thermoplastische Elastomere haben ihren Namen von ihrer Verarbeitung (Thermoplaste) und den Gebrauchseigenschaften (Elastomere). Das Gebiet hochwärmebeständiger Kunststoffe ist in den Laboratorien sehr gut erforscht. Trotzdem bleibt noch Raum für Entdeckungen. Man sucht optimale Kombinationen aus guten Eigenschaften und noch möglicher Verarbeitbarkeit.

Der Markt für Kohlenstoff-Fasern wird für 1979 auf 500 und für 1984 auf 1000 bis 3000 Tonnen geschätzt (109). *Duromere* sind Produkte großer Vielfältigkeit. Ihre künftige Entwicklung ist schwer vorhersehbar. Die Prognosen sind daher unterschiedlich. Bei Elastomeren ist zu erkennen, daß die Gummiindustrie sich bemüht, in ihren Verarbeitungsverfahren die kunststoffverarbeitende Industrie wieder einzuholen. Als Folge der meist kompakten Lieferform des Kautschuks benötigt die Gummiindustrie schwere Maschinen sowie großen Energie- und Arbeitskraftbedarf. Die hohen Anlagekosten machen hier einen Strukturwandel nur langfristig und mit großem Aufwand möglich. Es gibt Bestrebungen, mittels dosierbarer Ausgangsprodukte die Automatisierung zu ermöglichen oder durch »maßgeschneiderte« Polymerisate den Aufwand zur Herstellung von Mischungen aus verschiedenen Kautschukarten zu verringern. Es ist vorauszusehen, daß sich eines Tages ein Wandel in der Gummiindustrie vollziehen wird. Nur der Zeitpunkt ist ungewiß (108).

Eng verbunden mit Umweltschutzproblemen sind künftig die Lackrohstoffe. Bei Lacken und Anstrichmitteln soll die Menge der in die Luft verdunsteten Lösemittel reduziert werden. Ein Teil der bisherigen Lösemittel wird durch umweltfreundlichere ersetzt werden. Man wird Lacksysteme mit hohem Feststoffgehalt auf den Markt bringen. Stark in Entwicklung sind *Wasserlacke*. Auch *Pulverlacke* werden entwickelt für verschiedene Verarbeitungstechniken, u. a. für *Wirbelsintern*, Flammspritzen und elektrostatisches Pulverspritzen. Ebenso stehen *nichtwäßrige Dispersionen* auf Benzinbasis, sogenannte *NAD-Lacke*, im Entwicklungsstadium. Für die Metallackierung in der Bundesrepublik rechnet man damit, daß die heute weit überwiegenden lösungsmittelhaltigen Lacke um 1980 noch zwei Drittel Marktanteile haben. Wasserlacke und solche mit hohem Feststoffgehalt haben dann zwischen 10 und 20 Prozent Marktanteil erreicht, während Pulverlacke unverändert rund 5 Prozent halten, da ihre Verarbeitung von herkömmlichen Lackiertechniken stark abweicht. Für NAD-Lacke ist die Bundesrepublik Deutschland kein wesentlicher Absatzmarkt. Man erwartet auf längere Sicht auch hier einen Trend zu qualitativ höherwertigen Systemen, durch die man die behandelten Teile schützt und damit die Notwendigkeit des Nachstreichens hinauszögert, was letztlich umweltfreundlicher ist (108).

Keine Substitutionsgüter für Textilien

Änderungen werden auch in der Textilindustrie stattfinden. Man erwartet, daß die Textilproduktion der Industrieländer weiterhin ihren Absatzschwerpunkt in den Industrieländern hat. Die Export- und Importquoten werden weiter steigen, bei zunehmendem Vordringen von Textilien aus Niedrigpreisländern. Die Produzenten in den Industrieländern werden versuchen, die Technik derart zu vervollkommnen, daß im auslaufenden Jahrhundert die Lohnkosten bei ihnen kaum mehr eine entscheidende Rolle spielen. Man wird ästhetische Vorsprünge und Individualität der Angebote verbunden mit schneller Reaktion auf das Marktgeschehen zu nutzen wissen und damit den Vormarsch von Textilien aus Niedrigpreisländern verlangsamen. Für Textilien gibt es in absehbarer Zeit keine Substitutionsgüter. Von einer physiologischen Marktsättigung, wie beispielsweise im Nahrungsmittelbereich, ist weltweit nichts zu spüren. Es ist fraglich, ob bei Textilien eine Sättigung in wertmäßiger Hinsicht überhaupt erreicht werden kann. Von Bedeutung sind künftig weniger Kleider als Statussymbol als vielmehr Wohnkultur und damit die Dekorationstextilien. Tatsache ist, daß scheinbar ausschlaggebende Faktoren wie Modetrends, größere Freizeit und selbst klimatische Änderungen auf die Nachfrage bei Textilien mengenmäßig geringeren Einfluß zeigen, als allgemein angenommen wird. Sie verändern jedoch stark die qualitative Nachfrage.
Steigende Tendenz zeigt auch der Anteil von synthetischen Fasern an der gesamten Faserproduktion, also der Anteil von *Polyester, Polyamid, Polyacrylnitril* und *Polypropylen.* Man rechnet damit, daß ihr Anteil bis Ende dieses Jahrhunderts auf 80 bis 85 Prozent steigt. An der Spitze steht Polyester, mengenmäßig gefolgt von Polyamid und Polyacrylnitril. Der Anteil

von Baumwolle wird auf 15 bis 20 Prozent absinken. Die Wolle dürfte ihre Stellung mit etwa 5 Prozent knapp halten.

Man rechnet in Fachkreisen in diesem Jahrhundert nicht mehr mit der Entdeckung neuer chemischer Fasern. Es werden in absehbarer Zeit keine grundsätzlich neuen Polymertypen zur technologischen Reife gebracht. Auch ist zu beachten, daß neue Fasern im wesentlichen auf vorhandenen Anlagen der Textilindustrie verarbeitet werden müßten. Innovationen wird es nur bei Fasermischungen geben, wo die Möglichkeiten bei weitem noch nicht ausgeschöpft sind. Sie sind sogar unerläßlich, denn der Verarbeitungsanteil der Baumwolle nimmt ab, obwohl Baumwolle in der Menge gleichbleibt und Baumwolle für die Herstellung von Fasern künftig zunehmend als Nebenprodukt bei der Nahrungsmittelfabrikation anfällt. Innovationen erwartet man auch bei der Fasermodifikation.

Schließlich hat die Textilindustrie einen ganzen Koffer voller Wünsche. Sie verlangt gleichmäßige Qualität, was gleichbedeutend ist mit geringster Streuung innerhalb der möglichen Eigenschaften. Die Faser muß leicht anfärbbar sein. Außerdem werden gute mechanische Eigenschaften verlangt, wie Festigkeiten, Pilling, Formstabilität sowie Wärme und Feuchtehaushalt. Die Faser muß leicht, billig und flammhemmend sein. Sie soll schon Eigenschaften besitzen, die sonst erst durch Veredelungsprozesse erreicht wurden, soll also antistatisch, schmutzabweisend, flammhemmend und für Massenfärbung geeignet sein. Durch geeignete Mischungen können neuartige Effekte bezüglich Farbgestaltung, Griff und Tragkomfort erzielt werden.

Hier hat die Naturfaser echte Chancen. Es ist anzunehmen, daß künftig der natürliche Faseranteil an der Textilgesamtproduktion fast ausschließlich als Mischungskomponente neben synthetischen Fasern verwendet wird. Die Farbgebung kann durch unterschiedlich anfärbbare Typen derselben Fasergattung variiert und erweitert werden, also durch *Differential-Dyeing*. In diesen beiden Richtungen sind Fortschritte zu erwarten. Sie werden neue Anforderungen an Farbstoffe, Textilchemikalien und Applikationsverfahren stellen. Fasermodifikationen für alle Chemiefasergattungen sind denkbar und in Arbeit.

Man erwartet sie bei Viskosefasern als Fasern mit neuartiger Festigkeit, Dehnung, Schrumpfung und Griff als sogenannte *Bikomponent-Fasern*, mit modifizierter Anfärbbarkeit, beispielsweise mit 1:2-Metallkomplex-Farbstoffen färbbar sowie außerdem schwer entflammbar. Man rechnet in Fachkreisen mit Polyamidfasern mit erhöhter Feuchteaufnahme, also verbessertem Wasserhaushalt, weiter mit der als Differential Dyeing erwähnten modifizierten Anfärbbarkeit, außerdem antistatisch, leicht zu reinigen, schmutzabweisend und schwer entflammbar. Künftig dürfte es auch *Polyacrylnitrilfasern mit modifizierter Anfärbbarkeit* eventuell mit sauren Farbstoffen geben, die auch schwer entflammbar sind. Auf der Liste kommender Neuheiten werden aller Voraussicht nach auch Polyesterfasern stehen, die unter hohen Tragbeanspruchungen formstabil bleiben, pillingarm sind, seidenähnlich in Aussehen und Griff, bei Kochtemperatur ohne *Carrier* leicht färbbar, schwer entflammbar und schmutzabweisend. Auch Polyproylenfasern werden leichter färbbar werden. Diese Arbeiten werden Textilindustrie und Chemische Industrie zur Entwicklung neuer Produkte und Verfahren anregen. Sie werden aber ebenso die Problematik des Umweltschutzes berühren und zusätzliche Maßnahmen zum Schutz unserer Umwelt verlangen, was letztlich die Kostenseite belastet (110 und 111).

Die industrielle Verwendung von Textilien wird zunehmen, wie das Beispiel der Traglufthallen zeigt. Das Dach des Olympiastadions von Montreal wurde in der Bundesrepublik Deutschland gewebt. Sogar im Wasserbau spielen Textilien stellenweise bereits eine Rolle. Interessante Innovationen bei technischen Textilien sind zu erwarten. Es ist ein Bereich, in dem die Industriestaaten im Vorteil sind, zumal sie einen produktionstechnischen Vorsprung haben. Enge Zusammenarbeit zwischen den Maschinenbauern und den Textilproduzenten führt zu modernster Technik. Um diese Technik optimal zu nutzen, benötigt man hochqualifizierte Mitarbeiter. Die Industrieländer verfügen über die notwendige Infrastruktur, solche Fachkräfte in genügender Zahl heranzubilden. Hinzu kommt, daß die Industrieländer über reichliches und daher entsprechend billiges Kapitalangebot verfügen, billig jedenfalls im Verhältnis zum Produktionsfaktor Arbeit. Der Trend zeigt somit steigende Kapitalintensität in der Textilproduktion. Hier hat sich bereits der Kapitalbedarf für einen physischen Arbeitsplatz (unabhängig davon, in wieviel Schichten je Arbeitstag er genutzt wird) in der Spinnerei in einem knappen Vierteljahrhundert nahezu verzehnfacht, in der Weberei verneunfacht. Selbst unter Berücksichtigung des Geldwertverfalls beeindruckt das Tempo gestiegener Kapitalintensität in der Textilproduktion. Wilhelm Hardt, der Präsident des Gesamtverbandes der Textilindustrie in der Bundesrepublik Deutschland – Gesamttextil – e. V. (112), rechnet mit einer ähnlichen Entwicklung bis zum Jahr 2000. Ein Schweizer Fachmann (113) schreckt nicht vor der Behauptung zurück, daß es schon bis 1985 mehr technischen Fortschritt in der Textiltechnik geben wird als in den letzten hundert Jahren. Die Laufgeschwindigkeiten der Aggregate werden weiter gesteigert. Die elektronische Überwachung der Produktion wird bald selbstverständlich sein. Man ist auf dem Weg zu voll integrierten Systemen, die keine der bisher unvermeidlichen Unterbrechungen zwischen einzelnen Verarbeitungsgängen mehr kennen (114). Das greifbare Nahziel sind fließende Produktionsabläufe in sogenannten Produktionsstraßen (115). Auf dem Zukunftssymposium »Märkte morgen«, das 1975 in Münster stattfand, wurde deutlich, daß große Rationalisierungsreserven gerade in der Optimierung und Automatisierung von Produktionsprozessen in der Textilindustrie stecken (116).

»Die Entwicklung des privaten Verbrauchs von Textilien ist abhängig vom Wachstum der Bevölkerung und des Einkommens sowie von Veränderungen in der Bedarfsstruktur der privaten Haushalte und den Preisrelationen« (117). Auch künftig wird der private Verbrauch für die Textilindustrie ausschlaggebend sein. Weltweit wächst die Bevölkerung, und weltweit wächst damit der private Verbrauch von Textilien. Gefragt sind Massenwaren, denn die Weltbevölkerung wächst in den Ländern mit niedrigem Einkommen am stärksten. In den hochindustrialisierten Staaten nimmt dagegen die Bevölkerung ab, doch mit steigendem Einkommen steigt hier die Wohnkultur und mit ihr die

Ansprüche, die Importmassenware nur ungenügend befriedigen kann. Importe aus Niedriglohnländern werden preisdämpfend wirken. Aber sie werden es schwer haben, in Qualität und modisch-aktueller Gestaltung mit Textilien aus den Industriestaaten zu konkurrieren. Die Frage, wie frei der Welthandel auch künftig sein wird, spielt dabei eine nicht geringe Rolle.

Interessant ist in diesem Zusammenhang eine Studie des Institutes für Weltwirtschaft an der Universität Kiel über »Die Auswirkungen vermehrter Einfuhren aus Entwicklungsländern auf ausgewählte Branchen in der Bundesrepublik Deutschland«. Die Ergebnisse dieser Untersuchung, die sich auf die Branchen Feinmechanik und Optik einschließlich Uhrenindustrie, lederverarbeitende und Schuhindustrie sowie auf die Textil- und Bekleidungsindustrie erstreckt, sind im wesentlichen folgende: In den vier stark betroffenen Branchen ist mit einem Rückgang der Beschäftigung um zwischen 280 000 bis 480 000 (bei völliger Liberalisierung der Einfuhr) aufgrund vermehrter Einfuhren aus Entwicklungsländern zu rechnen, verteilt über den Zeitraum von 1972 bis 1985. Falls sich die Freisetzungen einigermaßen stetig vollziehen, würden pro Jahr nur jeweils rund 20 000 bis 35 000 Arbeitsplätze entbehrlich werden. Insgesamt betrachtet erscheinen zwei der untersuchten fünf Branchen, nämlich die Lederverarbeitung und die Bekleidungsindustrie, durch vermehrte Einfuhren aus Entwicklungsländern weitgehend verdrängt zu werden. In der Schuhindustrie sind rund ein Drittel und in der Textilindustrie rund ein Viertel der 1972 vorhanden gewesenen Arbeitsplätze als gefährdet anzusehen. Da alle untersuchten Branchen ausgeprägte regionale Beschäftigungsschwerpunkte aufweisen, kann es leicht zu regionalen Anpassungskrisen kommen (118).

Innovationen auf dem Textilsektor zeigen die Richtung neuer Techniken. 1976 entwickelte eine Gruppe bekannter Firmen ein vollständig neues Garn, das die Möglichkeit für extrem leichte Kleidung eröffnete. Angorahaare werden mit Trevira so verarbeitet, daß sich sehr dünne Garne daraus herstellen lassen: vom leichtesten Garn wiegen 150 Meter nur ein Gramm. Trotz der extremen Feinheit sind daraus gewebte, gestrickte und gewirkte

Stoffe weich und füllig im Griff und zeichnen sich bei guter Wärmeisolation durch hohen Feuchtigkeitstransport aus. Angora kann bis zu 60 Prozent ihres Gewichts an Feuchtigkeit aufnehmen, ohne sich feucht anzufühlen. Kleidung aus Trevira-Angora-Feingarn kann man reinigen und bei 40° in der Waschmaschine waschen. Für den Sommer bieten sich solche Stoffe für leichte Damenkleider und Blusen an, sogar für besonders leichte Herrenanzüge. Ein solcher Anzug wiegt nur 800 Gramm, ein gefüttertes Kleid 250 Gramm und eine Bluse ganze 90 Gramm (119).

Aus deutscher Fertigung künftig nur hochwertige Schuhe

Die deutsche Schuhindustrie ist vorwiegend mittelständisch strukturiert. Ihren regionalen Schwerpunkt hat sie in Rheinland-Pfalz. Seit Jahren ist in dieser Branche ein anhaltender Schrumpfungsprozeß im Gange. Konjunkturelle Entwicklungen trugen ebenso dazu bei wie strukturelle Schwächen. Eine Reihe von Unternehmen schied aus dem Produktionsprozeß aus. Die Gründe dafür reichen vom verspäteten Erkennen der Entwicklung bis zum Kapitalmangel. Schließlich gilt es nicht nur, sich den veränderten technologischen Gegebenheiten zu stellen, sondern vor allem, sich den immer stärker differenzierten Verbraucherwünschen anzupassen und ein spezialisiertes Angebot zu bieten. Angesichts der hohen Arbeitskosten in der Bundesrepublik wird dies immer schwieriger. Im Konkurrenzkampf um die Preise kann die deutsche Schuhindustrie nur schwer mithalten, solange sie höhere Kosten als ihre Wettbewerber zu verkraften hat. Sie befindet sich in einer Zwickmühle. Die Technisierung verlangt größere Serien weitgehend gleichförmiger Produkte, also Massenware. Der wählerische Konsument, dem außer einem relativ hohen Einkommen ein außerordentlich breitgefächertes Warenangebot aus vielen Ländern zur Verfügung steht, will dagegen ein möglichst individuelles Produkt, das sein Image fördert. Diesem Widerspruch versucht die deutsche Schuhindustrie durch einen hohen Stand der Organisation und durch gut abgestimmte Marketingmaßnahmen beizukommen. Der deutsche Schuhfabrikant muß den Standortvorteil nutzen, direkt am Markt zu produzieren. Modische Produkte waren in der Schuhbranche schon immer die selbstverständliche Voraussetzung für den Verkaufserfolg. Deutsche Designer haben sich im Laufe der Zeit auch in anderen Ländern einen guten Ruf erworben. Sie trugen dazu bei, daß unsere teuren Schuhe in zahlreiche Länder exportiert werden. Von 1970–74 stiegen die Exporte der deutschen Schuhindustrie von 11,7 Prozent auf knapp 14 Prozent der Schuhgesamtproduktion.

Es ist der deutschen Schuhindustrie gelungen, durch Rationalisierung und höhere Technisierung ihre Arbeitsproduktivität wesentlich zu steigern. Moderne Fertigungsmethoden, der verstärkte Einsatz arbeitssparender Maschinen und die Verwendung neuer Materialien haben zu Kosteneinsparungen und erhöhtem Mengenausstoß geführt. Aber die deutsche Schuhindustrie hat sich auch darauf einstellen müssen, daß sie bei Massenartikeln mit niedrigem Qualitätsniveau auch in Zukunft nicht mit Herstellern aus Ostasien und anderen Billigländern konkurrieren kann. Bei Großunternehmen wird der Weg zur Multinationalität weiterführen. Sie werden Produktionsstätten in verschiedenen Ländern und Erdteilen einrichten oder mit dort ansässigen Partnern zusammenarbeiten. Unter Ausnutzung ihres beträchtlichen Know-how, ihrer Organisationserfahrung und Finanzkraft werden sie einerseits die Chancen wahrnehmen, die sich auf dem Binnenmarkt von Entwicklungsländern mit starkem Bevölkerungswachstum ergeben, andererseits werden sie durch kostengünstigere Produktion eigener Kollektionen in Niedriglohnländern und durch Herstellung spezialisierter Produkte versuchen, ihre angestammten Märkte zu halten und neue zu erschließen. Für diese Entwicklung gibt es bereits Beispiele (120). Hauptursachen für die Verlagerung von Produktionen oder Teilproduktionen deutscher Schuhhersteller in das Ausland sind die staatliche Handelspolitik, die Kosteninflation vor allem von der Lohnseite her einschießlich der Überwälzung sozialstaatlicher Aufgaben auf die Unternehmen und der darauf wachsende Importdruck. Der »Standort Ausland« kann nun dazu dienen,

Zollmauern oder andere Handelshemmnisse zu überspringen bzw. einen Markt zu erschließen, weil nur durch Anwesenheit auf diesem Markt der notwendige Kontakt zu den Abnehmern optimal gewährleistet ist. Eine derartige Produktionsverlagerung trägt auch dazu bei, daß die Arbeitsplätze in der Bundesrepublik Deutschland sicherer werden. Der »Standort Ausland« kann auch Kapazitäten für den deutschen Inlandsmarkt schaffen, indem er Fertigungen übernimmt, die im Inland nicht mehr konkurrenzfähig betrieben werden können. Gerade in den letzten Jahren hat die deutsche Schuhindustrie die damit zusammenhängende Problematik erkannt. Sie weiß inzwischen, daß hier eine Möglichkeit für größere Unternehmen gegeben ist, mit einer multinationalen Produktionsstrategie nicht nur auf dem einheimischen Markt konkurrenzfähig zu bleiben, sondern auch weltweit in Schuhmärkte einzudringen. Das ist nicht ohne Risiko. Deshalb sollte eine genaue Prüfung des neuen Auslandsstandortes Vorbedingung sein. Dabei spielt bei der Schuhindustrie die Entfernung nur bedingt eine Rolle. Im Vordergrund sollte unbedingt die Summe der örtlichen Vorteile stehen. Dazu zählen Fragen des Banksystems, der Steuerbelastungen, der politischen Verhältnisse, der Lebensumstände für deutsche Mitarbeiter am geplanten Standort und auch die Frage, ob die erzielten Gewinne rücktransferiert werden können. Außerdem ist zu prüfen, ob man allein oder mit einem ortsansässigen Partner kooperieren will oder im Investitionsland beheimatetes Kapital einsetzen muß.

Die nächste Frage betrifft die Art der Produktionsverlagerung. Dabei ist zu beachten, daß es erfahrungsgemäß in allen Niedrigkostenländern an qualitativ hochwertigen Materialien, wie Leder etc., mangelt. Die Lohnveredelung bietet sich überall dort an, wo die notwendigen Rohmaterialien qualitativ oder quantitativ nicht ausreichend zur Verfügung stehen. Soll es kein böses Erwachen geben, muß besonders darauf geachtet werden, daß die Verrechnung der zu liefernden Veredelungsmaterialien nach exakten Verträgen vorzunehmen ist. Nicht übersehen darf man Kosten wie zusätzlicher Zinsendienst für größeren Materialumlauf, Frachtkosten und u. a. auch Zollkostenvorlagen.

Noch kritischer ist die Vertragsgestaltung zu beachten bei reiner Auslandsfertigung. Das ist der Fall, wenn mit Auslandsmaterial produziert wird und nur Know-how und heimische Technik eingesetzt werden. Wichtig ist dabei die Möglichkeit, ob das Know-how schnell und risikolos auf einen im Investitionsland zu bildenden Mitarbeiterstamm übertragen werden kann. Lösungsmöglichkeiten bieten eigene an den Auslandsstandort versetzte Techniker. Dabei ist im voraus zu klären, ob Familien- oder Sprachprobleme, Klima- und andere Probleme auftreten können. Eine andere Lösung wäre, vor Produktionsaufnahme Arbeitskräfte aus dem Investitionsland in deutschen Betrieben auszubilden. Deutsche Führungskräfte für die Auslandsproduktion müssen besonders sorgfältig ausgewählt werden, vor allem solche, die in ständigem direkten Kontakt mit den ausländischen Arbeitern sind, z. B. die Meister. Damit steht oder fällt das Betriebsklima.

Auslandsfertigung lohnt sich in jedem Fall dann, wenn die Produktionskosten um rund 70 Prozent niedriger liegen als bei der Inlandsproduktion. Dabei ist zu beachten, daß die Leistungen im Niedrigkostenland erfahrungsgemäß nach entsprechender Einarbeitungszeit um etwa 30 Prozent geringer sind als in der Bundesrepublik Deutschland. Der »Standort Ausland« setzt gewisse wirtschaftliche Größenverhältnisse voraus. Dies schließt nicht aus, daß sich mehrere kleine deutsche Unternehmen zusammenschließen, um im Ausland Gemeinschaftsunternehmen zu errichten. Derartige »Produktionsringe« bieten in der Regel auch den deutschen Mittel- und Kleinbetrieben die Möglichkeiten einer Sortimentsabrundung (121). Sie können ebenfalls die Basis bilden für das Betreten neuer Absatzmärkte im Ausland, und dies nicht nur mit dort produzierten Massenwaren, sondern auch mit Spitzenqualitäten aus innerdeutscher Fertigung der im Gemeinschaftsunternehmen zusammengeschlossenen deutschen Schuhfabriken.

Auch Lederindustrie setzt auf Qualität

Über die Zukunft der deutschen Lederindustrie gilt im wesentlichen das gleiche wie für die Schuhindustrie, denn 50 Prozent der Lederproduktion gehen in die Schuhproduktion. Auch die Lederindustrie befindet sich in einem Schrumpfungsprozeß. Da die Schuhindustrie sich künftig vermehrt auf hochwertige Ware spezialisiert, werden von dieser Seite an die Lederindustrie größere Ansprüche hinsichtlich guter Qualität, Lieferpünktlichkeit und Einhaltung oft kurzer Liefertermine gestellt. Andere Abnehmerbranchen werden sich ähnlich verhalten, so beispielsweise die Verwender von Polsterleder, in deren Kreisen man sich mit künftig steigendem Wohnkomfort gute Zukunftschancen ausrechnet. International hat die deutsche Lederindustrie einen guten Ruf, den sie sich selbstverständlich erhalten will. Auch hier ist qualitativ hochwertige Ware gefragt. Lieferanten billiger Qualitäten gibt es auf dem internationalen Markt genügend. Kostengerechte Rohlederpreise zu erzielen, ist für die deutsche Lederindustrie ein Hauptproblem. 1975 hatte sich die Leder-Außenhandels-Bilanz noch weiter zu ungunsten der deutschen Lederfabriken verändert. Einer um fast 7 Prozent vermehrten Einfuhr stand eine um 12,8 Prozent zurückgegangene Ausfuhr gegenüber, so nicht zuletzt auch wegen der ungünstigen Wechselkurse. Die gesamte deutsche Lederindustrie verzeichnete 1973 bis 1975 einen Umsatzrückgang von 0,9 auf 0,77 Milliarden DM.

Gefahr droht der deutschen Lederindustrie weniger von den EG-Mitgliedstaaten Italien und Frankreich als vielmehr von einigen Entwicklungsländern. Es sind Brasilien, Argentinien, Uruguay, Indien und Pakistan, die schon jetzt über eine bedeutende und leistungsfähige Lederindustrie verfügen und dabei auf eine gute Rohlederversorgung im eigenen Land zurückgreifen können, die allerdings kaum Leder hoher Qualität zur Verfügung stellen kann.

Zu den Vorteilen, die sich – außer den erwähnten – der deutschen Lederindustrie noch bieten, zählt die Nähe zu einem großen und finanzstarken Konsumentenmarkt. Außerdem verfügt

die deutsche Lederindustrie über einen hohen technischen Stand, der sich durch Forschung und Innovation weiter so verbessern konnte, daß sich der technische Abstand zu Drittländern nicht verringerte. Eine langjährige und enge Verbindung zu Chemie und Maschinenbau ist ebenso als Pluspunkt zu werten wie die relativ hohe Kapitalintensität der deutschen Lederindustrie, durch die man zumindest einen Teil des Lohngefälles zu Drittländern ausgleichen konnte. Ebenso wie die Schuhindustrie verfügt die Lederindustrie über eine erfreuliche Flexibilität. Die enge kollegiale Verknüpfung mit der Lederwaren weiterverarbeitenden Industrie wirkt zusätzlich positiv. Das gilt vor allem für mittelständische Betriebe der Branche. Ihnen bietet sich die Möglichkeit der Zusammenarbeit auf verschiedenen Stufen an, um größere homogene Einheiten zu bilden. Von der Umweltschutzseite her ist vor allem in den ersten Produktionsstufen eine zusätzliche Belastung zu erwarten. Man muß also damit rechnen, daß sich hier eine Spezialisierung im Sinne größerer Risikoverteilung herausbilden wird. Es ist möglich, daß für diese ersten Produktionsstufen Gemeinschaftsunternehmen gegebenenfalls in Partnerschaft mit großen Chemiegesellschaften entstehen, um Wasserschäden zu vermeiden. Dabei ist zu beachten, daß innerhalb der deutschen Lederindustrie eine relativ große Differenziertheit besteht. Dies macht sich auch im Bereich der ersten Produktionsstufen bemerkbar, der Einarbeitung unterschiedlicher Rohware, den diversen Gerbverfahren und Zurichtungen. Jede Lederart will besonders behandelt werden. Rationalisierungsmöglichkeiten sind ebenfalls noch vorhanden.
Der Schrumpfungsprozeß der deutschen Lederindustrie wird offensichtlich, wenn man den Beschäftigungsstand betrachtet. 1955 zählte diese Branche 29 800 Mitarbeiter, 1970 noch 16 000 und 1974 nur noch 9 650, also ein Drittel. Die Branche, eine der kleinsten der deutschen Industrie, hat 70 Prozent ihrer Mitarbeiter in Betrieben bis zu 50 Beschäftigten. Klein- und Mittelbetriebe überwiegen demnach. Sie verfügen über eine hohe Kapitalintensität. 60 Prozent der Lederherstellungskosten entfallen auf rohe Häute, Felle und Gerbmaterial; 24 Prozent beansprucht der Lohnanteil. Ein Drittel des Branchenumsatzes

ist exportbedingt. Außerdem ist die Branche vom Vordringen synthetischen Materials bedroht. Diese neuen Werkstoffe und protektionistische Maßnahmen von Drittländern sind die Schwerpunkte der künftigen Branchentätigkeit, die heute noch nicht abgeschätzt werden können. Trotzdem erwartet die deutsche Lederindustrie, daß sich der Schrumpfungsprozeß bald verlangsamt und sich die Branche dann auf einem niedrigeren Niveau konsolidieren kann.

Mehr Renditedenken in der Papierindustrie

Die Papierindustrie ist sehr konjunkturabhängig. In konjunkturellen Flauten wird am Papierverbrauch gespart. Die Papier- und Pappeindustrie gehört nicht zu den ertragstarken Branchen. Vielen Unternehmen war es nicht möglich, kostendeckende Preise zu erzielen. Deshalb minderte sich die Zahl der Unternehmen zwischen 1970 und 1975 um 27 auf 178 und die Zahl der Betriebe um 32 auf 214 in der Bundesrepublik (122). Die Aussichten der Papierindustrie sind abhängig von der kommenden Wirtschaftsentwicklung. Das IFO-Institut für Wirtschaftsforschung rechnet mit einer Verlangsamung des seit Kriegsende zu beobachtenden Wirtschaftstempos. Mittelfristig betrachtet wird sich der 1976 spürbar gewordene Aufschwung bis in das Jahr 1978 hineinziehen. Zum Ende der Periode, etwa im Jahr 1980, ist – laut IFO – mit einer »Minirezession« zu rechnen. Zum langfristigen Wachstum bis etwa 1985–90 erschien Ende 1975 das Gutachten eines europäischen Forschungsinstitutes, in dem für den Zeitraum 1972 bis 2000 ein Wirtschaftswachstum im Jahresdurchschnitt von etwas mehr als 3 Prozent angegeben wurde. Für den Durchschnitt der *OECD-Länder* wurde für den gleichen Zeitraum ein Wachstum von sogar 3,7 Prozent berechnet.

Das IFO-Institut ist etwas vorsichtiger, nicht was die Höhe der Wachstumsrate, sondern den Zeithorizont der Schätzung betrifft. Es hält den erstgenannten Wert für den Zeitraum bis etwa 1985 vertretbar.

Speziell für die Papierindustrie wird darauf hingewiesen, daß sich für Westeuropa bei »Wood pulp for papermaking« – dieser statistische Begriff enthält Holzschliff, Halbzellstoff und Zellstoff – auf Basis der Zahlen von 1974 eine Differenz zwischen Produktion und Verbrauch von rund 2 Millionen Tonnen ergibt, die durch Importe gedeckt werden muß. Von den in Westeuropa produzierten Holzstoffen fielen rund zwei Drittel auf die drei nordischen Länder Norwegen, Finnland und Schweden. Dort erlaubt jedoch die jüngst festgestellte Übernutzung keine nennenswerte Erhöhung des Holzeinschlages mehr. Um am Markt zu bleiben, die Arbeitsplätze zu sichern und am steigenden Papierverbrauch zu partizipieren, verstärken die Skandinavier den Aufbau ihrer eigenen Papierindustrie. Diese hat durch Integrierung den Vorteil billigerer Produktion – der Zellstoff braucht nicht wie bisher erst getrocknet, transportiert und dann wieder aufgelöst zu werden. Von hier kann also die Preispolitik beeinflußt werden. Auf dem Markt vergrößert sich deshalb das Angebot. Die Sowjetunion kommt als künftiger Rohstofflieferant weniger in Betracht. In ihrem Westteil sind die Holzvorräte nicht sehr groß. Für die Holzvorräte in Sibirien interessieren sich die Japaner. Aus anderen Ostblockstaaten sind für unsere Papierindustrie ebenfalls keine erheblichen zusätzlichen Mengen an Holzrohstoff zu erwarten. Es bleiben die riesigen Wälder Tropisch-Afrikas und Amerikas. Ihre Erschließung würde jedoch immense Investitionen erfordern. In der Artenvielfalt des tropischen Waldes sind nicht alle Hölzer zur Herstellung von Zellstoff und Holzschliff geeignet. Dort ist auf Dauer nicht einmal der Eigenbedarf gedeckt.

Nicht so in Brasilien. Dort will man Zellstoff auf Basis von Eucalyptus herstellen, wobei es sich aber um kurzfasrigen Zellstoff handelt. So bleibt als Quelle für die deutsche Papierindustrie für langfasrigen Zellstoff nur Nordamerika. Offenbar können dort noch weitere Reserven genutzt werden. Fazit:

– Das Wachstum wird sich verlangsamen. Nach IFO-Berechnungen wird das durchschnittliche jährliche Umsatzwachstum der deutschen Papierindustrie bis 1985 in einer Größenordnung von 3,5 bis 4 Prozent liegen.

– Die internationale Konkurrenz wird sich auch auf dem Sektor der Papierwaren verschärfen, da viele Länder bestrebt sein werden, mit höher veredelten Produkten auf den Markt zu kommen.

– Bei vielen Produkten kommt es zu einer Typenbereinigung. Dann kann der Markt von wenigen Großen und einigen leistungsfähigen Kleinen versorgt werden.

– Mit einiger Sicherheit gibt es genügend Rohstoffe. Kurzzeitige Verknappungen sind allerdings nie ganz auszuschließen (123).

Die Papier und Pappe verarbeitende Industrie der Bundesrepublik hat sich in der ersten Hälfte der siebziger Jahre im großen und ganzen parallel zur Gesamtwirtschaft entwickelt. 1975 fiel die mengenmäßige Produktion der Papierverarbeitung auf rund 4 Millionen Tonnen und damit etwa auf das Niveau von 1971 zurück. Auch der Umsatz hat 1975 stark abgenommen. Er sank auf 10,5 Milliarden DM. 1974 waren im Jahresdurchschnitt noch 125 700 Arbeitnehmer in der Papierverarbeitung beschäftigt, 1975 nur noch 115 000. Mitte 1975 war der Tiefpunkt in Umsatz und Auftragseingang durchschritten. Vorsichtiger Optimismus breitete sich aus. Und noch etwas: Man erkannte, daß es notwendiger ist, die Rendite und die Eigenkapitalausstattung zu verbessern, d. h. ein Kapital- und Liquiditätspolster zu schaffen, als Marktanteile und Umsatz auszuweiten (124). Neben der wissenschaftlichen Beweisführung für die kontinuierliche Verflachung des Papierwachstums gibt es eine Reihe von Fakten:

– Es ist nicht zu erwarten, daß in Zukunft pro Haushalt im Durchschnitt mehr als eine Zeitung gelesen wird.

– Es ist nicht zu erwarten, daß die Zeitungen wesentlich dicker werden als beispielsweise 1973 oder 1974, weil die gesamten Werbeausgaben in Deutschland seit einigen Jahren real zurückgehen und die Ausgaben für Zeitungsanzeigen real nur wenig gestiegen sind. Im Laufe der Jahre hat die Konkurrenz der papierlosen Medien, wie Hörfunk und Fernsehen, zu Lasten des Papierverbrauchs zugenommen.

– Im Bereich der Verpackung wird es auch keinen weiteren Zuwachs mehr geben, da praktisch alle Konsumgüter bereits verpackt sind. Die Supermärkte, deren Expansion generell abgeschlossen ist, haben dazu erheblich beigetragen.

– Der Bedarf an Toilettenpapier, Windeln und dergleichen ist weitgehend gesättigt.

– Die Gruppe der sogenannten »Technischen Papiere« weist schon seit Jahren kein Wachstum mehr auf.

– Papiersäcke sind bereits teilweise abgelöst worden, und zwar vor allem von den Silos.

Das sind nur einige Beispiele für die Sättigung, in die wir hineinwachsen. Hinzu kommt, daß die Bevölkerung in der Bundesrepublik rückläufig ist. Trotzdem ist die Marktsättigung bei uns noch nicht erreicht. Außerdem gibt es die Exportmärkte. In den nördlichen Ländern Europas sind die Verhältnisse ähnlich wie in der Bundesrepublik. Die südlichen Länder jedoch werden auch in Zukunft noch beträchtliche Wachstumsraten für Papier und Pappe aufweisen. Dasselbe gilt für die Länder der Dritten Welt. Hier bedeuten aber hohe Zuwachsraten nicht unbedingt großen Mengenzuwachs. Selbst eine Zunahme von 10 Prozent des Papierverbrauchs in ganz Afrika – das sind auf der Basis von 1974 etwa 43 Länder mit einer Bevölkerung von knapp 400 Millionen – entspricht nur einem Bedarfszuwachs von etwa 160 000 Tonnen. Das ist die Produktion einer einzigen modernen Hochleistungs-Papiermaschine. Anders ausgedrückt: Der Papierverbrauch in ganz Afrika liegt unter dem von Nordrhein-Westfalen. Auch das 600-Millionen-Volk der Inder verbraucht etwa soviel Papier und Pappe wie Hessen. Das 130-Millionen-Volk der Indonesier verbraucht weniger Papier als Düsseldorf (125).

Rund 27 Prozent der Weltproduktion und auch des Weltverbrauchs von Papier und Pappe entfielen 1974 auf die 18 Länder Westeuropas mit rund 1700 Papierfabriken mit rund 420 000 Beschäftigten und einer Kapazität von rund 45 Millionen jato Papier und Pappe. Dies reicht aus, um per saldo den westeuropäischen Papierbedarf selbst zu decken. Von 1965–74 stieg die Produktivität der Branche um über 60 Prozent. Der Prozeß der Unternehmenskonzentration und des Ausscheidens von

Marginalbetrieben wird sich unter dem Druck des Wettbewerbs verstärken. Langfristig ist eine Versorgungslücke an Langfaser-Zellstoff zu erwarten. In Erkenntnis dieser Lage hat Westeuropa eine Kapazitätserweiterung von 3 Millionen Tonnen Zellstoff bis 1979 eingeplant, deren Realisierung allerdings fraglich ist. Die Einsatzquote von Altpapier mit 28 Prozent des Papier- und Pappenverbrauchs zeigt noch Steigerungsmöglichkeiten. Langfristig ist die organisierte Beeinflussung des Lagerzyklus als Voraussetzung der Verringerung extremer Preisausschläge notwendig. Westeuropa kann per saldo nicht nur seinen Bedarf an Papier und Pappe selbst decken, sondern hat sogar einen kleinen, eher zunehmenden Exportüberschuß. Seit Ende des zweiten Weltkrieges waren in Westeuropa fast ständig Überkapazitäten vorhanden. Es ist abzusehen, daß auch künftig intervallartig die Kapazitäten größer sein werden als der Bedarf (126).

Wandel in der Ernährung

Die Ernährungsindustrie ist kein einheitlicher Wirtschaftszweig. Sie besteht aus einer Vielzahl von Einzelbereichen mit vielen bereichsspezifischen Interessen. Außerdem ist sie verbrauchernah wie kaum ein anderer Industriebereich. Ihre wirtschaftlichen wie auch finanziellen Verflechtungen sind weltweit. Weltweit ist auch das Problem, die Menschheit insgesamt mit genügend Nahrungsmitteln zu versorgen.

Die Bundesvereinigung der Deutschen Ernährungsindustrie bedauert, keine Prognosen über die Entwicklung der Ernährungsindustrie bis 1990 vorliegen zu haben. Ihr ist auch nicht bekannt, wieweit einzelnen Fachzweigen der deutschen Ernährungsindustrie Prognosen vorliegen (127). Anders die British Food Manufacturing Industries Research Association. Sie machte bereits 1972 eine Voraussage für die Lebensmittelproduktion bis 1990. Deren Haupttrends gelten unter gewissen Einschränkungen auch für die Entwicklung der deutschen Ernährungsindustrie:
1. Stärkste Zunahmen sind zu erwarten bei *texturiertem Ge-*

müseprotein, bei Fleisch und Fisch um 20 Prozent und bei Limonaden um 20 bis 30 Prozent.

2. Die Eierproduktion als wichtige Proteinquelle wird stark zunehmen.
3. Der Übergang zum *Fish Farming* wird sich verstärken.
4. In der Verarbeitung führt der Trend zu:
   - Konzentration flüssiger Nahrung durch *Freezing*
   - Vermischen durch Ultraschall
   - Kochen mit Hilfe von Mikrowellen
   - Verwendung leichter Kunststoffbehälter
   - Vollautomatisierung der Verpackungsvorgänge
   - Verwendung von Kunststoffverpackung, die Kochhitze verträgt
   - Leichte Müllverwertung des Verpackungsmaterials.

Eine 1975 veröffentlichte Studie über die Entwicklung der europäischen Landwirtschaft bis 1977 untermauerte mit Zahlen, daß die Verbesserung des Lebensstandards in der europäischen Gemeinschaft kontinuierlich zu einer Veränderung der Ernährungsgewohnheiten führt. Es werden weniger Kohlehydrate in Form von Getreide, Reis und Kartoffeln verzehrt, und auch die Verwendung von Schaf- oder Pferdefleisch geht in den traditionellen Gebieten zurück. Dafür steigt trotz regionaler Unterschiede allgemein der Verbrauch von Rind- und Schweinefleisch. Der Fleischverbrauch in der Bundesrepublik Deutschland würde entsprechend dieser Studie bis 1977 auf 81,6 kg pro Kopf angestiegen sein nach 92,8 kg in Frankreich.

In einer Studie über die Strukturveränderungen in der landwirtschaftlichen Verarbeitungsindustrie und die besondere Rolle des EG-Agrarfonds hat *EURO COOP* 1974 eine Analyse der Lebensmittelindustrie in der EG erstellt. In Teil I setzt sie sich mit dem Stand und der Entwicklung in der Lebensmittelindustrie auseinander. Dabei wird festgestellt, daß in Westeuropa rund 5 Prozent aller Erwerbstätigen in der Lebensmittelindustrie beschäftigt sind. Die Betriebe unterscheiden sich beträchtlich in Größenordnung, Spezialisierung, Technik, Märkten und Marketing. Eine Vielzahl von ihnen arbeitet noch mit handwerklichen Methoden und beliefert nur den örtlichen Markt, z. B. bei Fleisch- und Bäckereiwaren. Andererseits gibt es bereits verschiedene multinationale Unternehmen mit zahlreichen Werken modernster Organisation, Technik und Vertrieb, hoher Finanzkraft, tausenden von Mitarbeitern und Export in viele Länder. Für die Zukunft können folgende Entwicklungstendenzen in der Lebensmittelindustrie erwartet werden:

1. Die Umsätze der Lebensmittelindustrie werden auch in den nächsten Jahren steigen, allerdings mit abnehmenden Zuwachsraten.

2. Neue Produktionstechniken und sich laufend ändernde Verbraucherwünsche werden die Lebensmittelindustrie zur ständigen Anpassung zwingen. Bekannte Produkte werden verbessert und in neuen Kombinationen herausgebracht. Um Marktanteile zu gewinnen und der Nachfrage Impulse zu geben, kommen ständig neue Produkte auf den Markt. Nur attraktiv aufgemachte, vorverkaufte und mit guten Konditionen versehene Produkte wird eine Chance im knappen Regalplatz des Einzelhandels eingeräumt. In das Industrieprodukt werden zusätzliche Dienstleistungen einbezogen, d. h. die Produkte werden weitgehend verbrauchsfertig aufbereitet, um der Hausfrau die Arbeit zu erleichtern. Diese Convenience (= Bequemlichkeits)-Produkte kommen dem Freizeitbedürfnis entgegen und sind vor allem für die wachsende Anzahl von Kleinhaushalten besonders geeignet. In dieser Entwicklung liegt ein wichtiger Wachstumsimpuls der Ernährungsindustrie, zumal damit die handwerkliche Fertigung weiter verdrängt werden dürfte. In Zukunft werden auch neue Produktions- und Aufbereitungsverfahren entwickelt. Bei der Herstellung neuer Packungen wird man die Lösung des Abfallproblems möglichst berücksichtigen.

3. Auf die Unternehmen kommen unverändert hohe Investitionen zu. Reine Erweiterungsinvestitionen ohne Rationalisierungseffekt wegen Arbeitskräftemangel oder steigenden Lohnkosten sind im Bereich der Fachinvestitionen kaum noch möglich. Ausrüstungsinvestitionen müssen zur Produktionserhöhung mit verbesserter Technologie ausgestattet sein, um

dem sich schnell vollziehenden Wandel Rechnung zu tragen. Erhöhte Mittel erfordern auch die Grund- und Gebäudeinvestitionen. Die Personalinvestitionen, ohnehin bereits eine starke Belastung durch hohe Löhne und Gehälter, werden auch in Zukunft steigen. Um der Tendenz der Innovation durch Produktneuheiten folgen zu können, müssen in Zukunft in wesentlichem Umfang Finanzierungsmittel für Forschung, Produktentwicklung und Markteinführung neuer Produkte bereitgestellt werden.

4. Die Lebensmittelindustrie steht damit zwischen dem Zwang zu hohen Investitionen und einer relativ sinkenden Nachfrage. Diese Diskrepanz gibt dem Konzentrationsprozeß weitere Impulse und ebenso der Diversifikation des Angebotsprogrammes. Viele Klein- und Mittelbetriebe sind den Belastungen nicht gewachsen, werden von Großunternehmen aufgekauft oder liquidieren. Je nach Branche unterschiedlich behalten allerdings Klein- und Mittelbetriebe für die Versorgung ihrer Regionalmärkte, für Spezialitätenherstellung oder als Zulieferer für Großbetriebe auch weiterhin ihre Existenzgrundlage.

5. Der Konzentrationsprozeß verschärft sich durch das starke Engagement multinationaler Unternehmen in der Lebensmittelindustrie. Diese Tendenz ist durch den Aufbau des Gemeinsamen Marktes gefördert worden und wird anhalten. Der Diversifikationsprozeß in der Lebensmittelindustrie ist bereits in vollem Gange. Generell werden sich die Unternehmen der Lebensmittelindustrie zunehmend in anderen Wirtschaftszweigen engagieren (128).

Auf dem Weltmarkt der Ernährung rangierte die Bundesrepublik Deutschland 1974 mit rund 3000 Unternehmen der Ernährungswirtschaft und einer Produktion von rund 7 Milliarden $ an siebenter Stelle. Schon seit einigen Jahren vollzieht sich auch auf dem deutschen Lebensmittelmarkt ein Wandel. Völlig neue Konsumgewohnheiten bilden sich heran und als deren Auswirkung neue Vermarktungsmethoden für Lebensmittel. Während das normale Geschäft in Nahrungsmitteln mit dem Verbraucher im wesentlichen stagniert, wachsen sämtliche Formen von Groß- und Gemeinschaftsverpflegung. Setzt die Verpflegungs-branche auf die Kantinen? Zumindest geht die Bundesregierung in einem Gutachten davon aus, das im Auftrag des Bundesministeriums für Ernährung, Landwirtschaft und Forsten erstellt wurde. Auf der Basis von 4,5 Millionen verpflegten Personen·in Werksküchen und Kasinos im Jahr 1970 prognostizierte diese Ausarbeitung für 1985 an die 13 Millionen Essensnehmer in den Betrieben. In derselben Untersuchung werden ausgehend von 11 Millionen Personen 1970 dann 1985 rund 31,6 Millionen Personen außer Haus, also in Kantinen, Gaststätten, Schulen, Heimen und Krankenhäusern verpflegt. Damit sagt dieses Gutachten, daß jeder zweite Einwohner der Bundesrepublik Deutschland zumindest einmal täglich nicht aus dem eigenen Teller ißt. Eine Ende 1973 erschienene Studie der Idee & System GmbH München wies für 1985 nur rund 20 Millionen Personen aus, die täglich außer Haus essen. Das Statistische Bundesamt stellte für 1963 circa 5,3 Millionen und für 1973 rund 6,5 Millionen Teilnehmer am Kantinenessen fest. Bereinigt man die letztgenannte Zahl um die Essensnehmer, die mit einem Essenszuschuß in Gaststätten speisten, so blieben noch rund 6. Millionen, die am Arbeitsplatz ihr Essen einnahmen. Die Idee & System GmbH prognostizierte für 1975 circa 6 Millionen Essensnehmer am Arbeitsplatz, für 1980 rund 7,5 Millionen und für 1985 circa 8,5 Millionen (129). Ungeachtet der stark divergierenden Prognosen bleibt der Trend zum Außer-Haus-Essen bestehen. Hier sehen die Ernährungswissenschaftler die Möglichkeit, eine gesunde und abwechslungsreiche Kost zu bieten.

Die deutsche Nahrungs- und Genußmittelindustrie stellt 13 Prozent vom Umsatz der Gesamtindustrie mit 6 Prozent aller Beschäftigten der Industrie. Sie ist vorwiegend binnenmarktorientiert. 1973 betrug ihre Exportquote, die allerdings im Steigen begriffen ist, nur 3,7 Prozent. Bei der Gesamtindustrie lag die Exportquote zur gleichen Zeit bei 21,4 Prozent. Der Anteil der Einfuhren, ebenfalls ansteigend, betrug 1972 in der Nahrungs- und Genußmittelindustrie 15,3 Prozent. Auch in Zukunft bleibt die Nachfrage auf dem Binnenmarkt für das weitere Wachstum der Branche bestimmend. Bezogen auf den *Agrarmarkt* lauten die Prognosen bis 1980 für den deutschen Markt:

1. Es muß mit einer abnehmenden Nachfrage bei Weizenmehl, Roggenmehl, frischen Kartoffeln, Trinkmilch, Kondensmilch und Butter gerechnet werden.

2. Eine Stagnation der Nachfrage ist bei pflanzlichen Ölen und Fetten und eventuell auch bei Zucker zu erwarten.

3. Als Wachstumsträger sind weiterhin Bier, Kartoffeledelerzeugnisse, Sahne, Käse, Quark, Rind-, Schweine-, Geflügelfleisch sowie Eier anzusehen (130).

Die Produktionsgruppe alkoholfreie Getränke wird auch in Zukunft einen kräftigen Zuwachs verzeichnen. Dr. Guido Sandler, Vorsitzender der Geschäftsleitung der Firma Dr. August Oetker, äußerte sich zur Entwicklung bei alkoholfreien Getränken in den 80er Jahren. In präzisen Aussagen versuchte er, die zukünftige Entwicklung darzustellen:

1. Der Markt für alkoholfreie Getränke wird auch in den nächsten Jahren befriedigende Zuwachsraten bringen. Der Pro-Kopf-Verbrauch an alkoholfreien Getränken, der nach offiziellen Zahlen 1971 noch circa 70 Liter betrug, wird bis 1980 auf über 100 Liter ansteigen. Steigendes Gesundheitsbewußtsein, Alkoholverbot am Steuer und zunehmende Beliebtheit machen nichtalkoholische Getränke »gesellschaftsfähig«. Ein weiterer wesentlicher Wachstumsimpuls kommt von dem bisher nur unzulänglich abgedeckten Marktsegment Bittergetränke. Auch der Wandel in den Trinksitten kommt sehr stark den alkoholfreien Getränken zugute.

2. Der über den Lebensmitteleinzelhandel an den Endverbraucher gelangende Umsatzanteil alkoholfreier Getränke wird weiter zunehmen. Der Verbraucher tendiert zum Großgebinde, also zum Kasten, Sechser- oder Zehnerpack sowie zur 1-Liter-Flasche. Sie werden dort gekauft, wo sie vergleichsweise billig sind. Deshalb verlieren Kioske und Gastronomie an Bedeutung. Auch der Heimdienst kann niemals so billig liefern, wie sich die Verbraucher die Getränke selbst abholen können. Getränke sind problemlose Artikel – und auf diesem

Sektor wird der Lebensmitteleinzelhandel zunehmend leistungsfähiger. Das bedeutet: Preiswerte Angebote erschließen zusätzliche Käuferschichten auch bei alkoholfreien Getränken. Der Umsatzanteil alkoholfreier Getränke im Lebensmitteleinzelhandel betrug 1971 noch 24 Prozent, 1974 bereits 41 Prozent und wird bald 50 Prozent erreichen. Mittelfristig wird er 3 Prozent am Gesamtumsatz betragen.

Die Entwicklung alkoholfreier Getränke (131)

	Absatz in Millionen Liter	Pro-Kopf-Verbrauch in Liter
1974	5 110	84
1977	6 150	100
1980	7 200	117

Die Ausgaben für Maßnahmen der Marktkommunikation werden steigen. Das bedeutet mehr Werbung, mehr Verkaufsförderung, mehr Public Relations bei zunehmender Produktdifferenzierung. Nach Angaben der Werbestatistik sollen z. B. die Werbeaufwendungen für Nahrungs- und Genußmittel allein zwischen 1966 und 1970 von 778 auf 1 226 Millionen DM gestiegen sein. Der Anteil der *Bruttostreukosten* an den gesamten Nahrungs- und Genußmittelausgaben der privaten Haushalte erhöhte sich von 0,85 Prozent auf 1,16 Prozent. In einem noch größeren Maß ist die Verkaufsförderung verstärkt worden. Insgesamt ist also mit einem sich weiter verschärfenden Wettbewerb zu rechnen (130).

Das Marketing von heute ist ein Großteil des Erfolges von morgen. Gerade die Marketingpolitik ist auf die Zukunft ausgerichtet. Helmut Maucher, Generaldirektor der Nestlé-Gruppe Deutschland, stellte zu den »Anforderungen an das Marketing von morgen« 15 Thesen auf:

1. Exogene Daten im weitesten Sinne müssen als Tatsachen hingenommen werden, auch wenn sie unangenehm sind. Bei künftigen Prognosen muß der Unsicherheitsfaktor berücksichtigt werden.

2. Man muß unterscheiden lernen zwischen langfristigen echten Trends und kurzfristigen Modeerscheinungen.

3. Die Bedeutung des Faktors Zeit für den Erfolg wächst. Je frühzeitiger Veränderungen erkannt und in neue Entscheidungen umgesetzt werden, desto besser.

4. Man muß das dynamische und qualitative Wachstum aufspüren und ihm folgen. Auch bei globalem oder geringem Wachstum gibt es ein dynamisches Wachstum durch Strukturverschiebungen des Verbrauchs und der Bevölkerung. Das heißt ein Nullwachstum setzt sich aus gleich hohen Rückgängen und Wachstumsraten auf einzelnen Gebieten zusammen.

5. Marketing allein führt nicht zum Erfolg. Auch neue Technologien und Innovationen haben daran Anteil.

6. Weg vom »Rücken an der Wand«. Man muß sich freischwimmen. Das bedeutet Kapazitätsabbau, Einschaltung Dritter statt eigener Apparate, »heilige Kühe« schlachten. Das schafft Ertragsspielraum, der das Eingehen auf notwendige Risiken ermöglicht.

7. Sich Zeit nehmen für längerfristige Strategien. Kurzfristige Aktivitäten sind auf die Dauer Kirchturmpolitik, die das Gesamtbild optisch verzerrt.

8. Unbegründete Veränderungen meiden. Abwechslungs-, Profilierungs- oder Modebedürfnisse eigener Mitarbeiter sind kein Veränderungsgrund. Bedeutung der Marke sowie die Kontinuität der Unternehmenspolitik haben im Sinn eines guten Firmen-Images beim Verbraucher den Vorrang.

9. Bedeutet Marketing das Umsetzen von Marktbedürfnissen und technologischen Neuerungen in unternehmerische Konzeptionen und Leistungen, muß Marketing noch stärker mit der unternehmerischen Gesamtzielsetzung verknüpft werden.

10. Marketingkonzepte sollen aus einem Guß sein. Qualität, Preis, Produktgestaltung, Werbung und Verkaufsmethode bedürfen der Geschlossenheit.

11. In einer differenzierten Landschaft verlieren Global- und Durchschnittskonzepte an Wert.

12. Stärkere Betonung einer markt- und verbrauchergerechten Produktkonzeption als neuer Marketing-Schwerpunkt.
13. Eine wirklich marktorientierte Politik bezieht Veränderungen des Verbraucherverhaltens ins Marketing mit ein. Sich nicht von ideologisch aufgeladenem »Konsumerismus« verunsichern lassen.
14. Vertiefung von Kenntnis und Verständnis in der Kooperation zwischen Handel und Industrie. Damit werden Konflikte und Reibungspunkte auf jenen Teil reduziert, der sich aus der unterschiedlichen Interessenlage ergibt. Es gibt keine Marktwirtschaft und keinen Wettbewerb ohne Spielregeln.
15. Mehr Engagement, »Devotion« und Besessenheit für die Sache in Ausrichtung auf den Unternehmenserfolg, wie etwa richtige Motivierung und Schulung durch den Vorgesetzten, nicht allein durch Trainings- oder Schulungsakademien (132).

Die Nahrungsmittel-Technologie in den achtziger Jahren konzentriert sich auf Ernährungsgewohnheiten, Haltbarkeit, ernährungsphysiologische Qualität, Generationsprobleme, Gefriertrocknung, Tiefkühlung, Protein-Strukturierung und neue Rohstoffe. Sie wird beeinflußt durch weltweite Unterversorgung vor allem mit Eiweiß, aber auch durch die weltpolitischen, soziologischen und weltökonomischen Umschichtungen.
Unter Ausnutzung gegebener Transportmöglichkeiten exportiert heute die USA mehr Fruchtsäfte aus gut ausgereiften Zitrusfrüchten als ganze Früchte, die unreif gepflückt und später künstlich gereift werden müssen. Bananen werden bereits als Brei in ausgezeichneter Qualität hinsichtlich Farbe, Geschmack, Geruch, Sämigkeit usw. am mittelamerikanischen Erzeugerort sterilisiert, aseptisch verpackt und in die USA und nach Europa verschifft. Diese Ware ist besser und billiger als frische Bananen. Kaffee wird in Brasilien und an der Elfenbeinküste heute schon zu löslichem Kaffee bester Qualität verarbeitet und als Fertigprodukt verschifft. In den kommenden Jahren wird man auch Kakaobohnen am Produktionsort rösten, Kakaobutter und Schokoladenmassen herstellen und in die Verbraucherländer liefern. Das gleiche gilt für Fleisch, das ebenfalls im Erzeugerland verarbeitet und dann erst in die Bestimmungsländer exportiert wird.

Es werden künftig *mikrobielle Eiweiße* auf mehr oder weniger traditionellen Nährböden gezüchtet werden. Sie sind im Versuchsstadium bereits erschlossen und können in Nahrungsmitteln traditioneller Art eingebaut werden. Die Industrie ist inzwischen bereit, mit der Großproduktion zu beginnen. Die zweite technologische Phase, der Einbau solcher neuen Rohmaterialien in Nahrungsmittel, ist gegenwärtig in Entwicklung und wird in wenigen Jahren zu Verfahren führen, die es ermöglichen, den »künstlichen« Braten herzustellen. Künstlich wäre dabei nur die Zusammensetzung, denn die Bestandteile Hefe-Eiweiß, Stärke, Wasser, Salze, Vitamine und Fette stammen aus jetzt schon gebräuchlichen Quellen. Als neue Lebensmittelrohstoffe aufgrund der *Biosynthese-Technologie* wurden Vitamine und natürliche Farbstoffe produziert, so z. B. das gelbe Pigment des Maiskorns. Sojabohnen und Soja-Eiweiß wären für Europa interessante Ausgangsprodukte zur Herstellung nicht-traditioneller Nahrungsmittel aufgrund neuer Technologien. So ist es möglich, aus Sojabohnen Milch herzustellen. Mittels Dampfdestillation beseitigt man dabei die Bohnen-Geschmacksstoffe.

Ein weiterer Anreiz zur Anwendung neuer Technologien liegt darin, daß wertvolle Nebenprodukte heute noch bei der Tierschlachtung, der Käseherstellung, der Mehl- und Stärkeproduktion usw. vernichtet werden. Die neuen Techniken der *Ultrafiltration durch Membranen,* der *Umkehrosmose,* des *Ionenaustausches* und der *Absorption* ermöglichen es, wertvolle Bestandteile, wie *Proteine,* Vitamine, Aromastoffe u. a. m. aus diesen Nebenprodukten zurückzugewinnen und in neue ausgeglichene Nahrungsmittel-Kompositionen einzubauen. Allein die Gesamtkäsereimolke, die heute in den Ländern der EG anfällt, könnte pro Jahr eine Proteinmenge von 100 000 Tonnen liefern, was umgerechnet ungefähr 400 000 Tonnen bestem Frischfleisch entspricht (133).

In den Industrieländern werden neue technologische Verfahren mit einem beträchtlichen finanziellen Aufwand vor allem von Hochschulen, staatlichen und privaten Forschungsorganisationen sowie auch unter Mithilfe der Apparatebau- und chemischen Industrie erforscht. Der Schwerpunkt liegt jedoch bei der Nah-

rungsmittelindustrie selbst. Hier sind es hauptsächlich die Großkonzerne, die weitsichtige Planungs- und Forschungsarbeiten
unter Einsatz bedeutender Investitionen vornehmen und dabei
von ihrer Multinationalität profitieren, die es erlaubt, weltweit
Fachleute heranzuziehen und relativ problemlos Rohstoffe aus
den verschiedensten Anbaugebieten der Erde zu verwenden.
Für diese multinationalen Konzerne ist es selbstverständlich,
selbst erarbeitete neue Technologien überall dort einzusetzen,
wo die Konzerne auf dem Markt sind. Das bedeutet, daß auch
Entwicklungsländer an der Nahrungsmittel-Technologie teilha-
ben. Als Zweit- oder auch Drittpartner der Privatwirtschaft treten vermehrt die internationalen Organisationen auf, insbesondere die *FAO* und das von ihr ins Leben gerufene *Industry Co-
operative Programme (ICP)*, das 1966 mit dem Ziel einer direkten Zusammenarbeit zwischen der Landwirtschaft, der Forst-
und Fischereiindustrie und der FAO sowie den Regierungen
ausgearbeitet wurde. Das ICP begann seine Arbeit mit 18 Unternehmungen, darunter Nestlé Alimentana AG und Unilever.
Schon 1975 umfaßte dieser Kreis 103 Gesellschaften (134).

Weitere Konzentration im Lebensmittelhandel

Im Bereich des Lebensmittelhandels vollzieht sich seit Jahren ein
drastischer Strukturwandel, der zu einer erheblichen Nachfrage-
konzentration geführt hat. Man rechnet damit, daß die Hersteller u. U. schon 1980–85 nur noch folgenden Großabnehmern
auf der Handelsstufe gegenüberstehen:
a. Den Zentralen von etwa vier großen Warenhauskonzernen
   mit bundesweiter Verbreitung einschließlich deren Tochter-
   und Beteiligungsgesellschaften, außerdem den Warenhäusern
   der großen Versandhausgesellschaften. 1975 betrug der Gesamtumsatz der deutschen Kaufhauskonzerne Karstadt, Kauf-
   hof, Hertie und Horten rund 24 Milliarden DM. Auf den
   Sektor Nahrung und Genuß einschließlich Gastronomie ent-
   fiel davon ein Viertel bis ein Fünftel.
b. Einer co-op-Organisation mit zentraler Warenbeschaffungs-

gesellschaft. Umsatz 1975: 8,62 Milliarden DM, 1976 (erwartet) 9,4 Milliarden. Sie steht im Verbund mit anderen westeuropäischen co-op-Gruppen. 1975 erzielte die gesamte co-op Westeuropa 56,6 Milliarden DM Umsatz.

c. Der Gedelfi Großeinkaufsgesellschaft als Großeinkauf-Vertragsgeschäftsführerin auf Namen und Rechnung ihrer Gesellschafter, also angeschlossener Massenfilialbetriebe. Umsatz 1974 im Vertragsgeschäft: 3,5 Milliarden DM.

d. Der Gruppe Edeka, der größten Lebensmittel-Handelsgruppe Europas, die 1975 im Einzelhandel 14,3 Milliarden DM Umsatz erzielte und 9,1 Milliarden DM im Großhandel. Ende 1975 waren ihr 25 700 Einzelkaufleute mit 28 200 Geschäften und einer Gesamtverkaufsfläche von 2,5 Millionen Quadratmetern angeschlossen.

e. Der Rewe-Organisation mit 8200 angeschlossenen Einzelhandelsgeschäften, die 1975 rund 9 Milliarden DM Umsatz erzielten.

f. Der Deutschen SPAR-Organisation mit 6500 Einzelhändlern, die 1975 5,84 Milliarden DM Umsatz auf 0,83 Millionen Quadratmetern Gesamtfläche erreichten.

g. Den Zentralen weiterer großer freiwilliger Ketten, deren regionale Großhandelsstruktur durch Kooperation zwischen den Kettengrossisten gestrafft werden wird.

h. Den Zentralen der Bäcker- und Fleischergenossenschaften für den zentralen Handelswarenbetrieb ihrer Mitglieder.

i. Schließlich noch einige größere ungebundene Sortimentsgroßhändler sowie 7 regionale Einkaufskontore, deren Verflechtungen mit den Ketten auf der Großhandelsstufe weiter zunehmen werden (135). Der größte deutsche Discounter Aldi in Essen-Mühlheim mit 4,5 Milliarden DM Umsatz im Jahre 1975 blieb dabei unerwähnt.

Die Konzentration im Handel findet man auch in anderen Bereichen. Als Beispiel sei die Gruppe Esüdro/ZDD genannt mit rund 0,4 Milliarden DM Großhandelumsatz 1974. Zu diesem Zeitpunkt zählten 5500 Drogerie-Unternehmen mit 6500 Drogerien zur Gruppe.

Für die USA, in vielen Bereichen »Vorreiter« deutscher Entwicklung, prognostizierte man für den Lebensmittelhandel im Jahr 2000:

– Der Vertrieb über Supermärkte wird sich nicht ändern.
– Supermärkte werden etwas größer sein und mehr Wettbewerb begegnen.
– Das Sortiment wird mehr Convenience Food und Nonfoods enthalten.
– Die elektronische Datenverarbeitung wird Sortimente und Warendurchfluß stärker bestimmen.
– Einzelhandel und Hersteller werden miteinander um die Kontrolle des Warendurchflusses stärker konkurrieren.
– Die Herstellerwerbung wird mehr Einzelhandels-orientiert sein.
– Die Leistung eines Supermarktes wird komplizierter und höher bezahlt sein (136).

Der Lebensmittelhandel ist eng mit dem übrigen Handel verbunden. Das registrieren vor allem die Kaufhäuser, in denen »alles unter einem Dach« ist. Hier macht sich der Strukturwandel zuerst bemerkbar. Zum starken Strukturwandel bei Verbrauchsausgaben äußerte sich Vorstandssprecher Dr. Walter Deuss von der Karstadt AG in Essen (137). Er versuchte, den Wandel in verschiedenen Bedürfnisbereichen zu erklären. Der Strukturwandel in den privaten Verbrauchsausgaben ist als Ergebnis von Reaktionen auf eine veränderte Umwelt zu verstehen, wobei sich die Einzelreaktionen zu Tendenzen und Entwicklungslinien summieren. Es gibt Bedürfnisse, die mit zunehmender Einkommenshöhe des einzelnen Haushaltes mehr oder weniger drastisch an Bedeutung verlieren. Andererseits nehmen mit wachsendem Einkommen andere Bedürfnisse zu und treten überproportional in den Vordergrund.

Es stellt sich die Frage, in welcher Richtung der Konsument seine wachsende finanzielle Freiheit künftig nutzt und welche Bedürfnisse er künftig befriedigt. Ob er überhaupt noch im bisher gewohnten Maß Verbrauchsgüter kaufen wird oder etwa sein Geld für immaterielle Dinge ausgibt, die ihn als individuelle

Persönlichkeit umfassender ansprechen und ihm zu einem differenzierten Selbstverständnis verhelfen können. Nach einer Untersuchung des Instituts für Weltwirtschaft in Kiel sind die Ausgaben für Ernährung zunehmend hinter der Entwicklung des Gesamtverbrauchs zurückgeblieben. Sie wuchsen in verstärktem Maße unterproportional. Wenn dieser Aufgabenbereich überhaupt nennenswert stieg, so allein durch erhöhte Nachfrage nach qualitativ besseren Produkten. Der Trend zum konsumreiferen Nahrungsmittel läßt das Bestreben der Haushalte erkennen, den eigenen Arbeitsaufwand durch Inanspruchnahme fremder Dienstleistungen zu senken, nämlich durch den Kauf weitgehend bearbeiteter Nahrungsmittel.

Anders als die Ausgaben für Nahrungsmittel stiegen 1975 bei der Karstadt AG die Ausgaben für den Bereich Wohnung sehr viel kräftiger als die gesamten Verbrauchsausgaben und auch rascher als die verfügbaren Einkommen insgesamt. Nach dieser Entwicklung gehört der Bereich Wohnen längst nicht mehr zu den Lebensnotwendigkeiten. In ihm wird vielmehr ein Stück Lebensqualität verwirklicht. Man rechnet damit, daß sich diese Tendenz mit wachsendem Wohlstand nicht nur fortsetzt, sondern sogar verstärkt. Die Ausgaben für Kleidung, die in den vorangegangenen Jahren stetig stiegen, haben sich an den gesamten Verbrauchsausgaben stark zurückgebildet. Von dieser Entwicklung auf eine zumindest teilweise Sättigung des Kleidungsbedarfs zu schließen, dürfte nach den Äußerungen von Dr. Deuss allerdings übertrieben sein, denn bei Erreichung der Sättigungsgrenze entstehe zusätzliche Nachfrage nach vergleichbaren Gütern in höherer Qualität. Das sinkende Gewicht der Ausgaben für Kleidung hänge im übrigen auch mit dem starken Rückgang der Preise durch das Vordringen der synthetischen Fasern und den verstärkten Importen zusammen. Insgesamt sind die Ausgaben für die Haushaltsführung seit Jahren langsamer gestiegen als die gesamten Verbrauchsausgaben. Verkehr und Kommunikation wurden zu großen Wachstumsbereichen (137). Dieser Trend setzt sich fort.

Versandhandel treibt Zukunftsforschung in Eigeninitiative

Der Versandhandel, eine moderne Handelsform, interessiert sich in besonderem Maße für die kommende Entwicklung. Auf Initiative des Bundesverbandes des Deutschen Versandhandels wurde bei dessen Mitgliedern eine Umfrage veranstaltet, deren Ergebnisse am 17. 5. 1974 unter dem Titel »Die Zukunft des Versandhandels in der Bundesrepublik Deutschland« (138) Gegenstand einer Podiumsdiskussion waren. Die anwesenden 37 Mitgliedsfirmen des Verbandes repräsentierten zusammen 71 Prozent vom Gesamtumsatz der Branche. Sie vertraten drei verschiedene Betriebsformen: 7 waren Sortimentsversender mit warenhausähnlichem Sortiment und 76 Prozent anwesendem Umsatz, 17 waren Katalogversender mit 11 Prozent anwesendem Umsatz, und 13 waren Vertreterversender mit 13 Prozent anwesendem Umsatz.

Der erste Fragenkomplex befaßte sich mit Entwicklung und Veränderung der Nachfrage im Versandhandel bis etwa 1985. Dabei erwarteten zwei Drittel der befragten Firmen bei erhöhter Freizeit durch weitere Arbeitszeitverkürzungen positive Auswirkungen auf ihr Geschäft. Bei der Frage, ob sich die Freizeitgewohnheiten ändern werden, teilten sich die Meinungen: 45,9 Prozent erwarteten dadurch zusätzliche Nachfrage, 51,4 Prozent keinen Einfluß. Auch wurde zur Diskussion gestellt, ob nach der Freizeitwelle eine Bildungswelle kommt. Die Erschließung von Auslandsmärkten hielten 77,8 Prozent für möglich und 80,6 Prozent für wünschenswert.

Im zweiten Fragenkomplex untersuchte man das Angebot des Versandhandels. Auf der Basis von 1972 gliederten sich die vier großen Warengruppen (= 100 %) prozentual wie folgt auf:

1. Hartwaren jeder Art einschließlich Möbel machen des Versandumsatzes aus,   38,2 %
2. Textilien, Bekleidung und Schuhe   43,3 %
3. Lebensmittel   4,5 %
4. andere Waren (z. B. Kosmetika, Wasch- und Reinigungsmittel, Bücher)   14,0 %

Die Meinung nach der wahrscheinlichen Entwicklung des Umsatzanteils für Hartwaren verteilte sich zu 37,5 Prozent auf gleichbleibenden und zu 45,8 Prozent auf steigenden Anteil. Bei Textilien, Bekleidung und Schuhen sagten 52,2 Prozent einen unveränderten und 30,4 Prozent einen steigenden Anteil voraus. Im Bereich der Lebensmittel erwarteten 57,1 Prozent keine Anteilsveränderung, wohl aber 64 Prozent steigende Umsätze im Sektor »andere Waren«.

Einer künftigen Sortimentsverbreiterung stimmten 48,7 Prozent der befragten Unternehmen zu, einer Sortimentsvertiefung 51,3 Prozent. In diesem Zusammenhang verwies man auf Bemerkungen von Herbert Gross, nach dessen Meinung die moderne Konsumskala durch Bedarfssysteme gekennzeichnet ist: Einrichtung, Do-it-yourself, Gesundheits-, Körper- und Umweltpflege, Reisen, Rauchkultur, Strand, Garten, Fernsehstunde. Hierbei handelt es sich um eine Fülle von Subsystemen, die den modernen Lebensstil oder Lebensstandard zu einem flexiblen und dynamischen Gesamtsystem machen.

Der Konsum wird zum Systemkonsum durch »Erlebnissysteme«. Darauf beruht der Übergang von der Fach- zur Bedarfsgruppenorientierung im Einzelhandel (139). Nicht ganz so differenziert sieht es Robert Nieschlag (140): Stehen die Handelsbetriebe vor der Frage, wie der Absatz erhöht werden kann und rechnen sie damit, daß eine Vergrößerung des Abnehmerkreises schwierig und kostspielig sein wird, so fällt die Entscheidung zugunsten einer Ausweitung der Sortimente, weil es im allgemeinen leichter ist, bereits gewonnene Kunden zum Bezug weiterer Waren zu veranlassen und auf diese Weise den Umsatz zu erhöhen, als dieses Ziel durch Gewinnung neuer Kunden zu erreichen. Die Ausdehnung der Sortimente des Versandhandels, eventuell bis zu warenhausähnlichen Dimensionen, ist zu einem erheblichen Teil durch diese Überlegungen zu erklären. Die Erweiterung der Sortimente läßt freilich häufig den Lagerumschlag zurückgehen. Dazu meint der Verband (138), Herbert Gross und Robert Nieschlag stellten im Grunde keine gegensätzlichen Behauptungen auf, sondern in ihren Äußerungen komme auch zum Ausdruck, warum ein Teil der befragten Firmen ihr Sortiment eher verbreitern, ein anderer Teil es eher vertiefen wird. Verbreitern werden es vor allem die Sortimentsversender, vertiefen dagegen die Spezialversandhäuser. Mit einer Niveauanhebung, dem sogenannten Trading-up, rechneten bis etwa 1985 etwa 69,4 Prozent der befragten Verbandsmitglieder. Ebenfalls hielten 73 Prozent der Firmen die Aufnahme bereits existierender Produkte in ihr Sortiment für wahrscheinlich, dagegen nur 51,4 Prozent die Aufnahme versandfähiger Dienstleistungen. Relative Uneinigkeit herrschte bei den Stellungnahmen zu Ratenkäufen. Allerdings billigten 57,1 Prozent der Sortimentsversender den Ratenverkäufen steigende Bedeutung zu. Warenmiete statt Warenkauf hielten 86,5 Prozent der Befragten für die Zeit bis etwa 1985 für unwahrscheinlich. Die Bedeutung hauseigener Handelsmarken hielten zwar 71,4 Prozent der Sortimentsversender für steigend, doch der Versandhandel insgesamt äußerte sich dazu uneinheitlich.

Als dritter Fragenkomplex stand die künftige Bestell- und Versandtechnik zur Diskussion. Man war zu 51,4 Prozent der Meinung, daß sich die schriftliche Bestellung durch Einzelbesteller nicht ändert. Der persönlichen Bestellung über Vertreter oder Sammelbesteller gaben die Sortimentsversender zu 85,7 Prozent steigende Chancen, nicht jedoch die anderen Versandhäuser. Ähnlich zeigte es sich bei der Frage nach der Zukunft der telefonischen Bestellung, die von 85,7 Prozent der Sortimentsversender und zu 64,7 Prozent der Katalog-Spezialversandhäuser als eine an Bedeutung zunehmende Bestelltechnik gewertet, von den Vertreterversendern jedoch zu 84,6 Prozent als künftig bedeutungslos abgewertet wurde. Fernsehtelefonische und elektronische Bestellungen hielten mehr als drei Viertel der Befragten zumindest bis zum Jahr 1985 für unwahrscheinlich. Es ist das Gebiet, mit dem sich Futurologen besonders gern beschäftigen. Der deutsche Versandhandel ist sich jedoch einig, daß man mit derartigen neuen Formen der Warendistribution experimentieren wird. Aus gegenwärtiger Sicht müßten jedoch umfangreiche Mittel in Anlagen investiert werden, die wahrscheinlich noch auf lange Zeit in hohem Maß störanfällig und damit auch nur begrenzt einsatzfähig sein würden.

Andererseits erscheint die Frage, wie unter eventuellen neuen technischen Begleitumständen die Wettbewerbsposition des Versandhandels gegenüber dem Stationärhandel in Zukunft aussehen wird. Wird der Versandhandel sogar gezwungen sein, der Einrichtung stationärer Einkaufsstellen größere Aufmerksamkeit als bisher zu widmen? Wird es in der Bundesrepublik Deutschland demnächst *Catalog Showrooms* geben wie in den USA und anderen westlichen Ländern, d. h. Discounthäuser mit geringeren Vertriebskosten als beispielsweise der deutsche Versandhandel zu kalkulieren hat? Warenhäuser, Filialisten, Discounthäuser, selbst Großhändler bedienen sich inzwischen dieser Vertriebsmethoden. Auf diese Weise hat der amerikanische Versandhandel einen preisaggressiven Konkurrenten erhalten, obwohl er selbst keineswegs auf Preisaktivität verzichtet (140).

Eng damit verbunden ist auch der Versand des Werbematerials. Auch hier sind die Ansichten unter den deutschen Versandhandelssparten uneinheitlich. Während 42,8 Prozent der Sortiments-Versandhäuser dem Werbematerial-Versand per Lkw bis 1985 steigende Bedeutung beimessen, rechnen die übrigen zu etwa drei Viertel nur mit unbedeutenden Veränderungen. Beim Werbematerial-Versand durch die Post gaben aber nur 16,2 Prozent steigende Tendenz an, 37,8 Prozent nahmen keine Veränderung an, und 27,1 Prozent glaubten an künftig sinkende Tendenz. Der Warenversand per Post wird in Zukunft seine Bedeutung beibehalten. Dagegen äußerten sich 71,4 Prozent der Sortimentsversender und 52,9 Prozent der Katalog-Spezialversender optimistisch für eine künftige Zunahme des Warenversandes durch Lkw. Nur für 46,1 Prozent der Vertreterversender erschien er bedeutungslos. Schlecht schnitt der künftige Warenversand durch die Bundesbahn ab: Für 43,3 Prozent bleibt er »ohne Bedeutung«, für 27 Prozent sinkt er künftig, und 21,6 Prozent sehen darin keine Veränderung. Die Eisenbahn dient eben in erster Linie dem Massengutverkehr. Für den Kleingutverkehr interessant zu sein, hat die Bahn versäumt. Auch die Post ließ zu viel Zeit verstreichen, um ihre Wirksamkeit durch Container und Einsatz von Elektronik zu steigern. Dafür steigerte sie die Gebühren über Gebühr – zum Leidwesen ihrer Benutzer.

Die Versandhäuser wissen, welcher Anstrengungen es bedarf, Kunden zu gewinnen und zu behalten. Deshalb betrachten sie die Bedeutung der Kreditinstitute und damit das Scheck- und Überweisungsgeschäft zu 70,3 Prozent für die Zukunft als zunehmend. Die künftige Bedeutung der Kreditkarten verteilt sich bei den Sortiments-Versandhäusern etwa je zur Hälfte auf »steigend« oder »bedeutungslos«, bei Katalog-Spezialversendern zu 58,8 Prozent auf »steigend« und bei Vertreterversendern zu 69,2 Prozent auf »bedeutungslos«. Man ist sich darüber einig, daß der Bargeldverkehr immer teurer und damit unrentabel wird. Dem bargeldlosen Geldverkehr gehört die Zukunft (138).

Nach Aussage von Hans Dedi, Generalbevollmächtigter der Versandhausgruppe Quelle-Schickedanz, zeigen Untersuchungen, daß der Umsatz im Versandhandel von 15 Milliarden DM 1976 auf über 25 Milliarden DM bis 1985 steigen wird (141).

Tourismus als Wachstumsbranche

Der Fremdenverkehr ist in der Industriegesellschaft zu einem maßgeblichen sozialen und ökonomischen Faktor geworden. Für die Bevölkerung verbindet sich damit die Vorstellung von Erholung und Freizeitgestaltung, für einen Teil zugleich die wirtschaftliche Existenz. Die Entwicklung des Fremdenverkehrs war zunehmend durch eine starke Expansion und überdurchschnittliche Wachstumsraten gekennzeichnet. Das gilt sowohl für den Inlands- als auch für den Auslandstourismus. Getragen von der Steigerung des privaten Einkommens und der Zunahme von Freizeit und Urlaub bildeten sich neue Formen von Tourismus heraus, wobei das Schwergewicht für breite Bevölkerungsschichten bei Erholung und Entspannung liegt. Zur Zeit unternimmt die Hälfte aller Bürger der Bundesrepublik jährlich eine Auslandsreise.

Tourismus gibt es in den verschiedensten Formen. Zur Gesundheitssicherung dient der Erholungsurlaub, zur Rehabilitation bzw. Vorsorge der Kuraufenthalt. Die Freizeitgestaltung er-

streckt sich auf Erlebnisurlaub, Sporturlaub sowie Wochenend-
und Tagesausflug. Zur Bildung und Weiterbildung gibt es den
Bildungs- und Studienurlaub und die Tagereisen. Der Kommunikation dienen Geschäftsreisen, Verwandten- und Bekannten-
besuche. Bei Urlaubsreisen mit mehr als vier Übernachtungen
benutzten 1973 circa 58,2 Prozent den eigenen Pkw, 23,6 Prozent die Bahn, 11,5 Prozent das Flugzeug, 5,3 Prozent den Bus
und 1,5 Prozent andere Verkehrsmittel. Insgesamt waren es
rund 30 Millionen deutsche Urlauber mit insgesamt 36,5 Millionen Urlaubsreisen. Größte Zunahme verzeichnete das Flugzeug als touristisches Verkehrsmittel, Rückgang Bahn und Bus.
Außerdem wurden schätzungsweise etwa 80 Millionen Kurz-
reisen von ein bis vier Übernachtungen und davon 65 Millionen
Privatreisen unternommen sowie mindestens 550 Millionen Aus-
flugsfahrten ohne Übernachtung. An jedem Wochenende nahmen
im Jahre 1972 10 Millionen Personen oder ein Sechstel der
Gesamtbevölkerung der Bundesrepublik am Ausflugs- und Wo-
chenendtourismus teil. Indikator für die Beteiligung der Bevölkerung am Urlaub ist die Reiseintensität. In der Bundesrepublik
stieg sie von 27 Prozent im Jahr 1962 auf 48 Prozent 1973. Die
Reiseintensität ist abhängig von der Zahl der Haushaltsmitglie-
der, der Berufszugehörigkeit und der Gemeindegröße. Erheblichen Einfluß haben auch die Höhe des Haushaltseinkommens
und das Lebensalter. Mit einem monatlichen Haushaltseinkom-
men von 600 bis 1000 DM reist man nur halb so viel wie mit
mehr als 2500 DM.
Die deutsche Fremdenverkehrswirtschaft umfaßt ein Viertel
teils sehr unterschiedlicher Beherbergungs- und Dienstleistungsunternehmen. Generellen statistischen Aussagen sind deshalb
enge Grenzen gesetzt. Wichtigster Bereich ist das Hotel- und
Gaststättengewerbe. Hinzu zählen Beherbergungsunternehmen,
wie u. a. Hotels und Gasthöfe. Außerdem gibt es Speise- und
Schankwirtschaften, Cafehaus-, Saal- und Vergnügungsbetriebe,
Bahnhofs- und Autobahngaststätten, Trinkhallen, Imbiß- und
Speiseeisbetriebe, Schlaf- und Speisewagen sowie Kantinen. Insgesamt sind es rund 25 000 Beherbergungsbetriebe und circa
170 000 Betriebe des Schankgewerbes. Weitere 40 000 Betriebe

beherbergen Gäste im Nebenbetrieb. 1972 beschäftigte das Hotel- und Gaststättengewerbe 713 000 Erwerbstätige. Als Vergleich dazu: In der Automobilindustrie waren es 608 000 Arbeitnehmer. Zur Fremdenverkehrswirtschaft rechnen ferner: Kur- und Heilmittelbetriebe, Ferienheime, Feriendörfer, Ferienzentren, Privatquartiere, Campingplatzbetriebe, Urlaubsquartiere auf Bauernhöfen, Verkehrsunternehmen mit Personenbeförderung, Reiseveranstalter, Reisevermittler, Berglifte und Sesselbahnen, Vergnügungsparks und u. a. auch die Reiseandenkenindustrie.

Die Fremdenverkehrswirtschaft ist vorwiegend mittelständisch strukturiert. Laut Umsatzsteuerstatistik 1972 erreichten 85 Prozent aller Hotel- und Gaststättenbetriebe nur einen Jahresumsatz bis zu 250 000 DM. Die durchschnittliche Unternehmensgröße liegt bei nur 3,4 Beschäftigten einschließlich der tätigen Inhaber. Das ist weniger als beim Handwerk mit durchschnittlich 7,8 Beschäftigten und 5,2 im Einzelhandel (142).

In der deutschen Fremdenverkehrswirtschaft herrscht ein starker Wettbewerb. Die Konkurrenz besteht sowohl zwischen den verschiedenen Angeboten qualitativer Art, also hinsichtlich der Unterkunft, als auch regionaler Art, wie etwa Gebirge, Seen, die Küste oder Inseln. Auch unter den Beherbergungsbetrieben herrscht Konkurrenz. Kleinere und mittlere Hotels kommen mitunter in einen Verdrängungswettbewerb. 1973/74 erzielte der größte Reiseveranstalter der Welt, die TUI Touristik Union International in Hannover, in der sich die bundesdeutschen Reiseunternehmen Scharnow, Touropa, Hummel, Airtours, Twen Tours und Dr. Tigges zusammengeschlossen hatten, allein 1,24 Milliarden DM Umsatz. 1974/75 waren es bereits 1,46 Milliarden DM. Auch die Anzahl der Buchungen war zur gleichen Zeit von 1,85 auf 1,99 Millionen gestiegen. Und das in der Krisenzeit! Ähnlich war es beim Zweitgrößten der Branche, bei N-U-R Neckermann und Reisen. Hier kletterte der Umsatz um ganze 34 Prozent auf 656 Millionen DM und die Zahl der Buchungen um 22 Prozent auf 0,8 Millionen. Die ganze Branche verzeichnete auch in der Krise Zunahmen. Dabei vergrößerte sich der Anteil der Pauschalreisen.

Die langfristigen Aussichten des Fremdenverkehrs sind positiv zu beurteilen. Die Reiseintensität ist noch erheblich steigerungsfähig. Schätzungen der Bundesregierung gehen davon aus, daß sich die Zahl der Urlaubsreisen auf mindestens 45 Millionen erhöhen kann. Das bedeutet, daß dann etwa 60 Prozent der Bevölkerung der Bundesrepublik Deutschland eine jährliche Urlaubsreise unternehmen würden. Große Chancen liegen auch im Ausbau des Kurzzeittourismus. Eine Zunahme von Urlaub und Freizeit kann ebenso nachfragesteigernd wirken wie steigende Familieneinkommen.

Nicht zu verkennen ist die Bedeutung des Tourismus für die Gesamtwirtschaft. Schließlich fließen beträchtliche Summen durch die Reisekasse. 1974 gaben die Bundesbürger 18,4 Milliarden DM nur für Reisen ins Ausland aus und Ausländer in der Bundesrepublik Deutschland und West-Berlin 6,1 Milliarden DM. 1972 stammten in Spanien 33,1 Prozent, in Italien 8,5 Prozent, in Österreich 26,1 Prozent, in der Schweiz 11,7 Prozent und in Jugoslawien 11,3 Prozent aller Exporterlöse aus Waren und Dienstleistungen des Tourismus. Für die Bundesbürger beliefen sich allein die Kosten für die Tourismuskilometer der privaten Pkw auf weit über 20 Milliarden DM. Das war ein Viertel der durchschnittlichen jährlichen Fahrkilometer der privaten Pkw.

Doch das ökonomische Gewicht des Tourismus greift weit hinein in unsere Wirtschaft. Weiter, als wir uns vorstellen. Da gibt es Branchen, die sich überhaupt erst durch den Tourismus entwickelt haben. Dazu zählen Zelt-, Wohnwagen- und Zubehörindustrie, also die Campingindustrie mit etwa 2 Milliarden DM Jahresumsatz. In anderen Branchen führte der Tourismus zu einer Stabilisierung oder Steigerung der Umsätze. Im Bereich der gewerblichen Wirtschaft sind 15 Prozent Umsatz der Mineralölindustrie, je 20 Prozent Umsatz von Straßenfahrzeugbau, Luftfahrzeugbau und Musik-, Sport- und Spielgeräte- einschließlich Schmuckwarenindustrie sowie 23 Prozent Umsatz von Feinmechanik, Optik und Uhrenindustrie vom Tourismus bestimmt. Zwischen 5 und 7 Prozent vom Umsatz sind es bei der Schuhindustrie, bei Druckerei und Vervielfältigung sowie im Bekleidungsgewerbe, der Nahrungs- und Genußmittelindustrie und im

Bauhaupt- einschließlich Ausbaugewerbe. Eigentlich überrascht, daß es beim Schiffbau einschließlich Boots- und Jachtbau nur 3 Prozent Umsatz sind, die vom Tourismus abhängen. Aber die riesigen Öltanker und Großfrachter haben nun einmal ein großes Gewicht, auch hinsichtlich ihrer Baukosten. Im Bereich des Dienstleistungssektors ist der Umsatz der Reiseveranstalter und -vermittler voll vom Tourismus abhängig. Bei der Luftfahrt und den Flugplätzen sind es immerhin 80 Prozent. Beim Gaststätten- und Beherbergungsgewerbe stammen 35 Prozent des Umsatzes vom Tourismus, bei Eisenbahnen und der Deutschen Bundespost sind es 10 bis 15 Prozent. Was genaueres läßt sich hier nicht feststellen. 10 Prozent vom Umsatz verdanken Wirtschaftswerbung und »sonstige Dienstleistungen« dem Tourismus, 5 Prozent die Versicherungen, Kunst, Theater, Film, Rundfunk, Fernsehen sowie Verlags- und Pressewesen und 3 bis 5 Prozent Groß- und Einzelhandel. Bei Straßenverkehr, Binnen-, See- und Küstenschiffahrt sind es nur 1 Prozent, Architekten, Ingenieurbüros und ähnliche Dienstleistungen 2 Prozent. Ohne Prozentangabe erscheinen Schausteller und fotografisches Gewerbe. Zu berücksichtigen ist dabei, daß die wirtschaftliche Betreuung des Fremdenverkehrs unter regionalen Gesichtspunkten sehr unterschiedlich ist. 1971 entfielen allein auf Bayern und Baden-Württemberg 42,4 Prozent aller inländischen Urlaubsreisen (142).
In der Bundesrepublik und West-Berlin hängen etwa 1,5 Millionen Arbeitsplätze vom Fremdenverkehr ab. Die wirtschafts- und gesellschaftspolitische Bedeutung des Tourismus stieg und wird weiter steigen. Mit ihrer fremdenverkehrspolitischen Konzeption hat sich die Bundesregierung 1975 zum erstenmal zum Stellenwert des Fremdenverkehrs innerhalb der Gesamtwirtschaft der Bundesrepublik erklärt. Sie hat sich in ihrer Zielsetzung fast ausschließlich auf die Interessen der kleineren und mittleren Unternehmen konzentriert. Es soll eine künftige »Marketingzentrale für den deutschen Fremdenverkehr« aus der vorhandenen Organisation der fünf Spitzenverbände der Branche entstehen, deren Marketingergebnisse an die regionalen und Landesfremdenverkehrsverbände weitergeleitet werden sollen.

Außerdem wird man wegen der starken Konkurrenz im internationalen Reiseverkehr künftig noch mehr als bisher die Entwicklung im Ausland beobachten und darauf achten, daß der deutschen Fremdenverkehrswirtschaft keine Benachteiligung durch Wettbewerbsverzerrungen entsteht. Besonders ist zu beachten, daß die vielfach wenig beachtete Freizeit- und Naherholungspolitik ein Teil der gesamten Fremdenverkehrspolitik ist, zumal die Grenzen zwischen Naherholungs- und Erholungsgebiet je nach geografischer Lage fließend sind (143).

Die Frage nach der Zukunft unserer Automobilindustrie

In den meisten hochentwickelten Industriestaaten spielt die Automobilindustrie eine Schlüsselrolle. Knapp 80 Prozent der Automobil-Weltproduktion der letzten Jahre kamen aus den sechs Ländern USA, Japan, Bundesrepublik Deutschland, Frankreich, Italien und Großbritannien. Hier erreichte Anfang 1973 der Bestand an Kraftfahrzeugen rund 160 Millionen Einheiten. Auf sie entfielen damit drei Viertel aller in der Welt registrierten 210 Millionen Fahrzeuge. Bisher dürfte man sich allenfalls auf dem US-amerikanischen Markt der Sättigungsgrenze genähert haben. Nach allgemein anerkannten Prognosen – allerdings *vor* der Erdölkrise – liegt diese in den USA bei 500 Fahrzeugen pro 1000 Einwohner. Danach wurde für Westeuropa die Sättigungsgrenze mit 400 und für Japan mit 300 Fahrzeugen je 1000 Einwohner ermittelt. Diese Zahlen dürften – unter größtem Vorbehalt – um die Jahrhundertwende erreicht werden. 1973 hatte die Bundesrepublik Deutschland noch eine Kraftfahrzeugdichte von 286 Kraftwagen je 1000 Einwohner nach Frankreich mit 308 (144).
1973–75 erlebte der Automobilbau die stärkste Krise in der Nachkriegsgeschichte. Es war die Zeit düsterer Prognosen über die Zukunft des Autos und all derer, die mit seinem Wachstum, seiner Versorgung und Pflege zu tun hatten. Es begann schon einige Jahre vorher mit Kassandra-Rufen, die dem Auto und insbesondere dem Individualverkehr ein vorzeitiges Ende vor-

aussagten, weil der Kraftwagen allein aus Gründen des Umweltschutzes weitgehend von den Straßen unserer Städte verbannt werden müßte: »Saubere Straßen ohne Staub und Gestank werden die Nervosität, die Ablenkung und Belastungen in den modernen Großstädten im wesentlichen beseitigen.« So etwa lauteten die Forderungen. Nur stammt dieses Zitat nicht aus der Gegenwart, sondern aus der Zeitschrift »Scientific American« vom Juli 1899. Seine Einleitung aber stimmt heute noch ebenso wie vor 75 Jahren: »Die Verbesserung der städtischen Lebensbedingungen durch die allgemeine Einführung des Automobils kann gar nicht unterschätzt werden.« (145)

Die Krise machte es deutlich: Es gibt keine kurzfristige Alternative für das Auto. Der Wiener Verkehrsexperte Eberan-Eberhorst stellte fest: »Eine dem Benzinmotor gleichwertige Antriebsquelle ist noch nicht in Sicht«, und Professor Karlheinz Schaechterle, Inhaber des Lehrstuhls für Verkehrs- und Stadtplanung an der Technischen Universität München, kam zu dem Ergebnis: »Auch für den Rest unseres Jahrhunderts wird das Auto den Siedlungscharakter unserer Städte bestimmen«.

Inzwischen ist man sich darüber einig, daß eine Fortsetzung der noch bis zur Krise verlaufenden Entwicklung in der Automobilindustrie, die eine Verdoppelung des derzeitigen Produktionsvolumens bis Ende dieses Jahrhunderts bewirkt hätte, in hohem Maße unwahrscheinlich ist. Experten rechnen selbst unter günstigen Voraussetzungen kaum damit, daß sich das Absatzpotential der Dritten Welt bis zum Ende dieses Jahrhunderts mehr als verfünffacht. Das entspräche einer durchschnittlichen Wachstumsrate von 6 bis 7 Prozent im Jahr. Die Erwartungen für die Ostblockstaaten sind etwas günstiger. Geht man von einem sich weiter abschwächenden Wachstum der Automobilnachfrage in den Industrieländern der westlichen Welt aus, so würde sich bis zur Jahrhundertwende kaum eine Automobilproduktion von mehr als 50 bis 60 Millionen Einheiten erwarten lassen. Die Volksrepublik China ist in diese Schätzung nicht mit einbezogen. Sollten sich diese Annahmen als richtig erweisen, bedeutet dies eine schrittweise Verringerung des stückzahlmäßigen Wachstumstrends der Welt-Automobilproduktion von knapp 7 Prozent im Jahresdurchschnitt der sechziger Jahre und etwa 4 Prozent im Durchschnitt der ersten Hälfte der siebziger Jahre auf Wachstumsraten von 1,5 bzw. 0,6 Prozent in den beiden letzten Jahrzehnten unseres Jahrhunderts (146).

Das Wachstumstempo der Welt-Automobilproduktion verringert sich also. Wir stehen vor einer allmählichen Marktsättigung. Dabei müssen wir mit den erheblich steigenden Kostenbelastungen im Personal- und Materialbereich fertig werden. Für die deutsche Automobilindustrie ist das eine neue Aufgabe, denn in der vergangenen Phase wurden Kostenbelastungen, die nicht durch Preisanpassungen abgedeckt werden konnten, durch die Kombination von Rationalisierung und Mengenwachstum weitgehend ausgeglichen. Jetzt läuft das Mengenwachstum aus, und die Rationalisierungsreserven sind von der Produktionstechnik her weitgehend ausgeschöpft (147).

Die deutsche Automobilindustrie ist sehr exportintensiv. Außenwirtschaftlich strukturelle Einflüsse beeinträchtigten die deutsche Automobilproduktion in den vergangenen Jahren. Innerhalb Europas hat sie etwa zwischen 1965 und 1975 an Boden verloren. Ihr Anteil an der westeuropäischen Automobilproduktion verringerte sich in dieser Zeit bei Personenwagen von 35,6 auf 30,5 Prozent, bei Nutzkraftwagen von 22,4 auf 21,1 Prozent. Dieser Trend schwächt sich zwar ab, wenn man die nach Belgien ausgelagerte Produktion der Ford-Werke den deutschen Produktionsziffern zuschlägt und berücksichtigt, daß das Produktionsniveau der deutschen Automobilhersteller 1975 besonders niedrig lag. Er bleibt aber eine Tatsache. Die unterdurchschnittliche Ausweitung der Automobilproduktion in der Bundesrepublik beruht zu einem nicht unwesentlichen Teil auf der Schwächung der Marktstellung, die die deutschen Automobilhersteller nach dem zweiten Weltkrieg auf den westeuropäischen Automobilmärkten erreicht hatten. Bei den Lieferungen in die Absatzgebiete außerhalb Europas ist die Stellung der deutschen Automobilindustrie nach wie vor stark. 1974 und 1975 setzten die deutschen Pkw-Hersteller rund 24,6 Prozent ihrer Produktion außerhalb Europas ab. Bei den Nutzfahrzeugherstellern war die Abhängigkeit von der Nachfrage aus Übersee noch aus-

geprägter. Das Produktionsgeschehen der deutschen Automobilindustrie ist damit in weit stärkerem Maße vom Absatzge-
schehen in Übersee abhängig als das ihrer europäischen Konkurrenten. Hier liegen Chancen, aber auch Risiken (146). Das Auto-
geschäft wird immer zyklischer und damit verwundbarer, denn
die Marktsättigung nimmt in den Industriestaaten rapide zu,
und die Dritte Welt dürfte vorerst keinen Ausgleich bieten. Die
deutschen Hersteller besitzen nicht in jedem Fall die finanzielle
Stärke, um die zu erwartenden Absatzschwankungen auch im
Gewinn abzufangen (147).

Untersuchungsergebnisse für den Personenwagenbereich stützen
die Vermutung, daß die weltweit im Entwicklungsniveau in
Spitzenposition stehende Bundesrepublik *komparative Kosten-
vorteile* wahrnimmt, wenn sie sich auf die Entwicklung neuer
und die Produktion hochwertiger Modelle spezialisiert. Neben
relativen technologischen Vorsprüngen, die westdeutsche Unternehmen bei größeren Hubraumklassen anscheinend besitzen,
sprechen zwei weitere Gründe dafür, daß in diesem Produktionsbereich der Standort in der Bundesrepublik relativ unge-
fährdet erscheint: Zum einen schlagen in den höheren Preisklassen Unterschiede in den Lohnkosten wegen ihres geringeren
Gewichts an den Gesamtkosten nicht in gleichem Maße durch
wie bei den niedrigen Preisklassen. Zum anderen dürften die
Preiselastizitäten der Nachfrage in den oberen Preisklassen vergleichsweise gering sein. Umgekehrt sind die international weit
verbreitete Produktionstechnologie, das relativ hohe Gewicht
der Löhne an den Produktionskosten und die vergleichsweise
hohe *Preiselastizität der Nachfrage* die Schwachstellen der westdeutschen Produktion von Standardautomobilen. Angesichts der
Lohnniveauunterschiede zu ausländischen Konkurrenten scheint
es für westdeutsche Automobilbauer in der Klasse der Standardwagen besonders geboten, die Chancen einer verstärkten internationalen Arbeitsteilung wahrzunehmen. Konkret bedeutet
dies, in sich abgeschlossene arbeitsintensive Fertigungen zunehmend in Niedriglohnländer zu verlagern und im Bereich derjenigen Fertigungen, die den Einsatz qualifizierter Arbeitskräfte
erfordern, den Produktionsverbund mit dem europäischen Aus-

land aufzunehmen oder, sofern dies schon geschehen ist, zu verstärken. Die Zukunftschancen des Standortes Bundesrepublik bei Standardautomobilen liegen wohl wesentlich weniger bei Produktion und Montage herkömmlicher Konstruktionen als bei Produkt- und Prozeßinnovationen (149).

Diese Entwicklung ist bereits im Gange. Das Volkswagenwerk arbeitet schon in weltweitem Produktionsverbund. Motoren und Getriebe für den in der Bundesrepublik gebauten »Passat« stammen aus der Fertigung des Volkswagenwerkes in Brasilien. Im deutschen Straßenfahrzeugbau, der von der Automobil- bis zur Fahrradproduktion einschließlich Reparaturwerkstätten reicht, wurden 1974 außer in der Bundesrepublik in 72 Montagewerken und 76 Produktionswerken in 72 Ländern westdeutsche Fabrikate produziert. Das Volkswagenwerk nannte u. a. als Gründe für seine Entscheidung, in den USA zu produzieren, daß es in den USA vergleichsweise weniger Feier- und Urlaubstage gebe als bei uns und die Abwesenheitsquote niedriger sei, kurzum: höhere Produktivität.

Die wohl nachhaltigste Strukturveränderung, nachhaltig im Sinne einer unmittelbaren Verstärkung des Konjunkturrückganges, war zweifellos die fundamentale Umkehr der Wechselkursrelationen. Wie Daimler-Benz-Generaldirektor Prof. Dr. Zahn ausführte (150), bewirkte die damit verbundene Höherbewertung der D-Mark geradezu einen Struktureinbruch. An die Stelle eines den Export fördernden Währungsgefälles, z. B. zu den USA, trat eine für einen Teil der deutschen Automobilindustrie kaum mehr überwindbare Währungsbarriere. Inzwischen sind die erzwungenen Strukturanpassungen in der deutschen Automobilindustrie vollzogen: Die Beschäftigtenzahl wurde verringert, und das Volkswagenwerk montiert seinen erfolgreichsten Fahrzeugtyp künftig in den USA.

Mit einer Vielzahl von Analysen und auch Untersuchungen vor Ort kamen, wie es Volkswagenwerk-Generaldirektor Toni Schmücker (151) aussprach, VW-Vorstand und -Aufsichtsrat zu dem Schluß, daß es keine andere Möglichkeit für VW gibt, um in dem wichtigen amerikanischen Markt, der immerhin der größte Automobileinzelmarkt der Welt ist, zu bleiben. Kosten-

und Währungsveränderungen bargen die Gefahr in sich, daß VW ohne eigene Aktivität dort den Markt verlieren würde. Jetzt sieht VW bis 1983 in den USA eine arbeitstägliche Produktionszahl von 800 Wagen vor. Die einzelnen Fahrzeugkomponenten werden sowohl aus deutscher wie auch aus amerikanischer Produktion stammen. Die Karosserieteile z. B. sollen ebenso wie die Masse der Kaufteile vorwiegend auf dem amerikanischen Markt beschafft werden. Aus deutscher VW-Produktion werden Motoren, Getriebe, ausgewählte Fahrzeugteile und andere transportgünstige Teile zugeliefert. Zur langfristigen Sicherung der Volkswagen AG dienen auch zwei Verträge mit Chrysler und American Motors Corporation (AMC). Um ihre Kapazitäten auszulasten, wird VW an Chrysler jährlich bis zu 300 000 Rumpfmotoren sowie bis zu 120 000 Handschaltgetriebe liefern.

Zur Frage, ob Kostenunterschiede zur Auslagerung von Produktionsstätten zwingen können, gelten auch für die deutsche Automobilindustrie die mehrfach erwähnten Überlegungen. Sie reichen von der wirtschaftlichen und politischen Stabilität derartiger »Ausweichländer« über Transportkosten bis zur Facharbeiterfrage. Ostblock-Geschäfte können in einer Übergangsphase Möglichkeiten einer Zusammenarbeit eröffnen. Auf Dauer ist es jedoch eine Frage der Wirtschaftssysteme. Es ist nicht vorstellbar, daß Ostblockländer zu einer so intensiven internationalen Arbeitsteilung kommen, wie sie in der westlichen Automobilindustrie vorhanden ist. Aus der Sicht der Ostblockstaaten würde sich dann das Problem der Abhängigkeiten ihrer Gesamtwirtschaften stellen.

Die Situation in der Dritten Welt ist ähnlich. In einigen Ländern, wie beispielsweise im Iran, kann eine Automobilindustrie mit eigener Fertigung durchaus entstehen. Es gibt hier Kapital, und der eigene Markt hat ein erhebliches Wachstumspotential. Das fehlt ärmeren Ländern. Hier ist nur eine organische Entwicklung möglich, Schritt für Schritt und im Einklang mit dem Wachstum ihrer Gesamtwirtschaft. Hierin liegt eine der Kernaufgaben für die nächste Phase der Entwicklung der Automobilindustrie. Es wird darauf ankommen, ob es der Branche ge-

lingt, in dieser Richtung tragfähige Konzeptionen zu entwikkeln, die auf Kombinationen mit anderen – auch mit auswärti-
gen Partnern – hinauslaufen, auf Versuche etwa, Konsortien
aus unterschiedlichen Arbeitsgebieten zusammenzustellen, natürlich auch mit der Fähigkeit, möglicherweise die Finanzierung zu
vermitteln. In anderen europäischen Automobilindustrien ist
diese Aufgabe schon früher als bei uns erkannt worden; dies
sogar auf der für uns sehr gefährlichen Grundlage, daß dort
staatlich subventioniert wird (148).
Es fällt häufig das Wort Innovation. Auch von neuer Technologie ist die Rede. Nun, Möglichkeiten zur Weiterentwicklung
sind auch beim Automobil vorhanden. Im Förderbereich Trans-
port- und Verkehrssysteme schuf das Bundesministerium für
Forschung und Technologie den Schwerpunkt Kraftfahrzeuge
und Straßenverkehr. Gefördert werden Forschungs- und Entwicklungsarbeiten für Antriebssysteme, insbesondere bei herkömmlichen Bauarten im Hinblick auf optimierte Brennstoff-
aufbereitung, Zündung, reaktionskinetische Verbrennungsführung und Abgasentgiftung, sowie unkonventionelle Motoren-
konstruktionen und *Hybridsysteme.* Auch Kraftstoffe und andere Energiequellen, wie Methanol, Wasserstoff und elektrische
oder mechanische Energiespeicher sowie Fahrwerktechnik zählen
dazu.
Das Elektroauto, von Futurologen gern als Individualverkehrs-
mittel der Zukunft hingestellt, hat noch keine Batterien zur
Verfügung, die bei leichtem Gewicht eine dem Bleiakkumulator
um ein Vielfaches überlegene Energiedichte bieten und eine
große Zahl von Ladezyklen aushalten. In der Theorie gibt es
solche Stromspeicher. Nur in der Praxis lassen sie sich noch nicht
anwenden. Auch die oft genannte Brennzelle ist noch kein Aus-
weg. Die Mechanik bereitet beim Elektoauto keine Schwierigkeiten. Eingehend mit dem Problem des Elektroautos befaßten
sich vor allem die Firmen Bosch, Messerschmitt-Bölkow-Blohm,
Daimler-Benz und VW (152). Doch das Elektroauto wird sich
1985 immer noch in der Entwicklung befinden. Erst um die
Jahrhundertwende dürfte es als Kunststoffauto in die Groß-
serienproduktion gehen. Auch die Verwendung von Methanol

als Treibstoff bereitet Schwierigkeiten, weil man zum Beispiel für die gleiche Fahrstrecke 80 Prozent mehr Methanol als Benzin benötigt. Nicht nur die Kraftstofftanks, auch das ganze Vertriebssystem müßte verdoppelt werden. Wir werden also bis 1995 auf Benzin und leichtes Heizöl angewiesen bleiben. Die Erfüllung neuer gesetzlicher Bestimmungen, wie z. B. mit dem neuen Energiegesetz für den US-Markt, stellt alle Automobilhersteller vor schwere Aufgaben, insbesondere für die Zeit nach 1980. Die Industrie will für die weitere Zukunft ihre Auffassungen von vernüftigen gesetzlichen Vorschriften, z. B. auch hinsichtlich des Stickoxidgehaltes beim Dieselmotor, deutlich machen und sich um geeignete technische Lösungen bemühen (153).

Von den Versuchen, Alternativ-Triebwerke zu entwickeln, haben sich einstweilen nur zwei als praktisch brauchbar erwiesen: der Schichtlademotor und die Gasturbine. Bei der Schichtlade-Methode wird in eine magere Kraftstoff-Luft-Ladung ein »fetter Kern« in der Nähe der Zündkerze eingelagert. Er sorgt dafür, daß die umgebende Ladung ebenfalls verläßlich abbrennt. Das Prinzip ist alles andere als neu, ist aber wirtschaftlicher und umweltfreundlicher, weil es einen Betrieb mit hohem Luftüberschuß zuläßt. Vor allem das vom japanischen Honda-Konzern entwickelte CVCC-System, bei dem der einströmenden Ladung noch ein Drall mit auf die Reise gegeben wird, scheint Aussicht auf Anwendung zu haben. Nahezu alle Großen der Automobilindustrie arbeiten zur Zeit an Schichtladesystemen. Genaugenommen kann man es als eine Abwandlung des Diesel-Prinzips ansehen, nur daß der Schichtlademotor mit Fremdzündung arbeitet (152).

Genügsam ist die Gasturbine. Sie frißt von Cognac bis Heizöl praktisch alles und erreicht sehr lange Laufzeiten. Sie hat den Vorteil mechanischer Schlichtheit. Reibende und gleitende Teile fehlen, mit Ausnahme des Wellenlagers. Deshalb ist der Wartungsaufwand gering. Schwierig ist es offenbar, kleine und leichte Einheiten mit entsprechender Leistung zu bauen und dafür jene Wärmeaustauscher zu entwickeln, die die angestrebte Wirtschaftlichkeit gewährleisten. Die Gasturbine wird bestimmt auch im Straßenverkehr zum Einsatz kommen, voraussichtlich um 1985 und dann wohl zuerst bei großen Nutzfahrzeugen. Eine VW-Gasturbine von 75 PS, eingebaut in einen Kleinbus, fällt durch das geringe Geräusch des Antriebs bei hohem Fahrtempo angenehm auf. Die Kraftübertragung erfolgt über ein Reduktionsgetriebe und das serienmäßige VW-Automatikgetriebe (152).

Von den Außenseitern bleibt nur noch der Stirlingmotor übrig. Er arbeitet mit äußerer Verbrennung, und zwar schadstoffarm und leise. Seine Schwäche ist sein hohes Eigengewicht. Für schwere Nutzfahrzeuge bleibt er ein Zukunftsprojekt mit gewissen Aussichten – für Personenwagen kaum. Von dem eine Zeitlang spektakulären Dampfmotor hört man nichts mehr. Er hat das Rennen um die neue Technologie aufgegeben. Dagegen scheint die Zukunft des guten alten Dieselmotors in der Aufladung mittels Abgas-Turbine zu liegen, die ihn zu einem günstigen Leistungsgewicht und weiterhin verringertem Schadstoffgehalt im Abgas verhelfen kann (152).

Zweiradindustrie hält nichts mehr von Prognosen

Der Gesamtbestand an Fahrrädern in der Bundesrepublik Deutschland belief sich, vorsichtig geschätzt, 1976 auf rund 26,5 Millionen Stück. Knapp über 3 Millionen Stück, davon 80 Prozent Industriefahrräder und der Rest industriell gefertigte Rahmen für Konfektionsfahrräder, wurden 1975 produziert. Die Klappräder als jahrelanger Spitzenreiter wurden von den immer beliebter werdenden Sporträdern auf Platz 2 verdrängt, ein Trend, der auch in den folgenden Jahren anhalten dürfte. 1975 produzierte man 42 Prozent Sporträder, 35 Prozent Klappräder, 20 Prozent Jugendräder und 3 Prozent Tourenräder. Das bestehende Überangebot drückt auf die Preise. Nur eine marktgerechte Produktionsanpassung kann zu der dringend notwendigen Ertragsverbesserung führen. Ab 1976 gilt eine neu geschaffene Sicherheitsnorm.

Mitte 1975 belief sich der Gesamtbestand geschwindigkeitsbegrenzter Motorzweiräder bis 50 Kubikzentimeter in der Bundesrepublik auf 1,7 Millionen Stück. Ein Angebot von Elektro-Mofas auf breiter Basis ist erst zu erwarten, wenn das Problem der sehr beschränkten Batteriekapazität technisch und preislich befriedigend gelöst ist. Die Getriebeautomatik setzt sich immer mehr durch.

Ebenfalls Mitte 1975 erfaßte das Kraftfahr-Bundesamt einen Bestand von rund 0,5 Millionen zulassungspflichtigen Krafträdern und 0,2 Millionen Kleinkrafträdern, davon mehr als die Hälfte aus den Baujahren seit 1970. Bei Kleinkrafträdern ersetzt ein jährlicher Zugang von etwas mehr als 30 000 neuen Fahrzeugen nur knapp die Zahl der verschrotteten Maschinen. Bei einer Lebensdauer dieser Fahrzeuge von rund 6 Jahren verjüngt sich der Bestand zwar laufend, er nimmt aber nicht mehr zu. In der Technik konzentrieren sich die mittelfristigen Entwicklungen auf Anpassung an sich abzeichnende kommende Bauvorschriften and andere von außen einwirkende Einflüsse (154).

Dem deutschen Zweiradmarkt war schon einmal der Tod prognostiziert worden. Bevor diese Tatsache eintraf, kam der große Zweirad-Boom. Dazwischen vollzog sich ein Konzentrationsprozeß, der in den fünfziger und sechziger Jahren die Branchenentwicklung prägte. Von rund 100 Zweiradherstellern in der Bundesrepublik im Jahr 1950 waren bis 1973 rund 30 größere Betriebe übriggeblieben, davon 20 Fahrradhersteller und 10 Produzenten von motorisierten Zweirädern. Ein ähnlicher Schrumpfungsprozeß vollzog sich auch in der Zweirad-Teile-Industrie. Hier ging die Zahl der Betriebe im gleichen Zeitraum von 250 auf 80 zurück (155).

Auch in Zukunft wird die Nachfrage nach Zweirädern nicht nachlassen und dies nicht zuletzt aus Freizeit- und Gesundheitsinteressen. Die Gemeinden wirken dabei unterstützend, indem der Radwegebau heute nicht mehr eine verkehrspolitische Zweifelsfrage, sondern in erster Linie ein Finanzierungsproblem ist. Dieser Gesinnungswandel fand auch sichtbaren Ausdruck im Bundeswaldgesetz vom 2. 5. 1975, das jedermann grundsätzlich das Betreten des Waldes zum Zwecke der Erholung gestattet, auch das Radfahren auf Straßen und Wegen. Im übrigen wird die Entwicklung in der Zweiradindustrie bei gleichzeitigem Rückgang der stückzahlmäßigen Zuwachsraten positiv verlaufen. Von Prognosen hält man in der Zweiradindustrie nichts. Aber wen wundert das.

Stahlproduktion steigt langsamer

In der deutschen Stahlindustrie ist man mit Prognosen zurückhaltender als in anderen Wirtschaftszweigen. Vielleicht ist dies auf die Schlüsselstellung zurückzuführen, die der Stahl einnimmt. Schließlich hat die industrielle Entwicklung der meisten hochtechnisierten Länder im Montanbereich begonnen. Nach Meinung von Dr. Dieter Spethmann, Vorsitzender des Vorstands der August-Thyssen-Hütte AG, gibt es für unternehmerisches Handeln in der Stahlindustrie eine Reihe wichtiger Richtpunkte, auf die Verlaß ist:
– Ohne Stahl gibt es keine Industrialisierungsprozesse.
– Große Industrieländer brauchen eine eigene Stahlindustrie, wenn sie auf Dauer im technologischen Wettlauf bestehen wollen.
– In unserer Industrie bestimmen Evolution und nicht Revolution Ausmaß und Tempo des technischen Fortschritts.

Genug Chancen bestehen also für ein weiteres Wachstum auch der europäischen Stahlindustrie. Bei allem Vorbehalt gegen ein zahlenmäßiges Erfassen der Zukunftsentwicklungen sind zwei Aussagen unbestritten:
– Gesamtwirtschaft und Stahlverbrauch werden auch in den heutigen Industrieländern weiter zunehmen.
– Überdurchschnittliche Zuwachsraten werden – absolut gesehen – in den sogenannten »Süd-Ländern« möglich sein, die heute erst ein Fünftel des in der Welt erzeugten Stahls verbrauchen.

Es kommt letztlich nicht darauf an, wieviel Tonnen Stahl in fünf, in zehn oder in zwanzig Jahren in alten oder neuen Ländern produziert werden. Es kommt wohl aber darauf an, gesunde industrielle Kerngebiete in ihrem qualitativen Gewicht zu erhalten. Denn nur von ihnen können auf Dauer die technischen, organisatorischen und wirtschaftlichen Impulse ausgehen, die bei der Lösung mancher Probleme helfen können, die heute in der Welt bestehen (156).

Die deutsche Stahlindustrie ist seit 1952 in der EGKS (Europäische Gemeinschaft für Kohle und Stahl), der sogenannten Montan-Union, gemeinsam mit den Stahlindustrien der anderen EG-Partner vereint. Deren Ziele sind: Förderung des Wirtschaftswachstums, der Beschäftigung und des Lebensstandards durch Schaffung eines gemeinsamen Marktes für Kohle und Stahl, im Einklang mit der Gesamtwirtschaft in den Mitgliedstaaten; Förderung der Produktivität und der rationellen Verteilung der ihr unterworfenen Produkte, insbesondere durch Aufhebung der Zölle und Kontingente, Verbot staatlicher Subventionen und Sondertarife sowie diskriminierender Unternehmenspraktiken. Die Hohe Behörde, das Exekutivorgan der EGKS, hat ein Eingriffsrecht bei Krisen-, Mangel- und Überflußlagen (65). Inzwischen wurde die Koordinierung der Energiewirtschaftspolitik zu einer der wichtigsten Aufgaben der EGKS. Ihre Tätigkeit ist nicht leicht. Bevor man sich einigte, kam es vielfach zu harten Auseinandersetzungen der Mitglieder untereinander; fast so wie in einer Familie. Dr. Spethmann als Sprecher der deutschen Stahlindustrie drückte es 1976 folgendermaßen aus: Der Silberkranz des 25. Jubiläums der Montan-Union und Sorgenbündel der europäischen Entwicklung hängen heute leider eng beieinander. Die Idee der Supranationalität hat in 25 Jahren an Kraft verloren. In der Politik ist der Vorrat an Gemeinsamkeiten geringer geworden. Aber trotz mancher Enttäuschung über politische Versäumnisse der Vergangenheit und trotz der Sorgen über die Zukunft überwiegen deutlich die Aktiva:

- wir haben seit mehr als einem Vierteljahrhundert Frieden und offene Grenzen;
- die Erinnerung an das Ende der Produktionsauflagen für die deutsche Stahlindustrie ist nicht abgeschrieben;

– mit unseren Kollegen in den anderen Ländern schätzen wir den Rechtsrahmen des Vertrages; er entspricht den Maßstäben weltweiten Wettbewerbs besser als manche nationalen Vorschriften;

– auch die industriepolitische Ausrichtung des Vertrages hat geholfen, die jüngste Stahlkrise zu bestehen (156).

Die Folge dieser Stahlkrise war ein Rückgang der Stahlproduktion 1974–1975 in der EG von 155,6 auf 125,3 Millionen Tonnen, dabei in der Sechsergemeinschaft von 132,6 auf 104,8 und in der Bundesrepublik Deutschland allein von 53,2 auf 40,4 Millionen Tonnen. Das bedeutet, 13 Millionen Tonnen Stahl weniger in der Bundesrepublik Deutschland von einem Jahr aufs andere. Das entsprach der Jahresproduktion von 1951. Daraus resultierte außerdem ein Erlösverfall bei einzelnen Produkten von bis zu 50 Prozent und im schlechtesten Monat Dezember 1975 für nahezu die Hälfte der Mitarbeiter Kurzarbeit. Dieser Produktionsrückgang war nur dem Einbruch des Jahres 1930 vergleichbar. In den Wirkungen auf die Beschäftigung zeigte sich aber der große Unterschied zu damals: Unsere heutigen sozialen Mechanismen haben sich bewährt. Die praxisnahe Handhabung des Gesetzes durch die Arbeitsämter half Arbeitsplätze sichern. Praktizierte Partnerschaft in den Betrieben meisterte soziale Spannungen.

Wir müssen mit dem Zyklus des Stahlmarktes leben. 1975/76 vollzog sich gerade der sechste Zyklus der Nachkriegszeit. Von Mal zu Mal wurden die Ausschläge stärker. Auch andere Industriebereiche kennen ähnliche Entwicklungen. Doch nirgendwo sind sie so ausgeprägt wie im Stahlsektor. Auch die staatliche Konjunkturpolitik konnte diese starken Ausschläge nicht verhindern. Patentrezepte dagegen gab es noch nie und kann es auch nicht geben. Die Verstetigung des gesamtwirtschaftlichen Wachstums bleibt ein noch nicht erfüllter Wunsch. Der marktwirtschaftliche Prozeß ist ein dauerndes Suchen nach neuen Gleichgewichten. Bei allen Nachteilen, die dem konjunkturellen Auf und Ab innewohnen – dies ist zugleich dynamisches Element der Marktwirtschaft. Wir müssen erkennen, daß solche

Prozesse uns immer wieder zwingen, die Anpassungsfähigkeit der Unternehmen zu verbessern. »Entschlackungen« und Bereinigungen werden beschleunigt; das Kostenbewußtsein bleibt geschärft; die Erwartungshorizonte werden auf ein vernünftiges Maß reduziert. Der Zyklus bewirkt auch diese Komponenten. Man sollte sie nicht unterschätzen (156).

Die Prognosen über die Entwicklung der Stahlindustrie gerieten ins Wanken. Neue Prognosen wurden aufgestellt, wie beispielsweise auch von der Kommission der Europäischen Gemeinschaften in Brüssel. Man ging dabei von dem noch »normalen« Stahljahr 1972 aus, und zwar nach der sektoralen Methode. Danach dürfte der Rohstahl-Verbrauch in den 9 EG-Mitgliedsländern 156,5 Millionen Tonnen im Jahr 1980 erreichen. Das bedeutet eine Erhöhung gegenüber dem Bezugsjahr 1972 um etwa 34 Millionen Tonnen. Dieses Resultat entspricht einer durchschnittlichen jährlichen Wachstumsrate von etwa 3,2 Prozent für den Zeitraum 1972–1980. Das ist weniger als die 4,5 Prozent jährlich zwischen 1965–1970 erzielte Jahresdurchschnittsrate, jedoch deutlich mehr als die 1,9 Prozent in den Jahresdurchschnitten 1970–1974. Es muß jedoch berücksichtigt werden, daß die Wachstumsrate von 3,2 Prozent in gewissem Maß durch die zunehmende Anwendung des Stranggußverfahrens beeinflußt ist. Durch dieses Verfahren wird die Menge des zur Herstellung einer gegebenen Menge von Fertigerzeugnissen erforderlichen Rohstahls reduziert. Stellen wir einen Vergleich auf Verbrauchsbasis von Fertigerzeugnissen an, so beläuft sich die durchschnittliche jährliche Wachstumsrate 1972–1980 auf 3,7 Prozent.

Voraussichtlicher Stahlverbrauch 1980 (Obergrenze) (157)

	Fertigerzeugnisse in Mill. t		Rohstahl*) in Mill. t		jährliches prozentuales Wachstum		
					Fertigerzeugnisse	Rohstahl	Bruttosozialprodukt
	1972	1980	1972	1980			
BR Deutschland	33,6	43,0	42,6	52,5	3,1	2,6	3,9
Europäische Gemeinschaft	96,0	128,3	122,0	156,5	3,7	3,2	4,1
Frankreich	18,9	25,9	24,3	31,6	4,0	3,3	5,2

*) Rohstahl unter Berücksichtigung des Stranggußverfahrens.

In der Bundesrepublik Deutschland belief sich der Verbrauch an Walzstahlerzeugnissen 1965–1970 auf jährlich 4,4 Prozent und 1970–1974 auf nur 1,8 Prozent pro Jahr. Für 1972–1980 ergibt sich ein Wachstum um durchschnittlich 3,1 Prozent. Neben den inflationistischen Folgeerscheinungen dürften der private Wohnungsbau und der Fahrzeugbau das Wachstum des Stahlverbrauchs bis 1980 belasten. Ihr retardierender Einfluß wird nur teilweise durch die günstigeren Aussichten für die Röhrenwerke und den Behälterbau ausgeglichen (157).

Die zukünftige Entwicklung des Stahlaußenhandels der Gemeinschaft hängt außer von der Wettbewerbsfähigkeit ihrer Stahlindustrie von der mehr oder weniger raschen Zunahme des Welthandelsvolumens sowie von den für den Warenaustausch relevanten wirtschaftspolitischen Maßnahmen ab. Hier ist eine durchgehende Modernisierung auf allen Produktionsstufen eingetreten. Die Löhne stiegen seit Ende der 60er Jahre im Durchschnitt stärker als die Produktivität. Die Technik des Eisenhüttenwesens ist angesichts der enormen Geschwindigkeiten, mit denen gewaltige Materialmengen zu Erzeugnissen höchster Qualität verarbeitet werden, so kompliziert, daß auf fast allen Stufen des Produktionsprozesses der Einsatz qualifiziertester Arbeitskräfte aller Kategorien erforderlich ist. Für Entwicklungsländer ist das ein Problem. Hinzu kommt, daß bei Reparaturen oder Ersatz von Anlagen keine eigenen Zulieferbetriebe in der Nähe sind. Langer Stillstand der Anlagen führt aber zu einem niedrigen Ausnutzungsgrad. Für die Stahlindustrie der EG bedeutet das bei internationaler Betrachtung ein Standortvorteil.

In der Rohstoffversorgung steht die EG-Stahlindustrie in der Mitte zwischen der völlig rohstoffabhängigen japanischen und der in Rohstoffen fast autarken amerikanischen und sowjetischen Stahlindustrie. Ein immer wichtigeres Element der Wettbewerbsfähigkeit sind die Kosten für den Umweltschutz. Das kann zu besonders ernsten Folgen führen, wenn dadurch der technische Fortschritt behindert oder Werksneugründungen unmöglich gemacht werden. Es kann dazu beitragen, daß die Stahlindustrie in Zukunft ihre Aufmerksamkeit stärker dem Bezug veredelter Rohstoffe zuwendet und in einer späteren Phase

178

möglicherweise Teile der Produktion in überseeische Länder verlagert (157).

Der Weltstahlmarkt bei normaler Entwicklung (in Mill. t Rohstahlgewicht) (157)

	1972	1980	1985
Weltstahlverbrauch	625	892	1040
Weltstahlhandel	65	92	120
Export der Gemeinschaft	25	33 (35,5)	37 (39)
Import der Gemeinschaft	10	10 (11,0)	14 (15)

(in Klammern gesetzte Werte tragen dem Einfluß des Stranggießens auf den Rohstahlbedarf *nicht* Rechnung)

Was die Unterteilung des Stahlaußenhandels nach Erzeugnisgruppen betrifft, so wird sich die tendenzielle Zunahme des Anteils der Flacherzeugnisse am Gesamtexport fortsetzen, wahrscheinlich jedoch in abgeschwächter Form. Bei dieser Schätzung ist u. a. berücksichtigt, daß in der Gemeinschaft bis 1980 die Produktionsmöglichkeiten für Flachstahl prozentual langsamer steigen als für Nichtflacherzeugnisse (157).
Innerhalb der Gemeinschaft wird das Angebot an Stahl gewöhnlich in »Produktionsmöglichkeiten« gemessen. Sie entsprechen der höchstmöglichen Erzeugung, die tatsächlich von den Anlagen als Ganzes erreicht werden kann, und zwar unter Berücksichtigung der Engpässe, die bei einer Anlage auftreten und die andere Anlagen nachteilig beeinflussen können. Die Produktionsmöglichkeiten 1980 wurden in erster Linie auf der Grundlage einer besonderen Erhebung bei den Stahlwerken in den Jahren 1974/75 zusammengestellt.

Produktionsmöglichkeiten 1973–1980 bei Roheisen in Mill. t (157)

	1973	1978*)	1980**)	jährliche Zuwachsrate 1973–1980
BR Deutschland	44,3	51,5	52,9	2,6 %
Gemeinschaft	124,8	149,9	157,7	3,4 %

*) Gemäß laufenden oder beschlossenen Vorhaben lt. EGKS-Investitionsbericht 1975
**) Gemäß laufenden, beschlossenen und geplanten Vorhaben

Produktionsmöglichkeiten 1973–1980 bei Rohstahl in Mill. t
(157)

	1973	1980				
	insges.	Thomas-Stahl	SM-Stahl	Elektro-Stahl	OBM/LWS	LD und andere
BR Deutschland	58,8	69,9	—	9,0	8,5	4,1	48,3
Gemeinschaft	174,5	228,0	1,0	14,5	46,9	21,8	143,8

*Zunahmen der Produktionsmöglichkeiten für schwere und
leichte Profile 1973–1980 in Mill. t* (157)

	schwere Profile	leichte Profile
BR Deutschland	1,3	0,4
Gemeinschaft	5,8	7,1

Die Entwicklung der deutschen Stahlindustrie ist eng verknüpft
mit der Stahlindustrie auf dem Weltmarkt. Sie wird zusammen
mit der Stahlindustrie der Gemeinschaft auf dem Weltmarkt
konkurrenzfähig sein. Auch der deutsche Inlandsmarkt ist wieder aufnahmefähig. Die Entwicklung der deutschen Stahlindustrie dürfte entsprechend dem allgemeinen Trend auch auf längere Sicht in einer etwas verlangsamten Aufwärtsbewegung
stehen.

Wettbewerbsvorsprung im Bau schlüsselfertiger Großanlagen

Vor dem Zweiten Weltkrieg waren es vor allem die Verkehrsmittel, die Deutschlands Technik auf dem Weltmarkt demon-
strierten: Zeppelin, Do-X und die Schwesterschiffe »Bremen«
und »Europa«, Trägerinnen des »Blauen Bandes«. Heute sind es
vor allem schlüsselfertige Großanlagen und technische Systeme,
die das »Made in Germany« repräsentieren. Hier liegt eine
Chance für unsere wirtschaftliche Zukunft.
Anlagen wurden schon immer gebaut, sowohl Großanlagen als
auch Großmaschinen. Aber es handelte sich dabei in der Haupt-
sache um Einzelaufträge. Ein Beispiel dafür gibt Krupp. Früher

stand im Verarbeitungsbereich des Krupp-Konzerns die Zulie-
ferung von Maschinen an die deutsche Industrie im Vordergrund
des Geschäftes. Heute ist es das wesentlich schwierigere Geschäft
des Generalunternehmers, der schlüsselfertige integrierte Anlagen liefert. Wie es der Vorstandsvorsitzende der Krupp-Kon-
zernspitze, Dipl.-Ing. Heinz Petry, aussprach, ist der Grund zu
solchen Projekt-Ausschreibungen in dem immer größer werdenden Mangel an Managementpotential zu suchen. Das gilt besonders in den Entwicklungsländern, den Ländern der OPEC
und des Ostblocks.

Wie bei den Anlagenbauern sind auch Erfolge des Maschinenbaus in Zukunft nur durch folgerichtige Ausnutzung aller Exportmärkte dauerhaft zu erreichen. Der Exporteur muß auf die
Nachfrage eingehen, nicht umgekehrt. Die Nachfrage hat sich
gewandelt. Die Abnehmer scheuen zunehmend die quantitativen
und qualitativen Risiken, die im Betreiben großer Anlagen liegen. Anlagen- und Maschinenbauer wie Krupp müssen nicht
nur in den Entwicklungsländern, sondern auch in großen Industrieländern die Erprobung dieser Anlagen bis zur erfolgreichen
und sicheren Produktionsreife übernehmen, um den Anforderungen des Marktes zu entsprechen. Diese Umorientierung des
Einzelmaschinenbauers zum Anlagenexporteur verlangt, daß er
dieses Geschäft in allen Details beherrscht. Die Bundesrepublik
Deutschland hat darin einen Wettbewerbsvorsprung. Ihn gilt es
weltweit zu sichern. Reiner *Blaupausen*-Export liegt nicht in
unserem Interesse, vor allem nicht im Hinblick auf die Sicherung unserer Arbeitsplätze. Wer auch immer die Federführung
bei Anlagen hat – alle unsere Kräfte müssen unter Einbeziehung
der Bereiche mit der jeweils größten Erfahrung zusammenarbeiten, sowohl die Anlagen- und die Maschinenbauer als auch die
Bereiche Handel und Dienstleistungen. Dies gilt für die Abwicklung von Anlagenprojekten sowohl innerhalb eines Konzerns als
auch innerhalb eines Firmenkonsortiums unter der Federführung
des Konsortialführers. Das bezieht sich nicht nur auf die technische Auslegung, sondern ebenfalls auf Akquisition, die ver-
tragliche und finanzielle Durchgestaltung bis hin zur Auftrags-
abwicklung. Organisationsprinzip eines breitgelagerten Groß-

unternehmens, wie es der Krupp-Konzern ist, kann daher keine schematische Kästchenhierarchie mehr sein. Sonst wäre es ein »industrieller Gemischtwarenladen« alten Stils (158).

Zum Bereich Industrieanlagen zählen Förder- und Transportanlagen zur Gewinnung, Förderung und Aufbereitung von Erzen, Bauxit, Phosphat, Ölsand, Kohle und anderer Rohstoffe. Dazu gehören Schaufelradbagger von 220 m Länge, 85 m Höhe, einem Gewicht von 13 000 Tonnen und einem Schaufelrad von 21,6 m Durchmesser, von deren 18 Schaufeln jede einen Pkw aufnehmen könnte. Die tägliche Fördermenge, entsprechend 280 000 Kubikmeter loser Erde, könnte einen Eisenbahnzug von 210 Kilometern Länge füllen. Zum Abtransport kontinuierlich gewonnener Massengüter dienen Förderanlagen bis zu einer Transportmenge von stündlich 17 000 Tonnen. Eine von Krupp errichtete Anlage in der Sahara transportiert Rohphosphat über eine Entfernung von 100 Kilometern bis zum Verladehafen. Es sind 11 hintereinander angeordnete Gurtförderer von jeweils bis zu 12 km Länge. Die ein Meter breiten Gurte laufen auf mehr als 100 000 Tragrollen und befördern stündlich 2 000 Tonnen Phosphaterz. Diese seit Ende 1972 arbeitende Bandanlage ist die größte ihrer Art in der Welt.

Gesamtanlagen zur Herstellung von Eisen und Stahl nach verschiedenen Verfahren gibt es in verschiedensten Ausführungen, wie z. B. Pelletieranlagen, Hochöfen, das Eisenschwamm-Verfahren der Direktreduktion, Elektroreduktionsöfen, Sauerstoffblas- und Elektrostahl-Verfahren und u. a. Elektrolichtbogenöfen. Hier wird neben der Beratung und Planung das Anbieten von Technologien und verfahrenstechnischem Know-how immer wichtiger. Besonders gilt dies für die stahlerzeugende und stahlverarbeitende Industrie, wenn es darum geht, produzierende Werke technisch zu unterstützen und zu beraten oder beim Errichten neuer Werksanlagen eine kontinuierliche folgerichtige Projektabwicklung und einen störungsfreien Produktionsbeginn sicherzustellen (159). Das jüngste Aufsehen erregende Großprojekt auf diesem Gebiet wird im Raum Kursk realisiert. Dort entsteht 20 km südwestlich von Stary-Oskol das größte metallurgische Kombinat der UdSSR. Im März 1974 vereinbarten die

Sowjetunion und die Bundesrepublik Deutschland in einer Generalvereinbarung die Beteiligung westdeutscher Firmen am Bau dieses Komplexes von Großanlagen. Der deutsche Anteil daran beträgt über 4–5 Milliarden DM. Erz ist dort genügend vorhanden. Die Magnetanomalie ist 40–250 Kilometer breit und 850 Kilometer lang. Das entspricht der Ausdehnung der Tschechoslowakei. Hier liegen 60 bis 70 Milliarden Tonnen hochwertige Eisenerze, davon rund 26 Milliarden Tonnen mit 58 bis 62 Prozent Eisengehalt. Hier liegen auch Billionen Tonnen Quarzite mit 30 bis 40 Prozent Eisengehalt, die in Aufbereitungskombinaten angereichert werden. Das Vorkommen ist, gemessen an seinen Eisenvorräten, das größte der Welt. Abgebaut wird die sogenannte Lebedinsker Erz-Anomalie. Dort wird hochwertiges Erz im Tagebau gewonnen. In Direktreduktion werden jährlich 5–7 Millionen Tonnen Eisenschwammpellets hergestellt. Über etwa 30 km Entfernung pumpt man sie durch eine Rohrleitung in das Hüttenwerk. Dort erschmelzen Elektroöfen eines der größten Edelstahlwerke der Welt 2,7 Millionen Tonnen Stahl, die zu Walzgut weiterverarbeitet werden und die Versorgungslücke bei Profilstahl schließen. Hochöfen, bisher Kernstück der Eisengewinnung, braucht man dabei nicht. Das Werk wird so automatisiert, wie bisher auch nur annähernd noch kein Hüttenwerk der Welt. Auch die direkte Rohstoffversorgung eines Hüttenwerks ist bisher einmalig auf der Welt. Für die ingenieurmäßige Durcharbeitung des hochmodernen Gesamtkomplexes schlossen sich die Firmen Salzgitter, Krupp, Korf, Demag und Siemens zu einer Arbeitsgemeinschaft zusammen. Da die genannten Firmen ihrerseits Konsortialführer sind, werden noch viele andere Firmen aus der Bundesrepublik an diesem Projekt beteiligt, dem größten Hüttenprojekt, das jemals von der deutschen Industrie in Angriff genommen wurde. Die Aufgaben im Bereich der Elektoindustrie übernimmt das Konsortium der Firmen Siemens, AEG und BBC. Die ersten Anlagen bei Oskol sollen schon 1978 die Produktion aufnehmen. Von dem angereicherten Erz in Form von Pellets will die Sowjetunion pro Jahr zwei Millionen Tonnen exportieren. Auch die Bundesrepublik Deutschland ist ein potentieller Markt (63).

Großanlagen verlangen auch die Weiterverarbeitung von Stahl und NE-Metallen. Dazu zählen u. a. Stranggießanlagen, komplette Gießereien, umfangreiche Walzwerkanlagen, Sonderwalzwerke und Abrollwalzwerke. Die Zementindustrie benötigt Drehofen- und Mahlanlagen, denn nur große Produktionseinheiten machen die Zementherstellung wirtschaftlich. Anlagen für die Kunststoff- und Gummiindustrie dienen zur Herstellung von Folien und Folienverpackungen, PVC- und PE-Rohren, PVC- und textilen Fußbodenbelägen, Spritzgußartikeln und kalandrierten PVC-Folien. *Extruder* spielen dabei eine große Rolle. Das Firmenkonsortium Dekorfa unter Federführung der Krupp Maschinenfabriken, Harburger Maschinenbau, plant und erstellt schlüsselfertige Reifenfabriken, wie z. B. in Irland und Libyen. Auch aus der UdSSR erhielt dieses Konsortium 1974/75 einen Großauftrag zur Lieferung eines Mischsaals für eine Reifenfabrik in der Nähe von Minsk. Die Anlage ist die erste Stufe eines Großprojektes und besteht aus sieben modernsten Mischlinien einschließlich computergesteuerter Hochregallager, vollautomatischer Beschickungseinrichtungen und den entsprechenden Computeranlagen.

Im Bereich der Nahrungsmittelindustrie besteht ebenfalls Bedarf an Großanlagen. Dazu zählen z. B. schlüsselfertige Fabriken für die Speiseölgewinnung und -veredelung. Nachdem Untersuchungen der Welternährungsorganisation ergaben, daß bis 1980 etwa 20 Millionen Tonnen Zucker zusätzlich notwendig werden, um die Weltbevölkerung zu ernähren, wird mittelfristig der Bau von mindestens 100 neuen Fabriken zur Gewinnung von Zucker aus Zuckerrüben oder Zuckerrohr notwendig. Interessant ist dabei zu wissen, daß die zum Krupp-Konzern gehörende Buckau R. Wolf AG seit ihrer Gründung bereits mehr als 100 komplette Zuckerfabriken in alle Welt geliefert hat. Anlagen benötigt auch die Konservenindustrie. Ende 1974 wurden von Krupp Industrie- und Stahlbau weiterhin sieben komplette automatische Dosenlinien zur Produktion von runden und ovalen Fischdosen in die UdSSR geliefert. Jede Dosenlinie fertigt etwa 100 Dosen in der Minute. Ebenfalls 1974 bestellte die UdSSR vier halb- und vier vollautomatische Dosenlinien zur Produktion von Konservendosen für Schinken.

Die Chemie arbeitet kapitalintensiv. Auch den Anlagen für den Umweltschutz kommt zunehmend Bedeutung zu, wie etwa Anlagen zur Aufbereitung von Trink- und Brauchwasser. Elektrofilter spielen hier und in der Zementindustrie, der Metallurgie und anderen Bereichen eine wichtige Rolle. Dann gibt es noch das Problem von Industrie- und Problemmüll, dem man mit Verbrennungsanlagen begegnet (159). Auch im Anlagenbau ist der Kunde König. Er verlangt mehr als jemals zuvor Dienstleistungen. Unsere Industrie richtet sich danach. So entstand 1974 Krupp Stahltechnik GmbH. Unabhängig von Unternehmen, die Anlagen, Einrichtungen und Ausrüstungen produzieren, stellt sie der stahlerzeugenden und -verarbeitenden Industrie ein komplettes Dienstleistungsangebot zur Verfügung. Im einzelnen umfaßt es

– Beratung, Planung und Projektabwicklung beim Bau neuer oder bei der Weiterentwicklung vorhandener Anlagen,
– Montage- und Inbetriebnahmeüberwachung,
– Ausbildung von Führungspersonal des Kunden in Produktionsstätten von Krupp,
– Bereitstellen von qualifiziertem Fachpersonal,
– Beratung und Unterstützung während der Produktion (159).

In ähnlicher Weise arbeiten auch andere bedeutende Unternehmen. Hierzu zählt die Gruppe der Lurgi-Firmen im Rahmen der Metallgesellschaft AG in Frankfurt/M. Die Friedrich Uhde GmbH in Dortmund, Konzerntochter der Hoechst AG, plant und baut Anlagen für die chemischen und verwandten Industrien. Es gibt noch eine ganze Reihe solcher Dienstleistungsgesellschaften. Ihre Zukunftsaussichten werden positiv beurteilt.

Maschinenbau verstärkt Technologie-Transfer

Größter Industriezweig in der Bundesrepublik Deutschland ist der Maschinenbau. Seine fachlichen Unterschiede sind groß. Trotzdem ergeben sich immer wieder sehr wesentliche gemeinsame Bezugspunkte, und zwar durch die Rolle als Hersteller von Investitionsgütern und damit als Ausrüster aller anderen Industrie- und Gewerbezweige. Neben dieser funktionellen Verwandtschaft tragen drei Eigentümlichkeiten der Branche nachhaltig dazu bei, sich über alle fachliche Differenzierung hinweg als Interessengemeinschaft zu empfinden: Das Maschinengeschäft ist in besonderem Maße konjunkturanfällig, exportabhängig und lohnkostenempfindlich. Von daher wurden schon immer die Wachstumschancen und -grenzen des Maschinenbaus maßgebend bestimmt (160). Das wird auch in Zukunft so sein. Der Maschinenbau benötigt überdurchschnittlich viele hochqualifizierte Arbeitskräfte. Das ist einerseits ein Vorteil hinsichtlich Qualität und Anpassung an den technischen Fortschritt, andererseits eine Gefahr durch die höhere Lohnbelastung und deren Durchschlag auf die Fertigproduke, die mit Produkten aus Niedriglohnländern oder billiger produzierenden Industriestaaten konkurrieren müssen. Im Maschinenbau herrscht in weitem Maße noch Eigeninitiative, was gleichzusetzen ist mit Flexibilität. Aus demselben Grund wird Gemeinschaftsforschung nicht in dem Umfang betrieben wie im verarbeitenden Gewerbe. Die eigenen Forschungs- und Entwicklungsbestrebungen der Maschinenbau-Unternehmen sind jedoch im Steigen. Man schenkt der Innovation zunehmend mehr Interesse, nachdem die Branche erkannte, daß sie damit ihre Konkurrenzfähigkeit erhöht und auf diese Weise zur Sicherung ihrer Zukunft beiträgt. Das schließt Rationalisierung nicht aus. Die Rationalisierungsmöglichkeiten sind im Maschinenbau noch sehr hoch.

Die Probleme einer Verlagerung lohnintensiver Produktionszweige in Niedriglohnländer sind beim Maschinenbau nicht geringer als die bereits im Bereich der Schuhindustrie dargestellten. Sie sind insgesamt sogar schwerer, weil mehr Fachkräfte benötigt werden und die Zuführung von Rohmaterial schon wegen dessen Gewicht und dessen Rostanfälligkeit größere Transportprobleme mit sich bringt. Andererseits hat gerade der deutsche Maschinenbau noch einige Trümpfe in der Hand, die im künftigen Wettbewerb gerade mit neu auf dem Weltmarkt erscheinenden Produzenten Vorteile bringen. Es ist das Gebiet der Dienstleistungen, die sich von der Investitionsberatung über die Inbetriebnahme bis zu Wartung und Reparatur installierter Maschinenanlagen erstrecken, der »Pre-and-after-sales-service«.

Künftig wird vor allem der Maschinenbau noch mehr Gewicht auf Dienstleistungen legen. Man wird stärker Lizenzen vergeben, »know-how«-Verträge abschließen und seine Erfahrung nicht mehr im Schubkasten verbergen, sondern in klingende Münze umwandeln. Insgesamt wird dieses erweiterte Dienstleistungsangebot mit dem Ausdruck »Technologie-Transfer« umrissen. Es handelt sich dabei um ein zukunftsträchtiges Arbeitsgebiet, das sich zunehmend in Richtung Entwicklungsländer und Staatshandelsländer bewegt und in starkem Maße zu einer Intensivierung der Arbeitsteilung zwischen Industrie- und Entwicklungs- bzw. Staatshandelsländern im Maschinenbau beiträgt.

Auch die kommende Entwicklung des Maschinenbaus wird sehr branchenspezifisch sein, genauer gesagt, vom Investitionswillen in den einzelnen Wirtschaftsbereichen der Bundesrepublik abhängen. Der Maschinenbau folgt dem Entwicklungstrend dieser Branchen. Dabei tritt eine gewisse Verzögerung ein, die sich aus dem Zeitpunkt der Auftragserteilung und der Auslieferung bzw. Bezahlung der Maschinen ergibt. Damit ist der Maschinenbau ein Spiegelbild der Entwicklung der deutschen Gesamtwirtschaft.

Vielfältige EBM-Industrie besonders konjunkturempfindlich

Die Eisen-, Blech- und Metall verarbeitende Industrie, kurz: EBM-Industrie, wurde vom Konjunkturrückschlag 1973–1975 besonders stark getroffen. Fast jeder fünfte Beschäftigte verlor seinen Arbeitsplatz, geblieben sind noch 350 000, ohne zeitweise Kurzarbeit wären es noch weniger. 1975 erzielten die EBM-Industrie 26,2 Milliarden DM und die Stahlverformung 10,8 Milliarden DM Umsatz. Der allgemeine Exportrückgang hatte die EBM-Industrie, die mehr als ein Drittel ihrer Produktion im Ausland absetzt, besonders stark getroffen. Seit Anfang 1976 geht es wieder aufwärts.

Die EBM-Industrie ist stark aufgefächert. Im Bereich Werkzeuge findet man von Hammer, Feilen und Sägen beinahe alles an Handwerkszeugen bis zu Hartmetallplättchen. Schlösser und Beschläge bilden einen weiteren Bereich, ebenso Schneidwaren,

Bestecke und blanke Waffen, Handelswaffen und deren Munition. Heiz- und Kochgeräte bilden einen Bereich für sich. Dasselbe gilt für Auto-, Motorrad- und Fahrradzubehör. Blechwaren, Blechkonstruktionen und Feinblechpackungen zählen ebenfalls zur Gruppe EBM. Der Bereich Metallwaren und Metallkurzwaren erstreckt sich vom Füllfederhalter über leichte Preß-, Zieh- und Stanzteile bis zu Tuben und Kapseln. Das ist nur ein Teil aus der EBM-Industrie, die von Vorlieferungen an die verarbeitende Industrie, insbesondere die Investitionsgüterhersteller, bis zu Fertigprodukten für den privaten Verbrauch reicht. Auffällig ist die stark schwankende Nachfrage. Das wird damit erklärt, daß viele Großunternehmen in konjunkturellen Boomphasen Teile ihrer Produktion (Spitzenbedarf) in die Zulieferbetriebe verlagern, während sie in Zeiten schlechter Kapazitätsauslastung die benötigten Vorprodukte selbst herstellen. Dies betonte EBM-Präsident Konsul H. Pavel von der Rheinnadel GmbH Aachen bereits Mitte 1975.

Die Entwicklung der EBM-Industrie verlief bis Anfang der siebziger Jahre parallel zur Entwicklung der Gesamtindustrie. Auf lange Sicht gehört jedoch die EBM-Industrie zu den schrumpfenden Branchen. Der Schrumpfungsprozeß verläuft in den einzelnen Zweigen der EBM-Industrie allerdings unterschiedlich. Begründungen gibt es dafür eine ganze Reihe. Die EBM-Industrie hat nun einmal eine sehr hohe Konjunkturabhängigkeit, bei der in Aufschwungphasen aufgrund ihres hohen Investitionsgüteranteils eine überdurchschnittliche Expansion erfolgt. Wichtigste Abnehmer für EBM-Produkte sind die Bau- und Kraftfahrzeugindustrie. Auf deren Märkten machen sich für die Zukunft zunehmend Sättigungserscheinungen bemerkbar. Besser sieht es bei Stahlrohrmöbeln aus. Das Hauptgewicht lag hier 1975 bei Camping-, Büro- und Freizeitmöbeln, auf die 1,2 Milliarden DM Umsatz entfielen, annähernd so viel wie die 1,9 Milliarden DM Umsatz mit Kfz-Zubehörteilen.

Die NE-Metallblechwarenindustrie umfaßt sehr verschiedene Produktgruppen. Die wichtigsten davon sind Haushalts- und Küchengeräte, Verkehrszeichen, Schilder und Plakate, Rolläden und Gitter, Transportfässer und Geräte für Fleischereien und

Bäckereien. Hier steht man teilweise im Substitutionswettbewerb mit Sparten der Stahlblechwarenindustrie, mit 7,1 Milliarden DM Umsatz 1975 der umsatzstärkste Bereich der EBM-Industrie, der sich zuletzt überdurchschnittlich expansiv zeigte. Bei den Stahlwaren handelt es sich um Erzeugnisse investiven Charakters und um dauerhafte Gebrauchsgüter. Die wichtigsten Warengruppen – nach Produktionswerten geordnet – umfassen den Zentralheizungs- und anderen Baubedarf, Geräte und Bedarfsartikel für die Haus- und Landwirtschaft sowie Gewerbe und Verkehr, Rohre und Blechkonstruktionen sowie Lager- und Transportbehälter.

In einigen Abnehmerbereichen, so in der Landwirtschaft und im Verkehrswesen, zeigen sich auch Stagnations- und Schrumpfungstendenzen. Insgesamt zeichnet sich für die Stahlblechwarenindustrie im Vergleich zur gesamten EBM-Industrie auch weiterhin ein leicht überdurchschnittliches Wachstum ab. Die Schloß- und Beschlagindustrie hatte Anteil am Bau- und Kraftfahrzeug-Boom. 1975 nahm sie mit 2,9 Milliarden DM Umsatz den dritten Platz in der EBM-Industrie ein. 40 Prozent ihrer Erzeugnisse gehen an die Bauwirtschaft, 33 Prozent an den Fahrzeugbau. Möbelindustrie und Lederverarbeitung sind weitere bedeutende Abnehmer. Als typischer Zulieferant wird die Schloß- und Beschlagindustrie von der Konjunktur in ihren Absatzbereichen besonders stark abhängig sein.

Metallkurzwaren, also leichte Preß-, Zieh- und Stanzteile sowie die Bekleidungsbedarfsartikel Nadeln, Knöpfe oder Reißverschlüsse erzielten 1975 fast 1,9 Milliarden DM Umsatz. Die Metallwarenindustrie brachte es als zweitgrößter EBM-Fachzweig auf fast 3,6 Milliarden DM 1975. Hohe Zuwachsraten hatten in ihrem Bereich in den letzten Jahren die Metallwaren für technische und gewerbliche Zwecke, die Metallfolien sowie dünne Bänder. Während den Herstellern von Laborgeräten, Elektroden und Düsen der steigende Forschungsaufwand von Industrie und Instituten zugute kam, erhöhte sich die Nachfrage nach Folien und Bändern mit dem Trend zu Leichtpackungen. Die chemischen und technischen Vorzüge des Aluminiums eröffneten gute Verwendungsmöglichkeiten bei der Verpackung von

Lebensmitteln und Pharmazeutika. Andere Warengruppen hatten allerdings eine stark rückläufige Nachfrage zu verzeichnen. So beispielsweise die handbetriebenen Haushaltsmaschinen, die von den elektrisch betriebenen nahezu vollständig verdrängt wurden. Traditionell stark ist die deutsche Werkzeugindustrie. Ihre Exportquote übertrifft 30 Prozent. Als Folge technischen Strukturwandels liegt ihr Produktionsschwergewicht bei elektrisch angetriebenen Werkzeugen mit den zugehörigen Werkzeugeinsätzen. Ein wachstumsintensiver Markt wurde auch mit dem Heimwerkerbedarf erschlossen. Die wachsende Freizeit und hohe Handwerkerkosten beschleunigten den Trend zum Do-it-yourself. Zu den Fachzweigen mit unterdurchschnittlichen Wachstumsraten zählte zwischen 1960 und 1975 die Feinblechpackungsindustrie. Ab 1970 war die Entwicklung jedoch günstiger. Feinblechpackungen konnten sich rund 20 Prozent Anteil am Verpackungsmarkt sichern. Der Trend zur Weißblech-Getränkedose für Bier und alkoholfreie Getränke, die zunehmende Verwendung von Aerosoldosen sowie Schraub- und Kronen-Flaschenverschlüsse eröffneten neue Absatzbereiche. Einen stark unterdurchschnittlichen Umsatzverlauf zeigten seit 1960 die Fachzweige Schneidwaren- und Besteckindustrie. Der Absatz aus heimischer Produktion wurde durch ansteigenden Importdruck beeinträchtigt. Für Hersteller von Handelswaffen war der Umsatzverlauf ähnlich. Jedoch 1974–75 konnten sie überaus hohe Umsatzsteigerungen erzielen. Weltweit ergibt sich für den Absatz von Handelswaffen ein Markt von schätzungsweise 26 Millionen Sportschützen und 15 Millionen Jägern. Wegen ihrer Qualität und Präzision haben deutsche Waffen international einen guten Ruf. Entsprechend hoch ist ihr Exportanteil: Er beträgt 37 Prozent. Ausgeprägte Schrumpfungstendenzen weisen nur die beiden Bereiche Fahrrad- und Kraftrad-Einzelteile einschließlich Zubehör sowie die Heiz- und Kochgeräteindustrie auf. Gerade der letztgenannte Bereich wurde von tiefgreifenden Umstellungsprozessen betroffen. Der Produktionsschwerpunkt liegt heute bei Großkücheneinrichtungen und Wasserheizern (161). Die ausländische Konkurrenz begegnet der deutschen EBM-Industrie nicht nur stärker auf den Exportmärkten, sondern auch auf dem deutschen Inlandsmarkt. Zugenommen hatten im Berichtsjahr 1975 vor allem die Einfuhren von Heiz- und Kochgeräten, Edelmetall-Erzeugnissen, Schlössern und Beschlägen sowie Erzeugnissen der Stahlblechverarbeitung. Das wird sich künftig noch stärker bemerkbar machen. Die deutsche EBM-Industrie sollte die Lehre aus der Krise ziehen.

Innerhalb der Gesamtwirtschaft nimmt die EBM-Branche eine bedeutende Stellung ein. Regional ist sie auf Nordrhein-Westfalen mit 43 Prozent Umsatzanteil und Baden-Württemberg mit 19 Prozent Umsatzanteil konzentriert. 1975 stand sie auf Platz acht in der Größenordnung aller deutschen Industriezweige. Sie bietet jedem 21. Industriebeschäftigten einen Arbeitsplatz. Die EBM-Industrie gehört jedoch zu den arbeitsintensiven Industrien, deren Lohnabhängigkeit gefährliche Auswirkungen haben kann, insbesondere im internationalen Geschäft. Während der Anteil der Löhne und Gehälter am Umsatz im Durchschnitt der gesamten Industrie 1975 etwa 25 Prozent ausmachte, lag er in der EBM-Industrie bei über 29 Prozent. Dagegen belief sich der Umsatz je Beschäftigten in der EBM-Industrie auf nur 72 000 DM gegenüber 96 350 DM in der Gesamtindustrie.

Die EBM-Industrie trägt ausgesprochen mittelständische Züge. Von ihren knapp 7 600 Betrieben waren fast die Hälfte (48 Prozent) Betriebe mit weniger als 10 Beschäftigten. Nahezu 30 Prozent der Betriebe hatten 10–49 Mitarbeiter, weitere 15,5 Prozent wiesen 50–199 Beschäftigte auf. Die Betriebe mit einem Mitarbeiterbestand von 200 und mehr erreichten nur einen Anteil von 6 Prozent. Darunter befanden sich lediglich 36 Großbetriebe mit mehr als 1 000 Beschäftigten. Damit lag die Betriebsgröße in der EBM-Industrie mit durchschnittlich 54 Beschäftigten erheblich unter den errechneten 86 der Gesamtindustrie.

Problematisch ist die relativ schwache Investitionstätigkeit der EBM-Firmen. Von den Brutto-Anlageinvestitionen der gesamten deutschen Industrie entfielen in den Jahren vor 1976 nur 3 Prozent auf die EBM-Industrie. Dabei handelte es sich größtenteils um rationalisierende Ausrüstungsinvestitionen. Nach Erhebungen des IFO-Instituts liegen sowohl die Investitionsintensität (= Brutto-Anlageinvestitionen je Beschäftigten) als auch die Investitionsquote (= Anteil der Brutto-Anlageinvestitionen am Umsatz) in der EBM-Industrie deutlich unter dem industriellen Jahresdurchschnitt (161).

Das Überwiegen kleiner und mittlerer Unternehmen in der EBM-Industrie ist u. a. eine Folge der Existenz zahlreicher Teilmärkte. Daraus erwachsen der Branche gelegentlich Probleme im Verhältnis zu ihren wichtigen Abnehmerindustrien. Weit spezialisierte Zulieferer stehen oft wenigen Nachfragern gegenüber. Eine Möglichkeit, ihre Position zu verbessern, sieht die EBM-Industrie – im Gegensatz zu vielen anderen Branchen unserer Wirtschaft – weniger in der Konzentration als vielmehr in der zwischenbetrieblichen Kooperation, und zwar in Fertigung, Beschaffung und Vertrieb. Dadurch bleibt der Branche ihre mittelständische Struktur erhalten und bewahrt ihre Fähigkeit, sich den ändernden Marktverhältnissen anpassen zu können (161). Zahlreiche mittlere und kleinere Unternehmen wurden und werden weiterhin zur Betriebsaufgabe oder zur Anlehnung an Großunternehmen gezwungen. Der Wirtschaftsverband der EBM-Industrie traf dazu einige Feststellungen. Danach führt eine zu weitgehende Spezialisierung des Produktionsprogramms auf ein Erzeugnis oder auf wenige Produkte zu erhöhter Krisenanfälligkeit bei Konjunktureinbrüchen. Gerade besonders leistungsfähige Unternehmen scheiden dann aus, während Konkurrenten mit einem breiten Programm Verluste besser verkraften können. Als besonders gefährdet haben sich ferner Unternehmen mit hohen Wachstumsraten und entsprechend hohem Fremdfinanzierungsanteil erwiesen. Noch stärker ins Gewicht fällt aber, daß vielen Unternehmen Erfahrungen gefehlt haben, wie krisenhaften Entwicklungen vorzubeugen und zu begegnen ist. Mit anderen Worten: Auch mittelständische Unternehmen brauchen ein Krisenmanagement. Mittelständische Industrieunternehmen machen darüber hinaus zu wenig Gebrauch von den Kooperationsmöglichkeiten, die das Kartellgesetz bietet. Bei vielen mittleren und kleinen Industrieunternehmern herrscht offenbar immer noch eine sehr engstirnige Denkweise vor, die verhindert, daß technische Erfahrungen mit anderen Unternehmen ausgetauscht werden. Auch wird es als Widerspruch empfunden, daß auf der einen Seite vom Bundeswirtschaftsministerium mit der neu aufgelegten Kooperationsfibel auf die nach der zweiten Kartellgesetznovelle verbesserten Möglichkeiten der betrieblichen Zusammenarbeit hingewiesen wird, andererseits aber im Bundeskartellamt seit einiger Zeit ein schärferer Wind weht. Die dadurch hervorgerufene Furcht vor den »scharfen jungen Männern« in der Kartellbehörde hat eine psychologische Barriere aufgebaut, die anscheinend nur schwer zu überwinden ist.

Trotz dieser Schwierigkeiten ist die Innovationsfähigkeit mittelständischer Industriebetriebe noch erstaunlich groß. Vielen Unternehmen fehlt jedoch das für die Entwicklung neuer Technologien erforderliche Kapital. Deshalb sollte das Projekt einer Selbsthilfeaktion der deutschen Industrie in Gestalt eines Garantiefonds, aus dem innovationsfreudigen, aber kapitalarmen mittelständischen Unternehmen Kapital zur Verfügung gestellt werden kann, endlich realisiert werden. Dieses im Bundesverband der Deutschen Industrie schon vor längerer Zeit entwikkelte Projekt ist in der Rezession steckengeblieben, in der sich die Großunternehmen nicht mehr zu der erhofften Alimentierung eines solchen Fonds bereitfanden. Jetzt müßte das Vorhaben bessere Aussicht auf Verwirklichung haben. Nur wenn die Industrie selbst Mittel für den Fonds aufbringt, kann sie erwarten, daß auch der Bund durch Übernahme einer Bürgschaft das Projekt unterstützt (162).

Führende Stellung der Großuhrenindustrie

Die Uhrenindustrie steht weltweit im Umbruch. Es ist bereits möglich, vollelektronische Uhren herzustellen. Die schnelle Weiterentwicklung integrierter Schaltungen führte zu immer leistungsfähigeren Schaltkreisen. Damit verringerte sich die Zahl der notwendigen Bausteine. Hersteller der Bauelemente gingen zur Produktion kompletter Uhren über. Die Technik vollelektronischer Uhren, in der Fachsprache »solid state« genannt, gilt für Klein- und Großuhren gleichermaßen.

Die deutsche Uhrenindustrie insgesamt schneidet im internationalen Vergleich relativ gut ab. Sie kann jedoch mit keiner großen Marke aufwarten. 1975 erreichte die Elektronik bereits ein Drittel der deutschen Großuhrenproduktion. Zu den Großuhren gehören alle Uhren vom Wecker aufwärts. Auf diesem Sektor arbeiten in der Bundesrepublik fünf Unternehmen. Von ihnen gingen maßgebliche Entwicklungsimpulse aus, so daß die deutsche Uhrenindustrie wohl auch künftig ihre Stellung als bedeutendster Großuhrenexporteur der Welt halten wird. Bei Großuhren fällt die Anwendung elektronischer Bauteile wegen der hohen Stückzahlen leichter. Auch ist der Bezug von Schaltkreisen problemloser. Bei Großuhren wird in absehbarer Zeit die Hälfte der Produktion aus elektronischen Uhren verschiedener Generationen bestehen (163). Die Weltproduktion von Großuhren erreichte 1974 die Menge von 171 Millionen Stück. An der Spitze steht die Bundesrepublik. Sie produzierte 48 Millionen, also 28 Prozent. Von einem japanischen Elektrokonzern stammt die

Geschätzte Entwicklung der Großuhrenproduktion in der Bundesrepublik Deutschland 1974–1980 in Millionen Stück (164)

	1974	1978	1980
Großuhren insgesamt	48	50–52	50–55
davon:			
elektrisch/elektronisch	15	20	25–30
davon:			
mit Netzanschluß	1	1	1– 2
mit Unruhe	13	12–10	10– 5
Quarz	0,8	8–10	13–20
davon:			
Analog-Quarz	0,8	8–10	12–20
Digital-Quarz	–	gering	1– 3

Weltweit gibt es zwar 74 Halbleiterhersteller, doch waren noch 1976 die für die Uhrenherstellung notwendigen Elemente nur von US-amerikanischen Unternehmen oder deren Töchtern zu haben. Der deutschen Uhrenindustrie entstand daraus eine Abhängigkeit, die um so problematischer erschien, je mehr man an Situationen dachte, in denen die Elementehersteller aus politischen Gründen (»Hähnchenkrieg«) oder Wettbewerbsgründen die Belieferung der deutschen Uhrenindustrie mit den notwendigen Schaltkreisen behindern könnten (163). Das Bundesministerium für Forschung und Technologie und die deutschen Hersteller von Quarzuhren erarbeiten seit 1975 Möglichkeiten, um solche Situationen auszuschalten, z. B. durch Bereitstellung von Bundesmitteln für die Entwicklung eigener Bauelemente oder durch gemeinsamen Einkauf.

Kleinuhren, wie Armband- und Taschenuhren, hatten mit der automatischen Uhr bereits ein gebrauchstechnisches Optimum erreicht. Nun erschien auch hier die elektrisch-elektronische Uhr, die mit Batterien betrieben wird. Diese Batterien müssen dann vom Fachmann ausgewechselt werden, der auch die Uhr wieder wasserdicht verschließt, was Zeit beansprucht und die Uhr für diese Zeit »aus dem Verkehr zieht«. Neue Batterien verursachen zusätzliche Kosten, die sich allerdings in absehbarer Zeit vermutlich senken lassen, wenn die Batteriehersteller die Laufzeiten der Knopfbatterien verlängern. Auch muß sich der Kunde erst noch an eine »Uhr ohne Zeiger« gewöhnen. Deshalb rechnet die Branche mit einem relativ langsamen weiteren Vordringen der Elektronik bei Kleinuhren (165).

An der Weltproduktion von Kleinuhren, die 1974 über 227 Millionen Stück betrug, hatte die Bundesrepublik mit 8,7 Millionen Stück nur einen Anteil von 3,7 Prozent (164). Armbanduhren werden überwiegend im Raum Pforzheim hergestellt. Es sind vorwiegend Klein- und Kleinstbetriebe, die sich die Einzelteile, die Rohwerke, kaufen und lediglich zusammenbauen, also remontieren. Allerdings fertigen die beiden größten Uhrenhersteller neben Groß- auch Kleinuhren. Es gibt auch Uhrenfabriken, die auf dem Weltmarkt die Elektronik kaufen, dabei eigene technische Lösungen entwickeln und selbständige Markenpolitik betreiben. Darüber hinaus gibt es die großen Fachhandelsgemeinschaften, die selbst Uhren bauen oder nach ihren Spezifikationen bauen lassen und unter ihrer Marke vertreiben. Auf dem Weltmarkt hatte die Elektronik bei Kleinuhren im Herbst 1975 noch nicht fünf Prozent erreicht (165). In der Bundesrepublik waren es zwischen zwei und fünf Prozent. Weltweit erwartet man 1980 eine Armbanduhrenproduktion von insgesamt 300 bis 350 Millionen Stück. Davon entfallen 110 bis 150 Millionen Stück auf Quarz-Armbanduhren mit jeweils 75 bis 105 Millionen Digital- und 15 bis 20 Millionen Analog-Uhren. Auch diese Vorausschau stammt von dem bereits erwähnten japanischen Elektrokonzern (164).

Bei Feinmechanik und Optik ist Export lebenswichtig

Die feinmechanische und optische Industrie entstand aus der Zusammenarbeit von Wissenschaft und Handwerk. Ohne das vielfältige feinmechanisch-optische Instrumentarium sind Forschung, Ausbildung, Gesundheitsdienst, Informationswesen, Exploration und industrielle Automation nicht vorstellbar. Interessant ist der sehr hohe Exportanteil. Es gibt bereits Anzeichen dafür, wo künftig der Schwerpunkt der Branche liegt, die zwischen 1965 und 1974 ihren Gesamtumsatz auf 6,2 Milliarden DM verdoppelte:

1966	1968	1970	1972	1974	
48,8	54,8	51,2	56,7	58,1	Prozent Exportanteil.

Das darf nicht darüber hinwegtäuschen, daß gleichzeitig die feinmechanisch-optischen Importe von 0,5 auf 1,8 Milliarden DM stiegen, und zwar aus Japan, USA, EG-Partnerländern und der Schweiz. Dafür gibt es eine Reihe von Gründen: Die Spezialisierung bei bestimmten feinmechanischen und optischen Produkten hat zu einer weltweiten Arbeitsteilung geführt. Der Inlandsbedarf konnte mit deutschen Produkten nicht gedeckt werden. DM-Aufwertungen führten zu Wettbewerbsverzerrungen. Begünstigt wurde diese Tendenz nicht zuletzt durch den starken Anstieg der deutschen Lohnkosten.
Die deutsche feinmechanische und optische Industrie mit knapp

1000 Unternehmen und 129 000 Beschäftigten (1974) hat ihre führende Stellung innerhalb der EG behauptet. 1974 lieferte sie noch doppelt soviel in die Mitgliedsländer, wie sie von dort bezog. Doch der Konkurrenzdruck wächst: In Frankreich gibt es leistungsfähige Hersteller von Brillen. Auch italienische Brillenfassungen haben internationalen Ruf. Die Bedeutung der Niederländer in der Meß- und Regeltechnik und auch bei optischen Instrumenten ist in den letzten Jahren ständig gestiegen. Großbritannien hat ebenfalls eine leistungsstarke Geräteindustrie. Außerhalb der Europäischen Gemeinschaft ist die deutsche feinmechanische und optische Industrie zusammen mit der nordamerikanischen und japanischen führend auf dem Weltmarkt. Diese drei Länder bestreiten mehr als die Hälfte des gesamten Welthandels feinmechanischer und optischer Produkte. Zwischen den »drei Großen« nimmt der Konkurrenzkampf ständig zu. So ist der Einfluß Japans bei der Lieferung von Foto- und Filmkameras, qualitativ einfachen Mikroskopen und Feldstechern gestiegen. Aber auch neue Konkurrenten werden auf den Weltmarkt drängen. Die Ostblockländer Tschechoslowakei und DDR verfügen über sorgfältig arbeitende feinmechanische und optische Fertigungen. Noch werden ihre Produkte meist innerhalb des *Comecon* abgesetzt. Aber die Sowjetunion hat mit ihren Kamera- und Feldstecher-Lieferungen nach England und in die Bundesrepublik erstmals den Vorstoß auf Drittlandsmärkte gewagt. Alle sechs Gruppen der deutschen feinmechanischen und optischen Industrie

   I Augenoptik
   II Optische Instrumente
   III Foto-, Kino-, Projektionstechnik
   IV Feinmechanische Geräte
   V Meß- und Regeltechnik
   VI Medizinmechanik

werden immer größere Anstrengungen unternehmen müssen, um bei steigender Konkurrenz ihre Stellung auf dem Weltmarkt behaupten zu können.

Eine zielstrebige Forschungs- und Entwicklungsarbeit fortzufüh-

ren und zu erweitern, ist für die Branche zwingend. Allein aus Eigenmitteln wird sich dieses Ziel trotz aller Anstrengungen nicht erreichen lassen. Die Aufwendungen sind zu groß, die Erträge gering, um alle für die Zukunft notwendigen Vorhaben selbst zu realisieren. Das erkannte auch der Bundesminister für Forschung und Entwicklung im Hinblick auf die Fördermaßnahmen in anderen Ländern, als er vor der Presse erklärte: »Die Bundesrepublik muß zur Sicherung ihrer Zukunft im Bereich der fortschrittlichen Technologien Forschung betreiben. Dies gilt insbesondere auch für den Bereich der feinmechanisch-optischen Industrie als Schlüsselindustrie. Bedingt durch den zunehmenden Konkurrenzdruck und durch die Auswirkungen massiver staatlicher Förderungsmaßnahmen in anderen Ländern hat sich die Ertragslage der deutschen feinmechanischen und optischen Industrie soweit verschlechtert, daß sie die notwendigen Forschungs- und Entwicklungsvorhaben nicht mehr aus eigener Kraft allein tragen kann. Es gilt nun zu versuchen, auch für die Mittel- und Kleinbetriebe adäquate Möglichkeiten zu finden.
Derartige Möglichkeiten könnten in einer verstärkten Bereitstellung der für die Innovationsförderung angesetzten Mittel bestehen. Auch steuerliche Maßnahmen könnten dieses Ziel unterstützen. Denn es hat sich gezeigt, daß Investitionszulagen, die ausschließlich auf Sachinvestitionen im Forschungs- und Entwicklungssektor gewährt werden, von Klein- und Mittelbetrieben nicht im erwünschten Umfange in Anspruch genommen werden können. Hierher gehört auch die angestrebte Erweiterung der Fachinformationssysteme im Rahmen des Bundesförderungsprogrammes »Information und Dokumentation«. Gerade für die Mittel- und Kleinbetriebe – hier arbeiten mehr als die Hälfte der Beschäftigten der Branche in Betrieben bis zu 500 Mitarbeitern – ist eine Erleichterung in der Informationsgewinnung von großem Wert. Wie schon die Palette von 30 000 verschiedenen Produkten zeigt, ist die feinmechanische und optische Industrie kein Wirtschaftszweig mit überwiegender Massenfertigung. Viele kleine und mittlere Betriebe haben sich spezialisiert mit der Folge, daß auf bestimmten Teilmärkten die Zahl der Anbieter zurückgegangen ist. Diese Entwicklung ent-

sprach durchaus dem industriepolitischen Konzept. Die Kostenstruktur der Branche ist jedoch weiterhin geprägt durch ihre hohe Personalkosten-Intensität: 1974 machte der Anteil der Löhne und Gehälter 38 Prozent des Umsatzes aus, gegenüber 25 Prozent im industriellen Mittelwert. In Unternehmen mit extrem hoher Arbeitsintensität ergeben sich heute (1975) bei den Personalkosten einschließlich der lohnabhängigen Nebenkosten bisweilen Sätze von 60 Prozent des Umsatzes.

Die Zukunft bietet auch der feinmechanischen und optischen Industrie durchaus Chancen. Export ist dabei Lebensvoraussetzung der Branche. Im Bereich Augenoptik tragen höherer Lebensstandard und zunehmender Tourismus wesentlich zum Aufschwung bei. Die Ansprüche bei Brillenfassungen steigen. Man legt mehr Wert auf Qualität und Mode. Die individuelle und modische Note der Fassungen gibt auch wendigen, mittelständischen Herstellern zusätzliche Marktchancen. Auch der deutsche Markt zeigt sich hier noch sehr aufnahmefähig. Optische Instrumente werden zu fast dreiviertel exportiert. Bei Feldstechern spezialisiert man sich auf die Herstellung von Qualitätsgläsern neuartiger Konstruktion. Dasselbe gilt für Mikroskope, bei denen man sich auf die Herstellung hochwertiger wissenschaftlicher Geräte konzentriert. Keine Chancen bieten Schülermikroskope und einfache Ferngläser. Bei Foto-, Kino- und Projektionstechnik sind die Aussichten der Branche für die künftige wirtschaftliche Entwicklung insgesamt sehr positiv: In der Freizeitgestaltung gewinnen die Hobbies Fotografieren und Filmen zusehends an Bedeutung. Ein erheblicher Teil der Einfuhren stammt bereits von ins Ausland verlagerten deutschen Produktionsstätten oder aus Kooperation mit ausländischen Herstellern. Diese Tendenz dürfte sich künftig noch verstärken.

Feinmechanische Geräte erstrecken sich über das weite Gebiet von Instrumenten für Navigation, Geophysik, Meteorologie, Hydrologie, Zeichen-, Vakuum- und Feinmeßtechnik, Präzisionswaagen, Geräte für Laboreinrichtungen, auf Bergbaurettungswesen und Tauchtechnik. Hier ist der deutsche Markt weitgehend gesättigt. Deshalb bleibt der Export von lebensnotwendiger Bedeutung. 61 Prozent der deutschen Produktion werden bereits in ausländische Märkte geliefert. Wachsenden Anklang finden die kleinen »privaten Wetterwarten«, nämlich Barometer und Hygrometer. Die Produktion von Zeichengeräten profitiert bis 1980 noch vom wachsenden Bedarf der Schulen. Zirkel und Reißzeuge kommen vermehrt aus dem Ausland, und Rechenstäbe werden durch Mini-Computer ersetzt. Die produzierende Wirtschaft wird mehr Laborgeräte, etwa Analysewaagen oder Vakuumpumpen benötigen. Ebenso die Forschungs- und Ausbildungsstätten. Neue Lehrmethoden und der Ausbau praktischer Versuche, vor allem im naturwissenschaftlichen Unterricht, machen den Einsatz feinmechanischer Lehrmittel an allen Schultypen notwendig. Steigende Tendenz verzeichnet der Export von Lehrmitteln in Entwicklungsländer als Folge der Bemühungen, das Analphabetentum zu überwinden. Atemschutz-, Sauerstoff- und Frischluftgeräte haben die Einbußen, die durch rückläufige Entwicklung im Bergbaubereich entstanden waren, durch verstärkte Aufträge für neue und modernisierte Krankenhäuser u. ä. kompensiert.

Besonders schwierig ist der Absatz nautischer Instrumente, beispielsweise von Kreiselgeräten. Der Wettbewerb mit den Instrumentenbauern aus Großbritannien und den USA ist besonders hart. Hinzu kommt, daß er sich auf immer weniger Märkte konzentriert: Viele nationale Werften werden mit staatlichen Mitteln unterstützt, und die Subventionen werden von Zulieferungen aus dem jeweiligen Inland abhängig gemacht. Einen beachtlichen Aufschwung verzeichnet dagegen die Meß- und Regeltechnik. Sie bestreitet inzwischen fast ein Viertel des gesamten Branchenumsatzes. Ihre Exportquote liegt mit 48 Prozent unter dem Branchendurchschnitt, obwohl sie sich seit 1965 bis 1974 prozentual verdoppelt und umsatzmäßig verdreifacht hat. Eine Erklärung dafür ist zum einen der hohe Inlandsbedarf, zum anderen der Verkauf vieler Meß- und Regelgeräte ins Ausland, ohne daß sie in der Exportstatistik geführt werden, nämlich als Zubehörteile in komplett exportierten Anlagen. Diese Technik partizipiert an der fortschreitenden Automation in allen Wirtschaftszweigen. Der Schwerpunkt verlagerte sich – nach Rückgang beim Bergbau – auf die Produktion von Geräten für die

Chemie, die Mineralölindustrie und den Kraftwerkbau. Expansion und Modernisierung beflügelten hier die Nachfrage. Die Aussichten für die Zukunft sind gut, nicht zuletzt auch wegen des zunehmenden Umweltschutzes.

Die Fachgruppe Medizintechnik fertigt Instrumente für Human-, Dental- und Veterinärmedizin: Diagnostische Instrumente, Sterilisatoren, Operations- und medizinisches Mobiliar, Inhalations-, Aerosol- und Narkosegeräte sowie dentalmedizinische Geräte. Die Orthopädietechnik zählt ebenfalls dazu. Die Gruppe steht im Trend zur verstärkten Gesundheitsvorsorge. Auch für die Zukunft sind ihre Aussichten gut. Mehr als die Hälfte der deutschen Produktion wird auf Auslandsmärkten abgesetzt. Der Export hat sich zwischen 1965 und 1974 verdreifacht. Die Exportquote betrug zuletzt 56,1 Prozent. Der deutsche Markt erweist sich als überaus aufnahmefähig. Davon profitieren die ausländischen Wettbewerber ebenfalls: Der Import medizinisch-mechanischer Erzeugnisse hatte sich 1965 bis 1974 verachtfacht und lag zuletzt im Wert unter der Hälfte des deutschen Exports in Medizinmechanik (166).

Glas abhängig von anderen Branchen

Die Bundesrepublik zählt nach Sortiment, Produktionsmenge und Qualität hinter den USA und der UdSSR zu den führenden Glaserzeugern der Welt. Gemessen an der Gesamtindustrie ist die Glasindustrie nur ein relativ kleiner Produktionszweig. Produktionswert und Umsatz der Glasindustrie erreichen nur etwa 1 Prozent der gesamten Industrie. Langfristig war das Produktionswachstum der Branche im Vergleich mit der deutschen Industrie überdurchschnittlich. Die Erzeugnisstruktur formte die Gliederung der deutschen Glasindustrie in Flachglas, Hohlglas, Glasfaser und Spezialgläser. Die zweite Produktionsstufe bilden dabei Glasverarbeitung und Glasveredelung. Auf der Hüttenstufe dominiert der Großbetrieb, bei Veredelung und Verarbeitung der Mittel- und Kleinbetriebe. Auf Flachglas entfielen 1975 etwa 20 Prozent der mengenmäßigen Glasproduktion in der Bundesrepublik. 1955 waren es noch 38 Prozent. Das 1958 eingeführte *Floatglas-Verfahren* hatte hier einen entscheidenden Wandel gebracht. Bei den kapitalintensiven Betrieben dieser Sparte ist die Konzentration weit fortgeschritten. Der Flachglassektor ist eng mit der konjunkturellen Entwicklung auf dem Bausektor und bei Kraftfahrzeugen verbunden. Die Rationalisierungsreserven sind ausgeschöpft. Größter und differenziertester Zweig der Branche ist die Hohlglasindustrie. Die Impulse kommen hier aus dem Konsumgüterbereich. Glasfasern sind an der Gesamtproduktion mit 13 Prozent und Spezialglas mit 10 Prozent beteiligt. Kristall- und Bleiglas wird in der Bundesrepublik von rund 50 Unternehmen mit etwa 20 000 Beschäftigten hergestellt. Der Markt ist heiß umkämpft. Insgesamt zählte die deutsche Glasindustrie 1975 etwa 230 Industriebetriebe mit einer Produktion von 3,88 Millionen Tonnen und einem Branchenumsatz von 3,83 Milliarden DM (167). Die internationale Verflechtung deutscher Flach- und Hohlglasproduzenten ist stark ausgeprägt.

Flachglas ist der Oberbegriff für Fensterglas, Gußglas, Spiegelglas, Farbenglas und Spezialflachglas. 1975 wurden davon in der Bundesrepublik Deutschland 775 000 Tonnen hergestellt mit einem Umsatzwert von 0,77 Milliarden DM. Etwa 35 Prozent im Gewicht und 46 Prozent im Umsatz entfielen auf Spiegelglas. Man geht davon aus, daß sich im Flachglasmarkt die Umstellung von Fensterglas auf Floatglas fortsetzt. Die Stillegung weiterer Fensterglas-Kapazitäten im Laufe des Jahres 1975 bestätigen diese Entwicklung. Die Gußglasherstellung zeigt sich ebenfalls rückläufig. Die Abhängigkeit von der Baubranche ist offensichtlich. Die ebenfalls damit verbundene Abwärtsbewegung beim Farbenglas, die 1975 sichtbar wurde, ist vor allem darauf zurückzuführen, daß Flachgläser dieser Art in Kampagnen produziert werden und über Lager laufen (168). Bei einem allgemeinen Auftragsmangel bemühen sich außerdem die Hersteller aus der EG und *EFTA* und auch die Schleuderkonkurrenz aus dem Osten mit Nachdruck um Abnehmer aus der Bundesrepublik. Den Glasproduzenten der Bundesrepublik wird auf diese Weise der Inlandmarkt beschnitten. Aus Ostblockländern kamen 1975 Angebote, die um 40 bis 60 Prozent unter den deutschen lagen.

Hohlglas umfaßt Getränkeflaschen, Konservenglas, Medizin- und Verpackungsglas, Wirtschaftsglas, Beleuchtungsglas, Bau- und technisches Hohlglas sowie sonstiges Hohlglas. Insgesamt betrug 1975 die Hohlglasproduktion 2,9 Millionen Tonnen und erzielte 2,55 Milliarden DM Umsatz, davon entfielen 65 Prozent im Gewicht und 39 Prozent im Umsatz auf Getränkeflaschen (168). Die Abhängigkeit dieses Bereichs von der Entwicklung der Getränkeindustrie bedarf eigentlich keiner Erwähnung. Dasselbe gilt auch für Konservenglas. Bei Glasverpackung für die Pharmaindustrie heißt es, daß die Erschließung neuer Einsatzmöglichkeiten kaum möglich ist. Glas als Verpackungsmittel für Tabletten, Dragees und Kapseln wurde sogar vielfach durch Kunststoffe bzw. Alufolien ersetzt. Dagegen wird in der *Galenik* aus Sicherheitsgründen für alle flüssigen Zubereitungen auch weiterhin Verpackungsglas verwendet (169).

Spezialglas nimmt eine Sonderstellung ein. Hier ist vor allem Schott & Gen. in Mainz zu nennen, der Welt bedeutendster Hersteller von optischem Glas. Zu den Spezialgläsern zählen auch Faseroptik zur Licht- und Bildübertragung, Isolierglas, Sonnenreflexionsglas, Spiegelträger aus Glaskeramik und Borosilikatglas für die Astronomie. Spezialgläser für die Chemie, Pharmazie und Medizin gibt es vom einfachen Laborglas bis zu kompletten Produktionsanlagen. Elektrogläser weisen ebenfalls eine hohe Vielfalt auf. Farbfernsehbildröhren, Kolben und Kolbenteile für Senderöhren bis zu Hochspannungsgleichrichtern umfaßt dieses Programm. Haushaltsspezialgläser finden verbreitet Anwendung, heute bereits als große Kochplatten für Elektroherde oder als hoch-hitze- und -kältebeständige Bratpfannen. Der Gasherd wird künftig keine Flammen mehr zeigen, sondern wie die modernen Elektroherde mit einer großen Kochplatte aus Glas abgedeckt sein. Die tatsächlichen Anwendungsgebiete für Spezialgläser sind noch wesentlich weiter. Der Exportanteil von Schott & Gen. in Mainz liegt bei 40 Prozent. In den einzelnen Teilbereichen besteht auch bei Spezialglas eine hohe Abhängigkeit von der Entwicklung derjenigen Industrie-

zweige, bei denen es in die Fertigung als Zuliefermaterial ein-
geht. Auch für die Zukunft hoch zu bewerten sind die Ergebnisse brancheneigener Forschung. Das bringt einen gewissen
Vorsprung vor der zunehmend stärker werdenden internationalen Konkurrenz, besonders aus Ostblockländern und bei Spezialglas auch aus der DDR.
Recycling ist kein Modewort, sondern die Aufgabe, mit Rohstoffen zu sparen. Das bezieht sich auch auf die Wiedergewin-
nung von Rohstoffen aus Altmaterial. So wird auch der Wiederverwendung von Altglas zunehmend Betrachtung geschenkt.
1975 wurden über 200 000 Tonnen Altglas wieder eingeschmol-
zen. Das entsprach 8 Prozent der 1975 in der Bundesrepublik
produzierten Hohlglasmenge. Welche Mengen an Flaschen jährlich auf dem Markt erscheinen, verdeutlichen allein die 0,9 Milliarden Weinflaschen, die 1974 von deutschen Glashütten produziert wurden. Im gleichen Jahr wurden darüber hinaus 1,4
Milliarden Einwegflaschen für Bier und Softdrinks gefertigt.
Schwierigkeiten, die jedoch beseitigt werden können, bereitet
das Sammeln von Altglas. Es soll sich um Verpackungsglas
handeln, frei von Fremdkörpern und gegebenenfalls nach Farben grün, braun und farblos sortiert sein.

Elektroindustrie reich an Innovationen

In den zwanzig Jahren vor 1973 stieg die Produktion der gesamten deutschen Industrie im Durchschnitt um 4,5 Prozent
jährlich. Die Elektroindustrie konnte ihre Produktion im gleichen Zeitraum mit einer durchschnittlichen Zuwachsrate von
über 7 Prozent pro Jahr ausweiten. Die Rezession von 1974/75
drückte die deutsche Elektroindustrie in der realen Produktion
auf das Niveau von 1972 und in der Beschäftigung sogar auf
das von 1969. Seit 1976 verstärkt sich die Investitionsneigung.
Höhere Investitionen und Exporte werden von Regierung und
Bevölkerung wieder als erstrebenswerte wirtschaftspolitische
Ziele angesehen. Dr. Bernhard Plettner, Vorsitzender des Vorstandes der Siemens AG, ist davon überzeugt (170), daß in

Zukunft die deutsche Elektroindustrie im Rahmen einer expandierenden Volkswirtschaft wieder zu den wichtigsten Wachstumsindustrien gehören wird. Ihr Umsatz und ihre Produktion werden weiterhin schneller zunehmen als im Industriedurchschnitt.

Der Prozeß des Wirtschaftswachstums in den Industrieländern ist abhängig von den Investitionen am Sozialprodukt. Von diesen Investitionen entfällt erfahrungsgemäß ein ständig steigender Anteil auf elektrotechnische Erzeugnisse. Hinzu kommt, daß auch die fortschreitende Industrialisierung der Entwicklungsländer in steigendem Umfange elektrotechnische Produkte, Systeme und Anlagen erfordert.

Insgesamt wird also die Elektroindustrie aus dem weltweiten Wachstumsprozeß überdurchschnittliche Impulse erwarten können. Weitere Anstöße für ein fortschreitendes Wachstum schafft die Elektroindustrie gewissermaßen aus sich selbst heraus, indem sie den technischen Fortschritt ständig vorantreibt. Neben der chemischen Industrie gibt die Elektroindustrie mit Abstand am meisten für Forschung und Entwicklung aus. Gemessen am Umsatz beläuft sich der Anteil ihrer Forschungs- und Entwicklungsausgaben auf rund 4 Prozent. In einzelnen Unternehmen geht er noch beträchtlich darüber hinaus. Das Ergebnis dieser intensiven Forschungs- und Entwicklungsanstrengungen ist eine große Zahl von Innovationen. Die vielfach geäußerte Befürchtung, der technische Fortschritt drohe zu erlahmen, trifft für den Bereich der Elektroindustrie nicht zu. Zu den Arbeitsgebieten mit besonders hohen Innovationsraten und deshalb überdurchschnittlichen Wachstumsraten zählen z. B. die Elektromedizin, die Datentechnik und der Bauelementesektor. Aber auch der Nachrichten- und der Energietechnik sind gute Wachstumschancen einzuräumen. Mit steigendem Lebensstandard und einer immer komplizierter werdenden Wirtschaft muß der Bedarf an Kommunikationsmitteln steigen.

Demgegenüber ist bei den elektrotechnischen Gebrauchsgütern und bei Erzeugnissen, deren Absatz von der Wohnbautechnik abhängt, eher mit einem etwas schwächeren Wachstum zu rechnen. Während in der Vergangenheit der deutsche Elektromarkt

schneller gewachsen ist als der Weltelektromarkt, wird sich die
Entwicklung in Zukunft aller Wahrscheinlichkeit nach umkeh-
ren: Die Steigerung des Elektroabsatzes in der Welt wird höher
sein als in der Bundesrepublik. Diese langsamere Expansion des
Binnenmarktes hat für die deutsche Elektroindustrie Konsequenzen: Sie wird ihre Stellung unter den führenden Ländern nur
bei einem weiteren Ausbau ihres Auslandsgeschäftes behaupten
können. Mehr Auslandsgeschäft setzt natürlich auch mehr Auslandsinvestitionen voraus. Dabei geht es nicht darum, Exporte
durch Auslandsproduktion zu ersetzen, sondern darum, die Aus-
fuhren besser abzustützen und noch zu steigern sowie die Kostendeckung der vorwiegend im Inland liegenden Forschungs-
und Entwicklungstätigkeit zu sichern (170). Beispielsweise hätte
Siemens seine Auslandsmärkte auf die Dauer nicht halten können, wenn es nicht bereit gewesen wäre, sich stärker mit eigenen
Fabriken im Ausland zu engagieren. Außerdem mußte sich das
Unternehmen der Mengenkonjunktur im Ausland, das ja im
stark gestiegenen Anteil des Auslandsgeschäftes zum Ausdruck
kommt, durch vermehrte Investitionen auf den Auslandsmärkten anpassen.
Bei den Inlandsinvestitionen ist die Rationalisierung die entscheidende Triebfeder. Schließlich hat sich der Produktionsfaktor Arbeit gegenüber dem Produktionsfaktor Kapital sehr stark
verteuert. Bei Siemens waren die Kapitalkosten zwischen 1969/
70 und 1974/75 um 40 Prozent gestiegen, der Personalaufwand
jedoch um 90 Prozent. Diese unterschiedliche Entwicklung der
Produktionsfaktoren machte es unumgänglich, die knappe
menschliche Arbeitskraft durch Maschinen produktiver zu machen, um die Wettbewerbsfähigkeit zu erhalten und unsere Wirtschaft und Gesellschaft nicht durch einen noch größeren Zuzug
von Arbeitskräften aus dem Ausland zu belasten (171).
In der Elektroindustrie kann man davon ausgehen, daß fast
50 Prozent des Branchenumsatzes auf Erzeugnisse fallen, die es
vor fünf Jahren noch nicht gegeben hat, 1974/75 waren das
bei Siemens 40 Prozent, und weitere 35 Prozent der Produkte
waren 6 bis 10 Jahre alt. Bei AEG-Telefunken und anderen
Großfirmen dürften die Zahlen ähnlich sein. Es genügt heute

aber nicht mehr, das einzelne Produkt optimal zu gestalten, vielmehr muß schon in einem frühen Entwicklungsstadium das Zusammenwirken unterschiedlicher Komponenten in Gesamtsystemen untersucht werden. Hinzu kommen fertigungstechnische Probleme, die Frage nach ausreichender Zuverlässigkeit und die Berücksichtigung des Wartungsproblems. Forschung und Entwicklung sind fast immer der Gegenwart voraus. Man kann sagen, daß die Ergebnisse der 1976 laufenden Entwicklungsvorhaben in der Elektroindustrie einen bedeutenden Einfluß auf unsere Lebensgewohnheiten Ende der siebziger Jahre haben werden und daß ebenso die Resultate von gleichzeitig aktuellen Forschungsprojekten die Lebensumstände in den achtziger Jahren bestimmen werden. Eine Großfirma wie AEG-Telefunken sieht die Schwerpunkte ihrer Forschungs- und Entwicklungsaktivitäten bis in die achtziger Jahre in den vier großen Komplexen:
1. Erzeugung, Übertragung und Verteilung elektrischer Energie.
2. Automatisierung industrieller Prozesse.
3. Verkehrssysteme und
4. Nachrichten- und Kommunikationssysteme.

In den Laboratorien arbeitet man beispielsweise an der Erforschung neuer Halbleiterverbindungen und deren optoelektronischen Eigenschaften. Solche Halbleiterkristalle finden Anwendung als Laserlichtquellen für optische Nachrichtenübertragung oder zum Nachweis von Luftverunreinigungen im Rahmen des Umweltschutzes, ferner als Leuchtdioden für verschiedenste Anzeigeelemente oder als Detektoren zum Nachweis von Lichtstrahlung. Die Erfahrung beim Umgang mit hochreinen Substanzen – eine Grundvoraussetzung moderner Halbleitertechnologie – kommt den Bemühungen zur Gewinnung möglichst dämpfungsarmer Glasfasern sehr entgegen. Neuartige keramische Werkstoffe finden zunehmendes Interesse im Bereich nachrichtentechnischer Anwendungen, z. B. als *Hochfrequenzfilter* oder als *ferroelektrische Displays*.
Auf dem Kunststoffsektor untersucht man die vielfältigen Einsatzmöglichkeiten neuer Kunst- und Isolierstoffe in der Elektrotechnik. Dazu zählen Studien zum Durchschlags- und Leitungs-

mechanismus an extrudierten Hochspannungskabelisolierungen aus Polyäthylen oder die Applikation von Gießharzen für Hochspannungsschalter und -isolatoren. Im Bereich Werkstoffprüfung und Werkstoffkunde werden Untersuchungen über das Ermüdungsverhalten von Legierungen für den Bau von *Solargeneratoren* durchgeführt, oder es wird an Fragen der Schwingungskorrosion von Metallen in Industrieturbinen gearbeitet (172).

Ein weiteres Forschungsgebiet ist die Energiesicherung für die Zukunft. Außer den Großkraftwerken zur Deckung der Grundlast benötigt man leistungsfähige Einrichtungen zur Deckung der Energiespitzen. Neben Gasturbinen für die Deckung von Lastspitzen und als Notstromaggregate kommt den großen Wasserkraftgeneratoren für Pumpspeicherwerke auch in der Bundesrepublik Deutschland zunehmende Bedeutung zu. Laufende Entwicklungsvorhaben setzen beispielsweise AEG-Telefunken in die Lage, für die 80er Jahre Wasserkraftgeneratoren bis zu den größten benötigten Leistungen von 1,5 GVA zu bauen und damit Pumpspeicherwerke für Spitzenlasten bis zu 6 GVA zu erstellen. Am vorgesehenen Ausbau der deutschen Kraftwerksleistung, auch durch Kernkraftwerke, sind u. a. Gemeinschaftsunternehmen großer Elektrokonzerne beteiligt. Neue Anforderungen stellt der Umweltschutz. Das bedeutet, daß nur noch in beschränktem Umfang neue Trassen für Hochspannungsfreileitungen zur Verfügung stehen werden und man Schaltanlagen mit möglichst reduziertem Flächenbedarf benötigt.

Zur Lösung dieser Aufgabenstellung bietet sich bei den Freileitungen der Übergang zu höheren Spannungen an und die Entwicklung neuer Mastkonzeptionen, z. B. Isoliertraversen zur direkten Befestigung der Leiterseile, durch die man vorhandene Trassen besser ausnutzen kann. Wo keine Trassen sind, werden Kabel notwendig. Deren Übertragungsleistung kann durch Zwangskühlung, z. B. durch Wasser oder bei Kryokabeln durch verflüssigte Gase, wesentlich gesteigert werden. Bei Übertragungsleistungen von einigen 1000 MW könnten dann supraleitende Kabel zum Einsatz kommen. Bei den Schaltanlagen wird die bereits heute im Bereich mittlerer Spannungen angewandte Technik der gasisolierten Kompaktanlagen auch für die höchsten Spannungsebenen weiterentwickelt werden, um die Raumprobleme insbesondere in dicht besiedelten, hochindustrialisierten Gebieten zu lösen.

Ein weiterer Forschungs- und Entwicklungspunkt für die 80er Jahre entsteht aus der Beherrschung oder Vermeidung höherer Kurzschlußleistungen, die sich aus höheren Übertragungsleistungen ergeben. Zukunftskonzepte sind dabei der strombegrenzende Schalter oder die *HGÜ-Kurzkopplung*. Die Arbeitsgemeinschaft für Hochspannungs-Gleichstrom-Übertragung (von ihr stammt das HGÜ) ist zur Zeit dabei, eine SF-isolierte Kompaktstation zu entwickeln, die für derartige Anwendungsfälle in Frage käme. Die Wirtschaftlichkeit einer solchen Anlage hängt dabei nicht unwesentlich von den dafür benötigten Schlüsselbauelementen ab, den *Thyristoren*. AEG-Telefunken sieht hier zur Zeit als optimale Zukunftslösung die Anwendung von direkt lichtgezündeten, hochsperrenden Thyristoren, durch die der Schaltungsaufwand für die Ansteuerung wesentlich reduziert werden kann. Als Lichtquelle dienen *Galliumarsenid-Lumineszenzdioden,* deren Lichtimpulse über Glasfaserleitungen zu den Thyristoren geleitet werden und so Potentialtrennung und Rückwirkungsfreiheit praktisch kostenlos gewährleisten. Da man künftig zunehmend Kraftwerksblöcke über 1000 MW Leistung einsetzt, kommt der Zuverlässigkeit und der Verfügbarkeit der Energieverteilungsanlagen eine noch höhere Bedeutung zu. Man wird sich daher mit einer weiteren Verbesserung der Schutztechnik befassen, wobei der vollständige Übergang zur Elektronik nur noch eine Frage der Zeit ist. Sollte es gelingen, auch die Wandler auf elektronischer Basis wirtschaftlich zu realisieren, dann würde sich der Übergang vom analogen zu einem digitalen Schutzsystem anbieten, das wesentlich unempfindlicher gegen Störungen und wohl kostengünstiger sein würde. Außerdem könnte damit auch der Netzschutz in ein hierarchisch gegliedertes Prozeßrechnersystem einbezogen werden, wie es AEG-Telefunken bereits für Lastverteilung und Netzsicherheitsrechnungen, für Lastprognosen und Optimierung des Kraftwerkeinsatzes liefert (172).

Einen industriellen Prozeß zu automatisieren, sei es eine Walz-
straße, ein Energieversorgungsnetz, eine Transportsteuerung
oder eine Radaranlage, besteht im Grundsatz darin, den Zustand der Anlage zu erfassen, mit einem vorgegebenen Sollwert
zu vergleichen und bei Abweichungen entsprechende Änderungen vorzunehmen. Dafür sind notwendig
- ein detailliertes technologisches Wissen über die zu automati-
  sierenden Prozeßabläufe, also das Prozeß-Know-how.
- Verfügung über die Systemkomponenten, die für den Prozeß
  und für die Erfassung sowie Verarbeitung der Information
  benötigt werden.
- Kenntnisse über das optimale Zusammensetzen der Systemkomponenten, also das Anlagen-Know-how.

Es entstehen neue Systemstrukturen, z. B. hierarchisch aufge-
baute Systeme mit dezentralen selbständigen Subsystemen. Dadurch ergibt sich eine bessere Systemtransparenz, bessere Auf-
nahmefähigkeit, leichtere Inbetriebnahme und erhöhte Verfügbarkeit. Dieses Anlagen-Know-how beruht auf einer breit ange-
legten Grundlagenentwicklung in den Bereichen der Systemiden-
tifikation, der Regeltheorie, der Simulationsmodelle und System-
studien. Kennzeichnend für einen sich abzeichnenden Strukturwandel ist der Trend zu stör- und zerstörsicheren Informations-
übertragungen auf Sammelschienen, ähnlich wie in der Energietechnik und vor allem zur Integration der Rechentechnik auf
allen Ebenen des Automatisierungssystems. Diesen Forderungen
wurde und wird durch die Entwicklung neuer Prozeßrechner-
linien und programmierbaren Steuergeräten entsprochen. Beson-
derer Wert wird dabei auf die Entwicklung der Programmier-
sprachen gelegt, die zum optimalen Einsatz der Rechner auf den
verschiedenen Ebenen der Automatisierungshierarchie notwendig sind.
In den 80er Jahren werden Systeme in den Vordergrund rük-
ken, die heute erst in den Ansätzen zu erkennen sind. Dabei
geht es u. a. um adaptive Systeme, die eine selbständige optimale Anpassung an das Prozeßgeschehen ermöglichen, und lernende Systeme, die nach der *Trial-and-Error-Methode* bzw.

nach mathematischen Strategien eine optimale Prozeßführung bei stark schwankenden Parametern ermöglichen. Der jeweilige Systemzustand wird sich dann besser als heute durchschauen und beeinflussen lassen. Darüber hinaus werden selbstregenerierende Systeme die Fehlerursache automatisch erkennen und umgehen (172).

Prozeßrechner bilden einen Spezialmarkt der EDV, der elektronischen Datenverarbeitung. Dieser Markt verläuft quantitativ sehr expansiv. Allein von Mitte 1972 bis Mitte 1974 erhöhte sich der Bestand an installierten Prozeßrechnern in der Bundesrepublik Deutschland von rund 3200 auf fast 7000 Anlagen. Das entsprach einem Wachstum von 40 bis 50 Prozent pro Jahr. Anfang 1975 lag der Gesamtwert aller installierten Prozeßrechner in der Bundesrepublik Deutschland bei fast 1,8 Milliarden DM. Zum gleichen Zeitpunkt lagen die Anteile der wichtigsten Hersteller am Bestand dieser Prozeßrechner wertmäßig bei (173)

Siemens	35,0 Prozent
AEG-Telefunken	21,7 Prozent
Digital Equipment	12,1 Prozent
IBM	3,8 Prozent
Hewlett Packard	3,8 Prozent
General Automation	3,2 Prozent
Honeywell-Bull	3,1 Prozent

Das Prozeßrechnergeschäft ist weitgehend mit dem Investitionsgütergeschäft gekoppelt.

Datenverarbeitung öffentlich gefördert

Zunehmender Informationsbedarf und steigende Informationsflut decken sich in den seltensten Fällen. Das erhöht die Gefahr von Fehlinformationen. Außerdem spielt der Faktor Zeit im Informationswesen die entscheidende Rolle. Das Problem begann man zuerst mit einfachen Handrechenmaschinen anzugehen. Dann kam Hermann Hollerith, Sohn deutscher Auswanderer und amerikanischer Bergwerksingenieur, und baute zur

Auswertung der 11. amerikanischen Volkszählung 1890 eine elektromechanische Lochkartenapparatur. 1941 brachte Konrad Zuse, Sohn einer Berliner Beamtenfamilie, Bauingenieur und Erfinder, die erste funktionsfähige Datenverarbeitungsanlage mit Programmsteuerung auf den Markt. Schon drei Jahre danach übernahmen bei »Mark I« elektromechanische Schaltelemente das Zählen. Das Jahr 1946 bescherte uns die erste Computergeneration: ENIAC arbeitete mit Elektronenröhren. Der Transistor war es, der 1955 den zweiten großen Abschnitt in der Computergeschichte einleitete. 1962 erschien die dritte Computergeneration. Sie besaß schon Transistoren von Salzkorngröße. Seit 1970 gibt es integrierte Schaltkreise (174). Die elektronischen Datenverarbeitungs-(EDV-)Anlagen wurden kleiner und leistungsfähiger. Eine Entwicklung, deren Ende noch nicht abzusehen ist.

Die außerordentliche Anwendungsbreite der Datenverarbeitungssysteme läßt der Datenverarbeitung eine infrastrukturelle Schlüsselfunktion zukommen. Die Verfügbarkeit von Datenverarbeitungssystemen und -geräten sowie ihren Technologien besitzt einen so hohen Stellenwert, daß auf eine eigenständige leistungsfähige und wettbewerbsfähige deutsche Datenverarbeitungsindustrie im europäischen Rahmen nicht verzichtet werden kann. Der Wettbewerb im Bereich mittlerer und großer Datenverarbeitungssysteme ist durch ein hohes Übergewicht von Unternehmen gekennzeichnet, die ihre Entscheidungsbasis in den USA haben. Anfang 1975 erreichte der Bestand an *Universalrechnern* in der Bundesrepublik Deutschland 11,25 Milliarden DM. Daran hatten Marktanteile:

IBM	61,56 Prozent
Siemens (Unidata)	17,56 Prozent
Honeywell	7,00 Prozent
Univac	5,29 Prozent
Burroughs	1,09 Prozent
ICL	1,07 Prozent
NCR	0,98 Prozent
Sonstige	5,45 Prozent

Die Lage der Hersteller mittlerer und großer Datenverarbeitungssysteme erhält ihre besondere Bedeutung noch dadurch,
daß unter den US-amerikanischen Herstellern ein Unternehmen
weltweit so dominiert, daß es der gesamten Datenverarbeitungs-
branche das technische Innovationstempo und die Marktgepflo-
genheiten aufzwingt. Der Marktführer IBM wickelt z. Z. ca.
80 Prozent seines gesamten Umsatzes mit Stammkunden ab, die
im Laufe der Zeit in eine starke Abhängigkeit von diesem Lieferanten geraten sind. Dies gilt übrigens als Folge einer starken
Präferenzpolitik auch für International Computers Ltd. (ICL)
im Vereinigten Königreich. Hier beträgt der Anteil der Altkunden, die zum großen Teil Kunden aus der öffentlichen Hand
sind, nahezu 90 Prozent.
Demgegenüber erhielt zum Beispiel Anfang 1975 die im Daten-
verarbeitungsgeschäft noch junge Siemens AG etwa 60 Prozent
ihrer Aufträge von Altkunden. Abhängigkeit vom Marktführer
hat zur Folge, daß Kunden beim Übertritt zu einem anderen
Hersteller von diesem erheblich höhere Leistungen verlangen als
vom Erstlieferanten. Der wünschenswerte Wettbewerb zwingt
daher den Wettbewerber zu erheblichen zusätzlichen Leistungen,
zu einer weitgehenden technischen Anpassung der eigenen Produkte an die des Marktführers und hat zur Folge, sich dessen In-
novationszyklen (Generationswechsel) anzupassen. Bis es ihm gelingt, seinen zeitlichen Nachlauf aufzuholen und seine Geschäfts-
zyklen mit denen des Marktführers in Einklang zu bringen,
muß er deshalb kürzere Standzeiten seiner vermieteten Produkte im Markt und damit beträchtliche finanzielle Einbußen in
Kauf nehmen. Gegenwärtig stehen die ungewöhnlich hohen Ent-
wicklungs- und Sachinvestitionen einer noch zu geringen Kun-
denbasis und damit zu geringen Stückzahl von Produkten gegenüber. Daß die erwünschte Wettbewerbsfähigkeit trotzdem
zunimmt, zeigt die zeitliche Entwicklung des Siemens-Bestandes
am Gesamtbestand der mittleren und großen Universalrechner
in der Bundesrepublik Deutschland. Sie stieg von Anfang 1967
bis Anfang 1975 kontinuierlich von 6 auf 19,5 Prozent (175).
Ziel der Bundesregierung ist es, in der Bundesrepublik Deutschland zu Beginn der achtziger Jahre eine Datenverarbeitungsindustrie aufzubauen, die

– in allen Produktbereichen – ausgenommen Größtrechner –
einen ausreichenden Wettbewerb sicherstellt,
– die in der Wirtschaft und im öffentlichen Bereich benötigten
Datenverarbeitungssysteme und -geräte entwickeln, fertigen
und anbieten kann,
– aus eigener Kraft lebensfähig und damit von staatlichen Zuwendungen unabhängig ist,
– hochqualifizierte Arbeitsplätze bietet,
– über die notwendigen Kenntnisse und Fähigkeiten für die Verflechtung der Datenverarbeitung mit der Nachrichtentechnik
und anderen Techniken der Informationsverarbeitung verfügt,
– als einflußreicher Partner für eine weltmarkterschließende internationale Zusammenarbeit in Frage kommt.

Unter Berücksichtigung der aktuellen Lage der deutschen Datenverarbeitungsindustrie ist es besonders erforderlich, daß
– den Herstellern von Kleinrechnern und Endgeräten ermöglicht wird, die besonders rasche und von technischer Vielfalt
geprägte Entwicklung des Marktes mitzuvollziehen und mit
voranzutreiben,
– deutschen Unternehmen ermöglicht wird, auf den neuen
Märkten für universelle und aufgabenspezifische Kleinstrech-
ner angemessen vertreten zu sein,
– die erheblichen Verluste und Zuwendungen bei den Herstellern mittlerer und großer Datenverarbeitungssysteme abgebaut werden.

Zu diesem Zweck wird die Bundesregierung
– verstärkt die Entwicklung von Kleinrechnern, Endgeräten,
universellen und aufgabenspezifischen Kleinstrechnern fördern, denen vor allem für dezentrale Datenverarbeitungs-
aufgaben und für den Einsatz in mittelständischen Unternehmen große Bedeutung zukommen wird;
– kostensenkende Techniken für die Entwicklung, Herstellung
und Pflege von *Hard- und Software* fördern, die bei realisti-
schen Stückzahlen der künftigen Datenverarbeitungssysteme
und -geräte deren Rentabilität erwarten lassen;

– Entwicklungsarbeiten fördern, die darauf abzielen, Datenverarbeitungsanlagen so zu gestalten, daß durch Fortschreiten der Technologie mögliche Verbesserungen im Felde nachgerüstet und damit die Konkurrenzfähigkeit dieser Anlagen erhalten und ihre Lebensdauer im Markt auf ein volkswirtschaftlich sinnvolles Maß verlängert werden können;
– der Zusammenarbeit von deutschen Datenverarbeitungsherstellern mit dem Ziel der Kompatibilität der Produktionen von kleinen und großen Universalrechnern den Vorrang vor der Förderung von Einzelentwicklungen geben;
– die Bildung von Arbeitsgemeinschaften für Gemeinschaftsvorhaben und die Festlegung von Schnittstellen durch besondere Förderungsprioritäten anreizen und beschleunigen;
– den Erwerb von Kenntnissen und Fähigkeiten aus dem Ausland und die Entwicklung von Test- und Wartungsinstrumenten in die Förderung von Entwicklungsprojekten einbeziehen;
– neue Märkte erschließen durch Förderung von Datenverwertungsanwendungen für den öffentlichen Bereich und von Geräte- und Programmentwicklungen, deren Anwendungen ohne besondere Fachkenntnisse möglich sind;
– zur Förderung des Wettbewerbs die Normungsgremien und die Umstellung von Programm- und Datenbeständen im Bereich der Bundesverwaltung beim Übergang auf einen Hersteller mit Basis in der Bundesrepublik Deutschland unterstützen (175).

Die relativ starke Expansion des Datenverarbeitungsgeschäfts mit mittleren und großen Systemen Anfang der siebziger Jahre wird wahrscheinlich nicht anhalten. Die Branche erwartet, daß die Zuwachsraten des wertmäßigen Computerbestandes gegen Ende der siebziger Jahre geringer werden. Hier machen sich die ständigen Verbesserungen des Preisleistungsverhältnisses durch technologische Verbesserungen bemerkbar. Es muß daher auch mit einer Verschärfung des Preiswettbewerbs gerechnet werden. Den Kleinrechnern kommt eine Schlüsselrolle als intelligentes Endgerät zu. In der Büroautomation sind sie maßgeblicher Bestandteil der Kommunikations-Peripherie. Die Entwicklung von Kleinrechnern begann ursprünglich mit kleinen Einzweckrechnern, die zum Beispiel mechanische Buchungsautomaten ablösten. Inzwischen sind die Kleinrechner bis in den unteren Bereich der mittleren und großen Rechner vorgedrungen. Kleinrechnerhersteller mit Basis in der Bundesrepublik Deutschland sind Nixdorf Computer AG, Philips GmbH in Eiserfeld, Kienzle Apparate GmbH, Triumph Werke AG, Anker Werke AG und Matth. Hohner AG. Bis Ende März 1975 hatten sie insgesamt 107 600 Rechner ausgeliefert, davon etwa die Hälfte ins Ausland. Die Branche erwartet, daß sich das Geschäft mit hochwertigen Kleinrechnern und intelligenten Datenendgeräten stark entwickeln wird. Die Entwicklung wird auch in Zukunft von größeren Zuwachsraten gekennzeichnet sein als der Markt mittlerer und großer Datenverarbeitungssysteme. In der Gruppe bis 225 DM Kaufpreis rechnet man bis 1980 mit einem Bestand an kleinen Datenverarbeitungssystemen in einem Gesamtwert von rund 22 Milliarden DM, was fast einer Verdreifachung seit 1975 entspricht, in der Preisgruppe 225–1000 DM einen Bestand von etwa 10 Milliarden DM, also etwa dem 2,5fachen von 1975. Die erreichten Fortschritte in der Technologie der Bauelemente eröffnen neue Möglichkeiten für die Struktur der Datenverarbeitungssysteme. Die bei hohem Integrationsgrad billiger werdenden Arbeitsspeicher erlauben es künftig, auch kleinere Datenverarbeitungssysteme mit so großen Arbeitsspeichern auszustatten, daß die speicherintensiveren leistungsfähigen Betriebssysteme der höheren Klassen auch hier anwendbar werden. Das eröffnet die Möglichkeit, ab etwa 1980 die zu einer Familie gehörenden Rechner mit einem weitgehend einheitlichen Betriebssystem auszustatten. Eine ähnlich kostensenkende Tendenz ist bei der Entwicklung der Zentraleinheiten sichtbar. Die bei den Rechnerstrukturen erreichten Fortschritte lassen es möglich erscheinen, statt mehrerer Zentraleinheiten für eine Rechnerfamilie nur noch einen einzigen Grundbaustein zu entwickeln, der z. B. den Marktschwerpunkt abdeckt. Aus diesem können dann die kleineren Zentraleinheiten durch gewisse Vereinfachungen abgeleitet und die größeren Zentraleinheiten im Baukastensystem durch Bündelung gewonnen werden. Die zu überwindenden Schwierigkeiten liegen hierbei vor allem in der Entwicklung von Betriebssystemen, die modulare Rechner aus mehr als zwei Einheiten (wie etwa bei den bekannten Bi-Prozessoren) unterstützen. Fertigungstechnische Vorteile, aber vor allem auch höhere Zuverlässigkeit, leichtere Wartung und flexiblere Anpassungsmöglichkeiten an Kundenwünsche verspricht die weitergehende Modularisierung der Rechner in besondere Funktionseinheiten. Reparaturen der Anlagen, die ihre ausgefallenen Teile ohne Unterbrechung des Arbeitsablaufs abschalten und den Ausfall melden, werden dabei ebenfalls ohne Unterbrechung des Arbeitsablaufs möglich sein (175).

Bei IBM Deutschland GmbH sieht man die Entwicklung so: Die zentrale Funktion der Zusammenfassung und der zusammenfassenden Steuerung wird um so schwieriger, komplexer und umfangreicher, je weiter sich der Radius der Dezentralisation ausdehnt, je größer die Peripherie wird, die informationsverarbeitende Funktionen berühren. Dies wird eine weitere »Dezentralisierung im Zentrum« bedingen: Spezifizierte (dezentrale) Verarbeitungsfunktionen werden immer dort auf- und ausgebaut werden, wo es der jeweils erforderliche Integrationsgrad erlaubt. Die Forderungen nach größter Kundennähe einerseits und dem Entscheidungszusammenhang andererseits werden auf immer wieder neue Weise zum Ausgleich drängen. Dies bedeutet, daß das Zentrum um so mehr Funktionen verteilen wird, je mehr es diese beiden Bedingungen zulassen: Wir werden tief gegliederte Systeme erreichen, in denen die Verarbeitungs- und Steuerfunktionen über mehrere Stufen zur zentralen Integration hin- und zugleich wieder von ihr wegführen. Man hat solche Systeme mit der Bezeichnung »hierarchisch« umschrieben, obwohl dieser Begriff nur zum Teil zutreffend erscheint, denn allzusehr ist er verknüpft mit der Vorstellung vom Statischen, Unveränderlichen. Es gibt aber sicherlich nichts Flexibleres, nichts Anpassungsaktiveres als ein System, das durch gleichzeitiges Aufnehmen, Verknüpfen und Anbieten von Information über tief gegliederte Funktionskreise gleichzeitig umfassend und spezifisch ist (176).

Die Integration der Datenverarbeitung und die damit verbundene Dezentralisierung wirkt sich auch auf die Entwicklung der Peripheriegeräte aus. Im Nahbereich werden Lochstreifen und Lochkartengeräte für die Ein- und Ausgabe mehr und mehr verdrängt, Magnetbandgeräte in zunehmendem Maße nur noch für Archivierungszwecke und für den Datentausch eingesetzt. Unverändert wichtig bleiben jedoch die großen Magnetplattenspeicher, die Schnelldrucker und die großen Schriftlesegeräte. Es zeichnen sich aber auch hier bereits Entwicklungen ab, die erkennen lassen, daß nichtmechanische Techniken im Begriff sind, viele der noch mechanisch arbeitenden Teile dieser Geräte abzulösen. Der Magnetplattenspeicher wird mindestens bis 1980 seine Bedeutung beibehalten. Dabei erscheint eine Erhöhung der Speicherdichte von etwa 12 000 bit/cm² um den Faktor 100 durchaus möglich.

Bei den Schnelldruckern konzentriert sich die Entwicklung in erster Linie auf nichtmechanische Prinzipien. Neben der Erhöhung der Leistung hat auch die Beseitigung der empfindlichen Lärmbelästigung durch mechanische Druckwerke den Anstoß hierfür gegeben. Die Entwicklung optischer Lesegeräte bewegt sich vor allem in Richtung auf die Erkennung unterschiedlicher Druckbilder und im Grenzfall zumindest handgeschriebener Ziffern. Die Wichtigkeit dieser Entwicklungen leitet sich unter anderem aus der Unmöglichkeit ab, durch manuelle Übersetzung auf Lochkarten sowie Magnetbänder die für den Aufbau großer Datenbanken notwendige Erfassung von Archiven zu bewältigen.

Soweit die Nahperipherie. Nun zu den Fernperipheriegeräten. Diese sind das Bindeglied zwischen Datenverarbeitung und Anwendung. Die Dezentralisierung der Datenverarbeitungsorganisation und die Bereitstellung von Datenverarbeitungsleistungen direkt am Arbeitsplatz führen auf ein überdurchschnittliches Wachstum und Entwicklungstempo bei diesen Geräten. Das Schwergewicht liegt dabei weniger auf fernverarbeitungsfähigen Druckern und Lochkartenlesern, als vielmehr auf Kommunikationssystemen, wie Bildschirm, Datenerfassungs- und textverarbeitenden Geräten. Die Fortschritte der elektronischen Bauelemente erlauben es zunehmend, diese Geräte mit eigenen Daten-verarbeitungs-Kapazitäten auszustatten. Damit werden sich die Grenzen zwischen Kleinrechnern und »intelligenten« Datenend-geräten zunehmend verwischen. Es ist zu erwarten, daß Ver-bundzwecke solcher Geräte, an die bis zu einem gewissen Um-fang auch die übliche Nahperipherie angeschlossen werden kann, einfache Aufgaben übernehmen, die heute noch auf mittleren und großen Datenverarbeitungssystemen abgewickelt werden. Wesentliche Gesichtspunkte bei der Entwicklung der Fernperi-pherie sind die Senkung der Arbeitsplatzkosten und der Zu-schnitt der Geräte auf die vorliegende Aufgabe sowie die ar-beitsphysiologischen Eigenheiten des Menschen. Das bedeutet die Abkehr von Universal*terminals*, die nur durch unterschiedliche Software an die jeweiligen Aufgaben und deren Eigenheiten anpaßbar sind. Das bedeutet Entwicklung von speziell zuge-schnittener Hardware, wie sie heute schon von den Kleinrech-nerherstellern für bestimmte Branchen als Kassenterminal oder Bankterminal angeboten wird. Im Bereich der Fernperipherie liegen umfangreiche Entwicklungsaufgaben für die Kleinrechner-hersteller, deren Kenntnisse über die von ihnen betreuten An-wenderbranchen und Erfahrungen mit der dortigen Organisa-tion der Arbeitsabläufe Wettbewerbsvorteile versprechen (175).

Eine bedeutende Rolle für die Anwendung der Datenverarbei-tung insbesondere in kleineren und mittleren Unternehmen spie-len die Servicerechenzentren. 1975 ging man davon aus, daß in der Bundesrepublik zwischen 300 und 400 solcher Firmen mit einem Jahresumsatz von ca. 1 Milliarde DM arbeiten. In dieser Zahl sind auch die Servicerechenzentren größerer Datenverar-beitungsanwender sowie ein Teil der Softwarehäuser und Bera-tungsfirmen enthalten. Die Struktur dieser Branche ist ähnlich der der Softwarehäuser: Viele kleine Firmen haben nur einen geringen Anteil am Gesamtumsatz. Im Bereich der kleineren und mittleren Unternehmen stehen die Servicerechenzentren häufig in direkter Konkurrenz mit den Herstellern der mittleren Datentechnik (177).

Künftige Einsatzmöglichkeiten elektronischer Datenverarbei-tung zeichnen sich ab

- im Gesundheitswesen
- im Bildungswesen
- bei der Modernisierung der Technik (u. a. durch Prozeßrechner)
- bei der Datenfernverarbeitung
- im Erkennen und Verarbeiten von Mustern,
  Beispiele: Blut- oder Krebszellenanalyse, Röntgenbildauswertung, optische Qualitätsprüfung, Luftbildauswertung, Erkennung von Fingerabdrücken, Fahrzeugsteuerung sowie militärische Anwendungen.

Das sind nur einige Beispiele. In der Tat sind die Möglichkeiten nicht abzusehen. Auch nicht in der *Computer-Kriminalität*. Man muß damit rechnen, daß künftig auf den verschiedensten Datenträgern Angaben gespeichert sind, die zusammengefaßt den Lebenslauf jedes Bundesbürgers ersichtlich machen. Die Intimsphäre der Bürger ist durch die Computer gefährdet. Bürger können erpreßbar gemacht werden. Datenschutzgesetze wurden daher dringend notwendig. Noch vor der Bundesregierung machten damit zwei Länderregierungen den Anfang: Hessen 1970 und Rheinland-Pfalz 1974. Das Landesdatenschutzgesetz von Rheinland-Pfalz vom 24. 1. 1974 sieht u. a. vor, dafür zu sorgen, daß durch die Erfassung, Speicherung, Nutzung oder Löschung von Daten schutzwürdige Belange von natürlichen oder juristischen Personen sowie von nichtrechtsfähigen Vereinigungen weder beeinträchtigt noch verletzt werden. Dieser Datenschutz erstreckt sich auf alle Daten, die Pflicht zur Amtsverschwiegenheit oder besonderen Geheimhaltungspflichten unterliegen, vor allem auf alle personenbezogenen Daten, gleich in welcher Darstellungsform. Ausgenommen sind diejenigen Daten, die eine Identifizierung nicht zulassen. Personenbezogene medizinische Daten dürfen nur mit Zustimmung des Betroffenen weitergegeben werden. Die zu schüzenden Daten sind so zu erfassen, zu übermitteln und zu speichern, daß sie nicht durch Unbefugte eingesehen, abgerufen, verändert oder in anderweitiger Form genutzt werden können.
Soweit einige Auszüge aus dem Gesetz, das selbstverständlich

auch staatsrechtlich begründete Ausnahmen vorsieht und die Datennutzung regelt, insgesamt jedoch dazu angelegt ist, die Intimsphäre der Bürger zu schützen.

Mehr Kommunikation durch mehr Elektronik

Information ist Unterrichtung in Form einer Nachricht, Auskunft, Belehrung, Aufklärung. Die Information als ein wesentlicher Bestandteil der zwischenmenschlichen Beziehungen bewegt sich zwischen dem Informator, der die Nachricht übermittelt und dem Informationsempfänger, der sie aufnimmt und weiterverarbeitet. Eng verflochten mit der Information ist der Begriff Kommunikation. Er umfaßt die Methoden und Verfahren der Übertragung von Information. Die Kommunikation bedient sich bestimmter Informations- oder Nachrichtenübermittler. Bekannteste Informationsmittler sind die Post, aber auch die sogenannten Massenmedien, also Presse, Rundfunk, Film und Fernsehen (178).

Die Post nimmt in der Kommunikation eine Schlüsselstellung ein. Die Deutsche Bundespost ist ein öffentlicher Wirtschaftsbetrieb und gleichzeitig Hoheitsbetrieb der Bundesrepublik Deutschland. Sie ist mit 28 Milliarden DM Umsatz 1975 zugleich das größte und darüber hinaus eines der modernsten Dienstleistungsunternehmen in Europa. Die Post ist Arbeitgeber für rund eine halbe Million Männer und Frauen. Täglich befördert sie 30 Millionen Briefe, 0,8 Millionen Pakete und 4 Millionen Zeitungen. Täglich werden an die 40 Millionen Telefongespräche abgewickelt, davon über 95 Prozent automatisch. Etwa 1980 wird das Bildtelefon bei uns im öffentlichen Fernsprechdienst eingeführt.

Für den nationalen Telegrammdienst gibt es heute schon ein selbständiges, vollautomatisches Leitungsnetz. Die Bundesrepublik Deutschland besitzt das größte zusammenhängende nationale Telexnetz der Welt, mit dem auch 98 Prozent des Verkehrs ins Ausland in Selbstwahl geführt werden. Aber auch das zählt zum Fernmeldedienst: Die Überlassung von Fernmeldestromwegen zur Übermittlung von Nachrichten zwischen bestimmten Stellen – etwa zwischen Presseagentur und Zeitung – stationäre und fahrbare Richtfunkübertragungsanlagen für Fernsprech- und Telegraphenverkehr sowie Übertragung von Fernseh- und Tonrundfunksendungen, Fernmeldeverbindungen über Satelliten mittels Satellitenantennen und schließlich die beweglichen Funkdienste wie Seefunkdienst, Internationaler Rheinfunkdienst, öffentlicher beweglicher Landfunkdienst und Europäischer Funkrufdienst. Ohne die Deutsche Bundespost gäbe es weder Rundfunk noch Fernsehen, denn alle Programme werden von den Studios über das Leitungsnetz der Bundespost zu den Rundfunksendern übertragen und von diesen ausgestrahlt. Die Post errichtet und betreibt die Sendeanlagen für das 2. und 3. Fernsehprogramm, den Deutschlandfunk und die Deutsche Welle. Sie hat drei riesige Satelliten-Antennen, die drahtlose Übertragungen über viele Tausend Kilometer ermöglichen. Der Funkkontrollmeßdienst und der Funkstörungsmeßdienst überwachen den Funkdienst und sorgen für störungsfreien Fernseh- und Rundfunkempfang (179).

Die Post ist einer der wichtigsten Auftraggeber unserer Wirtschaft. Sie ist gesetzlich verpflichtet, in angemessenem Umfang den technischen Möglichkeiten und den Wünschen nach Verbesserung ihres Dienstleistungsangebots nachzukommen. Es überrascht daher nicht, daß die jährlichen Investitionen der Post mit 8,4 Milliarden DM (1974), davon 7,2 Milliarden DM = 86 Prozent allein für den Fernmeldebereich, etwa einem Fünftel der Investitionen der gesamten bundesdeutschen Industrie entsprechen. Zu diesem Bereich zählen allein 135 000 öffentliche Sprechstellen. Die Zahl der Fernsprechhauptanschlüsse lag Ende 1974 bei rund 12,5 Millionen. Mit 44 der neuesten Rechenanlagen zum Teil der dritten Generation – die Technik erlaubte ihre Reduzierung von 52 auf 44 – ist die Deutsche Bundespost Europas größter Anwender elektronischer Datenverarbeitungsanlagen. Insgesamt werden mehr als 150 Anwendungsgebiete aus allen Bereichen der Post-, Fernmelde- und Verwaltungsdienste mit Hilfe der EDV abgedeckt.

Die Bundespost ist eng mit der Gesamtwirtschaft verzahnt. Sie hält 75 000 Kraftfahrzeuge und ist damit der größte Kraftfahrzeugverbraucher Europas. Außerdem laufen für die Bundespost täglich 700 Bahnpost-Eisenbahnwaggons. Die Post betreibt über 1 000 Sender für das 2. und 3. Programm und verfügt über 1 000 Fernmeldetürme. Flugzeuge werden eingesetzt für täglich 50 000 kg zuschlagfreie Nachtluftpost (180). Noch immer besitzt die Bundespost große Rationalisierungsreserven, denn sie ist ein sehr personalintensives Unternehmen mit etwa 55 Prozent Personalanteil an den Gesamtaufwendungen.

Stärker als in der Vergangenheit muß die Bundespost den technischen Fortschritt in ihre Zukunftsüberlegungen einbeziehen. Der Einsatz der Technik bietet im Postwesen keine unbegrenzten Möglichkeiten. Es gibt Bereiche, die auch bis 1990 nach heutigem Erkenntnisstand eine Technisierung nicht zulassen. Das gilt für alle Bereiche der Zustellung körperlicher Gegenstände. Das Verteilgeschäft dagegen sowohl im Brief- wie im Paketdienst bietet Möglichkeiten, durch Einsatz elektronischer Verteil- und Förderanlagen den technischen Fortschritt zugunsten einer größeren Wirtschaftlichkeit zu nutzen. Auch der Annahmebereich ist nicht grundsätzlich technikfeindlich. Technisierte Selbstbedienungseinrichtungen werden in der Zukunft das Gesicht der Schalterhallen verändern. Wie es jedoch 1990 bei der Post genau aussehen wird, das läßt sich nur vermuten.

Die Kommunikation von morgen ist bei der Bundespost ein Hauptthema der Gegenwart. Die Bundespost unterstützte dabei die 1974 von der Bundesregierung ins Leben gerufene sogenannte Ktk-Kommission, die »Kommission für den Ausbau des technischen Kommunikationssystems«, die bis Ende 1975 Vorschläge für ein wirtschaftlich vernünftiges und gesellschaftlich wünschenswertes Kommunikationssystem der Zukunft vorlegen sollte. Das Ergebnis wurde in einem mehrbändigen Werk zusammengefaßt. Ausgangspunkt war, daß immer mehr Menschen immer mehr und bessere Kommunikationsmittel brauchen. Aufgabe auch der Bundespost wird es sein, dies zu ermöglichen. Man rechnet damit, daß sich bis 1985–1990 der Bedarf an Fernsprechanschlüssen verdoppeln wird. Das macht neue Methoden der Betriebssteuerung und die Ausnutzung der modernsten Er-

kenntnisse der Post- und Fernsehtechnik notwendig. Die gegenwärtig im Fernsprechverkehr verwendete Technik ist in der Fertigung, Montage und Unterhaltung zu personalintensiv. Die
technische Konstruktion erfordert einen zu hohen Flächenbedarf,
und ihre Leistungsmerkmale sind nicht mehr marktgerecht. Die
Automatisierung der Betriebsdienste ist begrenzt. Außerdem ist
sie nicht rechnergerecht und damit in der Unterhaltung automa-
tisierungsfeindlich. Deswegen soll die bestehende Fernsprechver-
mittlungstechnik schrittweise durch ein Wählsystem mit elektronischen Bauelementen und zentral gesteuerten speicherprogram-
mierten Vermittlungsstellen ersetzt werden (181).
Bereits am 29. 8. 1974 wurde in München-Perlach die erste elektronische Fernsprechvermittlungsstelle in Betrieb genommen.
Eine weitere folgte in Stuttgart. Dieses elektronische Wählsystem (EWS) ermöglicht es, dem Fernsprechteilnehmer eine Vielzahl neuer Dienste anzubieten. Augenfälligste Neuerung ist der
Fernsprechapparat mit Wähltastatur statt Wählscheibe. Von den
zwölf Tasten werden zehn für die Ziffern 1 bis 0 und zwei für
Steuerzwecke genutzt. Mit Druck auf die Steuertasten und bestimmte Dienstkennzahlen können die Teilnehmer sich selbst
verschiedene Betriebsmöglichkeiten erschließen ohne notwendige
Umschaltungen durch das Personal. So kann man z. B. seinen
Anschluß vorübergehend selbst für alle ankommenden Gespräche sperren. Bestimmte abgehende Verkehrsarten, z. B. Ferngespräche, können auf Wunsch gesperrt werden.
Es wird überall Konferenzschaltungen geben. Zu einem späteren Zeitpunkt wird die Selbstumschaltung auf Fernsprechauf-
tragsdienst und die Selbsteingabe von vollautomatisch ausge-
führten Weckaufträgen sowie die Nachwahl während eines Gesprächs möglich sein. Der Dienst Kurzwahl erleichtert den An-
ruf bei häufig benötigten Gesprächspartnern durch Wahl einer
ein- oder zweistelligen Kurzrufnummer. Die dazugehörende
vollständige Rufnummer wird zu diesem Zweck eingespeichert
(179). Wählt man im EWS-Wählsystem einen Anschluß an, der
besetzt ist, braucht man auch bei Dauerrednern nicht zu verzwei-
feln. Entweder wird der Hörer wieder aufgelegt und das Telefon überprüft selbsttätig, wann die Leitung frei wird, oder nach

Beendigung des ersten Gesprächs wird das zweite ohne neues Anwählen automatisch aufgeschaltet. Ein leiser Klopfton im Hörer des Gesprächspartners macht ihn in der Zwischenzeit auf das wartende Gespräch aufmerksam. Die Bundespost schuf 1974 ein für alle Telexteilnehmer zugängliches Datendirektrufnetz. 1975 hatte das Telexnetz über 105 000 Teilnehmer. Das Interesse ist hier sehr groß, weil feste Verbindungen für viele Datenanwendungen und bestimmte Systemkonfigurationen vorteilhaft sind. Die automatische Betriebsabwicklung gestattet es, die billigen Nachttarife ohne personelle Mehrkosten auszunutzen. Die Deutsche Bundespost hat mit dem Ausbau eines integrierten Fernschreibnetzes begonnen. Es ermöglicht, die verschiedenen Dienste Telex, Datex, Datensondernetze und Direktrufnetz in einem einzigen Netz zu integrieren. Das verwendete Vermittlungssystem *EDS* ist ein zentral gesteuertes und speicherprogrammiertes Leitungsvermittlungssystem. Neben verschiedenen Geschwindigkeitsstufen bietet EDS auch die Möglichkeit, verschiedene Teilnehmerklassen mit verschiedenen Privilegien einzurichten, was dem Bedürfnis nach Individualverkehr in Sondernetzen entgegenkommt. Ab 1976 wird die Geschwindigkeitsklasse 2400 bit/s bundesweit eingeführt. Zum Ausbau des Netzes gehört auch die Einführung digitaler Übertragungsverfahren. Sie sind nicht nur wirtschaftlicher, sondern erhöhen auch die Übertragungsgüte. Heute (1976) sind in öffentlichen und privaten Netzen rund 18 000 Datenterminals in Betrieb. Eine Studie sagt für 1985 den Einsatz von etwa 220 000 Terminals voraus.

Der voraussichtliche Finanzbedarf für das integrierte Fernschreib- und Datennetz wird vom Bundesministerium für Forschung und Entwicklung angegeben in Millionen DM mit

Jahr	1973–75	1976	1977	1978	1979	1980	1981
Mill DM	233	216	177	189	94	65	50

Mit dem Ausbau dieses Netzes ist das Basis-Dienstleistungsangebot der Deutschen Bundespost zunächst abgerundet. Der weitere Ausbau wird darin bestehen, für mittlere und höhere Datenübertragungsgeschwindigkeiten die zentrale Taktgabe einzuführen sowie Leistungsmerkmale bereitzustellen, die eine Zusammenarbeit zwischen verschiedenen Fernverarbeitungssystemen erleichtern (175).

Die Kabeltechnik wird sich ändern. Ersparnisse werden durch Erhöhung der vermittlungstechnischen Reichweite und durch Einsparung von Kabeln erzielt. Im elektronischen *EWS-System* entfällt die bisher notwendige dritte Kabelader zur Übertragung des Belegtzeichens. Hohlkabel sind in Erprobung, mit denen per Mikrowellen 100 000 Gespräche und mehr gleichzeitig übertragen werden. Die *PCM-Technik* von Siemens erlaubt bereits wirtschaftliche Mehrfachnutzung vorhandener Fernsprechleitungen. Das sind statt einem dann 30 Gespräche, selbst über Leitungen mit kleinem Störabstand. Versuche mit Laserstrahlen dienen ebenfalls der Erforschung neuer Übertragungsmöglichkeiten. Man rechnet mit 1 Million Ferngespräche auf Laserstrahlen in Glasfaserleitungen. Automatische Briefverteilanlagen sind bereits technische Realität wie automatische Paketverteilungsanlagen. Sie werden immer stärker eingesetzt.

Das technische Kommunikationssystem der Zukunft soll zur Übertragung zahlreicher Fernseh- und Rundfunkprogramme, für neue Kommunikationsmittel, wie z. B. elektronische Zeitungen und Bilddienste, sowie für wechselseitig betriebene Breitbandsysteme, d. h. für den Austausch von Bildern und Daten, verwendet werden. Die technische Realisierung könnte darin bestehen, daß die im Fernnetz verwendeten breitbandigen Kabel- und Richtfunksysteme auf die Netzausläufer in der Ortsebene ausgedehnt werden.

Von der Vielzahl der möglichen neuen Dienste in diesem Kommunikationssystem dürfte das »Kabelfernsehen«, die kabelgebundene Verbreitung von Fernseh- und Tonrundfunkprogrammen, an erster Stelle stehen (181). Nach erwähntem KtK-Bericht ist dieses Vorhaben technisch realisierbar. »Nur« finanzielle Probleme sind zu überwinden. Noch ist Kabelfernsehen, ausgenommen in wenigen Versuchsanlagen, durch die Rundfunkpolitik bislang untersagt. Kabelfernsehen bietet eine Reihe von Vorteilen:

- Interesse am Empfang ausländischer Programme
- Auffüllung der Versorgungslücken (durch Topographie, Hochhäuser usw.) bei nationalen Programmen
- Erhaltung historischer Stadtbilder. Kein »Antennenwald«
- Geringhaltung anteiliger Kosten je Teilnehmer bei Erweiterung (Satellitenfernsehen!)
- Mögliche Versorgung aus übergeordneten Kabelnetzen
- Erschließen künftiger Einnnahmequellen (internes Programm)
- Möglichkeit kommunaler und politischer Einflußnahme (182).

Die KtK ermittelte anhand eines Planungsmodells die Investitionen für Kabelfernseh-Ortsnetze. Als Technik wurde die zur Verfügung stehende Koaxialkabel-Technik zugrunde gelegt. Bei der Investitionsplanung ging man von der Annahme aus, daß 12 Fernsehprogramme verteilt werden sollen. Zur Versorgung aller Gemeinden mit mehr als 20 000 Einwohnern (Versorgungsgrad 53 Prozent) wären unter den getroffenen Annahmen etwa 9 Milliarden DM erforderlich. Dieser Betrag würde sich auf 14 Milliarden DM erhöhen, wenn alle Gemeinden mit mehr als 5 000 Einwohnern (Versorgungsgrad 74 Prozent) mit Kabelfernsehen versorgt werden. Bei der Einbeziehung aller Fernsehhaushalte in entsprechende Kabelfernsehnetze erfordert das KtK-Planungsmodell den Investitionsbetrag von etwa 22 Milliarden DM. Dabei blieb die Versorgung abgelegener Einzelgebäude unberücksichtigt. Umgerechnet auf den einzelnen Teilnehmer würden sich entsprechend der Gemeindegröße zwischen 650 und 1650 DM Anschlußkosten ergeben.
Alle Angaben beziehen sich auf Preisbasis des Jahres 1974 und stellen erste Schätzwerte dar. Bei diesem Investitionsvolumen muß man berücksichtigen, daß die wesentlichen Investitionen in den teilnehmernahen Netzebenen liegen. Sie sind daher abhängig von der noch zu bestimmenden organisatorischen Struktur und müßten zumindest teilweise vom Teilnehmer direkt finanziert werden. Es ist auch zu beachten, daß die Kabelfernseh-Ortsnetze erst allmählich aus Gemeinschaftsantennen-Anlagen heraus zusammenwachsen. Daher würden sich die Investitionsausgaben über einen längeren Zeitraum verteilen. Bereits vor-

handene Gemeinschaftsantennen-Anlagen blieben bei der Berechnung des Investitionsaufwandes unberücksichtigt. Die Möglichkeit einer umgekehrten Nachrichtenübermittlung vom Teilnehmer zur Kabelfernseh-Sendestelle ist technisch gegeben. Sie würde Voraussetzung zur Realisierung vieler zusätzlicher Dienste sein, etwa interaktiven Unterricht, Informationsdienste, individuelle Übertragung stehender Bilder u. a. m. Beim heutigen Stand der Technologie dürfte eine entsprechende Teilnehmereinrichtung mehrere tausend DM kosten. Vielleicht bringt neue Technologie auch hier eine Kostensenkung (183).

Der Satellitenfunk wird erweitert. Fernmeldesatelliten sind Richtfunkstellen im Weltraum. Ein Satellit in 36 000 km Höhe über dem Äquator kann Erdfunkstellen auf einem Drittel der Erde miteinander verbinden. Schon 3 Satelliten reichen für einen weltumspannenden Fernmeldeverkehr. Jeder Satellit kann bis zu 6 000 Ferngespräche oder 12 Fernsehprogramme gleichzeitig übertragen. Weitere weltweite Nachrichtenverbindungen sind Seefunkdienst, Überseefunk und Seekabel. Auch hier sind technologische Fortschritte zu erwarten (184).

Im Einsatz von Fernsehrundfunksatelliten für Programm-Direktempfang besteht nach Ansicht der Experten die einzige realisierbare Chance, den Frequenzen-Engpaß im dichtbesiedelten Europa mit den heute verfügbaren technischen Mitteln zu überwinden. Siemens hat als Hauptauftragnehmer zusammen mit den Firmen Messerschmitt-Bölkow-Blohm und Standard Elektrik Lorenz im Auftrag des Bundesministeriums für Forschung und Technologie das Konzept für ein Fernsehrundfunksatelliten-System erarbeitet. Bei den im VHF- und UHF-Bereich zur Verfügung stehenden Frequenzen ist in der Bundesrepublik Deutschland eine Vollversorgung nur mit maximal drei Fernsehprogrammen möglich. Für zusätzliche Programme müßte man in den Bereich um 12 Gigahertz ausweichen. Hier scheitert eine Versorgung mit terrestrischen Mitteln an den immensen Kosten. Die Programmverteilung über einen 683 kg schweren Fernsehrundfunksatelliten wäre eine wirtschaftliche Lösung. Das dafür ausgewählte Gebiet würde lückenlos mit einheitlicher, gleichbleibender Bildqualität versorgt. Der Satellit würde für

eine Mindestlebensdauer von fünf Jahren bemessen. Ein zweites
Konzept sieht einen 802 kg schweren Synchronsatelliten für die
Versorgung des deutschsprachigen Raumes in Westeuropa mit
ebenfalls vier Programmen vor. Er würde mit 680 W Leistung
je Kanal arbeiten und einen Solargenerator mit einer Leistung
von mindestens 6 880 W benötigen (185). Auf der Genfer Kon-
ferenz im Februar 1977 rechnete man für Bau und Abschuß pro
Funksatellit mit Kosten von einer Milliarde Dollar.

Druckmedien unter Druck

Die Druckmedien, das sind vor allem Zeitungen, Illustrierte,
Fachzeitschriften und Bücher, befinden sich in einem Strukturwandel. Neue Informationstechniken halten auch hier Einzug.
Kostenexplosionen bei Personal, Papier und Herstellung machen das notwendig. Neue Medien zwangen bereits zum Umdenken. Ein Beispiel dafür ist das Fernsehen, das wenige Jahre
nach seiner Einführung zum Leitmedium für Information und
Unterhaltung wurde. Deshalb mußten die übrigen Medien neue
Konzeptionen entwickeln, Kontrast, Ergänzung und Bereiche-
rung anbieten. Die Zeitungen wurden in ihrer Aufmachung
»visueller«, graphisch aufgelockerter. Sie nahmen neue Themen
auf. Verstärkt wurde der Lokalteil, den das Fernsehen nicht
genügend bedienen kann. Auf dem Büchermarkt übernahm das
Sachbuch die Führung (186).
Beginnen wir mit der Tageszeitung. Trotz eines gewaltigen
Schrumpfungsprozesses konnte sie sich im Gesamtgefüge der
Medien gut behaupten. 1950 gab es in der Bundesrepublik
Deutschland 755 Zeitungen als Hauptausgaben und 286 als Nebenausgaben in 12,1 Millionen Auflagenhöhe. 1973 waren es
noch 314 Haupt- und 808 Nebenausgaben mit einer Gesamtauflage von 21,3 Millionen. Die folgenden Jahre sind wegen Titel-
reduzierung und neuem Zählmodus schwer vergleichbar. Wie
Dr. Binkowski, Präsident des Bundesverbandes Deutscher Zeitungsverleger sagte, ergab eine von einer Wirtschaftsprüfungs-
gesellschaft kontrollierte Erhebung, daß im dritten Quartal

1974 von 169 Zeitungen 92 in die Verlustzone geraten waren. Eine Reihe von Verlagen mußte trotz gestiegener Gesamtauflage 1975 aus wirtschaftlichen Gründen Zeitungsausgaben einstellen oder ihre ökonomische Unabhängigkeit aufgeben. Letzteren blieb nur der größere Verbund, um die publizistische Selbstständigkeit der Zeitung zu erhalten (187).

Die Zeitungen hängen – im Doppelsinn des Wortes – an Papier und Druckerschwärze. Sie drängen sich nicht in die Elektronik. Vielmehr kommt die Herausforderung von der Technik, die neue Kommunikationsmittel entwickelt hat. Selbst wenn noch nicht feststeht, wie sie genutzt werden, zeichnen sich mögliche Änderungen der Kommunikationsformen ab. Davon werden alle betroffen, die publizistisch tätig sind. Herausgefordert sind gleichermaßen die gedruckten wie die bestehenden elektronischen Medien. Der Zugang zu den neuen Techniken muß für alle Beteiligten frei sein. Die Zeitungen dürfen von vornherein durch restriktive Bestimmungen – zum Beispiel den derzeit gültigen Rundfunkbegriff – nicht daran gehindert werden, elektronische Transportmittel wie die Bildschirmzeitung einzusetzen (188).

Die Bildschirmzeitung wird Informationsgewohnheiten ändern. Mit dem *Ceefax-* oder dem technisch gleichwertigen *Oracle-System* bricht das Fernsehen erstmals auf breiter Front in die bisherige Domäne der Tageszeitung ein: in die Übermittlung tagesaktueller Information in geschriebener Form. Noch 1974 als technische Spielerei abgetan, ist diese Form der Nachrichtenübermittlung seit Spätsommer 1975 in Großbritannien bereits Realität, vorausgesetzt, die Empfänger haben ein entsprechendes Zusatzgerät. Der Ceefax-Leser hat eine 99seitige elektronische »Zeitung« zur Verfügung, in der er nach Belieben »blättern« kann. Dazu tippt er auf einen Selektor, ähnlich dem von Fernsehgeräten her bekannten Fernbedienungsteil, zunächst eine Zahlenfolge ein, um das »Inhaltsverzeichnis« zu erhalten. Durch Eingeben der Seitennummer erscheint nach rund 20 Sekunden die gewünschte Seite schwarz-weiß oder farbig auf dem Bildschirm. Auch in der Bundesrepublik liefen bereits ceefax (phonetisch aus »see-facts« gebildet) – Versuchssendungen, ohne daß dies von den Fernsehteilnehmern bemerkt wird. Die Übermittlungssignale reisen sozusagen im Huckepackverfahren auf Fernsehbildsignalen mit. Das bedeutet, daß die eigentliche Übermittlung von »Teletext« oder »Bildschirmzeitung« praktisch nichts kostet. Bis auf die redaktionelle Bearbeitung des Materials und einem zusätzlichen Prozeßrechner entstehen den Sendern keine zusätzlichen Kosten. Die deutschen Rundfunkanstalten gaben vor, nur Amtshilfe für Forschungszwecke auf diesem Sektor zu leisten. Doch die Firma Grundig baut bereits von ihr entwickelte und für »Teletext« benötigte Decoder für die Engländer. Grundig erhofft sich dieses Geschäft auch einmal für die BRD.

Auch die britische Nachrichtenagentur Reuters Ltd., mit einem Drittel an der Frankfurter VWD-Vereinigte Wirtschaftsdienste GmbH beteiligt, entwickelte über ihre US-Tochter IDR Information Dissemination and Retrival Inc. ein Bildschirmzeitungssystem, das bei der Manhattan Cable Inc. in New York (70 000 Anschlüsse 1975) auf Kanal 26 arbeitet (189).

Die Bildschirmzeitung kann die normale Zeitung nicht ersetzen, sondern wird sie ergänzen. Sie verstärkt höchstens den Druck auf die Druckmedien. Der Bürger fühlt sich von Funk und Fernsehen nicht genug informiert. Der Druckerstreik 1976 brachte es an den Tag: Ohne Zeitungen verödet unser Kommunikationssystem. Ohne die anregende Wirkung der Zeitungen verloren sogar die Fernsehnachrichten Zuschauer. Das Allensbacher Institut für Demoskopie erhärtete diese Feststellungen. Institutschefin Frau Prof. Noelle-Neumann, auch Publizistik-Wissenschaftlerin an der Universität Mainz, war der Ansicht, daß Unterbrechungen von Lesegewohnheiten sogar gefährlich werden könnten. Der Anstieg des Bildungsniveaus und damit vergrößerter Lesefähigkeit, zunehmende Freizeit und allgemeine Einkommenserhöhungen und sogar das Fernsehen selbst haben einen gewissen Trend zu den Kaufzeitungen gefördert. Auf die Frage: »Was fehlt Ihnen am meisten, wenn es keine Zeitungen gibt?« bezeichneten als »besonders vermißt« 66 Prozent Lokales, 44 Prozent Familienanzeigen, 36 Prozent Sportberichte, 35 Prozent Politik aus Bonn und 32 Prozent Geschäftsanzeigen (190).

Noch einmal zurück zum Streik der Setzer und Drucker im

Jahr 1976. Als er sich ankündigte, zogen die Manager des
»Spiegel« rasch und ganz ungewerkschaftliche Konsequenzen:
Man orderte ein halbes Dutzend IBM-82-Satz-Composer. Ein
volles Dutzend Sekretärinnen setzte sich davor und tippte die
200 »Spiegel«-Seiten ein. Composer sind Schreibmaschinen fast
zum Verwechseln ähnlich. Sie machen Setzer und Metteure überflüssig. Die Leistung betrug 600 000 Buchstaben in der Stunde.
Das entsprach dem 100fachen einer Bleisetzmaschine mit Hand-
bedienung. Noch war das eine Improvisation. Doch hohe Lohnkosten zwingen zum Umdenken. Personaleinsparung durch Rationalisierung wurde bereits für viele Betriebe zur Frage der
Existenzsicherung.

Die Notwendigkeit zur Umstellung konventioneller Druck- und
Informationssysteme auf Elektronik in Redaktion und Druckerei beweist eine Zahl recht augenfällig: Die Financial Times in
London, ein heute durchaus profitables Unternehmen, nimmt an,
daß sie, wenn es bei der bisherigen Art der Zeitungsherstellung
bliebe, von 1978 an pro Jahr 1,5 Millionen Pfund verlieren
würde. Die Möglichkeiten, dies zu verhindern, sind längst nicht
ausgeschöpft. Im Gegenteil: Viele Druckereien arbeiten heute
noch wie vor fünfzig oder hundert Jahren. Gerade dort, wo
große Textmengen in kürzester Zeit gedruckt werden müssen,
also bei den Zeitungen und Zeitschriften, bieten sich ungewöhn-
liche Möglichkeiten der rationelleren Bearbeitung. Denn der derzeitige Gang der Produktion ist unnötig kompliziert und deshalb unnötig teuer und fehlerintensiv. Ein Manuskript wird geschrieben, telefonisch übermittelt, dann wieder geschrieben, dann
redigiert, dann beim Setzen wieder abgeschrieben. Das sind
mindestens zwei Schreibvorgänge zuviel. Künftig wird es so
sein: Der Autor schreibt seinen Beitrag von Anfang an in einen
elektronischen Speicher, auf einem Bildschirm wird der Text
papierlos redigiert und per Knopfdruck unmittelbar in die Setz-
maschine gegeben. Nun folgt das Redigieren am Bildschirm.
Dafür gibt es hauptsächlich zwei Systeme: Das *Video Display
Terminal* »VDT«- und das *Optical Character Recognation*
»OCR«-System. Es würde zu weit führen, hier auf technische
Einzelheiten einzugehen. Im Bereich der Nachrichtenbearbeitung

bevorzugt man bei der elektronischen Modernisierung von Zeitungsredaktionen offensichtlich das VDT-Bildsystem. In welchem Umfang dieses System, das grundsätzlich mit dem besonders einfach steuerbaren und schnell produzierenden Fotosatz arbeitet, bereist eingeführt ist, belegt eine Zahl aus den Vereinigten Staaten: Dort gab es 1970 in den Druckereien noch rund 10 000 Bleisetzmaschinen. 1975 waren es nur noch rund 3500. Im selben Zeitraum stieg die Zahl der Bildschirmredigiergeräte von 23 (1970) auf rund 15 000 im Jahr 1975 (191).

In der Bundesrepublik gibt es kaum noch eine bedeutende Regionalzeitung, die sich nicht mit elektronischen Redigiersystemen befaßt. In einigen Zeitungen sind sie bereits installiert, so zum Beispiel bei der Westdeutschen Allgemeinen Zeitung (WAZ) in Essen. Von 1977 an stellt die Deutsche Presseagentur (dpa) ihre fernschriftliche Informationsübermittlung auf ein System um, das einerseits alle Außenredaktionen per Bildschirm mit der Zentrale in Hamburg verknüpft, andererseits den angeschlossenen Verlagen die Möglichkeit bietet, die dpa-Nachrichten unmittelbar in den Satzcomputer der jeweiligen Zeitung einzulesen. Das spektakulärste elektronische Redigiersystem wird derzeit bei der New York Times (Auflage 845 000 Exemplare) installiert. Der Verlag kaufte für drei Millionen Dollar ein System, das 325 Schreib- und Redigierbildschirme (Terminals) umfaßt. Der Anzeigenteil wurde in die Textverarbeitung voll einbezogen (191).

Der Rationalisierung in der Redaktion durch Terminals oder OCR-Leser entspricht in der Druckerei die Umstellung auf Fotosatz. Während bei der konventionellen Herstellung des Satzes (der Druckzeilen also) Zeile für Zeile gegossene Bleilettern hergestellt werden, ist das Fotosatzverfahren ein »kaltes« Satzherstellungsverfahren auf opto-elektronischer Basis. Gesteuert durch einen Lochstreifen, durch Magnetbänder oder Magnetplatten, auf denen der Text zwischengespeichert ist, werden aus einer lichtdurchlässigen Schrifttafel mehrere hunderttausend einzelne Buchstaben je Stunde durch einen Lichtstrahl auf lichtempfindliches Material geschossen. Das belichtete Material, negativ oder positiv, wird nach fotochemischer Entwicklung mit der Schere geschnitten und auf Layout-Seiten geklebt (»montiert«). Sie geben dann, fotografisch reproduziert, die Vorlagen für die Druckplatten. Druckereien, die schon mit Fotosatz arbeiten, werden zwangsläufig früher oder später auf elektronische Redigiersysteme zusteuern müssen, wenn sie den Nutzen des Fotosatzes ganz ausschöpfen wollen (191).

Mit den Terminals, dem OCR-Leser und dem Fotosatz jedoch ist die elektronische Revolution im Druckbereich nicht beendet, vielmehr hat sie damit erst begonnen: Das Ziel der sogenannten integrierten Zeitungsproduktion ist die Elektronifizierung des gesamten Arbeitsganges vom ersten Erfassen der Nachricht bis zur fertigen Zeitung, alle am Produktionsprozeß Beteiligten eingeschlossen, zum Beispiel auch die Anzeigenabteilungen. Keine Produktionsstufe darf ausgespart bleiben, wenn vermieden werden soll, daß die innerbetrieblich technologische Kette effizienzmindernd unterbrochen wird. So können auch in künftigen Systemen nach Herstellung des Fotosatzes die einzelnen Seiten auf Bildschirmen zusammengestellt und die ganze Seite dann sofort in eine Direktdruckplatte umgewandelt werden (191).

Gegenwärtig geht das noch über die Ausgabe eines Positivfilms, von dem man ein Negativ zieht. Davon kopiert man die Offset- oder Hochdruckplatte. Den Positivfilm kann man umgehen, wenn man gleich aus der Fotosetzmaschine einen Negativfilm ausgibt – was mit Hilfe der Elektronik zu lösen ist. Aber selbst der Negativfilm erübrigt sich, wenn man sofort auf eine beschichtete Druckplatte ausgibt. Mit dem elektronisch gesteuerten Laserstrahl geht auch das. Damit wäre das integrierte System von der Information bis zur Platte komplett (192). Selbstverständlich sind auch alle folgenden Produktionsschritte, auch das Verpacken und der Versand, vollelektronifiziert. Anschriften beispielsweise werden nicht mehr aufgeklebt, sondern nach dem auch in Deutschland bereits arbeitenden *Ink-Jet-System,* Stück für Stück einzeln programmiert, aufgesprüht. Das »Drucken« hierbei ist nicht mehr an eine Druckplatte gebunden, von der es gilt, so viele Kopien wie möglich herzustellen: Die Elektronik macht es möglich, rationell auch von einer einzigen Vorlage nur eine Kopie herzustellen (191).

Die weitere Entwicklung ist vorauszusehen. Mit Einführung des Fotosatzes wird etwa ein Drittel der an der Produktion beteiligten Kräfte eingespart. Bei integrierter Zeitungsproduktion mit Fotosatz und Terminals bzw. OCR spart man sogar zwei Drittel. Die Zweiteilung von geistiger und handwerklicher Produktion besteht nicht mehr. Der Redakteur am Bildschirm ist Autor und Setzer. Dem Redakteur fällt ein wesentlich höheres Maß an belastender Verantwortung zu, denn Kontrolle und nachgeschaltete Korrektur würden den Wirkungsgrad des Systems schmälern. Ohne Zweifel werden die neuen Systeme auch auf den Schreibstil wirken: Der Aufbau der Beiträge wird standardisierter, der Vorspann, das sogenannte lead, nach strengen Richtlinien aufgebaut, wird Pflicht, da er als Kurzfassung des Textes besonders gut speicherbar ist (191).

Das Schlüsselwort der Druckindustrie heißt Schnelligkeit. Ebenso strapazier- wie leistungsstarke Druckgeräte ermöglichen es den Verlagen, in immer kürzerer Zeit immer höhere Auflagen zu drucken. Seit Jahren verändern sich die Anteile der Hauptdruckverfahren an der Druckproduktion:

	Hochdruck	Flachdruck	Tiefdruck
1965	63,6 %	20,3 %	16,1 %
1970	57,7 %	24,2 %	18,1 %
1974	53,2 %	29,5 %	17,3 %
2. Quartal 1975	51,4 %	31,6 %	17,0 %

Die Veränderung der Marktanteile der drei großen Hauptdrucktechniken ist ein eindeutiger Beleg für das Vordringen des Flachdrucks auf Kosten des Hochdrucks, aber auch teilweise zu Lasten des Tiefdrucks. Dieser Substitutionsvorgang hat sich in den letzten Jahren beschleunigt (193). Unter den Flachdruckverfahren findet der Offsetdruck besonders großes Interesse. Er druckt indirekt. Träger des Druckbildes sind meist Zink-, Aluminium- oder Bi-Metall-Platten. Von ihnen werden Schrift oder Bild auf einen mit Gummituch überzogenen Zylinder und von diesem auf das Papier übertragen. Das Gummituch schmiegt sich auch rauhen Flächen gut an. Daher kann man mit dem Offset-verfahren auf normalem Zeitungspapier, das keine Offset-Qualität haben muß, mehrfarbige Bilder drucken, wie sie beim Hochdruckverfahren qualitätsmäßig nicht erreicht werden können, und das bei einer Geschwindigkeit bis zu 36 000 Zylinder-umdrehungen pro Stunde = zehn Umdrehungen pro Sekunde. Zusammen mit dem Lichtsatz gehört dem Offsetdruck unter gewissen Voraussetzungen die Zukunft. Auch bei hoher Vielfachproduktion ist die Druckformherstellung wirtschaftlich. Von einer Offsetplatte kann man Auflagen bis zu 400 000 Exemplaren drucken. Weitere gleiche Platten können von gleichen Vorlagen schnell hergestellt werden. Die Anlagen sind sehr flexibel. Das macht den Einsatz von Teilbelegungsanzeigen auch in Farbe wirtschaftlich. Gegenüber dem Tiefdruck bietet Offset-druck wesentlich verkürzte Herstellungszeiten. Inserenten können statt Farbsätze Dias liefern. Man kann dieselben Originale wie beim Tiefdruck verwenden. Bei einfarbigen Anzeigen genügt die Übergabe reprofähiger Abzüge anstelle von Matern. Dies sind nur einige Gründe, die das Vordringen des Offset-drucks begünstigen. Größte Offsetmaschinen-Hersteller in der Bundesrepublik Deutschland sind die zum Gutehoffnungshütte-Konzern zählende Roland Offset und die Rheinelektra-Tochter Heidelberger Druckmaschinen.

Offsetdruck hat jedoch auch seine Schwächen. Die Ausschuß-quote ist doppelt so hoch wie beim *Hochdruck,* was besonders Zeitungen mit mehreren Auflagen trifft. Hochdruck ist im allgemeinen billiger als Rollenoffset. Nachdem Fotopolymer-platten auf einen annehmbaren Preis und eine aktualitätsgerechte Herstellungsweise bei der erforderlichen Prozeßgenauigkeit kamen, ist wieder eine echte Alternative zum System des Fotosatz-Offset entstanden. Bei der MAN verteilten sich im Halbjahr Oktober 1975 – März 1976 die Auftragseingänge für den Zeitungsdruck zu 70 Prozent auf Offset und zu 30 Prozent auf Hochdruck (194). *Tiefdruck* erreicht höhere Geschwindigkeiten, größeren Automationsgrad und höhere Druckqualität auf billigen Papieren. Dem steigenden Holzstoffpreis sucht man durch immer mehr mineralische Füllstoffe im Papier zu begegnen. 70 g Tiefdruckpapier enthalten nur soviel Holz wie 45 g Zeitungspapier. In einigen Jahren wird der Preis beider Papiere gleich sein. Das bringt dem Tiefdruck auch von dieser Seite Vorteile vor dem Offsetdruck.

Alle Illustrierten in der Bundesrepublik werden im Tiefdruckverfahren hergestellt. Beim Tiefdruck kann gegenüber dem Hochdruck keine Form zugeschmiert werden, und gegenüber dem Offsetdruck kann sich kein Gummituch zusetzen. Das Tiefdruckverfahren ist das einzige Rotationsdruckverfahren, das mit variablem Umfang arbeitet. Beim qualitativen Rollenoffsetdruck erfolgt der Trockenvorgang durch Lösungsmittel mit hohem Siedepunkt, die nicht rückgewonnen werden können, sondern aus Gründen des Umweltschutzes im Nachverbrenner vernichtet werden müssen. Die Lösungsmittel im Tiefdruckverfahren sind leicht flüssig und rückgewinnbar. Es sieht so aus, daß der Tiefdruck den technischen Vorsprung anderer Druckverfahren aufholt. Dipl.-Ing. Boris Fuchs von der Albert-Frankenthal AG erregte mit seinem diesbezüglichen Referat auf dem Amsterdamer Kongreß der Forschungsvereinigung Europäischer Zeitungsdrucker »IFRA« im Oktober 1975 Aufsehen. Albert-Frankenthal baut mit ihrer Albert TR 5 S die zur Zeit (1976) schnellste Tiefdruckrotation der Welt. Im gesamten Umfangsvariabilitätsbereich von 880 bis 1280 mm erreicht sie 40 000 Zylinderumdrehungen pro Stunde = 80 000 Exemplare. Speziell für diese hohe Leistung wurde ein Falzapparat (Falzapparate sind sozusagen das »Nadelöhr« für Geschwindigkeitssteigerungen) mit einer Reihe technischer Neuerungen entwickelt, die weitere Leistungssteigerungen von Rollendruckmaschinen ermöglichen. Im Sommerseminar 1975 der Heidelberger Druckmaschinen AG äußerte sich der US-amerikanische Drucktechnik-Zukunftsforscher Michael H. Bruno positiv zur Weiterentwicklung des Tiefdrucks. Er prophezeite für den graphischen Markt der USA eine Steigerung des Marktanteils von derzeit 12 Prozent auf 30 Prozent im Jahr 1990. Gleichzeitig sprach er von einem Absinken des Hochdrucks von 45 Prozent auf 25 Prozent. Offset dürfte bis 1980 einen Anstieg von 37 Prozent auf 40 Prozent haben, um danach auf 35 Prozent zurückzufallen. Interessant war die Mitteilung von Albert-Frankenthal, daß sie 1976 bereits zunehmend mehr Aufträge für Tiefdruckmaschinen aus den USA erhielt.

Bei den Illustrierten ist der Konzentrationsprozeß schon abgeschlossen. Der Trend geht hier zu zielgruppen- oder themenspezifischen Zeitschriften, beispielsweise für Eltern, Segler, Hobbies, Populärwissenschaften, Politik oder Wirtschaft. Nach den heutigen Anzeichen werden sie in Zukunft ihren Markt noch erweitern (186).

Die Bedeutung der Fachpresse ergibt sich schon daraus, daß sie 1975 eine Auflagenhöhe von 23,4 Millionen Exemplaren erreichte. Das war etwa soviel wie bei der Tagespresse. Diese Zahlen stammen von der IVM-Informationsgemeinschaft zur Feststellung der Verbreitung von Werbeträgern in Bonn-Bad Godesberg. Tatsächlich dürfte die Gesamtauflage der Fachpresse bei rund 40 Millionen Exemplaren liegen, die von schätzungsweise 3 000 bis 3 500 Titeln bestritten werden. Kurz: Eine »Klein-Klein-Branche« – groß in der Vielfalt (195).

Zu den fundamentalen Aufgaben und Leistungen der Fachpresse ist zu sagen: Die Fachpresse
– vermittelt Wissen für Lehrende und Lernende,
– ist jedermann zugänglich,
– liefert die Möglichkeit frei Haus, sich mit den neuesten Erkenntnissen aus aller Welt vertraut zu machen,
– ermöglicht lebenslanges Lernen,
– sichert die berufsbegleitende Weiterbildung,
– sorgt dafür, daß sich der Arbeitnehmer in einer mobiler gewordenen Arbeitswelt nach Berufswechsel schneller zurechtfindet,
– baut Bildungsprivilegien der Gesellschaft und Informationsmonopole in den Betriebs- und Verwaltungshierarchien ab,
– gibt ein Spiegelbild der Struktur unserer arbeitsteiligen Gesellschaft und ihrer zahllosen Interessen,
– ermöglicht und fördert den interdisziplinären Erfahrungsaustausch,
– regt Forschung und Entwicklung in allen Innovationsebenen an,

- stellt sicher, daß die Ergebnisse von Forschung und Entwicklung zügig die Fachwelt und den Bürger erreichen,
- übermittelt berufliches Fachwissen rationell und kostengünstig in die Betriebe und Verwaltungen,
- ist der wichtigste Katalysator im Umsetzungsprozeß von technischem Wissen in wirtschaftliche Nutzung (Blaupausen-Export),
- ist die im industriellen Bereich und nicht nur dort am meisten genutzte Primärinformationsquelle,
- bietet die einfachste und bequemste Form der Wissensvermittlung, vom Gespräch abgesehen,
- steht nach Nutzungshäufigkeit an zweiter, nach Nutzungsbewertung hinter Fachgesprächen mit Kollegen und Vorgesetzten an dritter Stelle aller Medien bzw. Informationskanäle,
- hilft den durch Informationslawinen auf allen Gebieten von Wissenschaft, Technik, Wirtschaft und Gesellschaft immer mehr beschleunigten »Informationsumsatz« vernünftig aufzubereiten,
- ist Träger der sachlichen Kommunikation aller Bereiche der Industriegesellschaft (196).

Der Fachzeitschrift wird eine gute Zukunft vorausgesagt. Allerdings ist zu erwarten, daß Fachzeitschriften aus den Innovationsbereichen nach und nach in Datenbanken gespeichert werden. Der überwiegende Teil aber wird noch für lange Zeit seine Aufgaben in der konventionellen Form erfüllen können. Der *tägliche* Zuwachs bei Fachzeitschriften auf internationalem Gebiet füllt fünf dicke Bände eines Konversationslexikons. Es erscheinen jährlich 3 Millionen Aufsätze allein in Wissenschaft und Technik. Wer behauptet, auf diesem Sektor sei die Literatur nach 3 Jahren papierkorbreif, ist falsch informiert. Untersuchungen des Internationalen Patentinstituts »IIB« ergaben, daß die Halbwertzeit selbst bei Patentliteratur nicht unter 20 Jahren liegt (197). Die Voraussage, daß 1985 auf der Welt 150 Millionen Publikationen greifbar sein müssen, ist keine Utopie. Diese Zahl ergibt sich aus dem gegebenen Jahresausstoß plus Wachstumsrate mal 20 (198).

Die deutsche Fachpresse ist mittelständisch strukturiert. Deutsche Fachzeitschriften haben im Durchschnitt nicht mehr als zwei angestellte Redakteure. Eine Mini-Redaktion braucht jedoch keinesfalls im Standard abzufallen. Der Fachstoff wird in vielen Verlagen, insbesondere für technisch-wissenschaftliche Blätter, von Experten in freier Mitarbeit zusammengesetzt. Nach einer Befragung des Verbandes Deutscher Zeitschriftenverleger »VDZ« haben knapp 15 Prozent der Fachverleger eine Beschäftigtenzahl unter 10 Festangestellten, weitere 40 Prozent der Verlage haben 10–25 Mitarbeiter. Lediglich etwa ein Viertel beschäftigt in den Redaktionen und in den Verlagen mehr als 100 Arbeitskräfte (195).

Eine Herausforderung für Fachzeitschriften kommt sicherlich von den neuen elektronischen Kommunikationstechniken. Was nützt schließlich die Flut wichtigen und interessanten Schrifttums, wenn sie nur einen Teil der Angesprochenen erreicht. Nach einer Untersuchung der technischen Fachbibliothek bei Siemens rechnete man allein für 1975 mit 250 000 Veröffentlichungen. Alle 8 Jahre verdoppelt sich diese Informationsflut. Man rechnete außerdem bei Siemens, daß für die Informationssuche mindestens 5 Prozent der Arbeitszeit erforderlich sind. Das macht bei 10 000 Ingenieuren etwa 40 Millionen DM pro Jahr aus. Die Folge für einen Elektrokonzern ist voraussehbar: Installation eines Datenbanksystems mit Stichwortverzeichnis zur Verkürzung der Informationssuche. Letztlich zählt das auch zum Aufgabenbereich der bereits im Kapitel über die Kommunikation erwähnte KtK-Kommission, zum Bereich der zu errichtenden bzw. in Aufbau begriffenen Fachinformationssysteme. Nach einer *OECD*-Studie wird sich die Zahl der wissenschaftlichen Veröffentlichungen bis 1985 versechsfachen. Die Problematik der Informations-Selektion verschärft sich entsprechend, so daß Computersysteme mit Riesenspeichern eingesetzt werden müssen. Vor diesem Hintergrund sind die 16 erwähnten Fachinformationssysteme zu sehen. Diese und andere Systeme, wie *»Faksimile-Zeitung«* und *»Fernkopieren«* sind keinesfalls in kurzer Zeit für die breite Verwendung wirtschaftlich einzuführen. Es ist daher damit zu rechnen, daß bis in die 90er Jahre hinein auch die literarische Form der Zeitschrift bestehen bleibt, wenngleich Bildplatte oder andere Zusätze oder Beilagen die Struktur des Informationsangebots dieses Mediums verändern können (199). In der Tat ist die Druckindustrie bei zunehmendem Vordringen neuer elektronischer und anderer Kommunikationstechniken ein von der Technik teilweise unter Druck geratener Industriezweig. Schon heute geben sich ganze Bereiche früher einträglicher Geschäfte der Druckindustrie verloren. Druckaufträge mit teilweise erheblichen Auftragssummen werden mehr und mehr an kleine Schnelldruckereien vergeben, die die neuen elektronischen Vervielfältigungsmöglichkeiten nutzen. Es gibt keine größere Firma mehr, in der nicht wenigstens eine Kleinoffsetanlage steht, die einen Großteil der früher an die Druckereien gegebenen Hausaufträge absorbiert. Künftig wird es noch leichter fallen, auf den konventionellen Druck zu verzichten, wenn in einigen Jahren Mikrofilmarchive heranwachsen, und diese dann direkt in den betriebsinternen Offsetdruck integriert werden können. Auch die gewaltige Zunahme von Fotokopien geht weitgehend zu Lasten der Druckereien. So gibt es Kopiermaschinenmodelle, die bereits fast so schnell – und so gut – wie Druckmaschinen arbeiten: Sie sind in der Lage, über 7 000 Kopien pro Stunde bei einwandfreier Bildwiedergabe herzustellen. Der Produktionswert der Kopiergeräte stieg 1971–1973 von 194 auf 377 Millionen DM. Darüber hinaus wird durch moderne elektronische Verwaltungsverfahren in immer stärkerem Maße auf das bedruckte Geschäftspapier verzichtet und der Arbeit mit dem Bildschirmgerät der Vorrang gegeben, so daß der Anteil an Geschäftsdrucksachen trotz zunehmender Geschäftstätigkeit stagnieren oder abnehmen wird (200). Das zeigt auch folgende Statistik:

Produktionsstruktur in der Druckindustrie 1974

34,7 % Zeitungen und Zeitschriften
25,0 % Geschäftspapiere
20,7 % Werbungsmaterial
 8,8 % Bücher
 6,0 % Verpackung
 0,9 % Kunstdruck

0,8 % Kalender
3,1 % Druckerzeugnisse.

Die Buchproduktion, die 1974 ihren Anteil am Produktionswert erhöhen konnte, erwies sich als stabilisierendes Element in konjunkturellen Schwächeperioden. In den ausgesprochenen Wachstumsjahren hatte man dagegen die stagnierende Entwicklung in diesem Sektor beklagt (193). Aus der Zusammenstellung geht außerdem deutlich hervor, daß zwei Drittel des Umsatzes im Druckgewerbe auf die in Zukunft durch das Aufkommen neuer Informations- und Kommunikationsmöglichkeiten besonders anfälligen Bereiche der aktuellen Druckmedien und Geschäftsdrucksachen entfallen. Auch das Auftragsvolumen aus dem Bereich der Werbung dürfte in dem Augenblick spürbar zurückgehen, in dem beispielsweise Ferneinkauf mit Rückkanal oder eine umfangreiche audiovisuelle Kassettenwerbung oder gar ein Kabelfernsehen eingeführt würde (200).
Untersuchungen ergaben, daß die vermehrte Elektronik in der Kommunikation den Buchabsatz bisher nicht beeinträchtigte. Es zeichnen sich jedoch Entwicklungen ab, die der Buchbranche künftig Sorge bereiten könnten. Ins Gewicht fällt dabei, daß auch die Buchherstellung kostenmäßig weiterhin überproportional belastet sein wird. Das ist vor allem bedingt durch die Kosten für das Grundmaterial des Buches, das Papier. Hier werden gerade in den Buchdruckqualitäten die Preise kontinuierlich steigen. Die Buchproduktion enthält nach wie vor einen hohen Anteil lohnintensiver Tätigkeit, weshalb auch von dieser Seite eine erhebliche Kostensteigerung zu erwarten ist. Letztlich wird der Buchmarkt der Zukunft in viel stärkerem Maße auf einen hochqualifizierten und stark marktbezogenen Buchhandel angewiesen sein, der nur durch gutbezahltes Personal aufzubauen und zu erhalten ist. Aufschlußreich ist, daß in den Jahren 1967 bis 1973 die für Lektüre einschließlich Fachlektüre aufgewendete Zeit der Bundesbürger mit rund einer Stunde und sieben Minuten pro Tag konstant blieb (200). Das Buch ist bei der heute anfallenden Informationsmenge in seinem Aktualitätsgrad oft zu langsam geworden. Bei sehr aktuellen Themen kann

es geschehen, daß sein Inhalt bereits überholt ist, wenn es auf dem Markt erscheint. Insgesamt gilt:

- Das Fachbuch und das Nachschlagewerk werden in der Datenbank eine ernste Konkurrenz bekommen. Hier wird der Inhalt ununterbrochen auf den neuesten Stand gebracht, und man kann sicher sein, bei Abruf das neueste Wissen zu bekommen.
- Das Sachbuch, das nicht so sehr auf Augenblicks-Aktualität angewiesen ist, wird auf längere Zeiten noch mit Zuwachsraten rechnen können.
- Die Unterhaltungsliteratur wird wohl mit Einbußen rechnen müssen, da das Unterhaltungsbedürfnis immer stärker von den audiovisuellen Medien befriedigt wird.
- Andererseits bekommt das Buch neue Aufgaben im Medienverbund, d. h. in der Aufteilung eines Themas auf verschiedene Medien: z. B. Fernsehen und Begleitbuch oder Audiovision-Kassetten und Begleitbuch (193).

Angebot im öffentlichen Nahverkehr noch ungenügend

Das Angebot im Nahverkehr ist noch immer unbefriedigend. Entweder sind die Nahverkehrsmittel in den Stoßzeiten hoffnungslos überlastet oder sie fahren in den Abendstunden und an Sonn- und Feiertagen oft leer. Im innerstädtischen Bereich behindert sich der Nahverkehr zeitweise selbst. Schwächer besiedelte Gebiete werden durch den öffentlichen Nahverkehr oft nur ungenügend bedient.

Die Hauptursachen für diese Misere liegen im kommunalpolitischen Bereich. Zunehmend größere Teile unserer Innenstädte wurden zu Verwaltungszentren. Die Wohngebiete liegen immer mehr außerhalb der Stadtzentren. Zwischen diesen beiden Polen findet täglich der große Einbahnverkehr statt: Am Morgen hinein in die Innenstadt, am Abend wieder heraus. Für die Teilnehmer an diesem Stoßverkehr ist es immer dasselbe: Sie drängeln sich in öffentlichen Verkehrsmitteln oder schimpfen als Autofahrer auf Staus. Streß, Unfälle und Umweltverschmutzung sind nur einige der Folgen.

Es ist hier nicht die Stelle, den Ist-Zustand zu schildern. Trotzdem sei darauf verwiesen, daß eine Alternative zum Auto oft fehlt. In allen Gemeinden mit kommunalen Nahverkehrsbetrieben wohnen nur etwa 24 Millionen Bundesbürger. Auch die Deutsche Bundesbahn berührte im Jahre 1973 mit ihrem Schienennetz nur etwa 6 000 aller 24 000 Gemeinden im Bundesgebiet. Heute sind es noch weniger. Nicht deshalb, weil inzwischen weitere Gemeinden zusammengelegt wurden, sondern weil sich die Bundesbahn durch Verringerung ihres Schienennetzes gesundschrumpft, wenn auch dafür Bahnbusse Schienenersatzdienst leisten. Für 40 Millionen Bürger ist das Auto das geeignetste und oft das einzig mögliche Verkehrsmittel. Davon arbeitet ein Großteil in den Städten. Es erhebt sich deshalb die Frage nach attraktiven Angeboten des öffentlichen Nahverkehrs.

Eine Graphik über die Entwicklung des Personenverkehrs in der Bundesrepublik zeigt zwischen 1950 und 1972 eine leicht abnehmende Linie der Eisenbahnen und eine leicht steigende des öffentlichen Personenverkehrs. Beide zusammen ergeben die relativ geringe Veränderung von etwa 6 auf 8 Milliarden beförderten Personen. Gleichzeitig stieg die entsprechende Zahl im Individualverkehr von 3 auf 20 Milliarden. 1972 fielen von 400 Fahrten pro Einwohner und Jahr 74 Prozent auf den Individualverkehr und 26 Prozent auf den öffentlichen Personenverkehr.

Alle Planungen für den Nahverkehr der Zukunft haben daher von folgenden Gegebenheiten auszugehen:

- Nur gemeinsam und in vernünftiger Relation können öffentlicher und Individualverkehr den Verkehrsbedarf befriedigen.
- Nach Schätzungen wird sich die Zahl der Fahrten je Person und Tag zwischen 1972 und etwa 1985–90 verdoppeln.
- Energieverbrauch und Umweltbelastungen durch den Verkehr sind künftig ebenso zu berücksichtigen wie die Wirtschaftlichkeit. 1973 erreichten allein die Aufwendungen für das Fahrpersonal der Nahverkehrsbusse eine Milliarde DM. Durch weitgehende Automation könnten die Betriebskosten gesenkt werden.

– Die Benutzer erwarten vom Nahverkehr der Zukunft hohe Verkehrsqualität: Hohe Bedienungshäufigkeit, hohe Reisegeschwindigkeit, Wegfall des Umsteigens, kurze Wege zu den Haltestellen, Bequemlichkeit und ein Betrieb möglichst rund um die Uhr. Dabei gelten Sicherheit und Zuverlässigkeit als Grundvoraussetzungen (201).

Beim Nahverkehr ist die Tendenz zur Automatisierung stärker ausgeprägt als beim Fernverkehr. Die Pariser Métro hat ihr Problem der automatischen Steuerung bereits einwandfrei gelöst. Ihre Zugeschwindigkeit ist abhängig vom Abstand der Zacken eines in Zickzackform zwischen den Schienen ausgelegten Drahtes, der von Strom durchflossen wird. Je kleiner der Abstand, desto langsamer fährt der Zug. Vor Signalen liegt ein zweiter Zickzackdraht, der nur bei Haltestellung eingeschaltet wird. 1976 wurden bereits 6 Métro-Linien automatisch befahren. In Zukunft werden es alle sein (202).

Auch aktuelle Entwicklungsvorhaben, z. B. bei AEG-Telefunken, befassen sich mit ähnlichen Problemen. So mit dem prozeßrechnergesteuerten Betrieb von U-Bahnen mittels Linienbeeinflussung. Ziel dieser Arbeiten sind Systeme, die den fahrerlosen und später begleiterlosen automatischen Betrieb in den 80er Jahren sicher und zuverlässig durchzuführen erlauben (172). Hier handelt es sich vorwiegend um die Weiterentwicklung bestehender Nahverkehrssysteme. Dabei müssen insbesondere die Stadtschnellbahn – ob Straßenbahn auf eigenem Bahnkörper, Unterpflaster- oder Untergrundbahn – und der Bus berücksichtigt werden, die für viele Verkehrsaufgaben noch bis ins nächste Jahrhundert hinein für den Nahverkehr bestimmend bleiben (202). Automobil-, Waggon-, und Lokomotivbau sowie Elektroindustrie werden diesen technischen Bedarf decken.

Die Entwicklung neuer Verkehrssysteme ist ein wichtiges Stück Zukunftsforschung. Hierzu gehört eine Menge technologisches Wissen, das später auch in klingende Münzen umzuwandeln sein wird. Die Bundesrepublik Deutschland hat auf diesem Gebiet bereits einen guten Vorsprung. Auf der ganzen Welt sind bis 1974 bereits mehr als 300 Vorschläge für neuartige Nahverkehrssysteme entwickelt worden. Nur wenige davon haben es bis zur Phase der Versuchsanlagen oder Referenzstrecken gebracht. So entwickelte Messerschmitt-Bölkow-Blohm das rechnergestützte Taxibussystem ReTax. Es zeigt folgende wichtige Merkmale: Der Verkehr im Fahrbezirk wird über Haltestellen abgewickelt. Die Haltestellen werden nur bei Bedarf angefahren. Der Betrieb ist unabhängig vom Fahrplan. Umsteigen innerhalb eines Fahrbezirks ist nicht erforderlich. Die Busse melden der Zentrale kontinuierlich ihre Position. Wenn ein Fahrgast zusteigt, gibt der Fahrer über Sprechfunk dessen Fahrziel zur Zentrale. Dort legt man die Reihenfolge der anzufahrenden Haltestellen fest unter Berücksichtigung der Wünsche, die von den Haltestellen-Automaten in der Zentrale eintrafen. Herzstück dieses Systems ist ein 16-bit-Rechner. Die Hauptbaugruppen sind Haltestellenautomat, Fahrzeugelektronik und Betriebssteuerzentrale (203). Das 1972 konzipierte System wurde 1974 in das Förderungsprogramm des Bundesministeriums für Forschung und Technologie aufgenommen. Für 1978 ist die Betriebserprobung vorgesehen. Vor allem in dünn besiedelten Gebieten läßt sich die Verkehrsbedienung durch Einsatz eines derartigen Systems verbessern. Es zählt zur Gruppe bedarfsgesteuerter Nahverkehrssysteme, zu deren Entwicklung auch die aus dem Ausland bekannten Systeme »Minibus« und »Sammeltaxi« gehören.

Weitere in Entwicklung stehende neue Nahverkehrssysteme sind die Dual-mode-Systeme. Sie benutzen außerhalb der Innenstadt das vorhandene Straßennetz. Im Stadtinnern werden sie auf eigenen Fahrbahnen spurgeführt. Die Fahrzeuge müssen sowohl für automatischen Betrieb als auch für Fahrerbetrieb geeignet sein. Sie sind eine Kombination aus Bus und automatisch gesteuerter Kabine. Bei den im Vordergrund des Interesses stehenden Dual-mode-Bussystemen werden meist mehrere regionale oder Vorort-Buslinien auf einer sogenannten »Magistrale« spurgeführt und zusammengefaßt. Das geschieht innerhalb von Ballungszentren auf separater Trasse. Hier können auch umweltfreundliche Speicherantriebe verwendet werden, die über eine Stromschiene versorgt werden. Im Vergleich zum konventionellen Bussystem sind bei den Dual-mode-Systemen zusätzliche infrastrukturelle und betriebstechnische Maßnahmen erforderlich, so daß die Einsatzmöglichkeiten weiterer Untersuchungen bedürfen (201). Am Dual-mode-System arbeiten Dorsch Consult München und TÜV Rheinland unter Federführung von Dornier-System in Friedrichshafen/Bodensee. Das Antriebskonzept gehört in den Forschungsbereich von Bosch.

Um ein völlig neues Verkehrsmittel handelt es sich bei den Kleinkabinensystemen. Demag und Messerschmitt-Bölkow-Blohm haben das Kabinentaxi mit Kleinkabinen im öffentlichen Nahverkehr zuerst entwickelt. Bereits heute werden Technik und Betrieb in einem Großversuch gründlich erprobt. Das Bundesministerium für Forschung und Technologie fördert dieses Projekt seit 1972. Der Raumanspruch der Kleinkabinenbahn ist gering. Ihre Größe richtet sich nach dem Bedarf. Sollen viele Fahrzeuge in einem dichten Streckennetz ohne Zwischenhalt direkt vom Start zum Ziel fahren, benötigt man viele Kabinen. Wenn Fahrzeuge eine Linie entlang fahren und an jeder Station halten, z. B. wie bei einer U-Bahn, dann sind größere Fahrzeuge richtig eingesetzt. Die Leistungsfähigkeit eines Kleinkabinensystems ergibt sich aus der dichten Fahrzeugfolge und den vielen Haltepunkten, an denen ständig Fahrzeuge bereitstehen (204). Die Fahrzeuge können auf der Spur stehen oder an ihr hängen. Die elektrisch angetriebenen und automatisch gesteuerten Kleinkabinen haben 3 Sitzplätze und Raum für großes und kleines Gepäck. Sie stehen oder hängen an den Haltestellen auf der Standspur. Wird eine Kabine besetzt, fährt sie auf die Hauptspur und rollt über oder unter die Straße, an Hauswänden entlang oder mitten durch Kaufhäuser, Fabriken und Bahnhöfe hindurch bis zum vorprogrammierten Ziel (205). Systemmerkmale des Kleinkabinensystems sind:

- Zielreiner Verkehr ohne Zwischenhalte und Umsteigen;
- Individuelle Beförderung ohne ungewollte Mitreisende;
- Umweltfreundlicher, geräuscharmer und emissionsfreier Betrieb;
- Automatische Betriebssteuerung;
- Flächenbedienung durch engmaschige Netze;

– Fahrtantritt zur gewünschten Zeit;
– Eigenes, unabhängiges Streckennetz;
– Dichte Fahrzeugfolge.

Aus der großen Zahl von Fahrzeugen in einem Netz ergeben sich bei der Kleinkabinenbahn ähnliche Kapazitätsprobleme wie beim Individualverkehr, weitere aus dem fahrerlosen Betrieb. Die technische Entwicklung und Erprobung erstreckt sich deshalb hauptsächlich auf folgende Gebiete:
– Abstandsmeß-, Steuerungs- und Regelsysteme;
– Antriebsregelung;
– Automation, insbesondere Zielfindung, Ver- und Entflechtungsweichen, Optimierung des Leerkabinenumlaufs;
– Spurführung;
– Fahrweggestaltung und -herstellung.

Von der Leistungsfähigkeit her erscheinen Kleinkabinen-Systeme besonders geeignet für:
– Gesamterschließung von Mittelstädten;
– Flächenhafte Erschließung von Großstadtteilgebieten im Zusammenwirken mit anderen Verkehrsmitteln;
– Einsatz als Verteilersystem für Flughäfen und Industriewerke;
– Anbindung publikumsintensiver Punkte, wie z. B. Kaufhäuser oder Verwaltungsgebäude an Parkplätze oder Bahnhöfe.

Auf Demonstrationsanlagen und Referenzstrecken müssen Fragen der Leistungsfähigkeit von Strecke und Stationen, die Reaktionen der Benutzer und der Allgemeinheit (Anlieger) auf ein automatisches System sowie Fragen der Betriebskosten und der Gesamtwirtschaftlichkeit untersucht werden. Ungeklärte Probleme sind zur Zeit noch die Integration von Kleinkaliberbahnen in den Gesamtverkehrsverbund mit anderen Verkehrsmitteln, sowie Fragen, die im Zusammenhang mit den auf Ständern geführten Trassen stehen (201).
Das bereits erwähnte Projekt von Demag und Messerschmitt-Bölkow-Blohm arbeitet mit Kleinkabinen zu je 3 Sitzplätzen.

Sie fahren auf freier Strecke mit 35 km/h maximaler Geschwindigkeit. Steigungen bis 15 Prozent können ohne Geschwindigkeitsverlust durchfahren werden. Der einzuhaltende Sicherheitsabstand ist geschwindigkeitsabhängig und beträgt 8,70 m bei 36 km/h. Damit kann eine maximale Fahrleistung von 3270 Fahrzeugen pro Stunde erzielt werden. In Hagen ist bereits eine Erprobungsanlage in Betrieb.

Das trassengebundene urbane Transportsystem TRANSURBAN ist ein Gemeinschaftsprojekt von Krauss-Maffei in München und Standard Elektrik Lorenz (SEL) in Stuttgart. Es basiert auf dem vollautomatischen Betrieb spurgebundener Großkabinen mit gegenwärtig bis zu 30 Plätzen, die auf eigenen Trassen in der Regel im Linienbetrieb arbeiten. Das Platzangebot auf bestimmten Linien läßt sich durch Änderung der Taktzeiten sowie durch Koppelung mehrerer Fahrzeuge variieren, wobei die Fahrzeug-Folgezeiten 5 Minuten nicht überschreiten. Dieses Konzept läßt wegen der geringen Wartezeiten und der Anpassungsfähigkeit des Systems eine hohe Auslastung erwarten. Aufgrund der hohen systemeigenen Maximalgeschwindigkeiten, die zwischen 80 und 120 km/h liegen können, würde sich TRANSURBAN nicht nur für die Bedienung einer Stadtregion, sondern vorzugsweise für den schnellen Anbindeverkehr zwischen benachbarten Ballungsräumen eignen. Die Beförderungskapazität beträgt gegenwärtig bis zu 10 000 Personen pro Stunde und Richtung. Die TRANSURBAN-Erprobungsanlage als 300 m breiter Rundkurs mit Anrampung steht in München-Allach (201).

Die H-Bahn als neuartiges Nahverkehrssystem für Stadtzentren und Mittelstände ist ein Projekt von Siemens und der Düwag AG in Uerdingen. Die Federführung liegt bei Siemens in Erlangen. Es handelt sich dabei um ein automatisch betriebenes hängendes Kabinensystem mit Trasse in vorwiegend aufgeständerter Bauweise. Ihre Einzelkabinen mit 8 Sitz- und 8 Stehplätzen oder ganze Kabinenzüge verkehren mit 35 km/h in dichter Folge und unterschiedlicher Zielrichtung auf jeder Linie des Netzes. Bei der H-Bahn waren vornehmlich die Anwendung als Verteiler und Zubringer für U- und S-Bahn in Großstädten oder als selbständiges Verkehrssystem für mittlere Städte für die Kapazitätsauslegung maßgebend. Es wurde die mittlere Kapazität einer Buslinie mit etwa 4000 Personen pro Stunde und Richtung zugrunde gelegt. Zu den wesentlichsten Merkmalen der H-Bahn zählen die gute Integrationsmöglichkeit in die Stadtstruktur durch kleinen Fahrbalkenquerschnitt sowie die Kapazitätsreserven durch Zugbildung und Stehplatzangebot. 1973 waren die Untersuchungen zur Grundkonzeption abgeschlossen. Noch vor 1980 erfolgt der automatische Betrieb auf einer ca. 1,5 km langen Versuchsstrecke mit 3 Haltepunkten, sechs Weichen und ca. 10 Kabinen. Diese Strecke innerhalb des Siemens-Forschungszentrums Erlangen gibt die Möglichkeit, Benutzertests durchzuführen. Schließlich ist geplant, das System im Rahmen einer »Demonstrationsanlage Erlangen«, die in Verbindung mit der Stadt Erlangen geplant ist, im öffentlichen Betrieb zu erproben (201). Damit ist bereits das Großkabinensystem angesprochen. Das sind spurgeführte, automatisch betriebene Kabinen mit etwa sechs bis vierzig Plätzen, wobei im Gegensatz zu Kleinkabinen auch Stehplätze angeboten werden. Damit ähneln Großkabinensysteme am meisten den herkömmlichen Nahverkehrssystemen. Sie sind deshalb mit konventionellen Systemen besonders kompatibel. Ihre Systemmerkmale sind den Kleinkabinensystemen ähnlich. Krupp entwickelt eine derartige Kompaktbahn für den Hauptverkehr in mittelgroßen Städten als Zubringer zu U- und S-Bahn sowie als Ersatz für Bus- und Straßenbahnlinien. Sie wird eine mittlere Kapazität bis 10 000 Personen pro Stunde und Richtung bzw. Spur erreichen. Es ist vorgesehen, das zweiachsige Fahrzeug mit vier luftbereiften Rädern auszustatten. Die Führung erfolgt durch seitliche Tasträder, die an den Seitenwangen der Fahrbahn laufen. Die Lenkinformation dieser Tasträder wirkt hydraulisch verstärkt auf alle Räder und ermöglicht einen kleinsten Kurvenradius von 9 Metern. Aus Sicherheitsgründen besitzt das Fahrzeug noch ausklappbare Führungsrollen, die bei Strom- oder Hydraulikausfall das Fahrzeug formschlüssig durch die Weiche führen. Bei entsprechenden Randbedingungen kann auch eine Stahlrad/Schiene-Kombination eingesetzt werden. Der Antrieb erfolgt durch Rotations-Elektro-motoren auf alle Räder. Bei konstanter Kabinenlänge von 8 Metern werden vier verschiedene Kabinenquerschnitte mit einem Kapazitätsbereich von 18–60 Personen erprobt, wobei zwei Querschnitte nur Sitzplätze zulassen. Automatisch betätigte Türen für jede Sitzgruppe gestatten einen raschen Fahrgastwechsel. Der Fahrweg ist vom übrigen Verkehr unabhängig und kann in allen Verkehrsebenen geführt werden. Bedingt durch die kleinen Fahrzeugabmessungen, sollen in diesem Forschungsvorhaben außerdem neue Baumethoden entwickelt werden, die eine wesentlich schnellere und billigere Herstellung unterirdischer und oberirdischer Trassen gegenüber heute üblichen Verfahren erlauben. Man rechnet noch vor 1980 mit dem Bau einer Referenzstrecke (201).

Das Forschungs- und Entwicklungsprogramm im Nahverkehr geht noch wesentlich weiter über die hier aufgezeigten Schwerpunkte hinaus. Es erstreckt sich auch auf die Entwicklung von Fahrsteigen und neuen Tunnelbauverfahren. Es gibt – wie andere Programme auf anderen Gebieten – der deutschen Wirtschaft einen weiteren Technologie-Vorsprung. Wir stehen damit allerdings nicht allein. Auch in Frankreich, Großbritannien, Japan, den USA und der Schweiz beschäftigt man sich mit neuartigen Nahverkehrssystemen. Davon ist ein Teil bereits in Betrieb.

In der Bundesrepublik Deutschland wird der Einsatz erfolgreicher neuer Systeme im öffentlichen Nahverkehr noch in den achtziger Jahren erwartet. In welchem Ausmaß das geschieht, wissen nur die Stadtkämmerer. Denn in erster Linie wird dies eine Frage der zur Verfügung stehenden Finanzmittel sein.

Immer wieder werden Versuche gemacht, neuartige Nahverkehrsmittel zur Bewältigung der Nachfrage einzusetzen. Dazu zählt der »Aerobus«, Attraktion der Bundesgartenschau Mannheim 1975. Seine 8 Kabinen beförderten an 185 Tagen 2,4 Millionen Passagiere und legten 110 000 km zurück. Die Vorteile des »Aerobus«, der mit seinen weitgespannten Seilen Straßen und Flüsse mühelos übersprang, weckten viel Interesse. Aber die Hoffnung, daß der »Aerobus« in dieser Form seinen Weg in die Welt machen könnte, mußte aufgegeben werden. Das Tragwerk erwies sich auf die Dauer als zu schwach. Jetzt soll das System weiterentwickelt werden. Eine Hochbahn-Versuchsanlage ist geplant. Aerobus-Erfinder Gerhard Müller aus Dietikon bei Zürich, Stahlbau Rudolf Baltensperger aus Höri in der Schweiz, der H-Bahn-Mitentwickler Düwag AG in Düsseldorf-Uerdingen und die Mannheimer Verkehrs-AG sind Partner. Die Hochbahn soll auf einer Art Schiene rollen, die an Pfeilern von zwei- bis dreihundert Metern Abstand hängt. Das Metergewicht soll nur etwa 160 kg betragen. Die Wuppertaler Schwebebahn hat zum Vergleich 3–4 Tonnen Gewicht pro Meter.

Bundesbahn bleibt auf der Schiene

Größter Verkehrsträger im deutschen Fernverkehr ist die Deutsche Bundesbahn. Sie zählt zum Sondervermögen des Bundes, das sich zusammensetzt aus den gesamten Bundesbahnanlagen, den von der Deutschen Bundesbahn betriebenen 24 Schiffen einschließlich Hochseefährschiffen, Lastkraftwagen und dem 2500 eigene Lkw und Sattelauflegern (weitere 650 sind Unternehmerfahrzeuge) umfassenden Wagenpark des größten europäischen Spediteurs Schenker & Co. sowie 2400 eigenen Omnibussen. Außerdem fahren im Bundesbahnstraßennetz noch 4000 angemietete Omnibusse von 1600 mittelständischen Unternehmen. Anfang 1976 zählte die Bundesbahn 409 400 Mitarbeiter. Auf 28 796 km Streckennetz, davon 10 000 km elektrisch betrieben, verkehrten 313 285 Schienenfahrzeuge. Davon waren 287 365 Güterwagen (ohne die 48 000 privaten), 17 726 Personenwagen, 2 629 elektrische Lokomotiven, 1 313 elektrische und Akku-Triebwagen, 3 097 Brennkraftlokomotiven, 227 Brennkrafttriebwagen, 672 Schienenbusse und 256 Dampflokomotiven. Die Verkehrszahlen 1975 einschließlich Kraft- und Schiffsverkehr erreichten im Güterverkehr 312 Millionen beförderte Tonnen bzw. 59 Milliarden Tariftonnenkilometer. Im Personenverkehr wurden 1,6 Milliarden Personen befördert bzw. 47 Milliarden Personenkilometer zurückgelegt. Der Betriebsertrag 1975 der Deutschen Bundesbahn erreichte 19,6 Milliarden DM.

Es ist selbstverständlich, daß die im öffentlichen Blickfeld stehende Bundesbahn wissen will, wie ihre Zukunft aussehen könnte. Sie führte deshalb 1974 eine auf das Jahr 1985 gerichtete Unternehmensprojektion durch. Dabei vertrat der Bundesbahn-Vorstand den Standpunkt, daß Lohn- und Gehaltssteigerungen, Preissteigerungen bei den Sachaufwendungen sowie Tarifanhebungen eliminiert werden müssen, um zu einer wertneutralen Aussage zu gelangen. Als Basisjahr wurde das Jahr 1972 und damit der Kosten- und Preisstand des Jahres 1972 zugrunde gelegt. Für die Vorschau für 1985 wurden drei Fälle angenommen. Fall 1: Unternehmensprojektion Status quo; Fall 2: Unter-

Deutsche Bundesbahn – Jahresergebnis 1972 und Wirtschaftsvorschau 1985 in Millionen DM (206)

	Jahres-ergebnis 1972	Vorschau 1985		
		Fall 1	Fall 2	Fall 3
1. VERKEHRSERTRÄGE				
Personen-, Gepäck-, Expreßgutverkehr	3 759	4 130	7 600	7 600
Güterverkehr	7 222	7 940	10 760	10 760
Sonstige Erträge	1 279	1 300	1 250	1 250
Summe Verkehrserträge	12 260	13 370	19 610	19 610
2. AUFWENDUNGEN				
Personal + Sozial	13 211	13 730	14 310	14 310
Sachausgaben laufender Betrieb	2 150	2 280	2 360	2 360
Sachanlagenvorhaltung	1 850	2 060	2 300	2 300
Zinsen + andere Aufwendungen	1 379	2 500	2 500	2 500
Summe Aufwendungen	18 590	20 570	21 470	21 470
3. Differenz zwischen 1 + 2	6 330	7 200	1 860	1 860
davon Ausgleichszahlungen aufgrund nationalen und EG-Rechts	3 900	3 963	3 085	4 920 *)
Jahresfehlbetrag (—) Jahresüberschuß (+)	— 2 430	— 3 237	+ 1 225	+ 3 060
4. Bundesleistungen zur G + V und ggf. Liquiditätshilfe	6 300	7 200	3 085	4 920

*) Hier sind gegenüber Fall 2 zusätzlich enthalten:
– Wegekostenausgleich zur Binnenschiffahrt in Höhe von 600 Mill. DM
– Volle Abgeltung der Kostendeckung im Schienenpersonenverkehr gemäß EWG-VO 1191/69 in Höhe von 1 235 Millionen DM.

nehmensprojektion Investitions- und Expansionsphase; Fall 3:
Unternehmensprojektion Investitions- und Expansionsphase mit
korrigierten verkehrspolitischen Ausgangsdaten (vgl. Tabelle
S. 252).

Die extrem hohe Lebensdauer der Bundesbahnanlagen und die
entsprechend langfristige Bindung des eingesetzten Kapitals, die
Personalintensität und die bestehenden Personalbindungen sowie
der hohe Zeitbedarf für die Realisierung der Investitionen zwingen zu einer langfristigen Betrachtungsweise. In der ersten Phase
sollte die Konsolidierung eingeleitet werden. Danach zeichnet
sich das Beförderungs- und Transportaufkommen für die Deutsche Bundesbahn eindeutig ab. Nach Überprüfung des Netzum-
fanges kann ein weitgehend automatisierter Schienenverkehr
möglich werden. Dann können nennenswerte Personaleinspa-
rungen im Produktionsbereich eintreten. Insgesamt würde die
zweite Phase zu einer endgültigen Stabilisierung des Wirt-
schaftsergebnisses der DB führen. Für 1985 erwartet die 1973
vom DB-Vorstand gefaßte »Neue Unternehmenskonzeption«
folgendes Verkehrsvolumen:
- Personenverkehr 79 Milliarden Personenkilometer, davon 47
  im Fernbereich und 32 im Nahbereich
- Güterverkehr 470 Millionen Tonnen, davon 465 im Wagen-
  ladungs- und 5 im Stückgutverkehr.

Eine Neuorientierung der Absatzpolitik hielt man dabei für
unerläßlich. Dazu zählt eine offensive Preispolitik im Güterverkehr. Systemgerechte Grundstückspolitik soll Überbauung von
Bahnanlagen in Ballungszentren ermöglichen und die Aktivitäten auch auf das Lagereigeschäft im weitesten Sinne ausdehnen.
Im Personenfernverkehr wird eine verstärkte Preisdifferenzie-
rung auch in zeitlicher Hinsicht vorzunehmen sein. Ein verstärk-
tes Engagement ist vor allem auch für die sogenannte Erholungs-
industrie vorzusehen, um damit die Leistungskapazität aus unternehmerischer Sicht optimal nutzen zu können (206).
Inzwischen wurden weitere hohe Verluste der Bundesbahn bekannt. 1975 sprach der Bundesbahnvorstand offen von der
Möglichkeit einer Reduzierung des Schienennetzes auf ein kom-

merziell rentables Kernnetz von ca. 8 000 bis 10 000 km Umfang, ergänzt durch Strecken, deren Aufrechterhaltung durch Bund, Länder oder andere Organisationen zu finanzieren sei. Die durch Emotionen aufgeheizten Reaktionen der Öffentlichkeit waren durchweg negativ. In Einzelfällen fühlte man sich zurückerinnert an die Anfangszeit der Eisenbahn, wo jedes Dorf seinen Bahnhof haben wollte. Doch damals und heute gilt noch das Sprichwort, daß nichts so heiß gegessen wird, wie es gekocht wurde. Jedenfalls erhielt die Bundesbahn, deren Defizit vornehmlich aus dem Güterverkehr kommt, Mitte 1976 Schützenhilfe vom Deutschen Industrie- und Handelstag (DIHT). Er stellte in einer Untersuchung fest, daß der Schienentransport am *regionalen* Güterverkehr nur noch mit 20 Prozent beteiligt ist. 500 von DIHT befragte Unternehmen in sieben Testgebieten sagten für den Fall einer Streckenstillegung:

– 210 Betriebe würden auf den gewerblichen Güterverkehr ausweichen, während 28 dies nicht könnten. 92 Betriebe würden den Werksverkehr auf- oder ausbauen und 34 am Schienenverkehr festhalten bei Vor- oder Nachlauf auf der Straße.

– 29 erklärten sich bereit, mit einem zusätzlichen Kostenbeitrag die Erhaltung der Strecke zu ermöglichen.

– 98 Unternehmen würden mit der Bundesbahn Vereinbarungen über eine längerfristige verbindliche Weiterbenutzung der Bahn anstreben.

Wichtigster Vorbehalt: Schon 1975 bedienten die befragten Firmen sich bereits zu 97 Prozent im Warenempfang und zu 87 Prozent im Versand der Straße. In einigen Testgebieten lag der Anteil sogar bei 94 Prozent (207). Ohne Zweifel muß die Bundesbahn langfristig mit allen Mitteln auf eine Minimierung der Differenz zwischen eigenen Erträgen und ihren Aufwendungen hinarbeiten, um so zu einer Schließung der Lücke zwischen Bundesleistung und Bedarf zu gelangen. Untersuchungen sollen ermitteln, welche Teile des Netzes reduziert werden und wo das verbleibende Netz durch ein umfassendes Ausbauprogramm verbessert werden muß (208).
Im Bereich der Neubaustrecken der Deutschen Bundesbahn kann

davon ausgegangen werden, daß die Nebenbaustrecken (NBS) Mannheim-Stuttgart, Hannover-Würzburg und Köln-Groß Gerau bis 1990 verwirklicht werden können. Hinzu kommen die NBS Rastatt-Offenburg, Offenburg-Basel und mit Fertigstellungstermin nach 1990 die NBS Stuttgart-München (209). Damit würden die Strecken Hannover-Würzburg um 9 Prozent auf 325 km und Mannnheim-Stuttgart um 19 Prozent auf 105 km verkürzt. Diese Strecken sind weniger störanfällig und mit neuzeitlichen Steuerungsanlagen für einen reibungslosen Betriebsablauf ausgerüstet. Damit verringert sich die Reisezeit von Hamburg nach Nürnberg von 6 auf 4¹/₂ Stunden und von Hannover nach Stuttgart von 5¹/₂ auf 3³/₄ Stunden bei einer Höchstgeschwindigkeit von 200 km/h (210). Zum Ausbaustreckenprogramm (ABS) zählen im einzelnen noch die vorhandenen Strecken ABS Hamburg-Dortmund, ABS Hamburg-Hannover, ABS Dortmund-Hannover-Braunschweig, ABS Köln-Aachen, ABS (Fulda)-Flieden-Frankfurt/M., die ABS Hanau-Aschaffenburg, die ABS Frankfurt/M.-Mannheim, die ABS Würzburg-Nürnberg-Augsburg und die ABS Gießen-Friedberg. Bis 1990 lassen sich mit 200 km/h Höchstgeschwindigkeit in der ersten Betriebsphase bereits erhebliche Reisezeitgewinne erzielen. Die Reisezeiten zwischen Frankfurt/M. und Hamburg bzw. Stuttgart verkürzen sich um jeweils rund 30, zwischen Frankfurt/M. und Köln sogar um 45 Prozent, da es sich hier auf fast ganzer Länge um eine Neubaustreckenverbindung handelt. Die Neubaustrecken sind vorgesehen für 200 km/h bei TEE- und Intercityzügen bis 350 Tonnen Last, für 160 km/h bei D-Zügen mit 700 Tonnen Last und 120 km/h bei TEEM/Sg-Güterzügen mit 1200 Tonnen Last. Nach 1990, in der zweiten Betriebsphase, soll die Höchstgeschwindigkeit der schnellen Reisezüge über 250 km/h gesteigert werden, bei D-Zügen bis maximal 200 km/h. Dabei ist zu beachten, daß Geschwindigkeiten über 160 km/h grundsätzlich klimatisierte Reisezugwagen verlangen (209). Schon bis Anfang der 80er Jahre wird stufenweise ein integriertes Transportsteuersystem mit elektronischer Datenverarbeitung bundesweit eingeführt. Es wird eine garantierte Beförderungszeit für den Güterverkehr geben und diese – soweit möglich – »im

Nachtsprung«. Das heißt, rund 70 Prozent des Wagenladungs-
verkehrs werden binnen 24 Stunden, der Rest innerhalb 48
Stunden vom Versender zum Empfänger gebracht. Der kombinierte Güterverkehr mit Groß-Containern wird gefördert. Schon
1975 transportierte die Transfracht Deutsche Transport-Ges.
mbH 226 000 Container und brachte ihrer Mutter Bundesbahn
über 100 Millionen DM aus Frachten und Gebühren ein.
Auch in Zukunft gilt es, die Rad/Schiene-Technik weiter zu optimieren. Zur Erforschung ihrer Grenzen läuft ein vom Bundesminister für Forschung und Technologie gefördertes Programm.
Der derzeitige Unterhaltungsaufwand für Fahrweg und Fahrzeug von der Größenordnung von rund 1,5 Milliarden DM bei
der Bundesbahn rechtfertigt es, einschließlich der Zuwendungen
aus Bonn dafür rund 1 Prozent vom Betriebsertrag auszuge-
ben (211). Bisher hat noch kein Eisenbahnfahrzeug die Traum-
grenze von 500 Stundenkilometern erreicht. Spätestens im Jahre
1978 wird in München eine Versuchsanlage fertiggestellt, auf
der Eisenbahnfahrzeuge und Einzelelemente mit derart hohem
Tempo getestet werden können, wobei sie sich allerdings nicht
von der Stelle bewegen: Die Geschwindigkeiten werden vielmehr dadurch simuliert, daß Rollen sowohl die Funktion des
Gleises als auch des Antriebs übernehmen. Durch entsprechend
schnelle Rotation der Rollen können bis in die höchsten für Rad-
Schiene-Technik denkbaren Geschwindigkeitsbereiche alle Wechselwirkungen zwischen Fahrweg und Fahrzeug nachgebildet und
untersucht werden. Die auf der Welt einzigartige Anlage dient
dazu, noch zu erstellende mathematische Modelle und Simula-
tionsrechnungen auf dem Rollprüfstand ohne wirkliche Fahrten
»in die technische Praxis umsetzen« zu lassen. Dabei werden
auch Komponenten und Teilsysteme sowie Einzelfunktionen auf
dem Prüfstand untersucht werden: Antreiben, Bremsen, Leerlauf,
unterschiedliche Reibwertausnutzung zwischen Rad und Schiene,
ferner Einflüsse, die von der Beschaffenheit des Gleises ausgehen. Da im Gegensatz zu Versuchsfahrten auf der Strecke kein
Luftwiderstand zu überwinden ist, genügt selbst für höchste
»Geschwindigkeiten« eine verhältnismäßig geringe Antriebslei-
stung auf dem Prüfstand. Für den Antrieb des Prüfstandes ste-

hen 2400 Kilowatt zur Verfügung. Sie werden bei Fahrzeugen, die über eigenen Antrieb verfügen, auch als Bremsleistung zusätzlich zu den Scheiben- und Wirbelstrombremsen des Prüfstandes eingesetzt.

Die Steuerung der Anlage übernehmen Prozeßrechner. Entsprechend den jeweiligen Versuchsprogrammen gehen die Daten von der Zentraleinheit des Rechners an die Steuerrechner, die ihrerseits die Sollwerte für die Regelkreise der Leistungssteuerung ausgeben. Abweichungen von der normalen Gleisgeometrie, die auf das Laufverhalten im Eisenbahnbetrieb entscheidenden Einfluß ausüben, können auf dem Rollprüfstand in jeder gewünschten Weise simuliert werden, wobei die entsprechenden Einflußgrößen über eine *Hydropulsanlage* auf die Radsätze des Versuchsfahrzeuges übertragen werden. Die hierbei auftretenden Wechselwirkungen sowie sämtliche sonstigen Meßwerte erfaßt ein Meßdatenrechner, der gleichzeitig die Messungen überwacht und die Daten auswertet. Die Anlage gestattet Änderungen der Spurweite zwischen 1435 Millimetern entsprechend der europäischen Normalspur bis zu 1700 Millimeter Breitspur. Damit können auch Eisenbahnen mit größerer Spurweite von der Münchner Anlage Gebrauch machen. Die Versuche beschränken sich zunächst auf Laufwerke mit Einzelradsätzen, werden dann auf verschiedene Drehgestellvarianten ausgedehnt und zuletzt vollständige Fahrzeuge umfassen. Bis zu 150 Tonnen schwere Lokomotiven können mit zwei Kränen von je 80 Tonnen Hubkraft auf den Prüfstand gehievt werden. Die Anlage entsteht im Gelände des Bundesbahn-Ausbesserungswerkes München-Freimann. Die Haupthalle des Rollprüfstandes wird 44 Meter lang, 24 Meter breit und 16 Meter hoch sein. Die Gesamtkoordination liegt beim Bundesbahn-Zentralamt München, den maschinen- und meßtechnischen Teil liefert Krauss-Maffei, während der HSB-Baustab Augsburg für den baulichen Teil und die Energieversorgung verantwortlich zeichnet (212).

Drehstromtechnik erschließt dem Lokomotivbau neue Dimensionen. Die Bundesbahn wird bis 1978 zunächst fünf elektrische Lokomotiven einer »neuen Generation« beschaffen und damit eine zukunftweisende Technik erproben: den Drehstromantrieb, der bei Speisung mit variabler Spannung und Frequenz ideale Eigenschaften verspricht. Vor allem soll es möglich sein, mit der gleichen Lokomotive sowohl Schnellzüge bis zu 160 km/h zu fahren als auch Güterzüge mit derselben Auslastung zu befördern wie die gegenwärtig stärkste Güterzuglokomotive der Bundesbahn. Der erste Motor dieser Leistungsklasse mit 1,4 MW wurde 1976 bei Brown, Boveri & Cie. (BBC) in Mannheim mit guten Ergebnissen auf dem Prüfstand getestet.

Neue Reisezugwagen stehen ebenfalls in Entwicklung. Die letzte Konzeption wurde vor 20 Jahren festgelegt. Bedenkt man, daß Reisezugwagen eine Lebensdauer von über 30 Jahren haben, so bedeutet dies, daß die heute neu in Dienst gestellten Wagen alter Konzeption auch noch im Jahr 2000 den Reisenden angeboten werden. Die neue Konzeption sieht 26,4 m lange Wagen vor mit 9 Abteilen in der ersten und 11 Abteilen in der zweiten Klasse. Durch Vergrößerung der Abteillänge konnten die Sitzverhältnisse vor allem in der zweiten Klasse entscheidend verbessert werden. Die Klimatisierung wurde auch in der zweiten Klasse wegen der bei hohen Geschwindigkeiten geschlossenen Fenster notwendig. Die Eingangstüren sind als Schwenkschiebetüren ausgeführt. Sie lassen sich durch Knopfdruck öffnen und schließen. Die unterste Stufe ist herausschwenkbar. Die Wagen werden farbenreicher. Diese Wagen wollen 6 europäische Eisenbahnverwaltungen verwenden. Sie werden damit zum Meilenstein auf dem Weg zum europäischen Standardwagen (213).

Die schienengebundene Eisenbahn wird ihre Geschwindigkeit systembedingt nicht wesentlich über 250 km/h steigern können. Im Straßenverkehr ist wegen der zunehmenden Belastung der Straßen mit einer ständigen Abnahme der Reisegeschwindigkeit zu rechnen. Außerdem begrenzen Höchstgeschwindigkeiten die Fortbewegung auf der Straße. Im Luftverkehr werden kurze Flugzeiten oft durch lange und zeitraubende Anfahrtswege kompensiert. Der Luftverkehr verfügt nur über ein geringes Maß an »Flächenbedienung«, da er an wenige Flugplätze gebunden ist. Es ist daher ein neues Verkehrssystem zu finden, das die erste erwartete Bedarfslücke schließt. So gründeten 1968 die Deutsche Bundesbahn, Deutschlands größtes Straßenbau-Unternehmen Strabag und Messerschmitt-Bölkow-Blohm die »Hochleistungs-Schnellbahn-Studiengesellschaft mbH« (HSB). Sie legte Ende 1971 dem Bundesverkehrsministerium eine im Auftrag gegebene Studie über ein neues Verkehrssystem vor. Diese Hochleistungs-Schnellbahn soll in Geschwindigkeiten bis zu 450 km/h in einer C-förmigen Magistrale von Hamburg über das Ruhr- und das Rhein-Main-Gebiet nach München führen und dabei den Kern eines europäischen Verkehrsnetzes darstellen. In einem kombinierten System werden sowohl Personen als auch Güter, vornehmlich Lkw im Huckepackverkehr, transportiert. Die Kapazität wird auf täglich rund 34 000 Lkw oder 75 Millionen Tonnen pro Jahr ausgelegt. Man spricht von Zügen bis zu 700 Meter Länge.

Die Technik selbst ist nicht neu. Schon 1937 erhielt der deutsche Ingenieur Kemper ein Patent für Magnettechnik. Der Linearmotor wurde bereits 1890 als Patent angemeldet. Er fand 1946 als Startkatapult für Flugzeuge in den USA erstmals größere Anwendung. Die Magnetfeld-Fahrtechnik ist realisierbar. Das Prinzip beruht darauf, daß das Fahrzeug durch Magnete in einem bestimmten Abstand zu einer Führungsschiene gehalten wird. Auch zur seitlichen Führung werden Elektromagnete verwendet, die so geregelt sind, daß ein bestimmter Luftzwischenraum zwischen Fahrzeug und Führungsschiene eingehalten wird. Das Fahrzeug bewegt sich also berührungsfrei. Der elektrische Linearmotor treibt das Fahrzeug ebenfalls berührungsfrei durch elektromagnetische Felder an, wobei der Motor eine fest auf der ganzen Strecke installierte Aluminium-Reaktionsschiene gabelförmig umgibt. Im Gegensatz zum bekannten rotierenden Elektromotor sind beim Linearmotor Stator und Rotor nicht kreisrund, sondern planparallel zueinander geordnet. Da der Linearmotor keinerlei mechanisch bewegte Teile im Sinn von Lagern und Kollektoren hat, ist er besonders für den Antrieb von Schwebefahrzeugen bei hohen Geschwindigkeiten geeignet. Durch Umschalten des Linearmotors kann das Fahrzeug gebremst werden. Der Energiebedarf für Tragen und Führen beträgt nur 1 kW pro Tonne (214). Die geschätzten Kosten für den Bau der Bahnlinie wurden auf Geldwertbasis des Jahres

1972 mit 15 bis 20 Milliarden DM angegeben, davon die eine
Hälfte für Trasse und Bahnhöfe, die andere Hälfte für Fahrzeuge (215).

Anfang 1974 wurden die Forschungs- und Entwicklungsarbeiten
für dieses System von Messerschmitt-Bölkow-Blohm und Krauss-
Maffei in der Transrapid-E.M.S.-Gesellschaft für elektromagnetische Schnellverkehrssysteme in München zusammengefaßt. Ihr
stehen Teststrecken in Ottobrunn, München-Allach und Man-
ching zur Verfügung. Von dortigen Versuchen ausgehend hatte
man ein anwendungstechnisches Versuchsfahrzeug für Großver-
suche auf einer Rundstrecke im bayerischen Donauried entwikkelt. Bei ihm betragen die Abstände zwischen Fahrzeugmagne-
ten und Ankerschienen 10 bis 20 Millimeter. Sie werden ständig
von Sensoren vermessen. Die Meßwerte werden dem Regler zugeführt, der die Anziehungskraft der Magnete steuert und so
das Fahrzeug in der Schwebe hält (216).

In Konkurrenz dazu steht das System »Elektrodynamisches
Schweben« (EDS) der von Siemens, AEG und BBC gebildeten
Projektgruppe Magnetschwebebahn. Auch sie entwickelt Fahrzeuge für den Geschwindigkeitsbereich zwischen 300 und 500
km/h. Die Versuchsanlage bei Siemens in Erlangen ist kreisför-
mig mit 45 Grad geneigter Betonfahrbahn, auf der 280 m
Schienen liegen. Das EDS-System benutzt nicht anziehende,
sondern abstoßende Magnetkräfte. Bei Geschwindigkeiten unter
100 km/h können normale Schienen befahren werden. Das erlaubt das Anfahren normaler Bahnhöfe. Generell betrachtet
kann die Magnetbahn-Technik eines Tages ein Exportschlager
der deutschen Industrie werden.

Straßengüterverkehr wächst überdurchschnittlich

Der Verkehr ist ein unteilbares Ganzes. Die entscheidenden verkehrspolitischen Leitlinien in der Bundesrepublik Deutschland
sind die
- freie Wahl des Verkehrsmittels
- kontrollierte Wettbewerbsordnung

– optimale Mobilität für Bürger und Wirtschaft
– volkswirtschaftlich sinnvolle Aufgabenteilung in einem integrierten Gesamtverkehrssystem (217).

Das Bundesministerium für Verkehr, das Deutsche Institut für Wirtschaftsforschung (DIW) in Berlin und das IFO-Institut für Wirtschaftsforschung in München legten eine gemeinsame Vorausschau auf die Verkehrsentwicklung 1974–1976 vor. Sie stellen mit ihren effektiven Zahlen für 1974 eine gute Übersicht über das tatsächliche Verkehrsaufkommen dar:

Entwicklung des Personenverkehrs 1974–1976

Verkehrszweig	Millionen Personen			Milliarden Pkw-km		
	1974	1975	1976	1974	1975	1976
Eisenbahnen[1])	1119	1082	1080	40,4	38,2	38,5
– Fernverkehr[2])	116	111	113	23,7	22,0	22,5
– Nahverkehr[3])	1003	971	967	16,7	16,2	16,0
– darunter S-Bahnen	325	333	338	4,1	4,3	4,4
Öffentlicher Straßen-Personenverkehr[4])	6678	6763	6831	66,0	67,7	69,5
– Linienverkehr[5])	6593	6672	6734	50,2	50,8	51,3
– Gelegenheitsverkehr	85	91	97	15,8	16,9	18,2
Öffentlicher Nahverkehr insgesamt[6])	7596	7643	7701	66,9	67,0	67,3
Luftverkehr	27	28	29	8,1	8,5	8,9
– Linienverkehr	18	18	18	5,9	5,9	6,0
– Gelegenheitsverkehr	8	9	10	2,2	2,6	2,9
Öffentlicher Verkehr insgesamt	7824	7873	7940	114,5	114,4	116,9
Individualverkehr mit Pkw	—	—	—	429,3	456,7	474,6
Personenverkehr insgesamt	—	—	—	543,8	571,1	591,5

Notizen dazu:

[1]) Schienenverkehr der Deutschen Bundesbahn und der nichtbundeseigenen Eisenbahnen. Ohne Militärverkehr.

[2]) Ohne Zeitkarten des Berufs- und Schülerverkehrs.

[3]) Deutsche Bundesbahn: Berufs- und Schülerverkehr mit Zeitkarten, S-Bahnverkehr, übriger Verkehr bis 50 km; nichtbundeseigene Eisenbahnen.

[4]) Straßenbahnen, Omnibusse, U-Bahnen.

[5]) Einschließlich freigestellter Schülerverkehr.

[6]) Eisenbahnnahverkehr und Linienverkehr im öffentlichen Straßenpersonenverkehr.

[7]) Verkehrsleistungen über dem Bundesgebiet und im Verkehr zwischen Berlin (West) und dem Bundesgebiet.

Güterverkehr nach Verkehrszweigen[1])

Verkehrszweig	Millionen Tonnen			Milliarden Tonnenkilometer		
	1974	1975	1976	1974	1975	1976
Eisenbahnen [2]) [3])	390	317	340	69	55	60
Binnenschiffahrt	252	225	233	51	48	49
Straßengüter*fern*verkehr	225	222	231	59	57	60
– gewerblicher Fernverkehr einschließlich Möbelfernverkehr	117	108	112	33	31	32
– Werk*fern*verkehr	70	77	80	12	13	14
– Fernverkehr ausländischer Unternehmen	38	37	39	13	13	14
Mineralölfernleitungen[4])	93	81	83	17	15	15
Zusammen	959	845	887	196	175	183
Außerdem:						
Straßengüter*nah*verkehr	1991	1821	1858	37	33	34
– gewerblicher Nahverkehr	769	702	712	17	16	16
– Werk*nah*verkehr	1222	1119	1146	19	18	18
Seeverkehr[5])	155	132	142	1171	1010	1087
Luftverkehr[6])	0,5	0,5	0,5	0,2	0,2	0,2

Notizen dazu:
[1]) Einschließlich Durchgangsverkehr.
[2]) Einschließlich Expreßgut ohne Dienstgut.
[3]) Tonnen*tarif*kilometer.
[4]) Einschließlich Produktenfernleitungen.
[5]) Ohne Eigengewichte der Straßen- und Schienentransportfahrzeuge und Container.
[6]) Einschließlich Luftpost.

Transportaufkommen im binnenländischen Verkehr[1])
in Millionen Tonnen

Güter	1974	1975	1976
Land- und forstwirtschaftliche Erzeugnisse	48	45	48
Nahrungs- und Futtermittel	57	58	60
Kohle	123	100	104
Mineralöl und Mineralölerzeugnisse	179	164	167
davon: Rohöl	85	75	76
Mineralölerzeugnisse	94	89	91
Erze, Schrott	105	85	92
Eisen, Stahl und NE-Metalle	107	84	94

Güter	1974	1975	1976
Mineralische Rohstoffe, Baumaterialien	150	138	140
Düngemittel	24	21	23
Chemische Erzeugnisse	54	47	52
Gewerbliche Fertigwaren, sonstige Güter	113	103	107
Zusammen	959	845	887
außerdem:			
Dienstgutverkehr der Eisenbahnen	15	15	15
Insgesamt	974	860	902

Notizen dazu:
[1]) Ohne Straßengüter*nah*verkehr; einschließlich Durchgangsverkehr.

Transportaufkommen im Straßengüternahverkehr[1])
Vorausschätzung für 1976 in Millionen Tonnen

Güter	1976
Land- und forstwirtschaftliche Erzeugnisse	53
Nahrungs- und Futtermittel	106
Kohle	31
Mineralöl und Mineralölerzeugnisse	117
davon: Rohöl	1
Mineralölerzeugnisse	116
Erze, Schrott	12
Eisen, Stahl und NE-Metalle	27
Mineralische Rohstoffe, Baumaterial	1196
Düngemittel	8
Chemische Erzeugnisse	189
Gewerbliche Fertigwaren, sonstige Güter	119
Zusammen	1858

Notiz dazu:
[1]) Schätzung des DIW.

Nicht weniger interessant ist eine ebenfalls vom statistischen Dienst des Bundesverkehrsministeriums zusammengestellte Übersicht, aus der hervorgeht, daß in der Verkehrswirtschaft der Bundesrepublik Deutschland 1974 insgesamt 73 000 Unternehmen tätig waren. Von ihren 1,02 Millionen Beschäftigten zählten allein 0,43 Millionen und damit 42 Prozent zu einem einzigen Unternehmen, nämlich der Deutschen Bundesbahn. Die übrigen 0,59 Millionen verteilten sich auf Einzelunternehmen, die im Durchschnitt nur 8 Mitarbeiter beschäftigen. Die mit 14 in der Statistik angegebene Zahl schließt die Bundesbahn mit ein und ist daher unrealistisch.

Unternehmen und Erwerbstätige in der Verkehrswirtschaft 1974

Verkehrszweig	Unternehmen	Erwerbstätige insgesamt	Erwerbstätige je Unternehmen
Eisenbahnen	90	441 000	4 900
(davon: Deutsche Bundesbahn)	(1)	(429 000)	429 000
Straßenpersonenverkehr	25 000	158 000	6
Straßengüterverkehr	38 000	175 000	5
Binnenschiffahrt	2 422	16 000	7
Binnenhäfen	500	13 000	26
Seeschiffahrt	1 000	33 000	33
Seehäfen	300	27 000	90
Luftfahrt	70	27 000	385
Flugplätze	40	11 000	275
Rohrleitungen	10	1 000	100
Verkehrshilfsgewerbe	6 000	120 000	20
Gewerblicher Verkehr zusammen	73 000	1 022 000	14
Werksverkehr mit Kraftfahrzeugen	250 000	1 000 000	4

Auf lange Sicht, d. h. im Planungsraum 1976–1985, sind Ausgaben der Bundesregierung für die Verkehrsinfrastruktur von insgesamt 110 Milliarden DM vorgesehen, und zwar für

- Ersatz- und Nettoinvestitionen bei den Bundesfernstraßen etwa 59 Milliarden DM,
- für Investitionen bei der Deutschen Bundesbahn etwa 18 Milliarden DM,
- für den kommunalen Straßenbau etwa 10 Milliarden DM,
- für Investitionen bei den See- und Binnenschiffahrtsstraßen etwa 7 Milliarden DM,
- für Investitionen im öffentlichen Personen-Nahverkehr rund 11 Milliarden DM und schließlich
- für sonstige Bereiche ca. 5 Milliarden DM (217).

Die Prognosen für den Güterfernverkehr reichen bis 1990. Diese befassen sich mit den Verkehrsarten und den Güterarten. Ihre Quelle ist die Verkehrsdatenbank des Bundesministeriums für Verkehr nach Unterlagen des Deutschen Instituts für Wirtschaftsfragen (DIW).

Langfristprognose des Güterverkehrs nach Verkehrsarten

Verkehrsarten	in % vom Gesamtverkehr				durchschnittliches Wachstum pro Jahr		
	1960	1972	1980	1990	1970–80	1980–85	1985–90
Straßengüter*nah*verkehr	14	18	20	23	2,3	3,7	3,7
Eisenbahn	37	29	29	27	0,8	2,2	1,9
Binnenschiffahrt	39	21	20	19	0,5	2,4	1,6
Straßengüter-*fern*verkehr	17	23	23	24	3,5	3,4	2,7
Rohrfernleitungen	3	9	8	8	2,4	2,5	1,5

Langfristprognose des Güterverkehrs nach Güterarten

Güterarten	in % aller transportierten Güter				durchschnittliches Wachstum pro Jahr		
	1960	1972	1980	1990	1970–80	1980–85	1985–90
Nahrungs- und Futtermittel	7	5	4	3	1,3	0,4	0,5
Kohle	13	5	3	2	− 2,0	− 0,4	− 0,8
Mineralölprodukte	4	8	7	6	1,9	2,2	1,6
Steine und Erden	47	53	57	61	3,8	3,9	3,9
Chemische Erzeugnisse	4	9	10	11	4,6	4,3	3,7
Verbrauchsgüter	9	6	5	4	0,6	1,0	1,0
Sonstige Güter	16	14	14	13	—	—	—

Der Anteil des Verkehrs am Bruttosozialprodukt ging in der Bundesrepublik zwischen 1960 und 1975 zurück. Erklärung: Zunehmende Individualisierung der Verkehrsleistungen im Personenverkehr

1950 = 33 Prozent   1975 = 80 Prozent

und Zunahme des Werkverkehrsanteils im Güterverkehr

1950 = 9 Prozent   1975 = 15 Prozent.

Langfristprognose des Personenverkehrs – Gesamtentwicklung und Individualverkehr –

Verkehrsarten	in % vom Gesamtverkehr				durchschnittliches Wachstum pro Jahr		
	1960	1972	1980	1990	1970–80	1980–85	1985–90
Gesamtverkehr	100	100	100	100	2,8	1,5	1,1
Individualverkehr	62	80	81	81	3,0	1,6	1,1
Öffentlicher Personenverkehr	38	20	19	19	—	—	—

Langfristprognose des Personenverkehrs – Fahrtzwecke –

Verkehrsarten	in % des Personenverkehrs				durchschnittliches Wachstum pro Jahr		
	1960	1972	1980	1990	1970–80	1980–85	1985–90
Berufsverkehr[1]	39	36	35	33	2,1	0,7	0,6
Urlaubsverkehr[2]	27	33	35	38	3,6	2,4	0,2
Einkaufsverkehr	6	8	8	8	3,3	2,1	1,0
sonstiger Verkehr	28	23	22	21	2,4	1,3	0,9

Notizen dazu:
[1] Berufsverkehr umfaßt hier: Berufs-, Ausbildungs-, Geschäfts- und Dienstreiseverkehr.
[2] Urlaubsverkehr einschließlich Ausflugsverkehr.

Der Verkehr bedient einerseits den Markt. Er stellt aber auch andererseits einen Markt dar, einen Markt für Anbieter von Verkehrsmitteln und Verkehrsbauten, einen Arbeitsmarkt und darüber hinaus einen Markt für Anbieter von Anlagen für den Umweltschutz. Der Verkehr ist stark mit dem Grundstücksgeschäft verbunden. Der Verkehrsmarkt ist ein Markt, auf dessen Teilmärkten sämtliche Marktformen anzutreffen sind. Man findet Bereichsmonopole, wie beispielsweise die Bundesbahn im Schienen*fern*verkehr oder städtische Verkehrsbetriebe im Stadtbereich. Sie dienen öffentlichem Interesse und haben daher der Allgemeinheit gegenüber ganz andere Verpflichtungen als etwa ein freier Omnibusunternehmer, der im Tourimus oder im freien Güterverkehr tätig ist. Zwischen diesen beiden Extremen liegen mannigfaltige Unternehmensformen (218). Alle disponieren über investierte Anlagenwerte, sei es Brücken, Schienen oder

Fahrzeuge. Es ist daher auch für Investoren interessant zu wissen, wie groß die Anlageinvestitionen im Verkehr sind. 1974 waren es 26 Milliarden DM.

Brutto-Anlageinvestitionen des Verkehrs[1]) zu jeweiligen Preisen in Millionen DM (219)

Verkehrszweig	1964	1970	1972	1974
Deutsche Bundesbahn	3 090	2 910	3 300	3 950
Nichtbundeseigene Eisenbahnen[2])	100	130	220	200
Eisenbahnen	3 190	3 040	3 520	4 150
Binnenschiffahrt[3])	160	200	420	160
Binnenhäfen[4])	100	80	150	110
Seeschiffahrt[5])	580	2 120	2 110	2 180
Seehäfen	220	410	500	450
Schiffahrt	1 060	2 810	3 180	2 900
Straßenpersonenverkehr[6])	680	1 440	2 000	2 160
Güterkraftverkehr[7])	1 400	1 540	1 250	1 150
Fluggesellschaften[8])	220	560	630	570
Flughäfen[9])	150	670	800	420
Rohrfernleitungen[10])	30	50	250	100
Übriger Verkehr	2 480	4 260	4 930	4 400
Straßen und Brücken	7 350	11 760	12 620	13 850
Wasserstraßen[11])	350	490	640	710
Staatlicher Verkehrsbereich	7 700	12 250	13 260	14 560
Verkehr insgesamt	14 430	22 360	24 890	26 010

Notizen dazu:
[1]) Bundesgebiet einschließlich Berlin West. Ohne Grunderwerb.
[2]) Eisenbahnen des öffentlichen Verkehrs.
[3]) Binnenflotte der Bundesrepublik.
[4]) Öffentliche Binnenhäfen.
[5]) Handelsflotte der Bundesrepublik.
[6]) Stadtschnellbahn-, Straßenbahn-, Obus- und Kraftomnibusverkehr kommunaler und gemischtwirtschaftlicher sowie privater Unternehmen; einschließlich Taxis und Mietwagen.
[7]) Gewerblicher Verkehr einschließlich Verkehrsnebengewerbe (Spedition, Lager und Verkehrsvermittlung).
[8]) Unternehmen der Bundesrepublik.
[9]) Einschließlich Flugsicherung.
[10]) Rohöl- und Mineralölproduktenleitungen über 40 km Länge.
[11]) Bis zur Seegrenze.

Die Grundsätze zur Verkehrspolitik, aufgestellt von der Bundesregierung, geben in einigen Punkten ebenfalls Hinweise auf die kommende Verkehrsentwicklung. Sie heben u. a. im investitionspolitischen Teil die Verknüpfung der Verkehrssysteme, Vermeidung von Parallelkapazitäten und das Kosten-Nutzen-Verhältnis hervor. Ausbaumaßnahmen erhalten den Vorrang vor dem Neubau. Ist Neubau notwendig, soll die Dimensionierung abschnittsweise der wechselnden Nachfrage angepaßt werden. Die Investitions- und Ordnungspolitik ist vor allem im Bereich der Wegekosten abzustimmen. In den ordnungspolitischen Grundsätzen legt man u. a. Wert auf Zusammenarbeit und Arbeitsteilung aller Verkehrsträger. Freie Wahl des Verkehrsmittels wird grundsätzlich gewährleistet. Bei Erfüllung der gemeinwirtschaftlichen Aufgaben des öffentlichen Personennahverkehrs sind betriebswirtschaftliche Grundsätze verstärkt zu berücksichtigen. Bei der Bundesbahn müssen die Kosten in Zukunft grundsätzlich durch eigene Erträge gedeckt werden. Müssen politische Auflagen erfüllt werden, soll die Kostendeckung durch den Veranlasser erfolgen. Ziel ist es, hier von der Globalsubvention zur konkret bestimmbaren Einzelsubvention zu gelangen. Im Straßenverkehr ist eine kontrollierte Wettbewerbsordnung am besten geeignet, einen funktionierenden Leistungswettbewerb zu sichern. In der EG-Verkehrspolitik bleibt der Abbau der Wettbewerbsverzerrungen im Güterverkehr Schwerpunkt der Bemühungen der Bundesregierung (220).

Mehr Nutzen-Kosten-Überlegung bei Straßen und Wasserwegen

Das Straßennetz der Bundesrepublik für den überörtlichen Verkehr umfaßt 6 207 km (1975) Bundesautobahnen, Bundesstraßen, Landes-, Land- oder Staatsstraßen und Kreisstraßen einschließlich Ortsdurchfahrten im Zuge der Straßen des überörtlichen Verkehrs. Hinzu kommen die Gemeindestraßen in Form von Inner- und Außerortsstraßen der Städte und Dörfer. Außerdem wird noch zwischen Wirtschafts-, Feld- und Waldwegen sowie Privatstraßen unterschieden. Die Gesamtlänge des überörtlichen Straßennetzes betrug Anfang 1975 rund 168 155 Kilometer. Es ist damit reichlich fünfmal so lang wie das Betriebsnetz der Deutschen Bundesbahn und fast 28mal so lang wie die schiffbaren Wasserstraßen der Bundesrepublik. Im Verlauf der vorgenannten Straßen befanden sich Anfang 1971 an die 24 311 Brücken mit einer lichten Weite von mehr als 5 Meter (219).

Der Fernstraßenbau bleibt Schwerpunkt der Verkehrsinvestitionen. Für eine kontinuierliche Fortführung der Baumaßnahmen sind vorgesehen:

— Ein jährliches Volumen für Erweiterungsinvestitionen von rund 3,7 Milliarden DM.
— Ein jährliches Volumen für Substanzerhaltung und Erneuerung von 2,2 Milliarden DM.

Der vorrangige Teil der Planungen 1976–80 mit Ergänzung bis 1985 erstreckt sich auf die Dauer von 10 Jahren. Daraus ergibt sich unter Status-quo-Bedingungen, also unter Fortschreibung der Zahlen der Finanzplanung der Bundesregierung, ein Planungsvolumen für 1976–1985 von rund 37 Milliarden DM. Nach Finanzierung des Überhangs von 1971–1975 werden rund 16 Milliarden DM zur Weiterführung und Fertigstellung laufender Maßnahmen aufgewendet. Damit verbleiben für neue Maßnahmen vorrangiger Dringlichkeitsstufe rund 21 Milliarden DM. Hinzu kommen bis 1985 noch einmal rund 22 Milliarden DM Ersatz- und sonstige Investitionen. Insgesamt sind in diesem Finanzrahmen bis 1985 der Neu- und Ausbau von

— rund 3200 km 2spurigen Straßen und
— rund 2500 km 4spurigen Straßen

geplant. Im Vergleich zu den vorangegangenen Bauleistungen reduziert sich damit das Jahresmittel an neuen Autobahnen von 350 auf 250 km. Schließlich muß von einigen überhöhten Bedarfsvorstellungen der Vergangenheit Abschied genommen werden, zumal ihr Nutzenzuwachs relativ klein ist. Auch das Fernstraßennetz ist aus gesamtwirtschaftlicher Sicht zu betrachten, das unter qualitativen Gesichtspunkten zu optimieren ist.

Schwerpunkte des Straßenbaus bis 1985 sind daher neben dem Neubau
- die Erhaltung der Substanz, in vielen Fällen aber verbunden mit weiterem Ausbau, wie z. B. bei der Autobahnerneuerung,
- die Beseitigung von Unfallschwerpunkten und Umweltbeeinträchtigungen durch eine große Zahl von Ortsumgehungen,
- das Vermeiden von Parallelplanungen und eine insgesamt wirtschaftlichere Bauweise sowie
- die Erschließung und Anbindung strukturschwacher Gebiete.

Auch wenn einige der geplanten Fernstraßen vorerst nur zweispurig ausgebaut werden können, ergeben sich gerade in den strukturschwachen Gebieten mit meist geringen Verkehrsmengen bereits erhebliche Verbesserungen. Ein Viertel des gesamten Investitionsvolumens ist allein auf die Berücksichtigung speziell raumstruktureller Gesichtspunkte bei der Fernstraßenplanung zurückzuführen (217).
Ende August 1976 äußerte sich der Bundesverkehrsminister freimütig über den Fernstraßenbau bis 1985. Steigende Kosten und knappe Finanzmittel gefährdeten den Bau von 2500 Autobahn-Kilometern. Um das Programm nicht um etwa 450 Kilometer kürzen zu müssen, wurden Rationalisierungsmaßnahmen notwendig. 21 Milliarden DM würde das Gesamtprojekt bei Preisen von Mitte 1976 kosten. Beim Neubau von Autobahnen will man vielerorts zunächst nur je eine Fahrspur für jede Fahrtrichtung erstellen und diese Strecken als Bundesstraßen betreiben, um sie erst nach zehn Jahren um weitere zwei Fahrbahnen zu Autobahnen zu erweitern. Damit können die Baukosten vorläufig um etwa 30 Prozent gesenkt werden. Je Streckenkilometer wäre das eine Verringerung von 7,6 auf 5,3 Millionen DM. Wenn später der vollständige Ausbau nachgeholt wird, entsteht allerdings eine Kostensteigerung um 20 Prozent gegenüber der bisherigen Bauweise. Wegen des großen Zeitabstandes zwischen beiden Ausbaustufen sehen die Fachleute des Bundesverkehrsministeriums trotzdem die Wirtschaftlichkeit ihrer Idee gesichert.
Bis 1980 sollen von den geplanten 1340 km neuen Strecken zu-

nächst 200 km zweispurig gebaut werden, bis 1985 von den geplanten 2500 km sogar etwa 1100 km. Darüber hinaus soll bei 2000 der 2500 km Neubaustrecken die Breite der einzelnen Fahrbahnen von 3,75 auf 3,50 Meter verringert werden. Auf fast zwei Dritteln aller Autobahnen der übrigen EG-Staaten hat sich diese Fahrbahnbreite bewährt. In der Bundesrepublik ging man ohnehin von der am US-Standard orientierten ursprünglichen 3,62-m-Spur auf 3,75 m hinauf. Eine Verringerung auf 3,50 m soll mindestens 6 Prozent Kostenersparnis bringen. Statt 100 km Autobahn können mit demselben Geld 106,5 km gebaut werden. Eine dieser Strecken, die nicht vorrangig dem Fernverkehr dienen, wäre z. B. ein Abschnitt der Autobahn Euskirchen-Daun (Eifel). Das Sparprogramm für den Fernstraßenbau mit einem Bedarfsplan von 37,3 Milliarden DM zur Erweiterung des Netzes um 5700 Kilometer und die Modernisierung von 1200 Kilometern bis 1985 bedeutet Anpassung des Straßenbauprogrammes an die mittelfristige Finanzplanung der Bundesregierung. Wie zu erwarten war, rief das Straßenbau-Sparprogramm, kurz vor der Bundestagswahl 1976 verkündet, einen Widerstreit der Meinungen hervor.

In der Binnenschiffahrt gibt es in der Bundesrepublik Deutschland gegenwärtig keine größeren Sachzwänge. Die Maßnahmen hinsichtlich Abwrackaktion und konsequenter Frachtüberwachung wirken. Im internationalen Bereich kommen die Stilllegungsregelung bzw. Harmonisierung der Sozialvorschriften zum Tragen. Trotzdem ist die Bundesrepublik grundsätzlich, also gemessen am Modell eines idealen Binnenmarktes, noch nicht im Bereich des gesamtwirtschaftlich Wünschbaren. Hier hinein spielt u. a. auch die Frage der Anlastung der Wegekosten. Als besonderes Problem kommt hinzu, daß einige beschlossene Projekte im Wasserstraßenbau nicht das gesamtwirtschaftlich vertretbare Nutzen-Kosten-Verhältnis erreichen. Entsprechende Untersuchungen bei den Wasserstraßen ergaben:

– Ein sinnvoll begrenzter Ausbau der bestehenden Wasserstraßen ist in hohem Maße geeignet, die Wirtschaftlichkeit der Transportabläufe zu verbessern.
– Einsparungsmöglichkeiten bei den Ausbau-Standards.
– Neue Kanalbauten sind im allgemeinen nicht wirtschaftlich.

Gerade bei den Kanalbauten besteht das Problem darin, daß die Regierung in einigen Fällen durch früher abgeschlossene Verträge gebunden ist, obwohl sie heute weiß, daß aus der Sicht der Wirtschaftlichkeit viele Fragezeichen zu setzen sind. So erforderte allein der Bau der Rhein-Main-Donau-Schiffahrtsverbindung Ende 1975 noch etwa 2,79 Milliarden DM. Bei einem Verhältnis der errechneten Nutzen von 1,626 Milliarden DM zu den Kosten 2,79 Milliarden DM (Nutzen-Kosten-Verhältnis der Projekte Kanalbau und Ausbau der Donau also nur 0,58) verursacht dieses Projekt aufgrund der Kalkulation des Bundesverkehrsministeriums damit der Volkswirtschaft netto und langfristig gerechnet Nachteile in Höhe von über einer Milliarde DM. In das fortgeschriebene koordinierte Investitionsprogramm könnte das Bundesverkehrsministerium grundsätzlich nur solche Projekte aller Verkehrsträger aufnehmen, deren Nutzen-Kosten-Verhältnis größer als 2,6 ist, die Nutzen also jeweils mehr als das 2,6fache der Kosten betragen. Bemerkenswert ist auch, daß die deutsche Binnenschiffahrt den Rhein-Main-Donau-Kanal zum Teil gar nicht will, weil sie befürchtet, daß die Flotten der Staatshandelsländer durch Dumping-Preise auch die Schiffahrt auf dem Rhein in rote Zahlen bringen, wie dies heute auf der Donau bereits der Fall ist (217). Etwa ab 1980 soll der Rhein-Main-Donau-Kanal betriebsbereit sein.

Leistungsfähige moderne Handelsflotte ist notwendig

Über die Seeschiffahrt werden 85 Prozent des internationalen Warenaustausches abgewickelt. Die Bundesrepublik Deutschland benötigt daher eine Handelsflotte, die den Bedürfnissen des deutschen Außenhandels entspricht.

Entwicklung des seewärtigen Welthandels in Millionen
metrischen Tonnen (221)

Jahr	Tanker-Ladungen	auf Basis 1956	andere Ladungen	auf Basis 1956	insge-samt	auf Basis 1956
1956	390	100 %	490	100 %	880	100 %
1970	1421	364 %	1170	226 %	2528	287 %
1973	1864	478 %	1347	275 %	3211	365 %
1975	1629	418 %	1353	276 %	2982	339 %

1975 = Schätzwerte.

Entwicklung der Welthandelsflotte in Millionen BRT (222)

Jahr	Tanker	auf Basis 1956	Andere	auf Basis 1956	insge-samt	auf Basis 1956
1956	28,2	100 %	73,6	100 %	101,8	100 %
1970	86,1	305 %	138,2	188 %	224,3	220 %
1973	115,3	409 %	171,4	233 %	286,7	282 %
1975	150,0	532 %	188,9	257 %	338,9	333 %

Ohne »Große Seen«-Flotte der USA und Kanada.

Bundesrepublik Deutschland: Güterverkehr über See in
Millionen metrischen Tonnen (223)

Jahr	gesamt	innerhalb des Bundes-gebietes	mit europäischen Häfen	unter BRD-Flagge	mit außer-europäischen Häfen	unter BRD-Flagge
1970	132	3	56		73	
1973	142	4	65	27 %	73	12 %
1974	155	4	65	24 %	87	12 %

Bestand an Seeschiffen Ende 1974 in der Bundesrepublik Deutschland (223)

	Anzahl	in 1000 BRT insgesamt
Seeschiffe insgesamt	2 202	8 713
davon:		
– Personenschiffe	123	90
davon: – Fahrgastschiffe mit Kabinen	3	38
– Fahrgastschiffe ohne Kabinen	114	52
– Ro/Ro- und Fährschiffe	52	101
davon: – Fährschiffe	16	20
– Trockenfracht- und Mehrzweckschiffe	1 280	5 318
davon: – Stückgutfrachtschiffe	1 128	2 305
– Kühlschiffe	42	253
– Containerschiffe	28	597
– Trägerschiffe	1	37
– Spezialfrachtschiffe	6	5
– Massengutschiffe	73	1 998
– Erz-Ölschiffe	2	123
– Tankschiffe	159	2 787
davon: – Mineralöltanker	98	2 710
– Bunkerboote	18	3
– Massengutschiffe	10	22
– Spezialtankschiffe	33	52
Insgesamt Handelsschiffe über 100 BRT	1 614	8 297

Deutsche Seeschiffe geben neben ihrer Funktion als Transportmittel gleichzeitig ein Zeugnis von der Leistungsfähigkeit des deutschen Schiffbaus. Die deutschen Werften bauten 1975 insgesamt 164 Schiffe mit 2,5 Millionen BRT und hatten damit einen Anteil an der Weltschiffbauproduktion von 7,3 Prozent. Gemessen an gewichteten BRT (CBRT), einer Kennzahl, die eine Gewichtung der Tonnageangaben nach dem Schiffswert und dem erforderlichen Arbeitsaufwand erlaubt, lieferten deutsche Werften 1,45 Millionen CBRT ab. Sie nehmen damit hinter

Japan und vor Schweden den zweiten Platz im Weltschiffbau ein. Von japanischer Seite herrscht gegenwärtig ein Verdrängungswettbewerb. Von den 14,4 Millionen BRT Bruttoauftragszugängen im Weltschiffbau 1975 hatten sich japanische Werften 8,64 Millionen BRT und damit einen Marktanteil von rund 60 Prozent geschaffen. Angesichts der in Japan errichteten Überkapazitäten reagierten die japanischen Werften panikartig und boten Kampfpreise an, die zum Teil um mehr als 30 Prozent unter dem europäischen, aber auch unter dem früheren japanischen Preisniveau lagen. Dabei ist die Weltschiffbauindustrie mit Strukturveränderungen konfrontiert, die ab 1977 weltweit zu Beschäftigungseinbrüchen führen können.

Die Gesamtnachfrage nach Schiffen ist durch die Tankerkrise erheblich zurückgegangen und wird noch einige Zeit auf niedrigem Niveau bleiben. Die Weltgesamtnachfrage nach Neubauten wird für die nächsten Jahre auf eine Größenordnung von 15–22 Millionen BRT pro Jahr geschätzt. Die Weltschiffbaukapazität hatte 1963 noch 9 Millionen BRT betragen, 1975 schon 52 Millionen BRT erreicht und soll nach Untersuchungen der OECD 1977/78 zusammen 52 Millionen BRT betragen, davon Japan 22 Millionen BRT, die Bundesrepublik Deutschland 3,12 Millionen BRT und Westeuropa 20,3 Millionen BRT. Nach Umrechnung dieser Tonnageziffern auf den erforderlichen Stundenaufwand ergibt sich, daß die Überkapazitäten im Weltschiffbau ab 1977/78 in einer Größenordnung von 30 Prozent und mehr liegen werden. Die Lösung des Kapazitätsproblems ist nur auf internationaler Ebene möglich (224).

Die deutsche Werftindustrie setzt auf vorsichtigen Kapazitätsausbau ihrer eigenen Werften. Sie konnte bereits in den vergangenen Jahren ihre natürliche ökonomische Wettbewerbsfähigkeit durch strukturelle Veränderungen, durch Schließung von Investitionslücken und durch Rationalisierungs- und Modernisierungsmaßnahmen entscheidend verbessern. Das Strukturkonzept der Jahre 1973–1977 legte dar, wie sich die Werftindustrie in den kommenden Jahren an die technologischen und ökonomischen Entwicklungen anzupassen beabsichtigt. Die Werftindustrie, die zu den Branchen mit den höchsten Konzentrationsgraden zählt, hatte in der Vergangenheit ihre Kooperationsmaßnahmen zielbewußt ausgebaut. Die Programmpolitik der Werften folgte den Empfehlungen der 1972 vorgelegten Werften-Enquête, wonach bei Anpassung an wachsende Schiffsgrößen insbesondere eine im Hinblick auf Marktveränderungen flexible Programmstruktur beibehalten werden soll. Die Wettbewerbsfähigkeit des deutschen Schiffbaus wird maßgeblich davon abhängen, daß der Investitionsbedarf der Schiffahrt aufgrund der Innovation im Schiffsbau und darüber hinaus aufgrund des Wachstums der einzelnen Teilmärkte angemessen finanziert werden kann. Für die Aufträge deutscher Reeder hat der Haushaltsausschuß des Deutschen Bundestages die Erhöhung der Verpflichtungsermächtigung von bisher 110 auf 170 Millionen DM beschlossen. Er sprach sich auch für den kombinierten Einsatz der Maßnahmen nach dem Seeschiffahrtsförderungsprogramm und dem Schiffbaufinanzierungsprogramm (Aufhebung des bisher bestehenden Kumulierungsverbotes) aus. Damit wurden wesentliche Voraussetzungen für die Durchführung der Investitionsplanungen deutscher Reeder und die Vergabe an deutsche Werften ermöglicht (224).

Auf deutschen Werften 1975 fertiggestellte Seeschiffe (224)

	für deutsche Rechnung		für ausländische Rechnung		Gesamt		
	Zahl	BRT	Zahl	BRT	Zahl	BRT	%
Fahrgastschiffe	2	12 647	6	20 862	8	33 509	1,4
Frachtschiffe	33	65 882	64	599 542	97	665 424	28,4
Tanker	6	502 439	13	1 097 173	19	1 599 612	68,4
Seeschlepper und seegehende Eisbrecher	8	2 754	2	1 066	10	3 820	0,2
Fischereifahrzeuge	3	2 368	11	1 880	14	4 248	0,2
Sonderschiffe	14	15 054	11	18 211	25	33 265	1,4
Gesamt	66	601 144	107	1 738 734	173	2 339 878	100,0

Von den im Jahr 1975 fertiggestellten 173 Seeschiffen wurden 19 Seeschiffe mit 1 841 803 BRT mit Turbinen ausgerüstet. Die übrigen sind Motorschiffe. Am Seeschiffbau waren im gleichen Jahr 48 Werften mit 66 700 im Schiffbau Beschäftigten beteiligt.

Die abgelieferten Schiffe hatten einen Wert von 4,48 Milliarden DM. Die für ausländische Reeder bestimmten Schiffe hatten davon einen Wert von 3,23 Milliarden DM = 72,1 Prozent. Die zukünftige Entwicklung des Schiffsbaus ist in hohem Maße von der Entwicklung des Welthandels, insbesondere des seewärtigen Welthandels, abhängig. Die im Hinblick auf eine »neue Wirtschaftsordnung« stattfindenden Überlegungen und Maßnahmen betreffen zunächst nur den Rohstoffsektor. Da der Transport von Rohstoffen aber über 80 Prozent des seewärtigen Welthandels ausmacht, ist seine Entwicklung für die Zukunft der Schiffbauindustrie sehr entscheidend. Der seewärtige Welthandel wies in der Vergangenheit insgesamt durchschnittlich erheblich höhere Wachstumsraten auf als das Wirtschaftswachstum. Wesentlichen Anteil daran hatte der Öltransport, der bis 1973 auf fast 60 Prozent Anteil am seewärtigen Welthandel gestiegen ist. Ferner trug der Zuwachs an Transportvolumen bei einigen *Bulk-Gütern,* insbesondere beim Eisenerz, zu diesem Wachstum bei. Die Zuwachsraten auf Tonnenmeilen-Basis zeigen, daß die Gesamtleistung der Flotte infolge längerer Transportentfernungen noch schneller gestiegen ist. Auch wenn keine kurzfristigen Aussagen gemacht werden können, kann man davon ausgehen, daß kaum mit einem Rückgang zu rechnen ist. Bereits eine geringfügige Belebung der allgemeinen Wirtschaftsaktivitäten führt zu einem deutlichen Wachstum des seewärtigen Welthandels. Es wird jedoch erwartet, daß die 1970–1974 im Durchschnitt 8prozentige jährliche Wachstumsrate des Welthandels künftig erheblich niedriger sein wird. Auch dürften sich die durchschnittlichen Transportentfernungen langsamer als bisher entwickeln, bei einzelnen Gütern sogar sinken, u. a. auch durch die Wiedereröffnung des Suez-Kanals. Gerade aus den verlängerten Transportentfernungen hatten sich jedoch in der Vergangenheit wesentliche Impulse für die Flottenentwicklung ergeben. Das Flottenwachstum allein zu betrachten ist wenig aussagekräftig, weil zusätzlich Reisegeschwindigkeit der Schiffe, Transportentfernungen, Hafenliegezeiten, Ausfallzeiten und Auslastung der vorhandenen Ladekapazitäten zu berücksichtigen sind (225).

Die in den kommenden Jahren zu erwartenden Zugänge zum Flottenbestand der Welt lassen sich zum Teil aus den Ablieferungsterminen der in Auftrag gegebenen Schiffe ermitteln. Sie vergrößeren die Überkapazität weiter. Projektionen ermittelten den Tankerbedarf für 1980 mit 255 bis 310 Millionen *tdw*. Das entspricht unter Berücksichtigung von vorhandenen Schiffen, Abwrackungen und Abgängen aus dem Flottenbestand durch Unfälle einem Neubaubedarf für die zweite Hälfte der 70er Jahre von 2,6 bis 7,1 Millionen BRT. Da wegen der Situation bei den Öltankern ein zunehmender Teil der *Combined Carrier-Flotte* im *Dry-Cargo-Bereich* eingesetzt wird, reduziert sich entsprechend der Neubaubedarf für Trockengutfrachter. Daraus würde sich ein Gesamtbedarf zwischen 1973–1982 von jährlich 15,7 bis 22,7 Millionen BRT ergeben. Die derzeit aktuellste Prognose des zukünftigen Tankerbedarfs beziffert den Tankerflottenbedarf

1980 mit rund 255–265 Millionen tdw und
1985 mit rund 325–335 Millionen tdw (226) (227).

Sollte der Plan verwirklicht werden, auch bereits vorhandene Schiffe zur Verbesserung des Umweltschutzes nach *IMCO*-Forderungen umzurüsten, würde das die Übertonnage um 30–40 Millionen tdw verringern. Andererseits erwartet man ab 1977/78 einen Mangel an Tankern vor allem für die Produktfahrt. Sollte durch Aufbau von Raffinerien in Mittelost, der wegen der allgemeinen Raffinerie-Überkapazität nur langsam vorankommt, ein Bedarf an großen Produkttankern entstehen, so könnte dieser preiswert durch Umbau von Rohöl-Tankern gedeckt werden. Die Gesamtentwicklung im Tankersektor würde sich dadurch nur unwesentlich ändern. Der Neubaubedarf an kleinen Tankern ab 1977/78 wird auf etwa 1 Million BRT pro Jahr geschätzt. Auf dem Marktsektor von Combined Carriers, die als *Ore/Oil-Carrier* oder *Bulk/Oil-Carrier* fahren und ab Ende 1977 insgesamt weltweit fast 50 Millionen tdw erreichen, sind auf absehbare Zeit keine Wachstumsimpulse zu erwarten (225).

Die Entwicklung des Transportaufkommens an Bulk-Ladungen ergibt sich aus folgender Übersicht (225)

Transportgut	Wachstum im Durchschnitt pro Jahr	Transportmenge in Millionen *jato*			
		1973	1975	1977	1980
Eisenerz	5 %	298	320	360	420
Kohle	6 %	104	115	130	155
Getreide	1 %	116	107	110	120
Bauxit/Alumina	4 %	38	42	45	50
Phosphat	6 %	43	50	56	65
Major Bulks, gesamt		599	634	701	810
Major Bulks, Bulker-Anteil		480	520	580	690
		80 %	82 %	83 %	85 %
Minor Bulks, Bulker-Anteil (einschließlich Kfz-Transporter)		180	210	300	360
Seetransport durch Bulker		660	730	880	1050

Die Wachstumsrate für Getreide wurde verhältnismäßig niedrig veranschlagt, da man zum Zeitpunkt der Zusammenstellung der gezeigten Übersicht annahm, daß UdSSR, Indien und China alle Anstrengungen unternehmen, ihren eigenen Bedarf selbst zu decken. Daß schlechte Ernten zu erheblich höheren Transportmengen führen können, hat sich 1976 gezeigt.

Eine Gegenüberstellung von Tonnageangebot und Tonnagebedarf ergibt sich unter Berücksichtigung der schon erwähnten Fakten wie Abwrackung usw. in Millionen tdw:

	1975	1977	1980
Tonnageangebot	100,3	112,2	115,2
Tonnagebedarf	88,0	110,0	132,0

Der rechnerische Bedarf an Bulk-Tonnage, die bis 1980 für die Trocken-Bulk-Fahrt zusätzlich benötigt wird, liegt damit bei rund 15 Millionen tdw, wobei anzunehmen ist, daß ein Teil nicht als Neubau, sondern durch Einsatz von Combined Carriern gedeckt wird (225).

Bei General Cargo-Schiffen ist das spezifische Ladevolumen größer als bei Bulkern. Der Anteil des Stückguttransports am ge-

Wie über die Transportmenge, so läßt sich auch eine Prognose über die Transportleistung aufstellen (225):

Transportgut	Transport-Distanz im Durchschnitt (sm)	Transportleistung in Milliarden t.sm/Jahr			
		1973	1975	1977	1980
Eisenerz	4700–4900	1398	1500	1730	2060
Kohle	4500	467	520	590	700
Getreide	5400	622	580	600	650
Bauxit/Alumina	3500–4100	133	160	180	210
Phosphat	3700–3800	159	190	210	250
Major Bulks, gesamt		2779	2950	3310	3870
Major Bulks, Bulker-Anteil		2270	2450	2780	3290
		82 %	83 %	84 %	85 %
Minor Bulks, Bulker-Anteil	5400–5500	970	1130	1650	1980
Transportleistung der Bulker in Milliarden t.sm		3240	3430	4300	5150
Bedarf an Bulker-Tonnage in Millionen tdw		83	88	110	132

samten Seetransport »trockener Güter« beträgt nur 12 Prozent. Der prozentuale Anteil der General Cargo-Schiffe an den BRT der gesamten Welthandelsflotte liegt bei rund 22 Prozent. Dabei hat sich der Trend der nichttraditionellen Schiffahrtsländer zum Aufbau einer eigenen konventionellen Flotte fortgesetzt. Da *Container-Schiffe* in diesen Bereich eindringen, ist bei General Cargo-Schiffen eher ein geringeres Nachfrageniveau trotz des hohen Durchschnittsalters der Schiffe zu erwarten. Der Bedarf an Container-Schiffen steigt in Intervallen, weil für Container in vielen Gebieten der Erde erst die notwendige Infrastruktur geschaffen werden muß.

Dagegen ist bei *Barge-Carriers* mit einem hohen schiffsseitigen Aufwand ein Minimum an landseitigem Infrastrukturbedarf verbunden. Vorerst ist der Anteil am Schiffbaumarkt bei Barge-Carriers noch gering. Langfristig, etwa nach 1980, schätzt man die Aussichten besser, wenn einige Länder der Dritten Welt den nötigen Entwicklungsstand zur Aufnahme des Barge-Carrier-Verkehrs erreicht haben. Das Einsatzgebiet für *Ro-Ro-Schiffe* beschränkt sich weitgehendst auf den Küstenverkehr mit kurzen Routen. Im europäischen Kurzstreckenverkehr, dem Hauptkonkurrent der konventionellen Küstenschiffahrt, hat der Roll-on/Roll-off-Verkehr bereits seinen festen Platz. Dem Vorteil eines geringen Infrastrukturbedarfs steht jedoch die hohe Kapitalbindung für den Gerätepark gegenüber, der während der Fahrt unproduktiv ist. Mit einem wesentlichen Wachstum des Transportaufkommens ist weder mittel- noch langfristig für diesen Schiffstyp wie auch für den kombinierten Container/Ro-Ro-Verkehr zu erwarten (225).

Die deutsche Werftindustrie ist ein bedeutender Stahlverbraucher. 1975 benötigte sie 0,77 Millionen Tonnen Walzstahlprodukte, davon allein 0,62 Millionen Tonnen Grob- und Mittelbleche. Schiffsantrieb-Lieferanten sind MAN, Klöckner-Humboldt-Deutz, MWM u. a. m. Die Elektroindustrie liefert Radargeräte sowohl für Schiffe wie auch zur Küsten- und Hafensicherung. Ähnlich verhält es sich mit dem Hebezeug, den Schiffs- und Landkränen. Anker, Ankerketten, Schiffspropeller und nautische Geräte stellen ebenfalls einen weiten Arbeitsbereich für die Zulieferer dar. Es soll deshalb erwähnt werden, daß die Werften sehr eng mit der übrigen Industrie zusammenarbeiten.

Zukunftsreiche Meerestechnik mit Sorgen

Neu in den Blickpunkt der Öffentlichkeit rückte die industrielle Meerestechnik. Sie wurde zu einem wachsenden Industriezweig. 1973 erreichte sie noch 0,8 Milliarden DM Umsatz, 1975 waren es bereits 2,4 Milliarden DM. Aus der Erkenntnis, daß Nutzung und Erhaltung der Schätze des Meeres für die Menschheit von existentieller Bedeutung sind, baute die deutsche Industrie ein umfassendes Forschungs- und Entwicklungspotential sowie Fertigungs- und Dienstleistungskapazitäten auf dem Gebiet der Meerestechnik auf. Zu dieser Industrie zählen außer den mit dem Meer traditionell verbundenen Branchen Schiffahrt, Schiffbau und Seebau seit einigen Jahren auch andere Industriezweige wie Rohstoffindustrie, Eisen- und Stahlindustrie, Luft- und Raumfahrt, Maschinenbau sowie feinmechanische und optische Industrie. Die deutschen industriellen Aktivitäten umfassen: Planung, Herstellung und Ersatz von Anlagen, Geräten und Verfahren zur Erforschung des Meeres; Aufsuchung, Gewinnung und Verarbeitung von Erdöl und Erdgas, mineralischen Rohstoffen, Nahrungsmitteln und Trinkwasser aus dem Meer; Errichtung von See- und Küstenschutzbauten; Bekämpfung der Meeresverschmutzung; Unterwassereinsatz von Menschen. Hinzu kommen andere Fachbereiche mit Hilfsfunktionen wie Meß- und Regeltechnik, Datenverarbeitung, Kommunikation, Energieversorgung und Werkstofftechnik, ferner Dienstleistung, wie z. B. Transport- und Versorgungsschiffahrt, sowie eine Palette von Ingenieurberatungsleistungen (228).

Die meerestechnische Industrie der Bundesrepublik Deutschland ist noch sehr jung. 1976 waren in ihr nur knapp 10 000 Beschäftigte als Zeit- oder Festpersonal gebunden. Ihr Auftragsbestand lag Anfang 1976 bei 1,32 Milliarden DM. Die ermittelten Forschungs- und Entwicklungsaufwendungen lagen 1974 zwischen 17 und 20 Millionen DM, 1975 schätzungsweise bei 20 bis 25 Millionen DM. Die Aufschlüsselung des Umsatzvolumens nach einzelnen Arbeitsbereichen zeigt ein sehr unterschiedliches Entwicklungsbild. Die *Offshore-Technik* zur Gewinnung von Erdöl und Erdgas aus dem Meer hielt 1975 mit rund 1,8 Milliarden DM = 75 Prozent die Spitzenposition. Der hohe Stellenwert der Offshore-Technik läßt zunächst nur ihre Entwicklungsmöglichkeiten erkennen, denn die Umsätze sind noch zu gering. Rund 40 bis 45 Prozent hält die Stahlindustrie mit Blech-, Rohr- und Materiallieferungen, etwa halb soviel das Offshore-Dienstleistungsgewerbe. Die Thyssen Westfälische Union entwickelte spezielle Schweißzusatzwerkstoffe und bietet außerdem Spezialverankerungs- und Schleppdrahtseile an. Blohm & Voss liefert nach eigenen oder fremden Entwürfen Bohrplattformen, Bohrschiffe sowie Rohrlege- und Kranschiffe. Deilmann-Haniel, Demag, Howaldtswerke-Deutsche Werft, Krupp u. a. m. bauten

Plattformen. Rohre und Komponenten sowie Anlagen des Stahl-
wasserbaus liefert beispielsweise Mannesmann.
Der Bau von technologisch hochfertigen Großanlagen, wie Bohr-
inseln und Spezialschiffe sowie deren Komponente, stellt
30 Prozent der Gesamtleistung der Branche. Zur Gruppe der
Komponenten gehören Stahlkonstruktionen, Moduln, Winden,
Kräne, Motoren, Getriebe, Rammen, elektrische Installationen
und Antriebssysteme. Hier findet man Firmen wie MAN,
AG »Weser«, O & K Orenstein & Koppel und die Satzgitter-
Gruppe. Lieferungen im Bereich Großanlagen der Werftindustrie, Stahlerzeugnisse und Offshore-Komponenten hatten 1975
ca. 1,5 Milliarden DM erreicht, während die Offshore-Dienst-
leistungen ihren Anteil auf ca. 310 Millionen DM erhöhen
konnten. Unter den größten Offshore-Auftragnehmern findet
man außer bereits genannten Firmen noch die Deutsche Dampf-
schiffahrts-Gesellschaft »Hansa«, Hapag-Lloyd, Vereinigte
Tanklager- und Transportmittel GmbH sowie Siemens und
AEG-Telefunken (229).
Ein wesentlicher Unterschied der deutschen Meerestechnik besteht zu den meerestechnischen Interessen anderer Industrieländer. Die meisten von ihnen besitzen längere Küsten. Schon daher
ist deren Wirtschaft mit der Problematik der Meerestechnik vertraut, und die Regierung gibt dort Hilfestellung. Deutschen Bestrebungen, sich in der Meerestechnik Exportmärkte zu schaffen,
fehlt der wirtschaftspolitische Flankenschutz. Die mit der Bundesrepublik konkurrierenden Industrieländer genießen also
einen Wettbewerbsvorteil. Solange das so bleibt, ist eine Entfaltung der deutschen meerestechnischen Aktivitäten auf den
von diesen Ländern bestimmten Märkten nur in engen Grenzen
möglich. Auch eine nachhaltige finanzielle Förderung des Bundesministeriums für Forschung und Technologie kann wenig
helfen. Für den Fall, daß hier echte Wettbewerbsverzerrungen
oder protektionistische Maßnahmen vorliegen, sollten alle Regierungsstellen in bilateralen Verhandlungen und multinationalen Organisationen auf ihren Abbau hinwirken. Dr.-Ing. E. h.
Günther Sassmannshausen, Vorsitzender des Vorstandes der
Preussag AG, hielt Mitte 1976 trotz ungünstiger Wettbewerbs-

bedingungen auf bestimmten Teilmärkten, wie z. B. der Nordsee, die Chance der deutschen meerestechnischen Industrie, ihren Rang im internationalen Wettbewerb noch zu verbessern, für recht gut. Wie die Erfahrung zeigt, ist selbst für einen zugunsten der einheimischen Industrie gestützten Markt der Zugang über hochstehende Qualität, Spezialisierung, Pünktlichkeit in der Lieferung, fachgerechte Werkstattarbeit und prompten Service möglich. Abgesehen davon sollte die Bundesrepublik ihr Augenmerk rechtzeitig auf neue Märkte richten. Aussichtsreich erscheint besonders eine Zusammenarbeit mit solchen Staaten, die über Kohlenwasserstoffe, Nahrungsmittel und andere Rohstoffe in ihrem Nutzungsbereich verfügen, aber wegen nicht ausreichenden industriellen Niveaus auf den Import von Technologie angewiesen sind.

Die Bundesrepublik Deutschland muß zur Bewältigung ihrer Rohstoff- und Handelsprobleme neue Modelle für eine Zusammenarbeit mit den Ländern der Dritten Welt finden. Kommt es zu der zu erwartenden Ausgestaltung des Meeresvölkerrechts durch eine internationale Konvention unter weitgehender Berücksichtigung der Wünsche der Länder der dritten Welt, werden Rohstoffwirtschaft, Seeverkehr, Fischerei und die wissenschaftliche Meeresforschung in der Bundesrepublik betroffen sein. Mit der Ausdehnung der Hoheitsgewalt der Küstenstaaten über ihre Rohstoff- und Nahrungsmittelreserven bis zum äußeren Ende des Kontinentalabhangs, werden wir mehr und mehr von dem Grundsatz der Freiheit der Meere Abschied nehmen und uns auf eine zunehmende Nationalisierung dieser Meeresgebiete durch die Küstenstaaten einstellen müssen. Um nicht die Verlierer an allen Fronten zu sein, sollte die Bundesregierung alle Anstrengungen darauf richten, Partnerschaftsverhältnisse zu geeigneten Küstenländern aufzubauen, die sowohl auf dem amerikanischen und afrikanischen Kontinent als auch im Ostblock, auf dem indischen Subkontinent oder am Persischen Golf liegen können. Es bedarf dazu eines verstärkten wirtschaftspolitischen Engagements nach innen und außen. Die von anderen Industrienationen verfolgte Wirtschaftspolitik gibt dafür genügend Beispiele. Dr.-Ing. Sassmannshausen machte zur spezifisch deutschen Situation eine Reihe von Vorschlägen:

1. Im Rahmen wirtschaftlicher Konsultationen mit geeigneten Partnerstaaten sowie Verhandlungen über Kooperationsverträge sollten Gemeinschaftsprojekte auf den Gebieten der Meeresforschung und Meerestechnik berücksichtigt werden.

2. Sofern die Voraussetzungen einer technisch-wirtschaftlichen Zusammenarbeit mit anderen Küstenländern aussichtsreich erscheinen, ist die Einsetzung gemischter technisch-wirtschaftlicher Kommissionen unter Beteiligung der Industrie zu empfehlen.

3. Soweit die meerestechnische Industrie Fachdelegationen in potentielle Partnerländer entsendet oder dort Präsentationen durchführt, ist die Anwesenheit von Regierungsvertretern zweckmäßig, um die Bedeutung des Besuchs zu unterstreichen. Dies gilt vor allem für Länder, in denen staatliche Stellen oder Staatsgesellschaften die Bedarfsträger sind, wie z. B. in der UdSSR, China, Indien und Brasilien oder in den arabischen Ländern. Sofern gemischte Delegationen aus Vertretern von Regierung und Wirtschaft ein Land besuchen, um Kooperationsmöglichkeiten zu untersuchen, sollten Vertreter der meerestechnischen Industrie hinzugezogen werden.

4. Die deutschen Vertretungen im Ausland sollten aufgefordert werden, den Kooperationsmöglichkeiten in Meeresforschung und Meerestechnik größere Aufmerksamkeit zu widmen. Am Beispiel vieler ausländischer Vertretungen läßt sich nachweisen, daß eine frühzeitige Information über anstehende Projekte sowie eine Unterstützung bei geschäftlichen Verhandlungen für die interessierte Industrie von großem Nutzen ist und von vielen Ländern, die den Bedarfsfall ausgeschrieben haben, geradezu erwartet wird.

5. Meeresforschung und Meerestechnik sollten einen festen Platz in unseren staatlichen Rohstoff- und Energieversorgungsprogrammen sowie den damit korrespondierenden Forschungsprogrammen erhalten.

6. Mit der Ausweitung der Aktivitäten deutscher Ölgesellschaften in ausländischen Schelfgebieten sollte auf eine stärkere Berücksichtigung deutscher Lieferinteressen Wert gelegt werden. Dies entspricht der Praxis ausländischer Ölgesellschaften,

die einen starken Einfluß auf die Hinzuziehung von Kontraktoren und Subkontraktoren aus ihrem Land ausüben.

7. Es sollten Möglichkeiten einer Stärkung der Zusammenarbeit zwischen nationalen Erdölgesellschaften und der deutschen Industrie untersucht werden, um sich bei Auslandsangeboten gegenseitig durch Know-how-Ergänzung oder konsortiale Zusammenarbeit zu unterstützen.

8. Es sollte eine Untersuchung über die Möglichkeiten einer Wettbewerbsgleichstellung deutscher Firmen auf bestimmten Märkten unter Berücksichtigung der Export-Finanzierungspraxis anderer Industrieländer aufgestellt werden.

9. Um die vorgeschlagenen Maßnahmen zu koordinieren und zu steuern, sollte ein besonderes Gremium geschaffen werden mit Vertretern des Bundesministeriums für Wirtschaft, des Bundesministeriums für Forschung und Technologie sowie der Wirtschaftsvereinigung industrielle Meerestechnik, die zu allen vorgeschlagenen Maßnahmen bereits Vorarbeiten geleistet hat (230).

70 Prozent der Erde sind von Wasser bedeckt. Südlich des Äquators sind es sogar 90 Prozent. Heute bezieht die Weltbevölkerung erst 1 Prozent ihrer Nahrung und 2 Prozent der Mineralien aus dem Meer. Bei zunehmender Bevölkerungszahl und fortschreitender Erschöpfung der Rohstoffvorkommen auf dem Lande gewinnt das Meer künftig auch auf diesen Gebieten stärkere Bedeutung. Das Meerwasser enthält über 70 Elemente, die meisten allerdings in so geringer Konzentration, daß sich ihre Gewinnung noch nicht lohnt. Bei Kochsalz ist das anders. Rund ein Drittel der gegenwärtigen Weltproduktion an Natriumchlorid stammt aus dem Meer ebenso wie 60 Prozent der Welt-Magnesiumproduktion. Brom gewinnt man ebenfalls zunehmend aus Meerwasser. Die für die Zukunft vielleicht wichtigsten submarinen Mineralvorkommen sind die Manganerzknollen. Sie liegen frei auf dem Boden der Tiefsee, wo bis jetzt noch keine nationalen Gebietsansprüche geltend gemacht werden können. Sie enthalten 30 Prozent Mangan, 5 Prozent Eisen, 1,4 Prozent Nickel, 1,2 Prozent Kupfer und u. a. 0,25 Prozent

Kobalt. Die Erzmengen, die in Form dieser Knollen vorliegen, belaufen sich auf 100 bis 1000 Milliarden Tonnen Roherz und übertreffen damit die Vorkommen auf den Kontinenten um ein Vielfaches. Abbauwürdig sind allerdings nur Vorkommen mit Lagerdichten über 5 kg pro Quadratkilometer. Sie liegen alle in der Äquatorialzone. Im Pazifik entdeckte man bereits Gebiete mit Lagerungsdichten zwischen 50 und 75 kg pro Quadratmeter. Zur Exploration und zur Ausbeute braucht man auch hier neue Meerestechniken. Die Bundesrepublik Deutschland ist bereits mit diesbezüglichen Fragen konfrontiert. Auf Seerechtskonferenzen werden die rechtlichen Fragen dazu erarbeitet. Zu den Konferenzschwerpunkten zählt auch die Verhütung weiterer Meeresverschmutzung, ebenfalls ein Arbeitsgebiet der Meerestechnik. Internationale Zusammenarbeit auf dem Meer, vor allem auch mit Entwicklungsländern, wird immer wichtiger. Bilaterale Kooperation muß der unabwendbaren Tatsache entgegenwirken, daß der Bundesrepublik durch die Seerechtskonferenz die Rechte zur Nutzung und Erforschung der Meere beschnitten werden. Dies sprach Bundesforschungsminister Matthöfer am 3. 8. 1976 nach der Verabschiedung des dritten »Gesamtprogramms Meeresforschung und Meerestechnik« durch die Bundesregierung aus. Eine Milliarde DM sieht das Programm vor, davon 706 Millionen DM direkt vom Bund, 26 von den Küstenländern und 115 Millionen von der überwiegend vom Bund finanzierten Deutschen Forschungsgesellschaft.

Den Forschungsanteil der Privatwirtschaft schätzte der Minister »reell« auf etwa 180 Millionen DM. Schwerpunkte der Förderung sind

- Untersuchungen zur Reinhaltung des Meeres (gefördert mit 21 Millionen DM),
- Arbeiten zur Erschließung mariner Nahrungsquellen (41 Millionen DM),
- Intensivierung der Aktivitäten zur Erschließung mariner Vorkommen von Kohlenwasserstoffen und mineralischen Rohstoffen (346 Millionen DM),
- Untersuchungen zur Klärung und Beherrschung der Naturvorgänge an der Küste und im Küstenvorfeld (15 Millionen DM) sowie

– Arbeiten zur Verbesserung der Vorhersage von physikalischen Vorgängen in der maritimen Atmosphäre und im Meer.

Bei der Suche nach bisher ungenutzten Nahrungsmittelressourcen gab das Bundesforschungsministerium allein rund 10 Millionen DM für die Antarktisexpedition 1976 aus. Sie hatte mehrere Monate lang die dortigen Fischbestände erforscht und auf ihre Fangwürdigkeit und Eignung für den menschlichen Konsum untersucht. Dabei wurden eine Reihe überaus wohlschmeckender und bis dato unbekannter Nutzfische entdeckt, u. a. der Nototheia Rossi Marmorata. Es ist ein rot-marmorierter Fisch aus der Antarktis, dessen Fleisch superzart und saftig ist. Große Bedeutung räumt man für die Zukunft dem Fang von »Krill« ein. Der Name bezeichnet einen vier bis sechs Zentimeter großen Planktonkrebs (Euphausia Superba), der in »unvorstellbar großen Mengen« in antarktischen Gewässern vorkommt und früher vorwiegend von Walen verzehrt wurde. Krill sei die größte natürliche Reserve an Eiweiß, betonen die Forscher. Es gehe jetzt darum, marktfähige Krillprodukte zu entwickeln (241). Die Meeresforschung kommt damit dem Verbraucher direkt zugute.

In Ostasien und im Mittelmeer wird die Massenzucht von Meerestieren schon seit altersher betrieben. Ansätze für eine der landwirtschaftlichen Tierhaltung entsprechenden Bewirtschaftung von Meeresbuchten und für marine Teichwirtschaft liegen auch in Europa vor. Während man hier an der Zucht von Seezunge, Steinbutt, Scholle und auch von an Salzwasser zu gewöhnenden Forellen arbeitet und in den Ländern Belgien, Holland, Frankreich und Dänemark die Austern- und Miesmuschelzucht bereits erwerbswirtschaftlich betreibt, ist für die ostasiatische marine Aquakultur der sogenannte Milchfisch der wichtigste Zuchtfisch. Auch Aale, Garneelen und vor allem Meeräschen, denen man in europäischen Küstengewässern ebenfalls Aufzuchtchancen einräumt, werden dort in Meereskulturen gehalten. Die Vermarktung ist vorerst noch ein Problem, das das ganze umfangreiche Gebiet der Nahrungsmittelgewinnung aus dem Meer überlagert. Verbrauchergewohnheiten und die Schaffung

rentabler Absatzmärkte sind Problempunkte, die es zu überwinden gilt (242). Letzen Endes spielt dabei der Preis die
entscheidende Rolle.

Luft- und Raumfahrt als Schlüssel zu neuen Erkenntnissen

Die Luftfahrt gehört zu den wichtigsten Verkehrsträgern. Die
Bundesrepublik Deutschland spielt durch ihre wirtschaftliche,
politische und ihre verkehrswirtschaftlich zentrale Lage im
internationalen Luftverkehr eine bedeutende Rolle. Auf ihren
Flugplätzen wurden 1975 abgefertigt:

27,7 Millionen Passagiere, davon
    7,1 Millionen im Inlandverkehr
  10,0 Millionen bei Einreise
   9,9 Millionen bei Ausreise und
   0,8 Millionen im Transit,
529 tausend Tonnen Fracht, davon
  69 tausend Tonnen im Inlandverkehr
213 tausend Tonnen im Import
196 tausend Tonnen im Export und
  51 tausend Tonnen im Transit,
87 tausend Tonnen Post, davon
  37 tausend Tonnen im Inlandverkehr
  23 tausend Tonnen aus dem Ausland
  24 tausend Tonnen in das Ausland und
   3 tausend Tonnen im Transit.

Die Flughäfen der Bundesrepublik werden von den meisten
internationalen Fluggesellschaften angeflogen. Größter deutscher
Anbieter ist die Deutsche Lufthansa. Sie ist zu knapp 80 Prozent staatlich, wird jedoch privatwirtschaftlich geführt. Weitere deutsche Bedarfsfluggesellschaften waren die Lufthansa-
Tochter Condor, die Hapag Lloyd Flug, die Düsseldorfer LTU
und die Schörghuber-Gruppe mit Bavaria und Germanair. Auf
dem internationalen Markt ist die Deutsche Lufthansa nach
PanAm und British Airways die drittgrößte internationale

Fluggesellschaft. Ihr Marktanteil am gesamten internationalen Verkehr einschließlich Bedarfsverkehr erreichte im Jahr 1975 rund 27 Prozent und im internationalen Linienverkehr sogar rund 48 Prozent. Die Deutsche Lufthansa führte 1975 an die 142 360 Flüge durch und legte 186,6 Millionen Flugkilometer zurück. Das entspricht einer Entfernung von 333mal Erde-Mond und zurück. Befördert wurden von der Deutschen Lufthansa 10,15 Millionen Fluggäste, 0,26 Millionen Tonnen Fracht und 0,04 Millionen Tonnen Post. Der *Nutzladefaktor* erreichte 57 Prozent. Es wurden 25 Millionen Sitzkilometer angeboten. Es wurden 13,9 Millionen *Zahlgastkilometer* zurückgelegt bei einem *Sitzladefaktor* von 56 Prozent. Im April 1976 bestand der Flugzeugpark der Lufthansa aus 93 Verkehrsflugzeugen, darunter 5 Jumbo-Jets Boeing-747 (1 Cargo), und aus deutscher Produktion 3 Airbus A 300. Außerdem besaß die Lufthansa zu diesem Zeitpunkt noch 25 Schulflugzeuge.

Die Deutsche Lufthansa profitierte auch 1975 vom hohen Anteil der Geschäftsreisenden am Gesamtaufkommen des Passagierverkehrs von und nach der Bundesrepublik. Wie Dr. Herbert Culman, Vorsitzender des Vorstandes der Lufthansa, dazu bemerkte (231), setzt sich ein Konjunkturaufschwung nicht von selbst in Gang. Sie veranlaßt potentielle Flugkunden zu häufigen Reisen. Waren die Verkäufer erfolgreich, ergeben sich automatisch Folgereisen, etwa der Monteure. Der hohe Anteil der Geschäftsreisenden ist auch aus weiteren Gründen von Vorteil: Sie bilden eine relativ stabile Nachfragegruppe. Wie jüngste Erfahrungen in der Touristikbranche bestätigten, ist der Urlauber als Kalkulationsgröße ein sehr viel weniger zuverlässiges Element. Und was außerdem für die Fluglinien wichtig ist: Die Geschäftsleute fliegen in der Regel zum vollen Tarif. Je stärker die Inflation in den Nachbarländern mit weniger stabilen Währungen vorangeht, um so höhere Preisnachlässe muß die Lufthansa jedoch gewähren. Würde sie das nicht tun, würden sich immer mehr Kunden aus der Bundesrepublik ihre Flugscheine im Ausland besorgen, meinte Dr. Culmann (231).

Für zuverlässige Prognosen des Luftverkehrs ist ein Zeitraum von 10 bis 15 Jahren zu lange. Experten rechnen jedenfalls nicht damit, daß sich die zweistelligen Zuwachsraten der sechziger Jahre wiederholen werden. Die *IATA International Air Transport Association* schätzt für die Zeit von 1975 bis 1981 ein Wachstum zwischen 6,6 und 9,3 Prozent. Die höchste Wahrscheinlichkeit wird einem Wachstum in Höhe von rund 8 Prozent eingeräumt. Auch die Lufthansa rechnet mit einem Wachstum und plant entsprechende Investitionen. Der Luftverkehrsmarkt Bundesrepublik Deutschland hat sich in der Vergangenheit (vor Mitte 1976) als besonders stabil erwiesen. Der Frachtmarkt reagiert allerdings sehr viel stärker auf Konjunkturschwankungen als der Passagiermarkt.

Das Luftverkehrsaufkommen wird, der kommenden wirtschaftlichen Entwicklung folgend, in der Tendenz steigen. Steigendes Einkommen wird auch den Touristikverkehr positiv beeinflussen, d. h. man rechnet mit einem hohen Anteil Touristen im Linienverkehr. Es gibt auch eine Reihe von Punkten, die das Wachstum gefährden könnten. So ist die wirtschaftliche Basis der Bundesrepublik Deutschland für die Liniengesellschaften der Nachbarländer ein Anreiz, sich stärker um deutsche Luftpassagiere zu bemühen. Die Deutsche Lufthansa als nationaler Carrier hat deshalb keine Monopolstellung, sondern muß sich in dem von der IATA fixierten Rahmen anstrengen, ihre Bedeutung zu halten. Neben den Nachbargesellschaften Swissair, KLM und SAS, die ähnlich wie die Lufthansa gewinnorientiert planen, investieren und produzieren, werden die sogenannten »marktanteilorientierten« Fluggesellschaften den Wettbewerb verschärfen. Letztgenannte Gruppe wird in verstärktem Maße auf den IATA-Tarifkonferenzen Flugpreise fordern, die nicht kostendeckend sind. Der Grund dafür besteht darin, daß diese »marktanteilorientierten« Fluggesellschaften Touristen in ihr Land befördern und den finanziellen Ausgleich über Umsätze in der Touristikindustrie hereinholen, also über Hotels, Sightseeing-Tours u. a. m. Die Kostenseite der Deutschen Lufthansa und auch anderer gewinnorientierter Fluggesellschaften wird indes von Größen beeinflußt, die nicht von der Bundesrepublik Deutschland her gesteuert werden können. Dazu zählen die Preispolitik der OPEC-Staaten, aber auch der Flaggenprotektionismus. Dazu gehören ebenso Umweltschutz-Forderungen wie Ausbaustopp von Flughäfen, Nachtflugverbote und u. a. Forderungen nach Umrüstung alter Flugzeuge auf den höchsten Stand der Triebwerkstechnik (232).

Die Deutsche Lufthansa, die 1975 einen Umsatz von 3,45 Milliarden DM erzielte, verfolgt mit großem Interesse die Diskussion um den Airbus und andere europäische Projekte. Auch den Bemühungen um eine »atlantische Kooperation« schließt sie sich an. Sie braucht nämlich in absehbarer Zeit neue Flugzeuge, die dann die bewährten, aber betagten Boeing 737 und 707 ablösen müssen. Allein im Flottenbereich werden diese Investiotinen der Lufthansa von 1976 bis 1980 etwa 1,8 bis 2 Milliarden DM betragen und weitere 2 bis 2,5 Milliarden DM in den drei bis vier Jahren nach 1980 (231).

Der mehrfach erwähnte Airbus A 300 ist ein Kurzstrecken-Jumbo mit bis zu 345 Sitzplätzen in der Ausführung B. Er ist eine deutsch-französisch-holländische Entwicklung. In der Bundesrepublik wurden darüber hinaus eine Reihe kleinerer Flugzeuge entwickelt. Die deutsche Luftfahrtindustrie, die nach dem zweiten Weltkrieg beim Punkt Null anfing, erreichte wieder beträchtliche Ausmaße. 1975 zählte der Luftfahrzeugbau (ohne Raumfahrt) 56 Betriebe mit 41 100 Beschäftigten und 2,25 Milliarden DM Branchenumsatz. Diese Industriegruppe repräsentiert ein beträchtliches Potential hochqualifizierter Mitarbeiter mit hohem Wissensstand. Diesen hohen Stand gilt es zu erhalten. Das im November 1975 vom Bundeskabinett verabschiedete Gesamtprogramm Luftfahrtforschung und Luftfahrttechnologie soll die wissenschaftlichen und technologischen Voraussetzungen schaffen, damit die deutsche Luftfahrtindustrie sowohl im zivilen wie im militärischen Bereich international wettbewerbsfähig bleibt. Darüber hinaus hat die Luftfahrttechnologie – in enger Verflechtung mit der Raumfahrt – auf viele andere wichtige Gebiete, wie Werkstofftechnologie, Steuerungs- und Regelungstechnik sowie Systemtechnik ausgestrahlt und somit starke Impulse für technische Fortschritte ausgelöst. Die Förderung der Luftfahrttechnologie soll daher auch einen Beitrag zur allgemeinen Innovationsfähigkeit leisten (233).

Aufgabe der Luftfahrtforschung und -technologie ist es, die wissenschaftlichen und technischen Voraussetzungen zu schaffen, um
- die angemessene deutsche Beteiligung an der zivilen Luftfahrt als wesentlichen Bestandteil der nationalen und internationalen Infrastruktur sicherzustellen,
- die Luftstreitkräfte in den Stand zu setzen, ihren wichtigen Beitrag zur Landesverteidigung leisten zu können.

Für das Gesamtprogramm ergibt sich hieraus die vorrangige Zielsetzung,
- die allgemeine technologische Basis für künftiges Luftfahrtgerät zu vervollständigen und weiterzuentwickeln,
- kritische Komponenten künftiger Projekte schwerpunktmäßig zu analysieren und zu erforschen sowie
- die Technologie des Luftverkehrs zu verbessern.

Die technologische Vorbereitung von Entwicklungsprojekten erfolgt in zwei Stufen. Zunächst muß eine relativ breite technologische Basis geschaffen werden, auf der aufbauend in der zweiten Stufe mit der Vorentwicklung und Erprobung kritischer Komponenten begonnen werden kann. Die Schwerpunkte der technologischen Basis zielen vor allem auf die Verbesserung der Flugeigenschaften und der Flugzeugzelle ab. Diese Schwerpunkte entsprechen damit den technologischen Stärken der deutschen Luftfahrtindustrie, die es zu erhalten und weiterzuentwickeln gilt.
Die Vorhaben der zweiten Stufen sind zu zivilen und militärischen Komponentenprogrammen zusammengefaßt. Die Schaffung der wissenschaftlichen und technologischen Basis obliegt in erster Linie den hochschulfreien Forschungseinrichtungen. Parallel dazu soll die Grundlagenforschung den Hochschulen überlassen bleiben. Die Abwicklung der Komponentenprogramme ist Aufgabe der Industrie. Nach dem Neubeginn Mitte der fünfziger Jahre entstand eine Entfremdung zwischen Forschungsinstituten und Industrie infolge fehlender gemeinsamer Zielsetzung und mangelnder Koordinierung. Es kam zu Doppelarbeiten

und Doppelinvestitionen. Das Resultat dieser Entwicklung war, daß viele Projekte, darunter die technologisch überaus anspruchsvollen Senkrechtstarter VJ 101, Do 31 und VAK 191, von der Industrie ohne nennenswerte Unterstützung der Forschungsinstitute durchgeführt wurden und die Forschungsanstalten sich dem Vorwurf aussetzten, an den Bedürfnissen »vorbeigeforscht« zu haben. Um dem entgegenzutreten, schuf die Bundesregierung 1969 die Einheitsgesellschaft DFVLR Deutsche Forschungs- und Versuchsanstalt für Luft- und Raumfahrt eV in Köln (233).

Aus dem Basisprogramm für die deutsche Luft- und Raumfahrtindustrie 1974 bis 1978 geht hervor, daß die deutsche Luftfahrtindustrie Chancen für eine Mitwirkung an folgenden möglichen Aufgaben des zivilen Flugzeugbaus sieht:
- Entwicklung neuer Versionen von bereits in Serie gegangenen Flugzeugen;
- Entwicklung eines umweltfreundlichen Kurz- und Mittelstreckenflugzeuges für 130 bis 180 Personen zur Ablösung laufender Typen wie DC - 9, B - 737, Caravelle und BAC - 111;
- Entwicklung eines Mehrzweck-Amphibien-Flugzeuges;
- Entwicklung und Weiterentwicklung von Kleinflugzeugen und Hubschraubern mit technisch neuartiger Konzeption.

Dabei wird u. a. verlangt, daß sich bei den Förderungsmaßnahmen in der Luftfahrtindustrie die Firmen mit Eigenmitteln an der Finanzierung beteiligen. Zu den Schwerpunkten der Förderung zählt u. a. die Verbesserung des Antriebssystems (233). Hier sei gesagt, daß die MTU Motoren- und Turbinen-Union-Gruppe München/Friedrichshafen (MAN, Daimler-Benz, Erben Maybach/Zeppelin) in Zusammenarbeit mit Pratt & Whitney, Rolls-Royce und Fiat bis 1994 für die Entwicklung eines Düsentriebwerks 400 Millionen DM ausgeben wird. Das Triebwerk mit 10 bis 15 Tonnen Schub soll in Zukunft für die Nachfolgemodelle der Boeing 727 und 737 bzw. DC 9 verwendet werden. Es besteht die Möglichkeit, daß dieselbe Entwicklung auch bei anderen Flugzeugen eingesetzt wird. MTU stellte 1976 beim

Bundeswirtschaftsminister den Antrag auf einen bedingt rück-
zahlbaren Zuschuß von 60 Prozent der Entwicklungskosten.
Eine weitere MTU-Entwicklung gemeinsam mit Rolls-Royce ist
das Strahltriebwerk mit Nachverbrennung, genannt RB 199, für
das militärische MRCA »Tornado«. RB 199 garantiert der
MTU eine Beschäftigung bis weit in die achtziger Jahre. Das
in deutsch-britisch-italienischer Gemeinschaft entwickelte Mehrkampfflugzeug MRCA (Multi Role Combat Aircraft) erreicht
mehr als 2 Mach = zweifache Schallgeschwindigkeit. Auf deutscher Seite waren an der Entwicklung Messerschmitt-Bölkow-
Blohm, Vereinigte Flugtechnische Werke-Fokker und MTU beteiligt.
Weitere Förderungsschwerpunkte sind u. a. Integrierbarkeit
neuer Flugsysteme in den Luftverkehr. Auch leistungsfähigere
Flugsicherungsverfahren sind vorrangig. Neue Verfahren sollen
die Kapazität des Luftraumes erhöhen und durch Automatisierung eine Überforderung der beteiligten Menschen verhindern.
Darüber hinaus müssen diese Verfahren neuartige Anflugprofile
(steil, gekrümmt, lärmarm) sicher beherrschen. Gefördert wird
auch die Allwetterlandung. Die Abhängigkeit des Luftverkehrs
von Wetterbedingungen ist noch immer ein entscheidender Nach-
teil des Flugzeugs gegenüber anderen Verkehrsmitteln. Obwohl
vollautomatische Landesysteme bereits eingesetzt werden, steht
eine befriedigende Lösung noch aus. Neben einem Ersatz der
optischen Sicht durch hochgenaue Meßmethoden ist hier die prä-
zise Reaktion des Flugzeuges auf festgestellte Bahnabweichungen
bei voller Erhaltung der Flugsicherheit von großer Bedeutung.
Im Mittelpunkt des Programms zur Verbesserung von Flugeigenschaften und -leistungen stehen Fliegbarkeit, Steilanflug,
neue Steuerungskonzepte. Schon aus den verschiedenen Einsatz-
bedingungen des modernen Luftverkehrs ergibt sich die technische Forderung an das Flugzeug, vorgeschriebene Flugbahnen
und Manöver genau einzuhalten und auf Bahnstörungen schnell
und richtig zu reagieren. Ein typisches Beispiel sind steile und in
sich gekrümmte Lande-Anflugbahnen bei extrem niedrigen Vor-
wärtsgeschwindigkeiten, durch die eine nur minimale Belästi-
gung in der Umgebung der Flughäfen erreicht werden soll. Hier-

aus entstehen Probleme. Zum einen betreffen sie die Ausrüstung, also das Steuerungs- und Regelungskonzept. Zum anderen ergeben sich auch Probleme für die Auslastung des Flugzeuges, also hinsichtlich Steuerflächen und Bremseinrichtungen. Der überkritische Tragflügel ist ein neuartiges Flügelkonzept für zivile und militärische Anwendungen, an dem weltweit gearbeitet wird. Die bisherigen Ergebnisse lassen erhebliche Leistungs- und Wirtschaftlichkeitsverbesserungen erwarten. Da der erste Einsatz dieser neuen Technologie mit hoher Wahrscheinlichkeit im militärischen Bereich erwartet wird, liegt der Schwerpunkt dieser Arbeiten beim Bundesministerium für Verteidigung (233). Im Grunde stehen die Konstrukteure von Überschallflugzeugen vor einem Dilemma: Bei Start und Landung benötigen diese Maschinen eine relativ große Flügelfläche, um den im Langsamflug benötigten Auftrieb zu erzeugen. Im Schnellflug jedoch kämen sie mit einem Bruchteil der Flügelfläche aus. Große Tragflächen sind dann sogar ausgesprochen hinderlich, sie vergrößern nämlich den Gesamtquerschnitt und damit den Luftwiderstand. Der Leistungsbedarf steigt sprunghaft an. Darüber hinaus ergeben sich statische Schwierigkeiten, denn weitgestreckte Flügel sind im Überschallbereich extremen Belastungen ausgesetzt. Als Kompromiß wählt man oft den Pfeilflügel, der allerdings keine so günstigen Langsamflugeigenschaften hat. Die neuen Technologien sollen Abhilfe schaffen.

Die deutsche Luftfahrtindustrie kann auf eine ruhmreiche Vergangenheit zurückblicken. Von ihren großen Namen blieben jedoch nur wenige der Industrie erhalten. Sie konzentrieren sich hauptsächlich auf drei Unternehmen. Lediglich Dornier befindet sich in Familienbesitz. VFW-Fokker und Messerschmitt-Bölkow-Blohm (MBB) sind internationale Kapitalgesellschaften. Mit rund 20 000 Beschäftigten und 1,52 Milliarden DM Jahresumsatz im Jahr 1975 ist MBB das größte Unternehmen der Luft- und Raumfahrtindustrie. Rund 80 Prozent des Umsatzes stammen aus öffentlichen Aufträgen, davon mehr als die Hälfte aus Rüstungsaufträgen. MBB ist als der größte deutsche Rüstungskonzern wesentlich am größten Rüstungsauftrag aller Zeiten beteiligt, dem Bau des bereits erwähnten Kampfflugzeugs

»Tornado«, für das 15,6 Milliarden DM bereitgestellt wurden. Tornado mit einem Stückpreis von 32,21 Millionen DM ging Mitte 1976 in Produktion. Für die Luftwaffe und die Marine sind 324 dieser Flugzeuge vorgesehen. Die Partnerstaaten Großbritannien und Italien werden 385 bzw. 100 Tornados beschaffen. Der Zulauf der Flugzeuge ist für 1979 geplant und soll sich bis in das Jahr 1987 erstrecken (234).

Am Beschaffungsprogramm sind in den drei genannten Ländern mehr als 500 Firmen mit 70 000 Beschäftigten beteiligt, davon allein in der deutschen Industrie einschließlich Zulieferfirmen rund 27 000. Im Zusammenhang mit einem Spionageversuch wurden Mitte August 1976 Einzelheiten über die »Tornado« bekannt, die Einblick gaben in die Leistungsfähigkeit westlicher Technologie. Das Mehrkampfflugzeug, das mit Hilfe seiner Schwenkflügel in der Lage ist, von sehr kurzen Rollbahnen zu starten, erfüllt nach Ansicht des Bundesverteidigungsministeriums alle militärischen Forderungen bis in die neunziger Jahre hinein. Es hat eine neue Flächenfeuerwaffe; sie schießt kleine Projektile in großer Zahl ab, die in der Lage sind, auf Panzer von oben oder unten einzuwirken. Durch den Einsatz dieser Streuwaffen soll ein Vorrücken gegnerischer Panzer in Europa aufgehalten werden, um den Heereseinheiten der NATO Gelegenheit zur Abwehr im Rahmen einer neuen Konzeption des Luft- und Bodenkampfes zu geben. Für die Herstellung der »Tornado« und die Ausrüstung dienen modernste Verfahren. Vor allem zwei Dinge sind von überragender Bedeutung: Die sogenannte »Avionik« des doppelsitzigen Flugzeuges samt der dazugehörigen elektronischen Programme sowie die Fertigungsverfahren mit neuen Metallegierungen und der Zellenbau mit numerisch gesteuerten Produktionsanlagen.

Die »Avionik« des »Tornado« ist ein hochkompliziertes elektronisches Gebilde, welches das Flugzeug in die Lage versetzen soll, bei hoher Überschallgeschwindigkeit in etwa 30 Meter Höhe feindliche Radarüberwachung und Stellungen zu unterfliegen. Kernstück der »Avionik« ist ein Zentralrechner, der die Informationen des Radarsystems auswertet und automatisch auch in Lenkbewegungen umsetzt, da ein handgesteuertes Kampfflugzeug bei einer so hohen Geschwindigkeit und so geringer Flughöhe nicht mehr ausschließlich manuell steuerbar ist. Diese Einsatzmöglichkeit trifft einen empfindlichen Punkt in jeder bisher bekannten Flugabwehr. Bei dieser, auch nach dem Erstflug im August 1974 bis 1976 noch nicht erprobten Höchstbelastung, treten wegen der abrupten Flugbewegungen technische und physikalische Phänomene auf, die jedes bisher im Einsatz befindliche Kampfflugzeug »zerlegen« würden. Neue Verfahren bei der Materialverarbeitung waren daher nötig. Im sogenannten Flügelkasten, jenem Stück der Maschine, an dem die Schwenkflügel verankert sind, werden daher von zwei deutschen Stahlwerken eigens entwickelte Metallegierungen auf einer streng geheimen Titanbasis verwendet. Neue Methoden der höchsten Geheimhaltungsklasse wurden auch bei den Schweißarbeiten eingesetzt. Weil ein konventionell gebautes Flugzeug mit Spanten und Stahlverkleidung unter den oben beschriebenen Flugbedingungen sich schnell »verformen« würde, wird ein Teil des »Tornado« numerisch gesteuert hergestellt. Das bedeutet, daß die Bleche für die Zelle nicht mehr gebogen, sondern aus einem Spezialstahlstück im ganzen herausgefräst werden.

MBB in München ist verantwortlich für das Flugsteuerungssystem, das Kraftstoffsystem und die Avionik des MRCA »Tornado«. Allein 1975 steckte MBB 31 Millionen DM Eigenaufwand in freie Forschung und Entwicklung. Dipl.-Ing. Ludwig Bölkow, Vorsitzender der Geschäftsführung von MBB, wies darauf hin, daß der Bedarf an Geldmitteln für Entwicklung und Fertigungsanlauf im Flugzeugbau selbst in den USA nur noch möglich ist, wenn bis 1980–1982 der Staat bis zu 90 Prozent des Entwicklungsrisikos übernimmt. Dabei waren 1973 in der US-amerikanischen Luft- und Raumfahrtindustrie fast 1 Million, in der bundesdeutschen dagegen nur 52 500 Mitarbeiter beschäftigt. Dementsprechend höher waren in den USA auch die Umsätze. Die Verknüpfung militärischer Notwendigkeiten mit nachfolgender Zivilflugzeugfertigung und die dadurch gegebenen wirtschaftlichen Möglichkeiten in den USA führten schließlich zu einer – bezogen auf das Transportvolumen – Übersättigung mit Transportmitteln durch ein zu frühes Anbieten der heutigen Großflugzeuge. Die Verführung aus der Verbindung öffentlicher und privatwirtschaftlicher Mittel und die sich daraus bietenden technisch-wirtschaftlichen Möglichkeiten hatten zu diesem Planfehler geführt. Das Denken war bei der Zielsetzung nicht weit genug auf die Zukunft gerichtet (235).

MBB rechnet bis 1980 mit einer Umsatzverdoppelung auf 3 Milliarden DM. Real entspricht dies einer jährlichen Zuwachsrate von durchschnittlich 8 Prozent. Allerdings wird die Wertschöpfung damit nicht Schritt halten, da Zulieferungen und Fremdleistungen auch auf Regierungswunsch hin einen größeren Umsatzanteil beanspruchen werden. MBB setzte daher die *Wertschöpfung* im Jahresdurchschnitt nur mit 2 Prozent an. Die weitere Entwicklung (ab Mitte 1976) dürfte zunehmend von öffentlichen Aufträgen bestimmt werden. Speziell die militärische Komponente kommt dabei mehr zur Geltung. Das zeigt schon die Prognose für den Bereich Wehrtechnik mit dem herausragenden Anteil von Lenkflugkörpern für verschiedene Zwecke.

Von den meist in Gemeinschaft mit der französischen Aérospatiale entwickelten Lenkwaffen ist die Panzerabwehrwaffe »Hot« mit großer Reichweite ausgestattet und in der Bundesrepublik für den deutschen Raketenpanzer und in Verbindung mit dem MBB-Hubschrauber Bo 105 vorgesehen (236). »Hot« heißt nicht heiß, sondern: »Haut subsonique optiquement téléguidé d'un tube«, womit die wichtigsten technischen Merkmale angegeben sind. MBB entwickelte ferner mit Assistenz von Aérospatiale einen Lenkflugkörper von hoher Reichweite namens »Kormoran«, der von Flugzeugen außerhalb des Wirkungsbereichs der Flugabwehr abgeschossen wird (237). Das Tiefflieger-Abwehrsystem »Roland« wurde von der US-Armee zur Stärkung ihrer eigenen Verteidigungskraft ausgewählt. Auch andere Länder, insbesondere die Nato, sind an »Roland« interessiert. Der Hubschrauber Bo 105 wird auch in Zukunft ein umsatzträchtiges MBB-Produkt mit 30 Prozent Exportanteil bleiben. Montage und Teilefertigung in Manila und sogar das Interesse der Volksrepublik China lassen darauf schließen (236). Der Bereich Raumfahrt umfaßt wesentlich mehr als Satelliten,

Raumstationen, Bodenstationen und Trägerraketen. Wesentlich breiter sind die »Nebenprodukte« der Weltraumtechnik, wie Kommunikation, Rohstofferkundung, Wettervorhersage, Solarenergie, Energieübertragung, Umweltschutz-Beobachtungen, Flug- und Schiffsnavigation, Optimierung von Flug- und Schiffsrouten, medizinische Erforschung der Schwerelosigkeit, Extraterristik und weitere Satelliten-Einsätze. Eines davon ist auch die jeder Hausfrau inzwischen bekannte Beschichtung neuer Bratpfannen.

Das Frühjahr 1976 war für die Weltraumforschung und Weltraumtechnik in der Bundesrepublik Deutschland ein denkwürdiger Zeitpunkt: Mit dem erfolgreichen Betrieb der beiden deutsch-französischen Fernmeldesatelliten »Symphonie« und der beiden deutsch-amerikanischen Sonnensonden »Helios« erreichte unser bisheriges Weltraumprogramm seinen Höhepunkt. Mit dem Programm Weltraumforschung und Weltraumtechnik 1976 bis 1979 setzte die Bundesregierung neue Richtlinien. Rund zwei Drittel der vorgesehenen Aufwendungen werden gemeinsamen europäischen Projekten gewidmet. Ein Drittel verbleibt zur Erhaltung unserer eigenen Kapazitäten und für Arbeiten innerhalb der Bundesrepublik. Eine neue Dimension wird der europäischen Raumfahrt durch die Entwicklung des Raumfahrtlaboratoriums »Spacelab« eröffnet. Sie leitet jene künftige Phase der bemannten Raumfahrt ein, die durch die Wiederverwendbarkeit des Systems und eine reduzierte Belastung des fliegenden Personals erstmals in großem Umfang teilweise völlig neuartige Raumfahrtanwendungen in bisher raumfahrtfremden Bereichen für Forschung, Technologie und Wirtschaft erlauben wird. Das »Spacelab« selbst wird unter der Verantwortung der europäischen Weltraum-Organisation ESA von der europäischen Industrie entwickelt und gebaut. Es wird dann auch von der *NASA* genutzt werden.

Eine wesentliche Rolle werden Satellitensysteme vor allem im Fernmeldebereich spielen. Die Erfahrungen mit »Symphonie« und die Entwicklung des ESA-Versuchssatelliten OTS bilden bereits eine wichtige Grundlage für einen Einstieg in den Weltmarkt. Jedoch bleibt vorerst die Förderung von Baugruppen und Komponenten für zukünftige Fernmeldesatellitensysteme mit einer angemessenen Eigenbeteiligung der Industrie weiter erforderlich. Die Bedeutung der Raumfahrttechnologie als sehr fortgeschrittener Technologie für andere wichtige Bereiche, wie z. B. Mikrominiaturisierung elektronischer Bauelemente, Meß- und Regeltechnik, Werkstoffe und Bauweisen sowie Systemtechnik, darf nicht unterschätzt werden. Die Förderung der Weltraumtechnik soll in diesem Sinne ihren Beitrag zur Erhaltung und Steigerung der Leistungs- und Wettbewerbsfähigkeit unserer Wirtschaft leisten, meinte Bundesforschungsminister Matthöfer (238). Der Bedarf an Finanzmitteln wird 1975–1979 in Millionen DM mit 500–588 Millionen DM veranschlagt. Im übrigen sind wesentliche Elemente des Programms auf längerfristige Aspekte angelegt, vor allem hinsichtlich des »Spacelab«. Die begonnene Entwicklung einer fortgeschrittenen Generation von bemannten Transport- und *Orbitalsystemen* für die 80er Jahre, die durch Merkmale wie die Wiederverwendbarkeit der Geräte und verringerte Volumen- und Gewichtsbeschränkungen gekennzeichnet sind, bringt die Einführung einer neuen Technik in die Raumfahrt. Das wiederverwendbare, wirtschaftliche Transportsystem wird längerfristig die Satellitentechnik wesentlich beeinflussen (239).

Die Forschung des Chemiekonzerns Bayer wird sich an der Erschließung neuer Technologien und Verfahren durch das Weltraumlabor »Spacelab« mit gezielten Experimenten beteiligen. Der Katalog der Experimentalideen umfaßt wichtige Lebensbereiche und berührt Fragen wie größere Unabhängigkeit von Rohstoffen, verbesserte Ausbeute bis zur Energieeinsparung. Dabei sind u. a. als interessante Themenkreise zu nennen:

– Einfluß der Schwerkraft auf das Kristallwachstum im Hinblick auf eine mögliche Nutzung in einem Weltraumlabor.
– *Polymerisations*vorgänge unter Schwerelosigkeit.
– Die Frage, bei welchen Prozessen der chemischen Verfahrenstechnik die vorhandene Schwerkraft die Optimierung des Prozesses beschleunigt.
– Untersuchungen zur Lösung wichtiger technischer Probleme bei Emulsionen, Dispersionen, Aerosolen und Schäumen unter der Schwerelosigkeit im »Spacelab«.

Bayer hat bereits eine Reihe von Experimentalstudien angemeldet, um Informationen zu erhalten, die auf der Erde nicht oder nur schwer zu beschaffen sind. Hierzu zählt die genannte Experimentiermöglichkeit unter Schwerelosigkeit. Sie bewirkt, daß Feststoffteilchen in einer Flüssigkeit nicht herabsinken, so wie das etwa auf der Erde Sand in Wasser tun würde. Auf diesem Wege gelingt es, sehr langhaltbare *Suspensionen* von Feststoffpartikeln in Flüssigkeit herzustellen. Aufgrund theoretischer Überlegungen besteht nun eine gute Möglichkeit, Trennsäulen mit hoher Trennleistung für die *Hochdruckflüssigkeits-Chromatographie* durch Filtration solcher stabiler Suspensionen herzustellen. Leistungsfähige Trennsäulen für die Flüssigkeitschromatographie werden auf dem Gebiet der verfeinerten Qualitätskontrolle, der Untersuchung von biologischem Material in der Umweltanalytik benötigt. Was z. B. die Erkundung der erdferneren Atmosphärenschichten betrifft, so wird heute vielfach vermutet, daß besonders stabile und nicht abbaubare Verbindungen – insbesondere, wenn sie eine höhere Flüchtigkeit aufweisen – sich allmählich in den höchsten Atmosphärenschichten ansammeln können. Wichtiger als die Frage nach dem bloßen Vorkommen ist die Klärung des Verhaltens oder der potentiellen Auswirkung eventuell dorthin gelangter chemischer Verbindungen. Das geplante Experiment soll nun einerseits klären, ob in hohen Atmosphärenschichten überhaupt solche langlebigen chemischen Verbindungen gefunden werden, andererseits soll geprüft werden, wie sich derartige Stoffe verhalten, wenn man sie bei einem wissenschaftlichen Test kontrolliert in diese erdfernen Schichten verlagert. Aus dem Experiment lassen sich möglicherweise vertiefte und experimentell abgesicherte Aussagen über die ökologische Bedeutung solcher Verbindungen ableiten, die auf der Erde als besonders schwer abbaubar gelten (240).

Lebensqualität bestimmt die kommunale Technik

Unter kommunaler Technik versteht man die Technik der Gemeinden. Sie umfaßt allgemein

- Transport und Verkehr
- Energieversorgung
- Ver- und Entsorgung
- Unfallrettung und -vorsorge, Gefahrenabwehr
- Information und Kommunikation
- Bautechnik im Hochbau.

Über die Entwicklung einiger dieser Bereiche wurde bereits berichtet. Trotzdem sollen an dieser Stelle technologische Entwicklungen erwähnt werden, die kommunalspezifisch sind. Hierzu zählt z. B. der Ausbau der Fernwärme. Man geht davon aus, daß bei der Stromerzeugung durch ein Wärmekraftwerk mehr als 60 Prozent der eingesetzten Primärenergie beim Umwandlungsprozeß als Abwärme verlorengehen. Dieser geringe Nutzungsgrad der Energie würde sich künftig durch den Einsatz von Leichtwasserreaktoren und der dafür notwendigen Trockenkühltürme noch verschlechtern. Diesen Anteil will man nutzen. Das ist möglich, wenn das Kraftwerk in Wärme-Kraft-Kopplung betrieben wird. Ein Heizkraftwerk kann damit eine Primärenergie-Nutzung von 60–80 Prozent erreichen. Der Markt für diese Art Wärme ist in der Bundesrepublik groß. 76 Prozent vom Energiebedarf entfällt auf Wärmeenergie, davon 40 Prozent auf Raumheizung und Warmwasserbereitung im Haushalt. Die Raumheizung beansprucht den größten Energiebedarf. Etwa die Hälfte entfällt auf den privaten Bereich. 1975 wurden nur knapp 7 Prozent aller Wohnungen durch Fernwärme versorgt. Die Wärme-Kraft-Koppelung wirkt zusätzlich im Sinne des Umweltschutzes. Vor allem würde die Luftverschmutzung in Großstädten durch Sammelheizungen verringert und die Wärmebelastung der Flüsse infolge von Kraftwerksabwässer kleiner. Einem schnellen Ausbau der Fernwärmeversorgung stehen hohe Anfangsinvestitionen für die Wärmeverteilung entgegen. Der Kostenaufwand betrug 1974 und 1975 an die 400 Millionen DM pro Jahr. Deshalb ist eine schnelle Amortisation durch eine zügige Auslastung der Fernwärmeanlagen notwendig.
Wirtschaftliche Gründe verlangen bei der Fernwärme den vollständigen Anschluß ganzer Siedlungsgebiete. Um die Energie so

rationell wie möglich zu verwenden, werden an die Technologie eine Reihe von Ansprüchen gestellt:

- Entwicklung verbrauchsadäquater Temperaturregelungssysteme hoher Regelgüte zur Absenkung des Temperaturniveaus des Heizwassers auf die jeweils erforderliche Mindesttemperatur bei kleinen und mittleren Wärmeanlagen,
- Untersuchungen zur Entwicklung fortschrittlicher Wärmeaustauscher, Wärmespeicher und Wärmepumpen,
- Entwicklung von Kleingeräten mit geringem spezifischen Energieverbrauch,
- Untersuchungen über den Einsatz thermischer Großspeicher und leistungsfähiger dezentraler Kleinspeicher,
- Entwicklung von Verbesserungen der Wärmeschutzmaßnahmen für Gebäude,
- Weiterentwicklung von bekannten und Entwicklung von neuen Heizsystemen und Heizverfahren bei Gebäuden,
- Erarbeitung von Klimadatenbüchern.

Das alles bedarf breit angelegter Studien und Vorbereitungen (243). Gleichzeitig stellt man Überlegungen an, zwei Fliegen mit einer Klappe mit dem »Agrotherm«-Projekt zu schlagen. Im gleichen Zug mit der Entwicklung umweltfreundlicher Kühlverfahren für Kraftwerke soll die Landwirtschaft von der Abwärme profitieren: Bislang planlos als Wärmemüll in Luft und Gewässer abgeleitet, soll sie nun für die beschleunigte Produktion von Agrarerzeugnissen sorgen und in unseren Breiten sogar tropische sowie subtropische Kulturen ermöglichen.
Auch im Forschungsbereich »Aquakultur« soll Abwärme nutzbar gemacht werden. Man stellte fest, daß mittels warmem Kraftwerkskühlwasser die Warmwasser-Intensivfischzucht ebenso wie die Zucht bestimmter subtropischer Fische möglich ist. Neben Karpfen, Schleien und Aalen hatte man bereits Erfolg mit dem chinesischen Grasfisch, einem karpfenähnlichen subtropischen wohlschmeckenden Fisch von etwa 25 cm Länge. Der ebenfalls in warmem Wasser rasch wachsende und besonders eiweißhaltige »Tilapia«, der bisher nur in Israel zu finden war, ist für die Zucht in warmem Kraftwerkskühlwasser ebenfalls

sehr geeignet. Gute Erfahrungen machte man hier auch mit Austern, Muscheln und Süßwasseralgen. Im Mittelpunkt des Aquakulturprogramms steht freilich die Erarbeitung biologischer und technologischer Grundlagen für Aufzucht und Mast von Fischen im Küstengebiet (241).

Unter den Begriffen Ver- und Entsorgung werden die Wasserversorgung sowie Abwasser- und Abfallbeseitigung in Städten und Gemeinden zusammengefaßt. Es handelt sich um ein heikles Thema. Der Bedarf an Trinkwasser steigt ständig. 1975 förderte die öffentliche Wasserversorgung 4,6 Milliarden Kubikmeter Trinkwasser, binnen 15 Jahren 40 Prozent mehr. Von der Förderung waren 2,6 Milliarden Kubikmeter Grundwasser, 0,7 Milliarden Kubikmeter Quellwasser und 1,3 Milliarden Kubikmeter Oberflächenwasser. Von den 4,1 Milliarden Kubikmeter Trinkwassergesamtverbrauch gingen 2,9 Milliarden Kubikmeter an Haushalte und Kleingewerbe, 0,9 Milliarden Kubikmeter an die Industrie und 0,3 Milliarden Kubikmeter an sonstige. Die Industrie versorgt sich vorwiegend selbst mit Trinkwasser. Da hier die Trennung zwischen einer qualitätsmäßig oft überdurchschnittlich besseren Trinkwasserqualität für beispielsweise chemische Zwecke und dem zu weit mehr als zur Hälfte von Kraftwerken genutzten Brauchwasser sehr schwer ist, sei nur der Gesamtwasserverbrauch der Industrie 1975 mit 13,6 Milliarden Kubikmeter erwähnt. Die vom Bundesforschungsministerium genannte Verbrauchszahl von 29 Milliarden Kubikmeter Trinkwasser ist völlig aus der Luft gegriffen (243).

Der Wasserversorgung dienten 1975 rund 15 000 Unternehmen. Der tägliche Trinkwasserbedarf variiert je nach Ortsgröße. Im Durchschnitt stieg der private Trinkwasserverbrauch je Einwohner und Tag von 92 Liter 1960 auf 130 Liter 1975. Noch 1973 wurden dafür 1,5 Milliarden DM investiert, davon 12,2 Prozent für die Förderung, 60,4 Prozent für das Rohrnetz, 9 Prozent für die Speicherung, 7,4 Prozent für die Aufbereitung und 11 Prozent für Sonstiges. In weiten Gebietsteilen der Bundesrepublik werden die für die Bedarfsdeckung zur Verfügung stehenden Wasservorräte schon jetzt voll genutzt. Es besteht die Gefahr, daß durch ihre Überbeanspruchung das ökologische

Gleichgewicht und der Wasserhaushalt nachhaltig gestört werden.

Mit dem starken Wachstum des Frischwasserverbrauchs ist zwangsläufig auch der Abwasseranfall gestiegen. Soweit er über die öffentliche Kanalisation abgeleitet wird, verteilt er sich etwa zu

- 50 Prozent auf häusliches und kleingewerbliches Abwasser
- 37 Prozent auf industrielles Abwasser und
- 13 Prozent auf Grund- und Brauchwasser.

Davon werden noch mehr als 50 Prozent unbehandelt oder nur mechanisch aufbereitet eingeleitet. Um eine ausreichende Wasserversorgung auch in Zukunft garantieren zu können, was vielfach nur durch den Aufbau geschlossener Kreisläufe möglich sein wird, ist eine intensivere Abwasserbehandlung dringend erforderlich. Die Kosten für die außerordentlich investitionsintensiven Kanal- und Klärsysteme überfordern jedoch vielfach die finanziellen Möglichkeiten der Gemeinden (243).

Die deutsche Wasserwirtschaft nähert sich neuen Investitionsrekorden. Wie Dr. Fritz Gläser, Vorstandsmitglied der RHEN-AG Rheinische Energie AG, in seiner Eigenschaft als Präsident des Bundesverbandes der deutschen Gas- und Wasserwirtschaft erklärte, werden für 1976 bis 1985 die Investitionen der deutschen Wasserwirtschaft auf 24 Milliarden DM veranschlagt. Das ist doppelt so hoch wie 1966–1975. Als Folge der langen Hitzeperiode 1976 soll das Wasserverbundnetz noch schneller ausgebaut werden als ursprünglich geplant (244). Für das Jahr 2000 rechnet man mit einem Bedarf von 6 Milliarden Kubikmeter Trinkwasser und 22 Milliarden Kubikmeter Industriewasser.

Rein rechnerisch verfügt die Bundesrepublik über einen beachtlichen Wasserüberschuß. 110 Milliarden Kubikmeter Wasser des jährlichen Niederschlags von rund 200 Milliarden Kubikmetern verdunsten, und das hauptsächlich in der Vegetationsperiode. 25 Milliarden Kubikmeter gehen in das Grundwasser, das gleichmäßig kühl, fast immer ohne Krankheitskeime, aber keineswegs keimfrei ist. Die im Grundwasser enthaltenen zahlreichen Mikroben bleiben allerdings dem Menschen gegenüber wirkungslos. Das Grundwasser ist sauber und klar. Trotzdem muß fast ein Drittel des Trinkwassers aus Oberflächenwasser gewonnen werden oder aus »künstlich angereichertem« Grundwasser, das man aus Oberflächenwasser erhält, indem man es durch Sand- und Kiesschichten versickern läßt, um es im Untergrund wieder abzupumpen. In die Wasserbilanz gehen auch noch 80 Milliarden Kubikmeter »durchlaufender Posten« ein: Oberflächenwasser, das von den Flüssen der Nachbarländer eingebracht wird. Auch dieses Wasser wird genutzt, denn der Hochrhein füllt den Bodensee, und der Bodensee liefert unter anderem Trinkwasser nach Stuttgart (245).

Es sind Maßnahmen erforderlich, die die Sicherstellung einer möglichst störungsfreien kontinuierlichen und ausreichenden Versorgung der Bevölkerung mit Trinkwasser bei gleichzeitiger Erhaltung des ökologischen Gleichgewichts durch verbesserte Nutzung gewährleisten. Auf Basis des natürlichen Wasserkreislaufs

– sind die zur Zeit gebräuchlichen Wasseraufbereitungsverfahren auf ihre Wirtschaftlichkeit hin zu untersuchen und ggf. durch neuere Techniken zu ergänzen bzw. zu ersetzen, die den wachsenden hygienischen Anforderungen und der zunehmenden Schadstoffbelastung des Rohwassers gerecht werden,

– ist die Erschließung und Nutzbarmachung sehr tief gelegener Grundwasservorräte und die Einbeziehung *juvenilen* Wassers in die Trinkwasserversorgung durch Anwendung geeigneter neuer Technologien zu prüfen,

– ist das System von Wasserverteilung und -transport im kommunalen Bereich im Hinblick auf seine Leistungsfähigkeit für den zukünftigen Versorgungsbedarf zu untersuchen und möglicherweise durch verbesserte Leitungssysteme zu ersetzen. Der Einsatz integrierter Ver- und Entsorgungskanäle sollte untersucht werden,

– sind die Verbrauchsgewohnheiten der Bevölkerung bei der Verwendung von Trink- und Brauchwasser zu analysieren, um eine optimale Wassernutzung durch neuartige Verfahrenstechniken sicherzustellen,

– sind Haushaltsgeräte mit geringem Wasserbedarf und wassersparende Armaturen zu konzipieren, zu entwickeln und zu erproben (243).

Man kann davon ausgehen, daß sich drei Viertel des Wasserbedarfs eines Haushalts mit Wasser von geringerer Qualität decken lassen. Obwohl der Mensch täglich nur 3–5 Liter Wasser zum Trinken und zur Nahrungszubereitung benötigt, beträgt der Pro-Kopf-Verbrauch immerhin 50–150 Liter pro Tag. Waschmaschinen und Toiletten beanspruchen den größten Teil der Wassermenge. Getrennte Versorgungsnetze für Trink- und Brauchwasser erlauben daher eine Reduktion der Wasserqualität für einen Teil des Wasseraufkommens. Das bedeutet, daß die wertvollen Vorräte an Grund- und Quellwasser geschont werden. Trinkwasser ist kein unbeschränkt vermehrbares Gut (247). Die Abwasserbeseitigung erfolgt meist in der Mischkanalisation. Dabei werden Abwasser und Regenwasser gemeinsam über Freispiegelleitungen abgeführt. In der Regel setzt man in der Abwasserbehandlung mechanische und biologische Verfahren ein. Chemisch-physikalische Reinigungssysteme werden nur vereinzelt verwendet. Die Zunahme biologisch schwer abbaubarer Abwasserfrachten erfordert den Einsatz wirkungsvollerer Klärsysteme. Zur Erhaltung und Wiederherstellung des ökologischen Gleichgewichts
– sind Untersuchungen zur Verbesserung der Reinigungsleistung bekannter und neuartiger Abwasserreinigungsverfahren anzustellen,
– sind kostengünstige Methoden zur Behandlung und Beseitigung bzw. Nutzung von Klärschlamm zu entwickeln,
– sind Verfahren zu fördern, die eine kostengünstige Sammlung von Abwässern der Industrie und der Haushalte zwecks gemeinsamer Klärung und Ableitung sichern sollen (243).

Wasserversorgung, Abwasser- und Abfallbeseitigung sind ökologische und wirtschaftliche Problemkreise, die sich weitgehend überschneiden. In einem dicht besiedelten Land können sie nur gemeinsam gelöst werden. 1971, im Jahr der Verabschiedung des Umweltprogramms der Bundesregierung, betrug das Auf-

Investitionen für Sammelkanalisation bis 1985 (246)

Gemeindegrößen	1965 Ein- wohner	1965 angeschlos- sene Ein- wohner	Bis 1985 anzu- schließen- de Ein- wohner	Spezifische Baukosten	Investi- tions- volumen 1969–1985
				Preisstand 1970	
Einwohner	Mio.	Mio.	Mio.	DM/Ein- wohner	Milliarden DM
unter 2 000	11,3	5,5	2,8	1 300	5,2
2 000– 5 000	6,7	4,9	1,0	950	1,4
5 000– 10 000	5,7	4,5	0,8	800	0,9
10 000– 20 000	5,7	4,5	1,0	700	1,0
20 000– 50 000	7,1	6,2	2,5	650	2,3
50 000–100 000	4,2	3,9	1,1	550	0,9
über 100 000	19,7	18,6	0,5	450	0,3
Insgesamt	60,4	48,1	9,7		12,0

kommen an Hausmüll und hausmüllähnlichen Abfällen in der Bundesrepublik etwa 19,5 Millionen Tonnen. Davon entfielen rund 15,5 Millionen Tonnen auf Abfälle aus Haushaltungen, während rund 4 Millionen haus- und sperrmüllartigen Gewerbeabfällen zuzurechnen waren. Bis 1975 stiegen die Hausmüllmengen jährlich um etwa 3–4 Prozent an Gewicht und 6–8 Prozent im Volumen. Als oberen Schätzwert rechnete man für 1975 mit etwa 18 Millionen Tonnen Hausmüll. Den Abfall an hausmüllähnlichen Gewerbeabfällen nahm man für 1975 mit etwa 5–6 Millionen Tonnen an, produktionsspezifische Sonderabfälle mit 3 Millionen Tonnen. Man ging davon aus, daß der Hausmüll von mehr als 90 Prozent der Bevölkerung in der Bundesrepublik Deutschland regelmäßig gesammelt und abgefahren wird. In Ballungsräumen ist eine regelmäßige Entsorgung zu etwa 98 Prozent anzunehmen, in ländlichen Gebieten zu etwa 80 Prozent. Die Beseitigung des Hausmülls von rund 75 Prozent der Einwohner der Bundesrepublik erfolgt durch Ablagerung. Die Abfälle von etwa 21 Prozent der Einwohner werden in 31 Müllverbrennungsanlagen verbrannt und die restliche Menge in 20 Anlagen kompostiert. Diese Verfahren erwiesen sich als notwendig. Sie müssen auch in Zukunft als sich ergänzende Methoden zur Anwendung kommen. Hierbei ist regionalen Erfordernissen Rechnung zu tragen.

Nach einer Untersuchung im Auftrag der Bundesregierung sieht allein die mittelfristige Finanzplanung der Gemeinden für die nächsten Jahre Investitionen von jährlich etwa 1 Milliarde DM für die Abfallbeseitigung vor. Sie werden sich zu einem Großteil in der Erteilung von Aufträgen an die einschlägige Industrie niederschlagen. Wegen des hohen Lohnkostenanteils ist die Nutzung von Abfällen weitgehend an die Verwendung maschineller Einrichtungen gebunden. Die Kosten für die Beseitigung des Hausmülls in der Bundesrepublik Deutschland wurden für 1975 auf mehr als 2,5 Milliarden DM geschätzt. Davon entfielen etwa 2 Milliarden DM allein auf Sammlung und Transport. Bezogen auf den Einzelhaushalt waren dies im Durchschnitt etwa 110,– DM. Während für Sperr-, Gewerbe- und Industriemüll Sonderfahrzeuge mit Mulden und Containern eingesetzt werden, erfolgt die Sammlung von Hausmüll zu etwa 80 Prozent in geschlossenen und staubfreien Fahrzeugen, die mit Verdichtungseinrichtungen eine bessere Ausnutzung der Behälterkapazität erreichen. Weitere Bearbeitungsschritte sind: Zerkleinerung und Sortierung, Kompostierung, thermische Behandlung und Deponie bzw. Weiterverwertung. Ausgehend von der heutigen Lage muß es Ziel der Abfallbeseitigung sein, durch technologische Neuentwicklungen verbesserte Abfallbeseitigungsverfahren zur Verfügung zu stellen und den Anteil wiederverwendbarer Abfallfraktionen zu steigern (243) – ein Arbeitsgebiet, das eng verzahnt ist mit dem Modewort *Recycling* und letztlich auch mit der Tätigkeit des Schrott- und Altpapierhandels.

Unfallrettung und -vorsorge einschließlich Gefahrenabwehr berühren nicht nur Gesundheit und Existenz der Menschen, sondern auch Sozialfürsorge und Versicherungen, Ärzte, Krankenhäuser und u. a. in weitem Maße die Technik. Die gesamtwirtschaftliche Bedeutung der durch Unfälle verursachten Personenschäden wird sichtbar durch 6,5 Milliarden DM Leistungen der Unfallversicherung allein 1974. Davon waren 4,3 Milliarden DM Verletztengeld, 0,9 Heilbehandlung, 0,5 Verwaltungskosten und 0,2 Milliarden DM Unfallverhütung. Das inzwischen erreichte Ausmaß der Gefährdung der Bürger macht es erforderlich, durch wirkungsvolle Kontroll-, Warn- und Sicherheitseinrichtungen Leben und Gut der Bürger vor technischen und nichttechnischen Gefahren besser als bisher zu schützen. Als dringlich werden angesehen:

- Entwicklung neuer Sicherheitstechniken auf der Grundlage *ergonomischer* und *anthropotechnischer* Erkenntnisse,
- Entwicklung und Verbesserung der Brand- und Unfallverhütungstechnik,
- verstärkte Umsetzung der Ergebnisse der Brand- und Unfallursachenforschung in schnelle und praxisgerechte Anwendung,
- Verringerung des Ausfallgrades technischer Anlagen und Einrichtungen,
- Entwicklung neuer technischer Einrichtungen zur Sicherheit des Bürgers gegen akute körperliche Bedrohung durch Dritte.

Rettungs- und Katastrophensysteme müssen gut ausgebaut und wirkungsvoll sein. Das erfordert

- Entwicklung spezieller Rettungssysteme und -techniken bei Brand- und anderen Katastrophen,
- Entwicklung und Erprobung von verbesserten Notrufsystemen und EDV-gestützten Einsatzleitungssystemen,
- Entwicklung von speziellen Lebenserhaltungssystemen,
- Entwicklung von Geräten und Einrichtungen, die bei Notfällen auch während der Dunkelheit die Rettungschancen verbessern (243).

Information und Kommunikation gehören ebenfalls zum kommunalen Bereich (248). Zu nennen wäre die Information über Massenmedien, die Kommunikation über Telefon und weitere Informationsmittel sowie Planungsinformationssysteme, wie öffentliche Bekanntmachungen, Offenlegungen. Die Prozesse öffentlicher Information und Kommunikation verlaufen bisher einlinig. Wichtiges Medium für Verwaltung und Bürger ist die Tageszeitung. Bei der Lokalpresse nimmt die Zahl der Zeitungen ab, so daß sich Monopolstellungen herausbilden. Noch 1954 betrug die Zahl der Ein-Zeitungsgebiete 15,2 Prozent, 1973 wa-

312

ren es mit 38,3 Prozent aller Landkreise und kreisfreien Städte bereits doppelt so viele. Von Randbereichen abgesehen, etwa der Leserbriefspalte, bieten sich keine Möglichkeiten der Gegenüberstellung bzw. des Dialogs zwischen verschiedenen Meinungspositionen.

Beim Ausbau des Telefonnetzes hat die Bundesrepublik Deutschland trotz erheblicher Zuwachsraten von ca. 10 Prozent pro Jahr immer noch einen Nachholbedarf. Während die Zahl der Sprechstellen auf 100 Einwohner in den USA und Schweden bei etwa 60 Prozent liegen, beträgt die Fernsprechdichte in der Bundesrepublik erst 25 Prozent. Ballungszentren sind besser versorgt als ländliche Gebiete (243). Die voraussichtlichen Investitionen der Bundespost für Fernmeldenanlagen bis 1985 zeigt nachfolgende Tabelle:

Bundespost-Investitionen für Fernmeldeanlagen bis 1985 in Milliarden DM zu jeweiligen Preisen (246)

	1973	1980	1985	kumuliert 1973–85	% im Durchschnitt pro Jahr
Investitionen im Fernsprech-Ortsverkehr	3,9	6,7	9,9	80	8,0
Investitionen im Fernsprech-Fernverkehr (inklusive Funkwesen)	2,1	3,8	6,0	46	9,0
Aufbau des Breitbandkommunikationsnetzes		1,3	2,4	15	11,5
Übrige Fernmeldeinvestitionen	0,4	0,6	0,8	7	7,0
Fernmeldeinvestitionen insgesamt	6,4	12,4	19,1	148	9,5

Die kommunalen Dienstleistungszweige sind künftig gezwungen, sich noch mehr um Rationalisierungen und Einsparungen zu bemühen. Dafür mußte zuerst ermittelt werden, welche städtischen Einrichtungen Zuschußbetriebe sind. Das Deutsche Institut für Urbanistik, Berlin, stellte in einer Untersuchung fest, daß Müllabfuhr, Abwasserbeseitigung und Schlachthöfe die höchsten Deckungsquoten ausweisen. Bei ihnen handelt es sich um sogenannte kostendeckende Einrichtungen, d. h. es werden Gebührenbedarfs- und kalkulatorische Kostenrechnungen vorgenommen. Die kommunalen Dienste decken ihre Kosten durch Gebühreneinnahmen zu

99 Prozent bei Abfallbeseitigung
93 Prozent bei Abwasserbeseitigung
80 Prozent bei Schlacht- und Viehhöfen
65 Prozent im Bestattungswesen
59 Prozent bei Straßenreinigung
57 Prozent bei Volkshochschulen
43 Prozent bei Musikhochschulen
36 Prozent bei Bädern
35 Prozent bei Theater und Konzerten sowie zu
11 Prozent bei Museen.

Kulturelle Einrichtungen stellen die größten Defizitquellen dar, da man aus gesellschaftspolitischen Gründen auf annähernd kostendeckende Preise und Gebühren verzichtet (249). Man wird hier in Zukunft mit mehr Kooperation benachbarter Gemeinden rechnen müssen. Verzichten kann man auf kulturelle Einrichtungen nicht. Sie sind ein Stück Lebensqualität.

Im Baugewerbe langfristig mäßige Zunahme

Das Baugewerbe ist hinsichtlich seiner Wertschöpfung bzw. seines Anteils am Bruttosozialprodukt der größte Wirtschaftszweig der Bundesrepublik Deutschland. 144 Milliarden DM betrug die Summe der 1975 im Inland erbrachten Bauleistungen. Den bisherigen Höchststand erreichte das Jahr 1972. Die Betrachtung der bis 1950 zurückliegenden Jahre gibt folgenden Gesamtüberblick: Das Bauvolumen stieg in den 50er Jahren, also in der unmittelbaren Aufbauphase der Bundesrepublik, am stärksten. Schon ab 1960 verlangsamte sich das Wachstum. Die über 10 Prozent hinausgehende Zuwachsrate des Jahres 1974 bildete keine Ausnahme. Sie war lediglich eine Ausgleichsbewegung, weil zuvor das Jahr 1973 einen extrem kalten Winter verzeichnete.

Er bewirkte, daß aufgestaute Bauleistungen noch im darauffolgenden Jahr abgewickelt wurden. Ein weiteres Kennzeichen der bauwirtschaftlichen Entwicklung der Zeit von 1973 bis 1975 war, daß sich das Bauvolumen schon seit Jahren nicht mehr parallel zur allgemeinen wirtschaftlichen Entwicklung, gemessen an der realen Veränderung des Bruttosozialprodukts, ausdehnte. Vollends in der Krise 1973/75 löste sich die Bautätigkeit aus dem bis dahin bestandenen engen Zusammenhang, der jeweils nur kurzfristig unterbrochen worden war. Vielerlei Ursachen trugen dazu bei: Teils war es die beginnende Sättigung des Baumarktes in einigen Bereichen, so im Bereich des Wohnungsbaues, zum anderen die Tatsache, daß wirtschafts- und gesellschaftspolitische Fehlentwicklungen seit 1970 zu einem laufenden Abfall des Anteils der investiven Ausgaben an den gesamten Staatsausgaben führten, obwohl der Baubedarf im Bereich der Infrastruktur bei weitem nicht im gleichen Umfang zurückgegangen war (250).

Die Bauwirtschaft unterliegt strukturellen Veränderungen. Langfristig betrachtet, hat sich ihr Wachstum sowohl im Wohnungs- als auch im öffentlichen Bau verlangsamt. Allein diesem Umstand ist es zuzuschreiben, daß sich der Anteil des gewerblichen Baus in den Jahren 1966–1975 deutlich erhöhte. Sieht man von den hier besonders stark ausgeprägten Konjunkturschwankungen ab, vollzog sich sein Wachstum seit 1960 in einem etwa gleichbleibenden Tempo. Im Zeitraum zwischen 1960 und 1975 verteilte sich nach geleisteten Arbeitsstunden die Bauproduktion (= 100 Prozent) in den einzelnen Sparten wie folgt:

- Straßenbau   von 11 auf 13 Prozent
- Sonstiger Tiefbau   von 23 auf 16 Prozent
- Öffentlicher Hochbau   von 8 auf 10 Prozent
- Wohnungsbau   von 42 auf 38 Prozent
- Gewerblicher Bau   von 23 auf 22 Prozent
- Landwirtschaftlicher Bau   von 3 auf 1 Prozent.

Noch 1973 hatten der gewerbliche Bau 24 Prozent und der Wohnungsbau 43 Prozent Anteil. In der Struktur des Wohnungsbaus hinterließ die Rezession tiefe Spuren. Vor allem der

Bau von Eigentumswohnungen hatte in der späten Phase des Baubooms einen besonders starken Anstieg zu verzeichnen. Im Vertrauen darauf, bei der damals herrschenden Inflationsmentalität genügend Käufer zu finden, die zunächst eine hohe finanzielle Belastung oder – bei Vermietung von Wohnungseigentum – Anfangsverluste hinzunehmen bereit waren, wurde der Wohnungsbau auf diesem Sektor weit über das selbst unter damaligen Bedingungen vertretbare Maß hinaus ausgedehnt. Kein Wunder, daß der den Übersteigerungen folgende Kollaps in diesem Bereich besonders ausgeprägt war. Die zum Bau genehmigten Wohnungen verringerten sich von 132 000 im Jahr 1972 auf 37 000 im Jahr 1975 (251). 1975 gab es erstmals rein rechnerisch für jeden deutschen Privathaushalt eine Wohnung (262).

Die Bautätigkeit übt einen entscheidenden Einfluß auf andere Wirtschaftszweige aus. Man spricht hier vom volkswirtschaftlichen *Multiplikator-Effekt*. Der überdurchschnittlich hohe Anteil von rund 50 Prozent Vorleistungen an der Bauproduktion wirkt sich entsprechend auf die Produktion von Lieferungen und Leistungen an die Bauwirtschaft aus. Es gehen jeweils rund
– 60 Prozent der Steine- und Erdenproduktion,
– 60 Prozent der Stahl- und Leichtmetallbauerzeugnisse,
– 25 Prozent der Produktion an Schnittholz sowie Halbfabrikaten aus Holz und Holzwaren
in die Bauleistungen ein. Ähnliches gilt für Glas und Feinkeramik sowie Gießereiprodukte, elektrotechnische und Kunststofferzeugnisse. Untersuchungen des Statistischen Bundesamtes ergaben, daß eine Million DM Bauleistung eine volkswirtschaftliche Mehrleistung von 1,7 Millionen DM erbringen. Man spricht daher von einem Multiplikator 1 zu 1,7. Bei einem jährlichen Bauvolumen in der Bundesrepublik von rund 150 Milliarden DM entspricht dies einer Multiplikatorwirkung von 225 Milliarden DM. 25 Prozent volkswirtschaftlicher Aktivitäten werden also direkt oder indirekt von der Bautätigkeit berührt (252).

Alle vorliegenden Prognosen für die künftige Entwicklung der Bautätigkeit, sowohl die bedarfsbestimmten, die mittelorientier-

ten als auch die primär von der volkswirtschaftlichen Gesamtentwicklung bestimmten Prognosen, kommen – wenn auch im
einzelnen Ergebnis unterschiedlich – im Grundsatz zum gleichen
Ergebnis: Das Bauvolumen wächst auch in Zukunft. Die Zuwachsraten werden allerdings die Höhen der Jahre vor 1973
kaum mehr erreichen. Nach Berechnungen der Westdeutschen
Landesbank (253) sind für die Jahre 1976 bis 1980 im Durchschnitt folgende Wachstumsraten zu erwarten:

- Gewerblicher Bau   + 4,1 Prozent
- Öffentlicher Hochbau   + 0,7 Prozent
- Tiefbau   + 2,7 Prozent
- Wohnungsbau   – 0,1 Prozent.

Der Hauptverband der Deutschen Bauindustrie sah für 1976 in
allen Bausparten kein Wachstum. Die öffentlichen Bauinvestitionen werden gemäß mittelfristiger Finanzplanung nach 1976
zurückgehen (250). Das Schwergewicht der Bautätigkeit im Bau-
hauptgewerbe des Bundesgebietes liegt beim öffentlichen und
Verkehrsbau zusammen. Sie erreichten im Jahresdurchschnitt
1966 bis 1974 nominal 40 Prozent Umsatzanteil. Nach der mittelfristigen Finanzplanung von Bund und Ländern ist für die
Zeit von 1975 bis 1979 eine jährliche Zunahme der Sachinvestitionen beim Bund um nominal 2,5 Prozent und bei den Ländern
um 1,5 Prozent zu erwarten. Real dürften die Investitionen
dieser beiden Gebietskörperschaften günstigenfalls stagnieren.
Auch die Investitionen der Gemeinden werden wohl in diesem
Zeitraum nur wenig steigen, zumal die Zuweisung finanzieller
Mittel von den Ländern kaum erhöht und die Gemeindefinan-
zen voraussichtlich steigenden Belastungen ausgesetzt sein werden. Von der öffentlichen Baunachfrage ist daher in den kommenden Jahren ab 1976 kaum ein nennenswerter Impuls zu
erwarten (251).
Die für Baumaßnahmen in den öffentlichen Haushalten ausgewiesenen Mittel dienen verschiedenen, mit der Erstellung von
Bauten verbundenen Ausgaben. Neben den Grundstückserwerbs-
kosten gehören dazu die Kosten für Planung, Entwurf und Bau-
leitung, die Baufinanzierung und schließlich die Kosten der Bau-

werke selbst. Hinzu kommen noch die Abbruch- und Aufschlie-
ßungskosten, die Kosten für Betriebsanlagen sowie sonstiger
technischer Anlagen, Ausrüstungen und Ausstattungen. Innerhalb der Ausgaben für die Bauwerke selbst ist demnach zu unterscheiden zwischen den Kosten für reine Bauleistungen und den
Kosten für technischen Ausbau und Ausstattungen. Letztere sind
von wachsender Bedeutung. Beim Bau von Krankenhäusern
beispielsweise muß gemäß dem derzeitigen Entwicklungsstand
der medizinisch-technischen Grundausstattung mit 30 bis 40 Prozent für den technischen Ausbau gerechnet werden, gemessen an
den Kosten des Bauwerks. Praktisch bedeutet dies, daß von den
für Bauvorhaben geplanten Bauausgaben oft nur die Hälfte
auf Bauleistungen entfallen. Ein krasses Beispiel für diese
Situation bietet der Bau von Kläranlagen, mit einem reinen
Bauanteil von nur knapp 30 Prozent. Derartige Relationen sind
bei der Berücksichtigung der Wirksamkeit von Bauprogrammen
auf das Bauvolumen und die Bauwirtschaft zu beachten. Dabei
ergibt sich auch eine realistischere Einschätzung der Ausgaben für
Baumaßnahmen in der Vergangenheit (252). Wenn Wohnungsbau *und* öffentlicher Bau, auf die zusammen rund 80 Prozent
der Baunachfrage entfallen, in Zukunft kaum ein Wachstum
aufweisen sollten, könnte selbst eine wider Erwarten günstige
Entwicklung der gewerblichen Bauinvestitionen wenig daran
ändern, daß die gesamte Baunachfrage nur schwach zunimmt
(251).
Bevor man vom Wohnungsbau spricht, muß man sich über den
Wohnungsbedarf im klaren sein. Hier herrscht alles andere als
Einigkeit. Die Wohnungsbedarfsprognosen brachten extrem unterschiedliche Ergebnisse. Das Bundeswohnungsministerium rechnet bis Mitte der 80er Jahre mit einer erforderlichen Neubau-
leistung von 400 000 bis 450 000 Wohnungen, das IFO-Institut
mit 450 000 bis 500 000 Wohnungen. Anfang der 70er Jahre
wurden von den meisten Stellen noch Bedarfszahlen zwischen
500 000 und 600 000 Wohnungen genannt. Nach einer Schätzung des Innenministeriums von Baden-Württemberg veranschlagt Regierungsbaudirektor Martin Schultz (254) den Bedarf
hochgerechnet auf das Bundesgebiet mit 200 000 bis 260 000

Neubauwohnungen pro Jahr. Andererseits wird behauptet, daß alle Indikatoren dafür sprechen, daß Neubauraten unterhalb von 400 000 bis 450 000 Wohnungen pro Jahr zu einer Verschlechterung der Wohnversorgung bestimmter Bevölkerungsgruppen führen (255).
Nach IFO-Prognosen ist Pessimismus im Wohnungsbau bis 1985 nicht angebracht. Einige wenige Faktoren genügen, diesen Pessimismus zu entkräften. Die Hausstruktur wird sich verändern. Alleinstehende junge wie auch alte Menschen wollen eine eigene Wohnung. Eine zusätzliche Nachfrage nach Wohnungen ergibt sich aus der Binnenwanderung der Gastarbeiter und ihrer Familien, was unsere Regierungsstellen sogar begrüßen, weil Gastarbeiterfamilien soziale Eingliederung bedeuten. Von den fern ihrer Familien entstandenen Gastarbeiter-Männergruppen kann man dies nicht immer behaupten. Die Nachfrage nach Zweitwohnungen, in der Rezession stark zurückgegangen, wird wieder zunehmen. Der Wunsch nach Kapitalanlage im eigenen Wohnbereich, also der Wunsch nach einem Eigenheim, wird erhalten bleiben, wenn nicht sogar zunehmen (256). Die meisten Bauherren sind Bausparer. 1976 wurden rund 47 Milliarden DM für den Wohnungsbau aufgewendet (Schätzung). Die Finanzierung erfolgte zu 30,1 Prozent durch private und 17,8 Prozent durch öffentliche Bausparkassen einschließlich dort ausbezahlten Guthaben, zu 14,9 Prozent durch Pfandbriefinstitute, 14,5 Prozent durch Sparkassen, 7,0 Prozent durch Versicherungen, 7,4 Prozent durch den Staat und zu 8,3 Prozent durch Eigenmittel.
Der Eigenheimbau nimmt im Verhältnis zum Mietwohnungsbau ständig zu. Eigenheime werden überwiegend von Bausparkassen finanziert. Vor allem sind viele künftige Bauherren offenbar zu dem Ergebnis gekommen, daß Bausparen lohnend bleibt. Dies nicht nur wegen der – freilich gekürzten – Bausparprämien, sondern auch wegen der Tatsache, daß die niedrigen Zinsen für Bauspardarlehen auch dann noch fest bleiben, wenn das Zinsniveau des Kapitalmarktes wieder steigt (257). Künftig werden im Wohnungsbau die Qualitätsansprüche der Käufer und Mieter weiter steigen. Mit wachsendem Wohnungsbestand wird der jährliche Abgang an Wohnungen größer. Er wird von (1975)

knapp 200 000 auf 250 000 anwachsen. Nach IFO bewirkt das Zusammenwirken aller die Wohnungsnachfrage beeinflussenden Größen, daß sich die Wohnungsfertigstellungen nach dem starken Rückgang auf niedrigerem Niveau stabilisieren und dann wieder allmählich zunehmen werden (256). Die Baugenehmigungen des Jahres 1975 für 246 000 Neubauwohnungen deuteten darauf hin, daß die Fertigstellungen 1977 und voraussichtlich auch 1978 auf jeweils unter 350 000 Wohnungen absinken. Bei einem Abschmelzen der Halden von schätzungsweise 150 000 bis 250 000 Wohnungen (1975/76) kann kaum eine Verschlechterung der Wohnsituation der einkommensschwächeren Bevölkerung bis 1977/78 erwartet werden (255). IFO ist – wie bereits erwähnt – der Ansicht, daß ab 1985 wieder mit 450 000 bis 500 000 Fertigstellungen im Wohnungsbau gerechnet werden kann (256). Bisheriger Höchststand war 1973 mit 714 200 fertiggestellten Wohnungen.

Im öffentlichen Bau werden sich laut IFO langfristig unterschiedliche Entwicklungstendenzen ergeben. Die Zuwachsrate im Straßenbau und im öffentlichen Hochbau wird bestenfalls der durchschnittlichen Zuwachsrate der gesamten Bauproduktion entsprechen. Die langfristigen Zuwachsraten im sonstigen Tiefbau werden etwa doppelt so hoch sein wie diejenigen der gesamten Bauproduktion. Der gewerbliche Bau dagegen wird nur wenig stärker zunehmen als die Bauproduktion. Insgesamt gesehen, kann man annehmen, daß bis 1985 die Bauproduktion langfristig jährlich um etwas über 3 Prozent zunehmen wird (256).

Ein besonderes Kennzeichen der Betriebsstruktur im Baugewerbe ist die große Zahl von Kleinbetrieben. So beschäftigten 1974 rund 53 Prozent der Betriebe weniger als 10 Mitarbeiter und 37 Prozent zwischen 10 und 15. Als Folge des Baukonjunkturrückgangs erhöhte sich der Trend zum Kleinbetrieb. Die Baufirmen paßten sich dem negativen Trend durch drastischen Abbau ihrer Betriebskapazitäten an sowie durch notgedrungenen Verzicht auf Investitionen in ihre Betriebsanlagen. Der Abschmelzungsprozeß erfaßte 1974 bis 1975 den Personalstand derart, daß er um 20 bis 25 Prozent abfiel. Die Anzahl der

Betriebe hatte sich von 60 771 auf rund 57 000 Betriebe mit 1,18 Millionen Beschäftigten im Dezember 1975 verringert. Gut 3000 Betriebe mußten also schließen. Auf Insolvenzen entfielen 1975 ca. 1200 Betriebe, weitere 2000 dürften still liquidiert haben (258). Die Ursachen für die relativ starken Einbußen der größeren Baubetriebe waren vorwiegend nachfragebedingt. Dabei ist zu berücksichtigen, daß der Markt für Bauleistungen sowohl regional als auch nach der Aufgabenstellung aus zahlreichen Einzelmärkten besteht, in denen nicht jeder Betrieb wirtschaftlich arbeiten kann. Die Großbetriebe wurden während des Booms dadurch begünstigt, daß die Zahl der Großvorhaben, also Großsiedlungsbau, Hochhausbau, Großvorhaben im Infrastrukturbereich, stark gestiegen war. In der Rezession schrumpfte jedoch gerade dieser Teil der Baunachfrage überproportional, während kleinere Bauvorhaben, darunter vor allem der Eigenheimbau, hinsichtlich Zahl und Umfang bei weitem nicht so stark zurückgingen. Darüber hinaus boten sich für die kleineren Betriebe eher Beschäftigungsmöglichkeiten durch Baureparaturen (251).

Stark expansiv war in den Jahren 1973 bis 1975 der Auslandsbau. Sein Auftragsvolumen stieg in dieser Zeit von 1,5 über 5,2 auf 7,3 Milliarden DM. Von der Auftragssumme des Jahres 1975 entfielen rund 90 Prozent auf OPEC-Staaten. Nach Ländern geordnet steht Saudi-Arabien mit 1,9 Milliarden DM im genannten Dreijahreszeitraum an der Spitze, gefolgt von Iran und Nigeria mit je 1,5 Milliarden DM sowie Irak, Algerien und Libyen (259). Die Philipp Holzmann AG baute fast ausschließlich im außereuropäischen Ausland. So wurden beispielsweise in Saudi-Arabien fünf große Krankenhäuser mit Versorgungseinrichtungen erstellt, in Bahrein ein Dampfkraftwerk und eine Meerwasserentsalzungsanlage auf einer künstlich aufgespülten Insel, in Algerien ein Erdgashafen, in Gabun eine Eisenbahnlinie und an der Elfenbeinküste Straßen. Hochtief erhielt rund 80 Prozent der Auslandorders aus den Rohstoffländern. Sie erreichten mit 1,58 Milliarden DM fast den Umfang des Inlandgeschäfts. Dazu zählten zwei Empfangsgebäude und 40 weitere Bauwerke für den saudi-arabischen Flughafen Jeddah, der Handelshafen Jubail sowie das Kernkraftwerk Iran I und II in Bushehr (zwei Kraftwerksblöcke). Strabag erzielte 1975 rund 27 Prozent ihrer Umsätze im Ausland. Großprojekte waren 1976 in Kenia, Oman, Nigeria und Abu Dhabi in Arbeit. Bilfinger + Berger meldeten 1975 einen Auslandsanteil von 38 Prozent am 1,27-Milliarden-Umsatz. Die auf Tief-, Brücken- und Straßenbau spezialisierte Gesellschaft arbeitete 1976 in 14 außereuropäischen Staaten mit Schwerpunkten in Nigeria, Libyen und Indonesien. Aus Nicaragua kam der Auftrag zum Bau eines Container-Kais und einer Öltanker-Anlegestelle – der zweitgrößte Hafenbau in Mittelamerika. Bei Huta-Hegerfeld stammten Mitte 1976 etwa 60 Prozent des Auftragsbestandes aus dem Ausland. 1976 erwartete man 30 Prozent Auslandsanteil am Gesamtumsatz. Neue Aufträge kamen besonders aus dem Iran und Saudi-Arabien.

Das alles beeindruckt. Man darf jedoch die gesamtwirtschaftliche Bedeutung des »Exports von Bauleistungen« nicht überschätzen. Trotz seines imponierenden Wachstums erreichte der Auslandsbau 1975 nur etwa 2,5 Prozent des gesamten inländischen Bauvolumens. Auf 60 000 Arbeitskräfte kamen hier nur 5000 Deutsche. Auch der Kreis der im Auslandsbau tätigen Firmen ist sehr klein. Von den Baufirmen der Bundesrepublik Deutschland waren 1975 nur 64 auf Auslandsbaustellen tätig. Neun Zehntel der ausländischen Bauorders des Jahres 1975 entfielen auf 11 Großunternehmen. Den Firmen verschafft der Auslandsbau meist eine spürbare Verbesserung der Auftrags- und Ertragslage. Allerdings droht eine Gefahr: Extrem hohe Inflationsraten, wie sie 1975 in den OPEC-Ländern Saudi-Arabien mit 35 Prozent und Nigeria mit 34 Prozent auftraten. Hier können den Auftragnehmern unvorhersehbare Risiken entstehen, die mit Auftragsgröße und Auftragsdauer zunehmen (259). So erging es 1975 der Held & Francke Bau-AG. Sie kam in den Strudel der inflationären Entwicklung in Saudi-Arabien bei einem Straßenbau-Auftrag, der im Herbst 1972 zu Festpreisen kalkuliert wurde. Dies führte zu einer Abwanderung saudi-arabischer Subunternehmer, so daß Held & Francke mit eigenem, aus Korea und Indien herangeholten Personal und eigenen

Maschinen einspringen mußte. Trotzdem hielten die beiden Münchner Baufirmen Held & Francke (Anteil 60 Prozent) und Dyckerhoff & Widmann (Anteil 40 Prozent) an dem Auftrag von 140 Millionen DM fest. »Wir hätten sonst unser Gesicht verloren«, erklärte AR-Vorsitzender Heinz Noris. Die beiden Münchner Firmen haben Nachforderungen an ihre Auftraggeber in Höhe von etwa 40 bis 50 Millionen DM erhoben, die prinzipiell anerkannt wurden (260) und zumindest zu einem Teil erstattet werden. Held & Francke erhielt zusammen mit ihrer Halbtochter Olayan-Held & Francke Ltd., Riyadh, 1976 einen weiteren Straßenbauauftrag für 188 Millionen DM, da man – laut Noris – die »Zähne zusammengebissen und weitergebaut« habe (261).

Wer das alles bezahlen soll

Der Strukturwandel greift in die Kasse. So lautet eine Überschrift im Teil II des vorliegenden Buches. Dabei wurden schwerpunktmäßig die Finanzierungsprobleme von Klein- und Mittelbetrieben im Zusammenhang mit dem Strukturwandel angeschnitten. Inzwischen wurde der Leser im Abschnitt III mit weitaus größerem Investitionsbedarf konfrontiert, der in Einzelfällen selbst für größte Einzelunternehmen zu hoch ist.
Wie Jürgen Ponto, Sprecher des Vorstandes der Dresdner Bank, schon vor einigen Jahren erkannte, wird in jedem Fall in den vor uns liegenden Jahrzehnten das wirtschaftliche Wachstum fast ausschließlich durch verstärkten und verbesserten Kapitaleinsatz getragen werden müssen, da der Trend zur Arbeitszeitverkürzung und die demographische Struktur einen Rückgang des Arbeitsvolumens erwarten lassen. In der Investitionsfinanzierung wird künftig ein oder sogar d e r Schwerpunkt der Tätigkeit der Banken liegen, während das klassische Geschäft der Umsatzfinanzierung mehr und mehr zu einem Selbstläufer werden wird. Die Banken werden sich nicht darauf beschränken dürfen, neue Finanzierungstechniken zu entwickeln, so wichtig das beispielsweise auch im Hinblick auf die nur durch inter-

nationale Gemeinschaftsfinanzierungen zu bewältigenden Großprojekte sein mag. Sie werden vielmehr sehr aktiv an der Schaffung einer soliden Basis für die Kapitalbildung mitwirken müssen. Die Kapitalbeschaffung bisher unbekannten Ausmaßes, die
sich bei aller noch zunehmenden Breite des Bankgeschäfts doch
auf relativ wenige Großobjekte konzentrieren wird, bringt für
die Banken ein erhöhtes Risiko mit sich. Das gilt auch dann,
wenn sie auf dem Wege der Kapitalvermittlung nur ein indi-
rektes Obligo eingehen. Wenn so das Verhältnis zwischen Bank
und Unternehmenskunden in mancher Hinsicht enger werden
wird als bisher, so gibt es doch sicher kein Zurück zur alleinigen
und exklusiven Hausbank, wenn man einmal von kleineren
Unternehmen absieht.

In wesentlichen Teilen des Bankengeschäfts wird die konsortiale
Zusammenarbeit einer großen Zahl von Banken die Epoche des
Individualkredits ablösen. Wir treten in ein Zeitalter der Konsortien ein mit dem charakteristischen Merkmal, daß sich die
Banken bei einer Vielzahl von Sondergeschäften, national und
vor allem international, mehr und mehr an prozentual bescheidene, betragsmäßig aber gewichtige Konsortialquoten zu gewöhnen haben, wie sie etwa in der Versicherungsbranche üblich
sind. Das bedeutet aber nicht weniger Wettbewerb im Banken-
geschäft; das Gegenteil dürfte der Fall sein. Andererseits wird
die Bedeutung der Industrie- und Handelsbeteiligungen der
deutschen Banken am gesamten Geschäftsvolumen zurückgehen.
Die Banken werden verstärkt bemüht sein, ihre Beteiligungen
zur strukturellen Neuordnung in den betreffenden Wirtschaftszweigen einzusetzen. Visionen, die für die nächsten Jahrzehnte
gewaltige Industriekonglomerate mit Banken an der Spitze
sehen, brauchen von Freunden solcher Ideen nicht erhofft und
von Gegnern nicht befürchtet zu werden. Etwas völlig anderes
ist die direkte Mitwirkung der Banken bei der Eigenkapitalbe-
schaffung kleiner und mittlerer Unternehmen, wie sie mit der
Gründung von Kapitalbeteiligungsgesellschaften erfolgreich in
die Wege geleitet wurde. Hier könnte sich sogar ein neuer
Schwerpunkt bankwirtschaftlicher Betätigung entwickeln. Allerdings muß hier auf jeden Fall das Prinzip der ständigen Um-

schichtung gelten, daß also solche Beteiligungen frühestmöglich wieder veräußert werden sollten, um neuen Engagements ähnlicher Art Platz zu machen (263).

Die Bereitstellung von Kapital für unsere Wirtschaft ist unbedingt notwendig. Deshalb sind auch die Banken, wie Jürgen Ponto ausführte, jedem Vermögensbildungsprogramm gegenüber positiv eingestellt. Die Dringlichkeit von Kapitalbildung in den Unternehmen und für Staat und Wirtschaft nimmt ständig zu. Die Banken haben mehr denn je die Verpflichtung, der deutschen Wirtschaft den Zustrom von neuem Kapital offen und damit das Wirtschaften in diesem Lande attraktiv zu halten. Allein im Teilbereich Energiewirtschaft wird geschätzt, daß bis zum Jahre 1985 zwischen 250 und 300 Milliarden DM zu investieren sind, davon der überwiegende Teil in der Elektrizitätswirtschaft, die sich vornehmlich in staatlichem Besitz befindet (264).

Die nächste Frage betrifft die Höhe des langfristigen Investitionsbedarfs der deutschen Wirtschaft und dessen Finanzierung. Die Volkswirtschaftliche Abteilung der Dresdner Bank versuchte, hier eine Antwort zu finden (265). Danach zeichnen sich für den Zeitraum 1975 bis 1985 folgende Größenordnungen ab:

– Der Investitionsbedarf der Unternehmen wird sich auf voraussichtlich 3 bis 3,5 Billionen DM belaufen.

– Über die Eigenfinanzierung – Abschreibungen und reinvestierte Erträge – werden davon kaum mehr als 60 Prozent bestritten werden können. Es bleibt eine Deckungslücke von 1,2 bis 1,4 Billionen DM.

– Der gesamte Fremdfinanzierungsbedarf der Unternehmen dürfte sich somit bei Hinzurechnung der ebenfalls expandierenden Umsatzfinanzierung auf 1,6 bis 1,9 Billionen DM belaufen.

– Bei relativ stabil bleibender Finanzierungsstruktur könnte sich die Aufbringung dieses Betrages etwa folgendermaßen verteilen:

Bankkredite: etwa 60 Prozent (1000–1100 Milliarden DM)
Wertpapiere: 6–7 Prozent (100– 130 Milliarden DM)
Bausparkassen: 6–7 Prozent (100– 130 Milliarden DM)

Versicherungen:	5–6 Prozent	(80– 110 Milliarden DM)
Staatl. Darlehen	6–7 Prozent	(100– 130 Milliarden DM)
Auslandskredite:	13–14 Prozent	(210– 260 Milliarden DM)

Die Studie der Dresdner Bank geht dabei von folgenden Voraussetzungen aus: In der Bundesrepublik wird auf längere Sicht eine Zuwachsrate des realen Sozialprodukts von 3,5 bis 4 Prozent erwartet. Sowohl die Bundesregierung als auch die Forschungsinstitute gehen etwa von dieser Größenordnung aus. Die Schätzung für die künftigen Investitionen soll deshalb an diese Größe angelehnt werden. Das Bruttosozialprodukt von 1974 bis 1985 wird
– bei einem jährlichen realen Anstieg von durchschnittlich 3,5 bis 4 Prozent
– und angenommenen Preiserhöhungen um 5 bis 7 Prozent auf rund eine Billion DM im Jahr 1985 anwachsen.

In realer Rechnung könnte das Sozialprodukt 1985 immerhin um 40 Prozent über dem heutigen Niveau liegen. Da auf Grund der demographischen Aspekte vom Produktionsfaktor Arbeit kaum Impulse auf das Wirtschaftswachstum ausgehen werden, muß der Kapitaleinsatz überdurchschnittlich ansteigen, damit über Rationalisierungseffekte ein Wachstum in der erwarteten Größenordnung möglich wird. Wenn man einen durchschnittlichen jährlichen Anstieg der realen Investitionen um 4,5 bis 5 Prozent unterstellt, dürfte diese Schätzung eher zu niedrig sein. In der Vergangenheit wurde ein jährlicher Zuwachs der Investitionen um 5 bis 6 Prozent als normal betrachtet. Allerdings wichen gerade die letzten Jahre deutlich nach unten ab. Geht man von der Annahme eines 4,5- bis 5prozentigen Wachstums der realen Bruttoinvestitionen aus, so ergeben sich bei einer Hochrechnung bis zum Jahre 1985 Werte, die natürlich nur einen Trend darstellen können, von dem konjunkturelle und sonstige Abweichungen nicht nur möglich, sondern sogar sicher sind. Für die Ausgangsjahre 1975 und 1976 wurden die zum Zeitpunkt neuesten Schätzungen der Konjunkturforschungsinstitute übernommen. Das angenommene Durchschnittswachstum

326

von 4,5 bis 5 Prozent bezieht sich nur auf die Jahre 1977 bis 1985. Geht man bei einem möglichen Preisanstieg der Anlageinvestitionen von 5 bis 7 Prozent aus, so ergibt sich für das Jahr 1985 ein Investitionsvolumen von 510 bis 630 Milliarden DM. Aufaddiert für die Jahre 1975 bis 1985 errechnet sich die stolze Investitionssumme von rund 3,7 bis 4,2 Billionen DM.

Entwicklung der Anlageinvestitionen in Milliarden DM

Jahr	bei realem Anstieg um 4,5 Prozent pro Jahr				bei realem Anstieg um 5 Prozent pro Jahr			
	in Preisen von 1974	in jeweiligen Preisen bei Preisanstieg von			in Preisen von 1974	in jeweiligen Preisen bei Preisanstieg von		
		5 %	6 %	7 %		5 %	6 %	7 %
1974	224	224	224	224	224	224	224	224
1975[1])	205	212	212	212	205	212	212	212
1976[1])	209	222	222	222	209	222	222	222
1977	220	240	250	250	220	240	250	250
1978	230	270	270	280	230	270	280	280
1979	240	290	300	310	240	300	310	310
1980	250	320	330	350	250	330	340	350
1981	260	350	370	390	270	360	380	400
1982	270	390	410	430	280	400	420	450
1983	280	420	450	490	290	440	470	500
1984	300	470	500	540	310	480	520	560
1985	310	510	560	610	320	530	580	630
1975–1985	2 800	3 700	3 900	4 100	2 800	3 800	4 000	4 200
minus staatlicher Investitionen[2])	550	700	800	800	550	700	800	850
Investitionen der Unternehmen	2 250	3 000	3 100	3 300	2 250	3 100	3 200	3 350

Anmerkungen:
[1]) Werte für 1975 und 1976 gemäß Gemeinschaftsprognose der deutschen Wirtschaftsforschungsinstitute, ohne alternative Annahme für die Preisentwicklung (Preise für Anlageinvestitionen + 5,5 Prozent).
[2]) 20 Prozent der Summen 1975–1985. – Einschließlich Bahn und Post.

Die im oberen Teil der Tabelle angegebenen Werte beinhalten auch die Investitionen des *staatlichen* Sektors. Einschließlich der Investitionen von Bahn und Post entfielen auf den Staatssektor in den vergangenen vier Jahren rund 20 Prozent der Gesamtinvestitionen. Ursprünglich war man für die Zukunft von überdurchschnittlich hohen Zuwachsraten der staatlichen Investitionen ausgegangen. Die Tatsache, daß Personalkostendruck die Ausweitung der staatlichen Investitionen entscheidend behindert sowie die Überlegung, daß der Infrastruktur-Investitionsbedarf bei stagnierender oder sogar abnehmender Bevölkerungszahl nur abgeschwächt ansteigen wird, führt zu einer Reduzierung der ursprünglich erwarteten Zuwachsraten. Ein etwa dem Wirtschaftsdurchschnitt entsprechendes Investitionswachstum im öffentlichen Bereich dürfte deshalb als einigermaßen realistische Prognose angesehen werden. Das heißt, daß der Anteil der staatlichen Investitionen auch in Zukunft in der Nähe der 20-Prozent-Marke liegen dürfte. Zur Feststellung des Investitionsbedarfs der *Unternehmen* müssen deshalb von den Tabellenwerten jeweils 20 Prozent abgezogen werden. Das geschieht ebenfalls bei der Summe der Investitionen für 1975 bis 1985. Danach würde sich der Investitionsbedarf der privaten Unternehmen für den genannten Zeitraum voraussichtlich auf etwa 3 bis 3,4 Billionen DM belaufen.

Nicht die ganze Summe von 3 bis 3,4 Billionen DM muß durch Aufnahme fremder Gelder finanziert werden. Nach Angabe der Deutschen Bundesbank lag die *Eigenfinanzierungsquote* der Unternehmen einschließlich der Wohnungswirtschaft in den Jahren 1971 bis 1973 zwischen 62 Prozent und 65 Prozent. Rechnet man die in dieser Abgrenzung ebenfalls erfaßten Zahlen für Bahn und Post heraus, ergibt sich für die Jahre 1971 bis 1973 eine durchschnittliche Eigenfinanzierungsquote von rund 65 Prozent. Diese Quote enthält auch die Abschreibungen, die im gesamten Zeitraum knapp drei Viertel der Eigenfinanzierung ausmachten. Unterstellt man angesichts der erkennbaren Tendenzen, daß die Eigenfinanzierungsquote der Unternehmen von rund 65 Prozent auf vielleicht 60 Prozent abnehmen könnten, verbliebe im Unternehmensbereich bei einem Investitionsvolumen von 3 bis 3,4 Billionen DM eine Investitions-*Finanzierungslücke* von 1,2 bis 1,4 Billionen DM. Hinzu kommt der Bedarf an Mitteln für die Finanzierung der Umsätze im weitesten

Sinn. Es läßt sich feststellen, daß in den letzten Jahren die Kreditaufnahme der Unternehmen um rund 30 Prozent höher war als es zur Investitionsfinanzierung erforderlich gewesen wäre. Geht man davon aus, daß diese Relation in etwa auch künftig gelten wird, errechnet sich insgesamt ein *Fremdfinanzierungsbedarf* der Unternehmen für 1975 bis 1985 von 1,6 bis 1,9 Billionen DM.

Nun zu den Anlagearten und Investorengruppen: Der für 1975 bis 1985 berechnete Investitionsbedarf von 3 bis 3,4 Billionen DM und der angenommene Fremdfinanzierungsbedarf von 1,6 bis 1,9 Billionen DM geht von einem Zuwachs der realen Anlageinvestitionen von 4,5 bis 5 Prozent im Jahresdurchschnitt aus. Die folgende Tabelle zeigt, wie sich die 1971 bis 1974 effektiv getätigten Investitionen aufgliedern. 57 Prozent der Gesamtinvestitionen entfielen auf den Bausektor und 43 Prozent auf Ausrüstungsinvestitionen.

Struktur der Investitionen in der Bundesrepublik[1])
im Jahresdurchschnitt 1971 bis 1974

I. Brutto-Anlageinvestitionen nach Anlagearten

	Milliarden DM		Prozent	
Bauinvestitionen	124		57	
davon Wohnungsbau		53		24
Wirtschaftsbau		35		16
Öffentlicher Hochbau		13		6
Straßenbau		11		5
Sonstiger Tiefbau		12		6
Ausrüstungsinvestitionen	94		43	
Brutto-Anlageinvestitionen insgesamt	217		100	

Anmerkung:
[1]) Angaben abgerundet, zum Teil Schätzungen.

Bei einer Aufteilung nach Investorengruppen stehen die Unternehmen (ohne Bahn und Post) mit 56 Prozent an der Spitze, gefolgt von der Wohnungswirtschaft mit 24 Prozent und dem öffentlichen Sektor mit 20 Prozent.

II. Brutto-Anlageinvestitionen nach Investorengruppen

	Milliarden DM	Prozent
Unternehmen	120	55
davon Industrieunternehmen	42	19
Handelsunternehmen	10	5
Öffentliche Energie- und Wasserversorgung[1])	11	5
Handwerk, Landwirtschaft		
Dienstleistungsunternehmen	57	26
Verkehrsunternehmen[1])		
Wohnungswirtschaft	53	24
Staat[2]), Bahn und Post	45	21
Brutto-Anlageinvestitionen insgesamt	218	100

Anmerkungen:

[1]) Weitgehend dem staatlichen Sektor zuzuordnen.

[2]) Staat im engeren Sinn.

Innerhalb der Gruppe Unternehmen entfällt ein erheblicher
Teil der Investitionen auf Industrieunternehmen. Trotzdem ist
es bemerkenswert, daß die Industrie nur 19 Prozent der Gesamtinvestitionen auf sich vereinigt. Dabei ist allerdings zu
berücksichtigen, daß die Industrie 1971 bis 1974 ihre Investitionen stark gedrosselt hat, während die Wohnungswirtschaft
mit 24 Prozent in einer Boomphase stand. Auf die Handels-
unternehmen entfielen 5 Prozent. Zum Unternehmensbereich
zählen in der Abgrenzung der Deutschen Bundesbank auch
staatliche und halbstaatliche Unternehmen, deren Anteil an den
Investitionen nicht exakt quantifizierbar ist, die aber einen
beachtlichen Umfang haben. Allein auf die Unternehmen der
öffentlichen Energie- und Wasserversorgung kommt ein Anteil
von 5 Prozent. Von kaum geringerer Bedeutung dürften die
öffentlichen Verkehrsunternehmen sein, die in der Tabelle im
zusammengefaßten Posten »Handwerk, Landwirtschaft, Dienstleistungsunternehmen, Verkehrsunternehmen« enthalten sind.
Bahn und Post wurden dagegen dem »Staat« zugeordnet, für
den hier wieder 19 Prozent ausgewiesen sind. Insgesamt wäre
der auf den Staat entfallende Anteil der Investitionen weit
höher als 19 Prozent, wenn man dem Staatssektor nicht nur Post

und Bahn, sondern auch sonstige in Regie der öffentlichen Hand geführte Betriebe zuordnen würde.

Die gegenwärtige Struktur der Anlageinvestitionen dürfte in Zukunft gewissen Wandlungen unterliegen. So spricht schon allein wegen der Entwicklung des Wohnungsbaues einiges dafür, daß der Anteil der *Bau*investitionen von jetzt 55 Prozent leicht zurückgehen wird, was natürlich auch zu einer Entlastung beim Finanzierungsbedarf führt. Dagegen dürften vor allem wegen des stagnierenden Arbeitskräftepotentials die *Ausrüstung*sinvestitionen – Maschinen und Anlagen – verstärkt zunehmen. Unter den einzelnen Investorengruppen wird im Zuge der weiteren Entwicklung zur »Dienstleistungsgesellschaft« der sogenannte tertiäre Sektor voraussichtlich ein wachsendes Gewicht erhalten. Die Industrie als wichtiger Wachstumsträger wird ihre Investitionen etwa im gesamtwirtschaftlichen Durchschnitt ausweiten.

Steigende Anteile an den Gesamtinvestitionen dürfte der Energiebereich aufweisen. Zu diesem Ergebnis kommt auch die Studie der Dresdner Bank zur energiewirtschaftlichen Entwicklung in der Bundesrepublik bis zum Jahre 1985 (89). Zwar wird man von einem langsamer als das Sozialprodukt ansteigenden Energiebedarf ausgehen können. Durch die Umstrukturierung der Energieversorgung hin zu stärker importunabhängigen Quellen (Atomenergie, Kohle) werden aber überdurchschnittlich steigende Investitions*aufwendungen* erforderlich. Der Studie zufolge sind die Gesamtinvestitionen für den Energiebereich bis 1985 auf 310 bis 320 Milliarden DM zu veranschlagen. Das wären 6 bis 7 Prozent aller voraussichtlichen Investitionen im gleichen Zeitraum. In den Jahren 1965 bis 1972 lag die Quote der Energieinvestitionen erst bei rund 4,5 Prozent.

Der Fremdfinanzierungsbedarf der Unternehmen beläuft sich für 1975 bis 1985 auf schätzungsweise 1,6 bis 1,9 Billionen DM. Zur Deckung dieses Bedarfs stehen in erster Linie der Bankkredit, der Kapitalmarkt sowie der Geld- und Kapitalimport zur Verfügung. Im Durchschnitt der Jahre 1972 bis 1974 erfolgte die Kreditaufnahme des Sektors Unternehmen (einschließlich Wohnungswirtschaft) zu rund 59 Prozent in Form von Bankkrediten. Über den Kapitalmarkt wurden durch Emissionen von

Aktien und Anleihen nur etwa 5 Prozent aufgenommen. Darlehen von Bausparkassen und Versicherungen – größtenteils Schuldscheindarlehen – erbrachten weitere 7,5 bzw. 6 Prozent. Ausländische Quellen waren an der Kreditversorgung mit etwa 12 Prozent beteiligt. Die nachfolgende Tabelle zeigt die Aufgliederung der Gesamtfinanzierung:

Finanzierungsstruktur der Unternehmen[1])
im Jahresdurchschnitt 1972 bis 1974

		Milliarden DM	Prozent
Eigenfinanzierung		124,8	56,0[4])
Abschreibungen		97,2	43,6
Nicht entnommene Gewinne		–1,2	–0,5
Vermögensübertragung[2]) (Saldo)		28,8	12,9
davon Wohnungswirtschaft	20,5		
Unternehmen ohne Wohnungswirtschaft	8,3	28,8	
Fremdfinanzierungen		98,2	44,0
Bankkredite		57,7	25,9
– längerfristig		(41,9)	(18,8)
– kurzfristig		(15,8)	(7,1)
Darlehen von Bausparkassen		7,4	3,3
Darlehen von Versicherungen		5,6	2,5
Wertpapierabsatz		5,2	2,3
Direkt-Darlehen des Staates		10,5	4,7
Direkt-Darlehen des Auslandes			
Sonstige Kredite des Auslandes[3])		11,7	5,2
Finanzierungsmittel insgesamt[4])		223,0	100,0

Anmerkungen:
[1]) Einschließlich Wohnungsbau, Bahn und Post.
[2]) Empfangene minus geleistete Vermögensübertragungen, zu einem erheblichen Teil als Investitionszuschüsse der öffentlichen Hand.
[3]) Zahlungsziele, Anzahlungen usw.
[4]) Einschließlich der Umsatzfinanzierung (Eigenfinanzierungsquote bezogen auf die Investitionen = 65,4 Prozent; Eigenfinanzierungsquote bezogen auf Investitionen und Umsätze = 56,0 Prozent).

56 Prozent der Finanzierungsmittel entfielen auf die Eigenfinanzierung, wobei sich diese Quote auf die Investitions- u n d Umsatzfinanzierung bezieht. (Ohne Berücksichtigung der Umsatzfinanzierung ergibt sich – wie in Anmerkung 4 der Tabelle erläutert – die bereits erwähnte Eigenfinanzierungsquote von

rund 65 Prozent.) Die Fremdfinanzierungsmittel waren an der Gesamtfinanzierung mit 12 Prozent beteiligt. Es kann als wahrscheinlich unterstellt werden, daß die *Finanzierungsstruktur* auch in Zukunft nicht wesentlich anders aussehen wird als heute. Die Eigenfinanzierungsquote dürfte um etwa 5 Prozent absinken. Läßt man die atypische Situation der Jahre 1973 bis 1974 außer Acht, in der praktisch keine Industrieobligationen ausgegeben wurden, wird in Zukunft wieder ein höherer Beitrag des Kapitalmarktes im Bereich Fremdfinanzierung erwartet. Unter Berücksichtigung des sich abzeichnenden hohen Kapitalbedarfs der öffentlichen Hand für die nächsten Jahre wird die Erwartung steigender Kapitalmarktmittel für die Unternehmen allerdings kräftig gedämpft. Ebensowenig spricht die sich abzeichnende Entwicklung für ein überdurchschnittliches Wachstum der Darlehen von Bausparkassen und Versicherungen. Die Kredite deutscher Unternehmen aus dem Ausland, die durch die Bardepotpflicht in den letzten beiden Jahren stark gedrückt waren, werden mit einiger Sicherheit wieder ansteigen, zumal wenn man die anlagesuchenden Ölgelder in den Ausblick mit einbezieht.

Bankkredite werden erforderlich. Bei Annahme einer im wesentlichen unveränderten Struktur der Unternehmensfinanzierung verbliebe ein von den Banken aufzubringendes Kreditvolumen von 130 bis 160 Milliarden DM im Jahr 1985 und von 1,0 bis 1,1 Billionen DM im Zeitraum 1975 bis 1985. Ende 1975 lagen die Kredite der Banken an Unternehmen und wirtschaftlich selbständige Privatpersonen bei rund 380 Milliarden DM. Der Bestand an Krediten für den Wohnungsbau belief sich auf rund 210 Milliarden DM. Rechnet man diesen Bestand um den erwarteten Bedarf für die Jahre 1985 hoch, so ergibt sich für Ende 1985 ein Kreditbetrag von 1,5 bis 1,7 Billionen DM. Ausgehend vom jetzigen Stand der Kredite müßte sich zur Erreichung dieser Ziffer eine jährliche Zunahme des Kreditvolumens von 10 bis 11 Prozent ergeben. Im Durchschnitt der Jahre 1969 bis 1975 machte der Anstieg 10 Prozent aus, beeinflußt durch die konjunkturschwachen Jahre 1973 bis 1975. Das Sozialprodukt stieg im gleichen Zeitraum jährlich um nominal rund 10 Prozent an.

Die *Spareinlagen* sind neben den Termineinlagen eine wichtige
Bestimmungsgröße für die Kreditmöglichkeiten. Sie haben sich
von Ende 1968 bis Ende 1975 im Schnitt jährlich um 13 Prozent
erhöht. Dabei ist die Sparquote der privaten Haushalte von
etwa 15 Prozent auf 16 Prozent des verfügbaren Einkommens
angestiegen. Da eine weitere wesentliche Erhöhung der Sparquote unwahrscheinlich ist, zeichnen sich von der privaten Ersparnisbildung her gewisse Schwierigkeiten ab, die Kreditaus-
leihungen der Banken Jahr für Jahr um die genannten 10 bis
11 Prozent erhöhen zu können, wenn deren Kreditkapazität
nicht durch andere Mittelzuflüsse entsprechend ausgeweitet wird.
Eine großzügigere Haltung der Notenbank kann allerdings wegen der damit verbundenen Inflationsgefahr nur dann erwartet
werden, wenn nicht auf Grund überhöhter Nachfrageausweitun-
gen oder Kostensteigerungen (Löhne, Rohstoffe, Energie) der
inflationäre Auftrieb zusätzlich verstärkt wird.
Die letzten Endes bestehenden Möglichkeiten, die erforderlichen
Kreditsummen bereitzustellen, können nicht darüber hinwegtäuschen, daß die überproportionale Zunahme *einer* Verwendungs-
art des Sozialprodukts zwangsläufig eine unterdurchschnittliche
Zunahme *anderer* Verwendungsarten bedingt. Wenn zur Erlan-
gung hoher Produktivitätszunahmen und damit einer weiteren
Verbesserung unseres Lebensstandards besonders starke Steigerungen der Investitionen erforderlich sind, verbleibt für die Ausweitung des Verbrauchs – nicht zuletzt auch des staatlichen Verbrauchs – nur ein geringerer Spielraum. In den letzten Jahren
war eine gegenläufige Entwicklung zu beobachten: Von 27 Prozent im Jahre 1971 ging der Anteil der Anlageinvestitionen am
Sozialprodukt bis 1974 auf 22,5 Prozent (bis 1975 auf 21,1
Prozent) zurück.
Unter den für den Zeitraum 1977 bis 1985 aufgezeigten Annahmen müßte jedoch die Investitionsquote bis 1985 um etwa
5 Prozent steigen. Geht man davon aus, daß die »Investitions-
lücke« der letzten Jahre durch entsprechend höhere Investitionen ab 1977 ausgeglichen wird, so daß sich auch unter Einschluß der Jahre 1974 und 1975 ein durchschnittliches Wachstum der realen Investitionen um 4,5 bis 5 Prozent ergibt, wäre

bis 1985 sogar eine höhere Investitionsquote erforderlich. Anzumerken ist allerdings, daß bei der Berechnung dieser auch im internationalen Vergleich sehr hohen Quote überdurchschnittliche Preissteigerungen für Investitionsgüter unterstellt wurden. Im Falle geringerer Preisanhebungen ergäben sich entsprechend niedrigere Werte. Eine gewisse Reserve zugunsten der zu steigernden Investitionsquote könnte man in den hohen Exportüberschüssen der Bundesrepublik sehen, zumal auf längere Sicht eine gewisse Normalisierung – etwa durch stärker steigende Importe – schon mit Rücksicht auf unsere Handelspartner unausweichlich erscheint. Entscheidend bleibt aber die Relation des privaten und öffentlichen Verbrauchs auf der einen zu den Investitionen auf der anderen Seite.

Das wesentliche Hindernis, zu einem ausgewogeneren Verhältnis von Konsum und Investitionen zu gelangen, dürfte in der Lohnpolitik liegen. Erst einmal zu privaten Einkommen gewordene Beträge können nur schwer in stärkerem Maße über die Ersparnisbildung für Investitionen verfügbar gemacht werden. Sollen die Unternehmen nicht gezwungen werden, ihre erhöhten Investitionsaufwendungen über Preissteigerungen zu finanzieren – und das brächte neue inflationäre Impulse mit sich –, müßten andere Wege in Erwägung gezogen werden. Beispielsweise könnte stufenweise stärker als bisher von der Möglichkeit Gebrauch gemacht werden, vermögenswirksame Leistungen tariflich zu vereinbaren und damit größere Teile der Einkommen für die langfristige Investitionsfinanzierung, die im gemeinsamen Interesse aller liegt, zu »retten«. Daß eine nachhaltig investitionsfreundliche Steuergesetzgebung erforderlich ist, versteht sich von selbst.

Soweit die ausgezeichnete Studie der Dresdner Bank (265) über den »langfristigen Investitionsbedarf und die Möglichkeiten seiner Finanzierung«. Die wichtige Aufgabe, Risikokapital zur Finanzierung von Investitionen auf *privatwirtschaftlichem* Wege bereitzustellen, berührt nämlich eine der wesentlichen Überlebensfragen unseres freiheitlich-demokratischen Systems. Eine Anlageform und Eigentumsdisposition, die nicht auf dem freien Entschluß des einzelnen, sondern auf behördlicher Lenkung oder Vereinnahmung der Investitionsmittel durch Steuern und Überführung in den öffentlichen Haushalt beruhen würde, käme dem *Zwangssparen* gleich. So äußerte sich Prof. Dr. Zahn, Vorsitzender des Vorstandes der Daimler Benz AG (266). Er ging dabei auf eine bestimmte Form der Finanzierung ein, nämlich die Aktie, und dies deshalb, weil sie als Finanzierungsmittel gleichzeitig zwei in unserer krisenhaften Zeit besonders wichtige Aufgaben erfüllen könnte. Und zwar:

– einmal auf der Verwendungsseite, also beim Unternehmen, die Aufgabe, den steigenden Finanzierungsbedarf zu decken. Gespartes Geld wird also auf Dauer und als Risikokapital zur Verfügung gestellt. Hierbei wird zu prüfen sein, ob die bisherige Entwicklung dieser Finanzierungsform zufriedenstellend war oder ob es bereits jetzt Defizite, Verwerfungen und Unzulänglichkeiten gibt.

– Zum anderen aber kann die Aktie auf der Anlegerseite, also für den Sparer, dem in unserer Zeit zunehmenden Bedürfnis entsprechen, überhaupt eine Anlageform von einigermaßener Sicherheit individueller Vermögensbildung zu finden, und zwar in Produktivkapital.

Es gibt genug Geld, aber zu wenig Kapital. Investitionen benötigen Kapital. Kapital gibt es aber nicht ohne Konsumverzicht. Erst Konsumverzicht eröffnet die Möglichkeit zur Investition und damit zur Sicherung von Konsum. Die Bundesrepublik Deutschland zählt zu den »unterentwickelten« Aktienländern. 1950 betrug das Eigenkapital an der Bilanzsumme deutscher Aktiengesellschaften noch 49 Prozent. Bis 1975 war dieser Anteil auf rund 29 Prozent abgesunken. Deshalb muß die Aktie populär gemacht werden. Ihre Doppelbesteuerung bewirkt allerdings genau das Gegenteil. Es gibt eine ganze Palette von Möglichkeiten, die Aktie wieder interessant zu machen. Prof. Zahn erwähnte sie. Deshalb setzt er sich für die Aktie als Nukleus privatwirtschaftlicher Finanzierung ein.

Literaturverzeichnis

1 Kaps, Carola, »Mehr Babys als Brot«, Die Zeit 5. 4. 74
2 Meadows, Dennis L., »Die Grenzen des Wachstums. Bericht des Club of Rome zur Lage der Menschheit«. Deutsche Verlags-Anstalt, Stuttgart 1972
3 Jürgens, Prof. Dr. Hans W., Universität Kiel: »Nach dem ersten Kind die Nase voll«, Die Zeit 11. 7. 75
4 Leyen, Hannelore von der, »Warum werden so wenig Kinder geboren?« Brigitte, Heft 4/75, S. 55–58
5 Linke, Wilfried/Höhn, Charlotte, »Voraussichtliche Bevölkerungsentwicklung bis 1990«, Wirtschaft und Statistik, Heft 12/75
6 »Those missing babies«, cover story, Time, 16. 9. 74
7 Schwarz, K., »Gründe des Geburtenrückgangs«, Wirtschaft und Statistik, Heft 12/73
8 Presse- und Informationsamt der Bundesregierung, Bulletin vom 21. 10. 75 Nr. 124, S. 1227
9 Schubnell, Bevölkerungsforscher
10 Industriemagazin, München, Nr. 10/1975
11 »Die Kinder wollen keine Kinder mehr«, Spiegel Nr. 13/1975
12 »Der Stoff, aus dem soziale Träume sind«. Rentenversicherung. Titelgeschichte der »Wirtschaftswoche« vom 16. 1. 76
13 »Die Belastungsquote sinkt.« IWD, Informationsdienst des Instituts der deutschen Wirtschaft, Köln, 29. 1. 76, Seite 2
14 »Studentenstau bis 1990.« IWD, Informationsdienst des Instituts der deutschen Wirtschaft, Köln, 18. 12. 75, Seite 8
15 Statistisches Bundesamt, Wiesbaden, Statistisches Jahrbuch
16 Enke, Stephen, Forschungsorganisation TEMPO der General Electric Co., New York
17 Meadows, Dennis L.: »Wachstum bis zur Katastrophe«, Pro und Contra zum Weltmodell mit Beiträgen von H. v. Nussbaum, K. Rihaczek, D. Senghaas u. a. Herausgegeben von H. E. Richter. Deutsche Verlags-Anstalt, Stuttgart 1974
18 »Wachstum und Arbeitsmarkt. Angebot und Bedarf an Arbeitskräften bis 1990«, Institut für Arbeitsmarkt- und Berufsforschung der Bundesanstalt für Arbeit, Nürnberg. »Quintessenzen aus der Arbeitsmarkt- und Berufsforschung«. 1. Auflage 1975
19 Wolfbauer, Oscar: »In leeren Wiegen liegen Sorgen der Zukunft«, Münchner Merkur, 20. 11. 74

338

20 »Jedes Land betreibt seine eigene Bevölkerungspolitik«, Frankfurter Allgemeine Zeitung, 30. 8. 71 (dpa)

21 Marchal, Peter: »Mehr Opas als Enkel. Gefährdet der Geburtenrückgang die Renten?« Die Zeit, 16. 8. 74

22 »Im Jahr 2000 4 Millionen Einwohner weniger«, Frankfurter Allgemeine Zeitung, 31. 7. 75 (dpa)

23 »In 33 Jahren verdoppelt«, Wirtschaftswoche, 2. 3. 73

24 Gruhl, Herbert: »Ein Planet wird geplündert. Die Schreckensbilanz unserer Politik«, S. Fischer Verlag, Frankfurt/M., 1975

25 »Die Weltbevölkerung wächst sprunghaft«, Blick durch die Wirtschaft, 13. 3. 74

26 »Chinas Bevölkerung wird 1990 die Milliardengrenze überschreiten«, Frankfurter Allgemeine Zeitung, 27. 8. 74 (Reuter/dpa/AFP)

27 Kaufmann, Richard: »Der Mythos vom Pillenknick«, Deutsche Zeitung, 1. 8. 75

28 Rosellen, Hans-Peter: »Patientenschwund bei Kinderärzten«, Deutsche Zeitung, 1. 8. 75

29 Friedl, Gerhard A.: »Keine Gefahr für die Renten. Mehr Wohlstand für weniger Menschen«, Deutsche Zeitung, 1. 8. 75

30 Clark, Colin: »Der Mythos von der Überbevölkerung«, Adamas-Verlag, Köln 1975

31 Otte, Frank: »Predigt vor tauben Ohren. Die EG-Kommission soll das Modell des Club of Rome kaufen«, Die Zeit, 4. 4. 75

32 »Bevölkerungskonferenz vor schwierigen Problemen«, Frankfurter Allgemeine Zeitung, 19. 8. 74

33 »Prophete rechts, Prophete links . . .«, BHF-Bank, Wirtschaftsdienst 968 vom 4. 1. 75

34 Globis, Michael: »Die Grenzen des Planeten. Bilanz einer Politik.« Deutsche Zeitung, 14. 11. 75

35 »Die verlorene Generation«, Wirtschaftswoche, 20. 2. 76

36 Rittershaus, E., Dipl.-Ing., Vaduz/Liechtenstein, Mitglied des Club of Rome, Vortrag im Nov. 1974 anläßlich des Firmenjubiläums der H. U. Bosshard AG, Zürich

37 Mahnke, Hans-Jürgen: »Fluch des Kindersegens«. Welt, 17. 8. 74

38 Diehl-Thiele, Peter: »Die These vom sterbenden Volk schreckt noch nicht«, Süddeutsche Zeitung, 7. 5. 75

39 »Bevölkerungsprobleme in wirtschaftlich-soziologischer Sicht«, Neue Zürcher Zeitung, 12. 2. 76

40 »Kaum darben«, Spiegel, 4. 6. 73

41 »Standortfragen der mittelständischen Wirtschaft. Zusammenfassung einer IFO-Tagung«, Bayer. Hypotheken- und Wechsel-Bank, Branchenanalysen 2/1976

42 Clauß, Franz Joachim: »Weltweiter Verhaltensumbruch? Projek-

tionen und Realitäten des Bevölkerungsproblems«, IFO-Schnell-dienst, 13. 12. 72

43 »1985: Weniger Frauen, mehr Steuern, mehr Arbeitslose«, VWD-Bonn, 1. 6. 73

44 »12 Milliarden Menschen?« Frankfurter Allgemeine Zeitung, 4. 3. 74 (AP)

45 Schneider, Wolf: »Wir werden weniger«, Welt, 19. 2. 74

46 »Ein ‚Defizit‘ von 96 000 Ungeborenen«, Frankfurter Allgemeine Zeitung, 25. 7. 74 (dpa)

47 »Weniger Geburten – mehr Einwohner«, Welt, 9. 7. 74 (AP)

48 »Zur Bevölkerungsentwicklung«, BHF-Bank, Wirtschaftsdienst 880 vom 31. 3. 73

49 »Bei 48 beginnt der Frauenüberschuß«, Münchner Merkur, 19. 8. 74

50 »Bedenkliche Baby-Baisse«, Süddeutsche Zeitung, 23. 2. 76

51 Eick, Jürgen, »Die fehlenden Babys«, Frankfurter Allgemeine Zeitung, 20. 6. 75

52 »In 25 Jahren fehlen uns vier Millionen Kinder«, Welt, 8. 7. 75

53 Schmölders, Prof. Dr. Günter, München: »Unterbeschäftigung als Dauerzustand?« Frankfurter Allgemeine Zeitung, 28. 4. 75

54 »Voraussichtliche Bevölkerungsentwicklung bis 1990«, Bank für Gemeinwirtschaft, Wirtschaftsblätter, März 1976

55 Stingl, Josef, Präsident der Bundesanstalt für Arbeit, Nürnberg. Referat: »Die Bedeutung kleiner und mittlerer Unternehmen für den Arbeitsmarkt«, gehalten auf der Tagung des IFO-Institutes für Wirtschaftsforschung eV, München, die vom 8. bis 10. Oktober 1975 auf Initiative des Bundesministeriums für Wirtschaft stattfand.

56 Schlecht, Dr. O., Staatssekretär im Bundesministerium für Wirtschaft, Bonn. Referat: »Der wirtschaftspolitische Rang kleiner und mittlerer Unternehmen«, gehalten auf der Tagung . . . (siehe Nr. 55)

57 »Standortfragen der mittelständischen Wirtschaft«, zusammenfassende Ergebnisse einer IFO-Tagung . . . (siehe Nr. 55). Zusammengestellt von der Volkswirtschaftl. Abt. der Bayer. Hypotheken- und Wechselbank, München, Februar 1976

58 Schnitker, P., Präsident des Zentralverbandes des deutschen Handwerks, Bonn. Referat: »Die Funktionen des Handwerks in Wirtschaft und Gesellschaft«, gehalten auf der Tagung . . . (siehe Nr. 55)

59 Kaufer, Prof. Dr. E., Universität des Saarlandes. Referat: »Der Einfluß des Strukturwandels auf die Verteilung der Betriebs- und Unternehmensgrößen in der Industrie«, gehalten auf der Tagung . . . (siehe Nr. 55)

60 Prognos AG, Europäisches Zentrum für Angewandte Wirtschaftsforschung, Abt. Wirtschaftspolitische Beratung, Basel

61 Schröder, Dr. D., Mitglied der Geschäftsleitung der Prognos AG, Basel (siehe bei Nr. 60). Referat: »Veränderungen der Aktionsbereiche der unterschiedlichen Unternehmensgrößen in der deutschen Wirtschaft«, gehalten auf der Tagung . . . (siehe Nr. 55)

62 »Internationalisierung lohnt sich«, Schweizerische Handels-Zeitung, »Zürich, 18. 3. 76

63 Ludwig, Dr. Karlheinz, »Möglichkeiten wirtschaftlicher Zusammenarbeit zwischen Sowjetunion und Bundesrepublik Deutschland«, 25. 11. 75, Auftragsartikel für Komsomolskaja Prawda, Moskau

64 Krengel, Prof. Dr. R., Abteilungsleiter im Deutschen Institut für Wirtschaftsforschung, Berlin. Referat: »Möglichkeiten und Grenzen der Analyse der Leistungsfähigkeit von kleinen und mittleren Unternehmen im Vergleich zu Großunternehmen in der Bundesrepublik Deutschland«, gehalten auf der Tagung . . . (siehe Nr. 55)

65 Dr. Gablers Wirtschafts-Lexikon, Betriebswirtschaftlicher Verlag Dr. Th. Gabler, Wiesbaden, zweibändig

66 Oppenländer, Dr. K. H., Präsident des IFO-Instituts für Wirtschaftsforschung, München. Referat: »Das Verhalten kleiner und mittlerer Unternehmen im industriellen Innovationsprozeß«, gehalten auf der Tagung . . . (siehe Nr. 55)

67 Ludwig, Dr. Karlheinz, »Steuerliche Erleichterungen im Ausland für Forschung und Entwicklung«, Anfang Juni 1963. Auftragsarbeit für Siemens & Halske AG, Berlin/München, Wirtschaftspolitische Abteilung

68 »Fünfter Forschungsbericht der Bundesregierung«. Herausgeber: Der Bundesminister für Forschung und Technologie, Referat für Presse- und Öffentlichkeitsarbeit, Bonn 1975

69 Hansmeyer, Prof. Dr. K.-H., Universität Köln, Referat: »Die umweltpolitische Bedeutung kleiner und mittlerer Unternehmen«, gehalten auf der Tagung . . . (siehe Nr. 55)

70 »Schätzung der monetären Aufwendungen für Umweltschutzmaßnahmen bis zum Jahre 1980«, Battelle-Institut eV., Frankfurt/M., September 1975

71 Sprenger, Rolf-Ulrich, Dipl.-Kfm., »Struktur- und Entwicklung von Umweltschutzaufwendungen in der Industrie«, IFO-Schriftenreihe Nr. 85, Berlin-München 1975

72 Rodenstock, Dr. Rolf, apl. Professor an der Universität München, persönlich haftender Gesellschafter der Optischen Werke. G. Rodenstock, München. »Die Konsequenzen des wirtschaftlichen Strukturwandels für die mittelständische Industrie«, ZFBF Schmalenbachs Zeitschrift für betriebswirtschaftliche Forschung, 27. Jahrgang 1975, Heft 4

73 Ludwig, Dr. Karlheinz, »Die Geschichte vom großen Gewinn«, Presseartikel

74 Schlecht, Dr. O., Bundesministerium für Wirtschaft, Bonn. Referat: »Der wirtschaftspolitische Rang kleiner und mittlerer Unternehmen«, gehalten auf der Tagung . . . (siehe Nr. 55)

75 »Selbst der hinterste Schwarzwäldler«, ein Bericht des »Figaro«. Frankfurter Allgemeine Zeitung, 23. 3. 76

76 Voss, Dr. Gerhard, Referent für Strukturpolitik im Institut der Deutschen Wirtschaft, Köln. »Zwei Millionen Arbeitsplätze fehlen«, Wirschaftswoche, 27. 2. 76

77 »Gegenwärtige Beschäftigungsprobleme und mittelfristige Perspektiven der Arbeitsmarktpolitik«, Heft 2 vom Februar 1976 der WSI-Mitteilungen, Zeitschrift des Wirtschafts- und Sozialwissenschaftlichen Instituts des Deutschen Gewerkschaftsbundes GmbH, Düsseldorf

78 Kühl, Jürgen, Dipl.-Volkswirt, Mitarbeiter im Institut für Arbeitsmarkt- und Berufsforschung der Bundesanstalt für Arbeit, Nürnberg. Dessen Artikel: »Arbeitsmarktpolitik bei mittelfristigen Ausbildungs- und Arbeitsplatzdefiziten« in WSI-Mitteilungen . . . (siehe Nr. 77)

79 Fourastié, J., »Die 40 000 Stunden«, Econ-Verlag, Düsseldorf 1966

80 Schaefer, Prof. Dr. med. Hans, Direktor des 1. Physiologischen Instituts der Universität Heidelberg: »Folgen der Zivilisation«, Bericht der Studiengruppe »Zivilisationsfolgen« der Vereinigung Deutscher Wissenschaftler. Umschau-Verlag, Frankfurt/M., 1974

81 Loesch, Heinrich v., »Stehplatz für Milliarden? Das Problem der Überbevölkerung«. Deutsche Verlags-Anstalt, Stuttgart 1974

82 »Der Strukturwandel zwingt zu verstärkten Anpassungen«, Dresdner Bank, Wirtschaftsberichte, März 1976

83 Reiners, Harald, Mitglied des Vorstandes der ESSO AG, Hamburg, »Die Aufgaben der Mineralölwirtschaft in dem sich ändernden Energiemarkt«, Vortrag auf der Jahreshauptversammlung des Gesamtverbandes des Deutschen Brennstoffhandels, Heidelberg, 10. 10. 74

84 ESSO AG, »Auf der Suche nach neuen Energien«, Informationsprogramm Nr. 1 der ESSO-Presse- und Informationsabteilung, Hamburg

85 ESSO AG, Hamburg, Geschäftsbericht 1975

86 ESSO AG, Hamburg, Volkswirtschaftliche Abteilung, Juni 1976

87 Bund, Dr. Dr. Karlheinz, Vorsitzender des Vorstandes der Ruhrkohle AG, »Perspektiven der zukünftigen Energieversorgung«, ZFBF Schmalenbachs Zeitschrift für betriebswirtschaftliche Forschung, Juni 1976

88 Oehme, Wolfgang, Vorsitzender des Vorstandes der ESSO AG, Hamburg. »Hat die Ölindustrie noch eine Zukunft?« Vortrag vor dem Wirtschaftsforum Frankfurt/M. am 5. 5. 76

89 Dresdner Bank AG, Frankfurt/M., Broschüre: »Energiewirtschaftliche Entwicklung in der Bundesrepublik Deutschland bis 1980/85«, Herbst 1974

90 Chemische Werke Hüls AG, Marl, Hauszeitschrift »Der Lichtbogen«, Sonderheft »Schätze dieser Welt«, Dezember 1975

91 Klasen, Franz Anton, »Die Autos werden nicht verdursten«, ESSO-Magazin 3/74

92 ESSO AG, Hamburg, Informations-Programm Nr. 3: »U 235 und so weiter«, August 1974

93 Bundesminister für Forschung und Technologie, Bonn 1976, »Kernenergie. Eine Bürgerinformation.«

94 »Atomwirtschaft« 1974, Seite 325, Verlag Handelsblatt GmbH, Düsseldorf

95 Hünlich, W., Sonderdruck Nr. 2627 der Vereinigung Deutscher Elektrizitätswerke eV (VDEW), Frankfurt/M., 20. Jahrgang (1974)

96 Bundesministerium für Forschung und Technologie, Bonn, »Viertes Atomprogramm der Bundesrepublik Deutschland für die Jahre 1973 bis 1976«

97 Vereinigung Deutscher Elektrizitätswerke eV (VDEW), Frankfurt/M.

98 ESSO AG, Hamburg, Informations-Programm Nr. 7: »700 Billiarden kWh im Jahr«, Herbst 1974

99 Meyer-Abisch, Klaus Michael, »Neue Ziele der Energiepolitik«, BP Kurier II/74; Deutsche BP AG, Hamburg

100 Hofmann, Prof. Dr. Rolf, BASF Ludwigshafen, »Chemiewirtschaft der westlichen Welt«, Verband der Chemischen Industrie, Schriftenreihe »Chemie + Fortschritt«, 2/1975

101 Verband der Chemischen Industrie, Frankfurt/M., ad hoc-Arbeitskreis »Kohleveredelung«: »Rohstoff-Sicherung durch Kohleveredelung«, VCI-Schriftenreihe »Chemie + Fortschritt«, 3/1975

102 Weissermel, Dr. Klaus, »Angewandte chemische Forschung aus der Sicht von Hoechst«, Vortrag auf der Forschungspressekonferenz der Hoechst AG am 23. 5. 75

103 Laengenfelder, Dieter, Leiter des Verkaufs Arzneimittel der Hoechst AG, »Der internationale Pharmamarkt von 1985. Versuch einer Voraussage«, gehalten 1976 auf einem pharmazeutischen Kolloquium in Frankfurt/M.

104 Rathscheck, Dr. Reinhold, Leiter des Referats Gesundheitspolitik der Hoechst AG, »Die Entwicklung der Arzneimittel in der Zukunft – eine futurologische Betrachtung«, Referat auf der von der

Bundesvereinigung für Gesundheitserziehung eV veranstalteten »Informationstagung Pharmaka und Gesundheit« am 22. 9. 71 in Limburg/Lahn

105 Office of Health Economics, London, »Die Medizin um 1990«, Oktober 1969

106 Hörlein, Dr. Gerhard, »Ernährungsbezogene Forschung – Aktuelle Neuentwicklungen und zukünftige Schwerpunkte«, Vortrag anläßlich der Forschungspressekonferenz der Hoechst AG, 23. 5. 1975

107 Präve, Dr. Paul, »Mikrobiologie und Ernährungsprobleme«, Vortrag anläßlich der Forschungspressekonferenz der Hoechst AG, 23. 5. 75

108 Binder, Dr. Gerhard, Diplom-Chemiker, Chemische Werke Hüls AG, »Polymerchemie 1975–1979« in »Chemische Industrie« 9/1975

109 Kosoff, M., »Trends in der Entwicklung und Verarbeitung neuer Polymere bis 1984«, Kunststoff-Journal, Heft 7/8-1974

110 Luden, Dr. H., Ciba-Geigy AG, Basel. Referat zum Podiumsgespräch der internat. Wollkonferenz vom 8. bis 9. 6. 76 in Basel

111 Saxer, Dr. J., Sandoz AG, Basel. Referat zum Podiumsgespräch der internat. Wollkonferenz vom 8. bis 9. 6. 76 in Basel

112 Hardt, Wilhelm, Johann Wülfing & Sohn, Präsident von Gesamttextil, Remscheid-Lennep. Referat zum Podiumsgespräch der internat. Wollkonferenz vom 8. bis 9. 6. 76 in Basel

113 Keller, Arnim H., »Spinn- und Webmaschinen im leistungsmäßigen und funktionellen Umbruch«, Melliand Textilberichte Nr. 6/1974, S. 506

114 Brandis, Curt, »Entwicklungstendenzen ausgewählter Textilmaschinen der 80er Jahre«, Melliand Textilberichte Nr. 12/1974, S. 995–1000

115 Egbers, Gerhard, »Entwicklungstendenzen in der Textil- und Bekleidungsindustrie«, unveröffentlichtes Manuskript

116 Valk, Gieselher, »Produktionsziele der Textilindustrie«, unveröffentlichtes Manuskript

117 Breitenacher, Michael, »Bisherige und zukünftige Entwicklung des Textilverbrauchs in wichtigen Industrieländern«, Schriftenreihe des IFO-Instituts für Wirtschaftsforschung, Nr. 87, Berlin 1976, S. 14 f.

118 Institut für Weltwirtschaft an der Universität Kiel: »Die Auswirkungen vermehrter Einfuhren aus Entwicklungsländern auf ausgewählte Branchen in der Bundesrepublik Deutschland«, zitiert von Dr. Helmut Mylenbusch, Geschäftsführer der Kienbaum Beratung GmbH, Gummersbach, in Referat »Die Sicherung von Exportmärkten« auf der Hannover-Messe 1976, herausgegeben von Schimmelpfeng GmbH, Frankfurt/M.

344

119 Hoechst AG, Abteilung für Öffentlichkeitsarbeit, Pressemitteilung vom 13. 7. 76

120 Klötzer, Otto, Gustav Hoffmann GmbH, Kleve, Präsident des Hauptverbandes der Deutschen Schuhindustrie, »Schuhindustrie geht neue Wege«, Handelsblatt, 16. 9. 75

121 Verhuven, Peter, Schuhfabriken Otterbeck KG, Mülheim (Ruhr), »Draußen billiger produzieren«, Handelsblatt, 16. 9. 75

122 Bayerische Hypotheken- und Wechselbank, München, Branchenanalyse »Papierindustrie«, Juni 1976

123 Grefermann, Dr. Klaus, IFO-Institut für Wirtschaftsforschung, München, dessen Vortrag »Zukunftsaussichten der Papier, Pappe und Kunststoff verarbeitenden Industrie« auf der Mitgliederversammlung des Verbandes der Papier, Pappe und Kunststoff verarbeitenden Industrie Baden-Württemberg eV., 1976

124 Bank für Gemeinwirtschaft, Wirtschaftsblätter, Juli 1976, »Langsame Erholung bei der Papier- und Pappe-Verarbeitung«

125 Braunsperger, Dr. M., »Wirtschaftsprognose und Unternehmensplanung in der Papierindustrie«, Vortrag anläßlich des Verbandes Deutscher Papierfabriken, abgedruckt in Allgemeine Papier-Rundschau 3/1976

126 Gorsler, Dr. Hans, Papierfabrik Albbruck (Schweiz), Präsident der CEPAC, »Zukunftsaspekte der westeuropäischen Papierindustrie«, Vortrag auf dem 6. Europäischen Management-Symposium in Davos, abgedruckt in »Deutsche Papierwirtschaft«, Nr. 4/1975

127 Bundesvereinigung der Deutschen Ernährungsindustrie eV, Bonn-Bad Godesberg. Schreiben Pa/sch vom 14. 7. 76

128 »Stand und Entwicklungstendenzen in der Lebensmittelindustrie«, Auszug aus einer Studie über die Strukturveränderungen in der landwirtschaftlichen Verarbeitungsindustrie und die besondere Rolle des EG-Agrarfonds, in »Der Verbraucher«, Organ der Unternehmensgruppe co op, Hamburg, Heft 1/1975

129 Parjaszewski, Peter, »Boom bis in die achtziger Jahre? Verpflegungsbranche setzt auf die Kantinen«, Handelsblatt, 8. 9. 75

130 Alvensleben, Prof. Dr. Reimar von, «Entwicklungstendenzen in der Nahrungs- und Genußmittelindustrie«, aus: »Die Zukunft der Ernährungswirtschaft«, herausgegeben von der Getreide-Import-Ges.mbH, Duisburg, zu ihrem 25jährigen Bestehen, Duisburg 1975

131 Sandler, Dr. Guido, Vorsitzender der Geschäftsleitung der Firma Dr. August Oetker, Bielefeld, Vortrag »Die alkoholfreien Getränke im Lebensmittelhandel der 80er Jahre« beim Handelsempfang der Sinalco AG am 15. 1. 75 in Berlin

132 Maucher, Helmut, Generaldirektor der Nestlé-Gruppe Deutschland GmbH, Frankfurt/M., Referat »Handeln in der Wachstumspause« auf dem Deutschen Marketingtag am 17. 10. 75

133 Wenner, Valentin, Dr. phil. ing. chem., Forschungsabteilung der Beratungsgesellschaft für Nestlé Produkte AG, Vevey (Schweiz), »Nahrungsmittel-Technologie in den achtziger Jahren«, Umschau Heft 11/1975

134 Gloor, Dr. Max, Generaldirektor der Nestlé Alimentana AG, Vevey (Schweiz), »Die Nahrungsmittelindustrie im Kampf um die Ernährung der Weltbevölkerung«, in »Der Monat«, 9/1975, Herausgegeben vom Schweizerischen Bankverein, Basel (Schweiz)

135 Besch, M., »Vertikale und horizontale Kooperation als Instrumente zur Anpassung des landwirtschaftlichen Angebots an die Anforderungen des Lebensmittelmarktes in der Bundesrepublik Deutschland − Empirische Befunde und Entwicklungstendenzen« in »Die künftige Entwicklung der europäischen Landwirtschaft. Prognosen und Denkmodelle.« Schriften der Gesellschaft für Wirtschafts- und Sozialwissenschaften des Landbaus eV, Band 10, München-Basel-Wien 1973

136 National Food Brokers Association, USA, auf der 71. Jahrestagung: Prognosen für den Lebensmittelbereich im Jahr 2000

137 Deuss, Dr. Walter, Vorstandssprecher der Karstadt AG, Essen, Rede vor der Karstadt-Hauptversammlung am 7. 7. 76

138 Fritsche, Dr. Peter, Bundesverband des Deutschen Versandhandels eV, Frankfurt/M., »Die Zukunft des Versandhandels in der Bundesrepublik Deutschland«, Vortragsmanuskript für die Mitgliederversammlung am 17. 4. 74

139 Gross, Dr. Herbert, »Das quartäre Zeitalter«, Econ-Verlag, Düsseldorf und Wien 1973

140 Nieschlag, Robert, »Binnenhandel und Binnenhandelspolitik«, Verlag Duncker & Humblot, 1972

141 Dedi, Hans, Generalbevollmächtigter der Versandhaus-Gruppe Quelle-Schickedanz, anläßlich der Frühjahrs-Pressekonferenz am 16. 2. 77 in Fürth i. Bay.

142 Deutscher Bundestag, 7. Wahlperiode, Drucksache 7/3840 vom 1. 7. 75 − Unterrichtung durch die Bundesregierung: »Tourismus in der Bundesrepublik Deutschland − Grundlagen und Ziele«

143 Fremdenverkehrspräsidium, »Stellungnahme zum Fremdenverkehrsprogramm der Bundesregierung«, Sept. 1975

144 Commerzbank AG, Frankfurt/M., »Welt-Automobilindustrie« in »Außenhandelsblätter«, Juli 1975

145 Klasen, Franz Anton, ESSO AG, Hamburg, »Die Autos werden nicht verdursten«, ESSO-Magazin 3/74

146 Diekmann, Dr. Achim, Verband der Automobilindustrie eV (VDA), Frankfurt/M., »Die Automobilindustrie 1976 − eine Standortbestimmung«, Referat vor dem 1. Internationalen VDA-Presse-Kolloquium am 25. 5. 76

346

147 Müller, Hans Georg, »Die Deutsche Auto-Industrie: Noch ist die Krise nicht überwunden«, Handelsblatt, 22. 7. 76

148 Reuter, Edzard, Vorstandsmitglied der Daimler-Benz AG, Bereich Unternehmensplanung und Organisation, Interview mit »Stuttgarter Nachrichten«, 8. 2. 75, »Hat die Autoindustrie noch eine Zukunft?«

149 Wolter, Frank, »Zum industriellen Anpassungsprozeß in der Bundesrepublik Deutschland. Die Standortbedingungen im westdeutschen Straßenfahrzeugbau«, in »Die Weltwirtschaft«, Heft 1/1975, Institut für Weltwirtschaft an der Universität Kiel, Tübingen 1975

150 Zahn, Joachim, Prof. Dr. jur., Vorsitzender des Vorstandes der Daimler-Benz AG, Stuttgart-Zuffenhausen, »Gedanken zu Fragen der Unternehmenspolitik bei wechselnden Konjunkturlagen – dargestellt am Beispiel der Automobilindustrie«, ein Beitrag für die »Betriebswirtschaftliche Forschung und Praxis«, Heft 3/1976

151 Schmücker, Toni, Vorsitzender des Vorstandes der Volkswagenwerk AG, anläßlich der Hauptversammlung am 6. 7. 76 in Wolfsburg

152 Fersen, Olaf v., Artikel »Ottos Nebenbuhler« in »Motor Reise Revue« des Automobilclub von Deutschland (AvD), Frankfurt/M., Juni 1974

153 Zahn, Joachim, Prof. Dr. jur., Vorsitzender des Vorstandes der Daimler-Benz AG, Stuttgart-Zuffenhausen, Ausführungen bei der Hauptversammlung am 16. 7. 76

154 Verband der Fahrrad- und Motorrad-Industrie eV, Bad Soden, Bericht der Geschäftsführung über das Jahr 1975

155 Commerzbank AG, Frankfurt/M., Branchenbericht »Zweiradindustrie« vom 4. 10. 74

156 Spethmann, Dr. jur. Dieter, Vorsitzender des Vorstandes der August-Thyssen-Hütte AG. Sein Bericht als Vorsitzender der Wirtschaftsvereinigung Eisen- und Stahlindustrie auf der Mitgliederversammlung am 25. 6. 76

157 Kommission der Europäischen Gemeinschaften, Brüssel, »Allgemeine Ziele Stahl 1980–85«, 10. 12. 75

158 Petry, Heinz, Dipl.-Ing., Vorsitzender des Vorstandes der Fried. Krupp GmbH, Essen, Ansprache aus Anlaß der Jubilarfeier in der Villa Hügel am 27. 3. 76

159 Krupp (Fried.Krupp GmbH), Essen, »Aus einer Hand: Industrieanlagen von Krupp«, Dokumentation der Stabsabteilung Information, März 1975

160 Verein Deutscher Maschinenbau-Anstalten eV, Frankfurt/M., Tätigkeitsbericht 1971–74

161 Dresdner Bank AG, Frankfurt/M., Wirstchafts-Berichte 6/76

162 Herchenröder, Karl Heinrich, »Lehren aus der Krise«, Handelsblatt, 22. 6. 76

163 Helmer, Wolfgang, »Die elektronische Uhr dringt vor«, Frankfurter Allgemeine Zeitung, 19. 8. 75

164 Verband der Deutschen Uhrenindustrie eV, Bonn-Bad Godesberg

165 Schäfer, Waldemar, »Trotz Pleiten und Krisen tickt die deutsche Uhrenindustrie richtig«, Handelsblatt, 5. 11. 75

166 Verband der deutschen feinmechanischen und optischen Industrie eV, Köln, »Fortschritt aus Erfahrung. Feinmechanik und Optik – die Industrie, die für die Zukunft arbeitet«

167 Bayerische Hypotheken- und Wechselbank, München, Branchenanalyse Glasindustrie, Juli 1976

168 Bundesverband Glasindustrie eV, Düsseldorf, »Die Entwicklung der Glasindustrie«, 1976

169 Informationszentrum Glas, Düsseldorf, Report 3 und 4/1975

170 Plettner, Dr. Bernhard, Vorsitzender des Vorstandes der Siemens AG, »Elektrotechnische Industrie – vor besseren Zeiten?« Vortrag am 29. Mai 1976

171 Plettner, Dr. Bernhard, Vorsitzender des Vorstandes der Siemens AG, Rede vor den Aktionären der Siemens AG auf der Hauptversammlung am 18. März 1976

172 Nasko, Dr.-Ing. Horst, stellv. Vorstandsmitglied von AEG-Telefunken, Leiter des Zentralbereichs »Forschung und Entwicklung«, Vortrag »Schwerpunkte der Forschung und Entwicklung von AEG-Telefunken bis in die achtziger Jahre« vor dem 11. Techn. Pressecolloquium am 16./17. Oktober 1975

173 Bundesministerium für Wirtschaft, Bonn, »Bericht über die aktuelle strukturelle Lage der Datenverarbeitungsindustrie« vom 11. 6. 1975

174 IBM Deutschland, Faltblatt über die Ausstellung »Von Abakus bis Computer – Eine Entwicklungsgeschichte der Rechentechnik«, 1975

175 Bundesministerium für Forschung und Technologie, Bonn, Broschüre »Drittes DV-Programm 1976–1979«, Bonn 1976

176 Schulz-Wolfgramm, Cornelius, Verkaufsleiter der IBM Deutschland GmbH auf der Pressekonferenz anläßlich der Hannover-Messe am 1. 5. 76: »Trends in der Datenverarbeitung«

177 Verband Deutscher Rechenzentren eV, Hannover, Strukturanalyse

178 Ludwig, Dr. Karlheinz, »Durch Information erfolgreich – Information der Unternehmen von außen. Für Klein- und Mittelbetriebe«, Auftragsarbeit für RKW Rationalisierungs-Kuratorium der Deutschen Wirtschaft für RKW-Informationsblatt, 10. 9. 75

179 Deutsche Bundespost, Bonn, »Weltweite Kommunikation – Deut-

sche Bundespost«, PR-Anzeige in der Frankfurter Allgemeinen Zeitung vom 14. 12. 74

180 Bundesministerium für das Post- und Fernmeldewesen, Bonn, Informationsmappe »Unsere Post« Nr. 2, Blatt »Mit der Wirtschaft eng verzahnt«, Stand 7/74

181 Gscheidle, Kurt, Bundesminister für Verkehr und das Post- und Fernmeldewesen, »Schwerpunkte der Unternehmenspolitik« in »Themen-Service«, Verlagsbeilage in »Der Journalist«, Remagen-Rolandseck, I/75

182 Licht, Heinz, Obering., »Kabelfernsehen in Europa – Grundlagen, Tendenzen, Möglichkeiten«, Vortrag am 29. 5. 74 im Heinrich-Hertz-Institut, Berlin. Gedruckt als Broschüre von der Siemens AG, Geschäftszweig Empfangsantennen- und Fernsehverteilanlagen

183 Witte, Eberhard, »Kommunikation von morgen« in »Themen-Service«, Verlagsbeilage in »Der Journalist«, Remagen-Rolandseck, I/75

184 Bundesministerium für das Post- und Fernmeldewesen, Bonn, Informationsmappe »Unsere Post«, Nr. 4, Blatt »Weltweite Nachrichtenverbindungen«, Stand 3/73

185 Siemens AG, München und Berlin, Presse-Information »Programm-Direktempfang über Fernsehrundfunksatelliten«, Hannover-Messe 1974

186 ZV + ZV Zeitschrift für Presse und Werbung, Bonn, Abdruck eines Redaktionsbeitrages

187 Binkowski, Dr. Johannes, Stuttgart, »Zur Situation der deutschen Tagespresse« in ZV + ZV Zeitschrift für Presse und Werbung, Bonn, 6. April 1976

188 Binkowski, Dr. Johannes, Stuttgart, »Was die Zeitungen wollen«, in Die Zeitung, Nachrichten und Meinungen zur Medienpolitik, Bonn, September 1975

189 Ratzke, Dietrich, Chef vom Dienst der Frankfurter Allgemeinen Zeitung, »Bildschirmzeitung ändert Informationsgewohnheiten«, in Die Zeitung, Nachrichten und Meinungen zur Medienpolitik, Bonn, September 1975

190 Detjen, Klaus, »Lehren aus der Zeit ohne Zeitungen«, Interview mit Prof. Elisabeth Noelle-Neumann, in Die Zeitung, Nachrichten und Meinungen zur Medienpolitik, Bonn, Juli/August 1976

191 Ratzke, Dietrich, Chef vom Dienst der Frankfurter Allgemeinen Zeitung, »Der Redakteur am Bildschirm – die Elektronik verdrängt das gute alte Blei«, in Frankfurter Allgemeine Zeitung, 26. 6. 76

192 Burkhardt, Dr. Friedrich W., Direktor der INCA-FIEJ Research Association, Darmstadt, Auszug aus einem Vortrag vor dem Bundesverband Deutscher Zeitungsverleger am 7. April 1976

193 Besig, Hans-Michael, »Druckindustrie 1975/76: Schwierigste Phase in der Nachkriegsentwicklung«, Der Polygraph, Frankfurt/M., 24/75

194 Brütt, Dr.-Ing., Peter, Leiter des Produktionsbereiches Druckmaschinen bei der MAN, »Entwicklungstendenzen beim Rotationsmaschinenbau« in ZV + ZV Zeitschrift für Presse und Werbung, Bonn, 6. April 1976

195 Broichhausen, Klaus, »Strukturdaten der Fachpresse« in ZV + ZV Zeitschrift für Presse und Werbung, Bonn, 11. Juni 1976

196 Zundler, Wilhelm, Geschäftsführer der Handelsblatt GmbH, Düsseldorf, »Die Fachpresse als Medium der Politik« in ZV + ZV Zeitschrift für Presse und Werbung, Bonn, 29. 10. 75

197 Putz, G., »Ergebnisse einer statistischen Untersuchung über in Nachforschungsberichten des Internationalen Patentinstituts (IIB) zitierte Dokumente«, Vortrag auf der 7. ICIREPAT-Tagung, Stockholm 1967

198 Arntz, Prof. Dr. Helmut, Präsident der Fédération Internationale de Documentation »FID«, Bad Honnef/Rhein, »Tendenzen der Fortentwicklung des Mediums Fachzeitschrift«, Ansprache

199 Rost, Dr. Dankwart, Generalbevollmächtigter Direktor der Siemens AG, Hauptbereich Werbung und Design, Präsident des Zentralausschuß der Werbewirtschaft eV, »Herausforderungen an die Fachzeitschrift«, Vortrag anläßlich des 75jährigen Jubiläums der Zeitschrift »Elektrizitätswirtschaft« am 30. 4. 76 in Hannover

200 Ratzke, Dietrich, Chef vom Dienst der Frankfurter Allgemeinen Zeitung, »Netzwerk der Macht. Die neuen und die alten Medien im Zeitalter der Kabelkommunikation«, Societäts-Verlag, Frankfurt/M., 1975

201 Bundesministerium für Forschung und Technologie, Bonn, »Programm Nahverkehrsforschung 1974–1978«, 2. Auflage, Bonn 1975

202 Ludwig, Dr. Karlheinz, Artikel »Pariser Verkehrsbetriebe RATP« vom 9. 6. 76

203 Messerschmitt-Bölkow-Blohm GmbH, Ottobrunn bei München, Prospekt »Neue Chancen für den öffentlichen Nahverkehr«, 1976

204 Demag Fördertechnik, Produktentwicklung, Hagen. Messerschmitt-Bölkow-Blohm GmbH, Neue Verkehrssysteme, Ottobrunn bei München. Gemeinschaftsprospekt »Ein neuer Weg für den Stadtverkehr«, 1975

205 Ludwig, Dr. Karlheinz, Artikel »MBB ist der interessanteste deutsche Konzern«, 16. 4. 71, siehe auch: Schweizerische Finanzzeitung 19. 5. 71, Stuttgarter Nachrichten 25. 5. 71, Mannheimer

Morgen 4. 6. 71, »Auto« Juli 71, Schwarzwälder Bote 13. 7. 71, Deutschlandfunk 27. 7. 71 und Schweizerische Handels-Zeitung 3. 2. 72

206 Deutsche Bundesbahn, »Die Stabilisierung der wirtschaftlichen Lage der DB. Neue Unternehmenskonzeption des Vorstandes der DB«, Bericht des Vorstandes der DB an den Bundesminister für Verkehr am 24. 5. 73. In »Die Bundesbahn«, Sonderdruck aus Heft 6/1973

207 Wirtschaftswoche, Düsseldorf, »Rückendeckung für den Rückzug«, Heft 31/1976 vom 30. 7. 76

208 Deutsche Bundesbahn, »Die wirtschaftliche Entwicklung der Deutschen Bundesbahn« in »DB-Report 76«

209 Bubel, Dr.-Ing. Heinz, Leiter der Bahnbau-Zentrale in der Hauptverwaltung der Deutschen Bundesbahn, Frankfurt/M., »Die Neubaustrecken der DB, eine Investition für die Zukunft«, Die Bundesbahn 7/1976

210 Lehmann, Dr.-Ing. Heinrich, Mitglied des Vorstandes der Deutschen Bundesbahn, »Mehr Leistung, mehr Wirtschaftlichkeit, mehr Sicherheit. Die Neubaustrecken der Bundesbahn«, Die Bundesbahn 7/1976

211 Lehmann, Dr.-Ing. Heinrich, Mitglied des Vorstandes der Deutschen Bundesbahn, »Forschung und Entwicklung heute: Voraussetzungen für Investitionen von morgen«, in »DB-Report 76«

212 Deutsche Bundesbahn, DB-Pressedienst 25/76 vom 30. 7. 76

213 Felsing, Dipl.-Ing. Adolf, Dezernent in der Abt. Reisewagen im Bundesbahn-Zentralamt Minden/Westf., »Prototypen einer neuen internationalen Reisezugwagenentwicklung«, in »DB-Report 76«

214 Brand, Peter, ». . . und morgen schwebe ich nach Köln« in ESSO-Magazin 3/72

215 Menzel, Norbert, »Die Hoffnung liegt auf der Trasse« in BP-Kurier IV/72

216 Transrapid-E.M.S. Gesellschaft für elektromagnetische Schnellverkehrssysteme, München, Prospekt

217 Gscheidle, Kurt, Bundesminister für Verkehr, Ansprache am 29. 1. 76 anläßlich des verkehrspolitischen Jahresgespräches in Bonn

218 Ludwig, Dr. Karlheinz, »Der Wettbewerb zwischen Eisenbahn und Kraftwagen im Lichte der Lehre von Marktformen«, Diplomarbeit, Erlangen, 1948

219 Aral AG, Verkehrstaschenbuch 1976/77. Deren Quellen: Bundesministerium für Verkehr und Deutsches Institut für Wirtschaftsforschung (DIW)

220 Bundesministerium für Verkehr, Anhang zur Schriftenreihe, Heft 50/1976, »Verkehrspolitik '76, Grundsatzprobleme und Schwerpunkte«

221 UN Monthly Bulletin of Statistics, laufende Jahrgänge
222 Lloyd' Register of Shipping
223 Statistisches Bundesamt, Wiesbaden
224 Verband der Deutschen Schiffbauindustrie eV, Hamburg, Jahresbericht 1975, »Deutscher Schiffbau 1975«
225 Verband der Deutschen Schiffbauindustrie eV, Hamburg, »Tendenzen am Schiffbaumarkt«, erarbeitet vom Ausschuß Marktforschung des Verbandes der Deutschen Schiffbauindustrie, November 1975
226 Council of E. C. Builders of Large Ships (CEBLS)
227 Shipbuilders Association of Japan (SAJ)
228 Wirtschaftsvereinigung Industrielle Meerestechnik eV, Düsseldorf, »Die Meerestechnische Industrie der Bundesrepublik Deutschland«, 1976
229 Wirtschaftsvereinigung Industrielle Meerestechnik eV, Düsseldorf, Presseinformation vom 16. 1. 76
230 Sassmannshausen, Dr.-Ing. E. h. Günther, Vorsitzender des Vorstandes der Preussag AG, Hannover, Vortrag zur Eröffnung der INTEROCEAN '76 am 15. 6. 76 in Düsseldorf
231 Culmann, Dr. Herbert, Vorsitzender des Vorstandes der Deutschen Lufthansa AG, Köln. Bericht über das Geschäftsjahr 1975 anläßlich der außerordentlichen Hauptversammlung der Deutschen Lufthansa AG am 12. 7. 76
232 Eichstädt, Kai D., PR-Officer der Deutschen Lufthansa AG, Köln
233 Bundesministerium für Forschung und Technologie, Bonn. »Gesamtprogramm Luftfahrtforschung und Luftfahrttechnologie 1975 bis 1978«, Bonn 1976
234 Bundesministerium der Verteidigung, Bonn, Pressemitteilung vom 3. 6. 76
235 Bölkow, Dr.-Ing. Ludwig, Vorsitzender der Geschäftsführung der MBB Messerschmitt-Bölkow-Blohm GmbH, Ottobrunn bei München. Dessen Vortrag »Finden und Durchführen von Großprojekten der Forschung und Entwicklung« vor der Schmalenbach-Gesellschaft zur Förderung der betriebswirtschaftlichen Forschung und Praxis eV am 2. 6. 72 in Frankfurt/M.
236 Materne, Dr. Gerd, »Mit Defensivwaffen ökonomisch in der Offensive«, Frankfurter Allgemeine Zeitung, 29. 7. 76
237 Bölkow, Dr.-Ing. Ludwig, Vorsitzender der Geschäftsführung der MBB Messerschmitt-Bölkow-Blohm GmbH, Ottobrunn bei München
238 Matthöfer, Hans, Bundesminister für Forschung und Technologie, Bonn. Vorwort zum »Programm Weltraumforschung und Weltraumtechnik 1976–1979«, Bundesministerium für Forschung und Technologie, Bonn 1976

352

239 Bundesministerium für Forschung und Technologie, Bonn, »Programm Weltraumforschung und Weltraumtechnik 1976–1979«, Bonn 1976

240 Bayer AG, Leverkusen-Bayerwerk, »Experimente im Weltraumlabor. Chemie-Forschung auf neuen Wegen«, Pressestelle, Juli 1976

241 Bundesministerium für Forschung und Technologie, Bonn, Pressestelle, 17. 8. 76

242 Commerzbank AG, Abt. Volkswirtschaft und Information, »Meeresnutzung«, August 1973

243 Bundesministerium für Forschung und Technologie, Bonn, »Rahmenprogramm Kommunale Technologie 1976–1979«, Bonn, 1976

244 Heck, Heinz, »Selbst bei längerer Hitzewelle soll das Wasser nicht knapp werden«, Die Welt, 17. 7. 76

245 Steinert, Harald, »Rein rechnerisch gesehen: Trinkwasser reichlich«, Frankfurter Allgemeine Zeitung, 16. 8. 76

246 Prognos AG, Basel, Report Nr. 6

247 Bundesministerium für Forschung und Technologie, Bonn, »Voruntersuchungen zum Forschungsprogramm Kommunale Technologien«, Bonn 1974, 2. Auflage

248 Ludwig, Dr. Karlheinz, »Konzept für die Öffentlichkeitsarbeit der Stadt Mainz«, Auftragsarbeit, Oktober 1975

249 Deutscher Instituts-Verlag GmbH, Köln, »Teure Musen-Defizit-Quellen der Städte« in »Informationsdienst des Instituts der deutschen Wirtschaft«, Köln, 12. 8. 76

250 Flieger, Dr. Heinz, Geschäftsführer im Hauptverband der Deutschen Bauindustrie eV, Wiesbaden 1976

251 Berliner Bank, »Bauwirtschaft im Wandel?« Wirtschaftsbericht 1/1976

252 Frey, Herbert, Dipl.-Kfm., Geschäftsführer des Betriebswirtschaftlichen Instituts der Westdeutschen Bauwirtschaft GmbH, Düsseldorf. In Artikel »Baumarkt-Initiative: Es geht um die Finanzierung kommunaler Bauaufgaben«, Baumarkt 15/76, Gütersloh, 26. Mai 1976

253 Westdeutsche Landesbank Girozentrale, Düsseldorf, »Die wirtschaftliche Entwicklung in der Bundesrepublik 1976 bis 1980«

254 Schultz, Martin, Regierungsbaudirektor in Baden-Württemberg, »Der langfristige Wohnungsbedarf« in Gemeinnütziges Wohnungswesen, Heft 8/75

255 Monschaw, Bernd v., »Wohnungsbedarf: 200 000 oder 600 000 Neubauwohnungen pro Jahr?« in Neue Heimat, Monatsheft für neuzeitlichen Wohnunngs- und Städtebau, Hamburg, 4/76

256 Munk, Eugen, Dipl.-Kfm., IFO-Institut, München, »IFO-Bauvorausschätzung 1975–1985« in Bauwirtschaft 51–52/75, Wiesbaden, 18. 12. 75

257 Deutsches Institut für Wirtschaftsforschung (DIW), Berlin, »Aufwand für den Wohnungsbau 1976« (Schätzung), in Handelsblatt, Düsseldorf, 16. 8. 76

258 Bayerische Hypotheken- und Wechselbank, München. Branchenanalyse »Bauwirtschaft« vom 4. 2. 76

259 Commerzbank, Frankfurt/M., Branchenanalyse »Zur Lage der Bauwirtschaft« vom 27. 7. 76

260 »Held & Francke mußte in Saudi-Arabien Federn lassen«, Handelsblatt, 20. 7. 76

261 »Held & Francke: Verluste im Ausland«, Süddeutsche Zeitung, 20. 7. 76

262 Informationsdienst des Instituts der deutschen Wirtschaft, »Der lange Weg zum Gleichgewicht«, 19. 8. 76

263 Ponto, Jürgen, Sprecher des Vorstandes der Dresdner Bank AG, Frankfurt/M., »Die Rolle der Banken in der Welt von morgen«, Vortrag am 28. 10. 70 in der Bankakademie Berlin, gedruckt in: Jürgen Ponto, »Wirtschaft auf dem Prüfstand«, Econ-Verlag, Düsseldorf und Wien 1975

264 Ponto, Jürgen, Sprecher des Vorstandes der Dresdner Bank AG, Frankfurt/M., Vortrag im Mai 1974 vor der Hauptversammlung der Dresdner Bank AG

265 Dresdner Bank AG, Volkswirtschaftliche Abteilung, »Der langfristige Investitionsbedarf der deutschen Wirtschaft und die Möglichkeiten seiner Finanzierung«, Frankfurt/M., Mai 1976

266 Zahn, Prof. Dr. jur. Joachim, Vorsitzender des Vorstandes der Daimler Benz AG, Stuttgart, Vortrag »Gedanken zur Finanzierung unserer wirtschaftlichen Zukunft« am 28. 4. 76 in Stuttgart im Rahmen einer Veranstaltung des Arbeitskreises zur Förderung der Aktie

Glossar

Absorption = 1. Auflösung eines Gases oder eines Dampfes in einer Flüssigkeit, 2. Schwächung von Strahlungen (z. B. Licht) beim Durchgang durch Materie, verursacht durch Umsetzung der Strahlenenergie in andere Energieformen (z. B. Bewegungsenergie der Moleküle, die Temperaturerhöhung hervorruft), 3. bei Mensch und Tieren: Aufnahme von Gasen und Flüssigkeiten durch die Haut; bei Pflanzen: Aufnahme der Luftkohlensäure durch das Blatt, Aufnahme des Wassers mit Nährstoffen durch die Wurzel. (Aus: »dtv-Lexikon«, 1975.)

Acrylnitril, eine farblose Flüssigkeit, ist Ausgangsprodukt für Polyacrylnitril und damit für Kunststoffe und für Chemiefasern. Siehe auch: Polyacrylnitrilfasern. (Aus: Blau, »Kunststoffe von A–Z«, Bertelsmann 1973.)

Acrylpolymere haben Acrylverbindungen als Grundlage, also organische Verbindungen, die zu Polymerisationen (siehe: Polymere) und Copolymerisationen (siehe: Pfropfcopolymere) befähigt sind. *Polimerisate* von Acrylverbindungen, auch Polyacrylverbindungen, sind Polyacrylate und Polymethacrylate (u. a. »Acrylglas«). *Acrylharze* ist eine Sammelbezeichnung für Polymerisate und Copolymerisate von Acrylverbindungen, die als Kunststoffe und Lackrohstoffe dienen.

Aerosol ist ein Gas (besonders Luft), das feste oder flüssige Stoffe in feinst verteilter Form enthält. (Aus: »Duden Fremdwörterbuch«, Mannheim 1974.)

Agrarmarkt = Markt landwirtschaftlicher Erzeugnisse (= Agrarprodukte).

allothermische Kohlevergasung. Siehe auch: Kohlevergasung. Bei den allothermen Vergasungsverfahren wird die zur Vergasung notwendige Wärme von außen zugeführt. Diese Art der Wärmeeinbringung kann erfolgen durch 1.) gasförmige Wärmeträger (wie überhitzter Dampf), 2.) feste Wärmeträger wie z. B. heiße Kokspartikel oder inerte (= träge, reaktionsträge) Materialien wie Sand, 3.) spezielle Einbauten im Vergaser in Form von Heizelementen nach dem Tauchsiederprinzip. Diese letzte Art der Wärmeeinkoppelung wird auch bei den Verfahren mittels nuklearer Prozeßwärme Anwendung finden. Für die Verfahrenstechnik der möglichen Vergasungsverfahren, ob allothermische oder autothermische (s. ds.), sind als Kriterien von Bedeutung: a) Körnung der Einsatzkohle, nämlich staubförmig bis stückig, b) Backfähigkeit der Einsatzkohle, c) Art der Wärmezufuhr zur Vergasungszone. a) und b) sind maßgebend dafür, daß die Vergasung im Gegenstrom oder im Gleichstrom mit dem Vergasungsmittel und in fester Schüttung oder in der Schwebe erfolgen kann.

Aminosäuren sind die Bausteine der Eiweißstoffe (siehe auch Eiweiß). Unter Einfluß der Verdauungsfermente oder von Säuren werden die Eiweißstoffe über verschiedene Zwischenstufen zu den Aminosäuren abgebaut. Etwa 25 Aminosäuren sind am Aufbau des natürlichen Eiweißes beteiligt. Diese Zahl bedingt die außerordentliche Vielgestaltigkeit der Eiweißstoffe. Die Aminosäuren haben wichtige Funktionen im gesamten Stoffwechsel des menschlichen Körpers. Eine Reihe von Aminosäuren kann vom Körper selbst aufgebaut werden. Andere wiederum müssen regelmäßig mit der Nahrung dem Körper in ausreichender Menge zugeführt werden. Man bezeichnet diese Aminosäuren als »*essentiell* = lebenswichtig«. Der biologische Wert des Eiweißes wird durch Vorhandensein und Menge dieser essentiellen Aminosäuren bestimmt. Beim Fehlen oder Mangel auch nur einer einzigen dieser Aminosäuren treten Störungen des Eiweiß- und Gesamtstoffwechsels und des Wachstums auf. Ausfallerscheinungen und Hautveränderungen machen sich bemerkbar. (Auszug aus: Dr. Oetker »Warenkunde-Lexikon«, Bielefeld 1969.)

Analog-Anzeige (bei Uhren). Siehe: Digitaluhr.

Anorganische Chemie umfaßt sämtliche chemischen Verbindungen, die keinen Kohlenstoff enthalten, ferner die Oxyde (= chemische Verbindungen von Elementen mit Sauerstoff), die Metallverbindungen und die Salze der Kohlensäure. Siehe auch: Organische Chemie. (Zusammengestellt aus: »dtv-Lexikon«, 1976.)

Anthropotechnik ist ein Zweig der Arbeitswissenschaft, der sich mit den Anforderungen befaßt, die die menschliche Körperform und -funktion an die Gestaltung von Arbeitsplätzen und -geräten stellt. Verschiedene Wissenschaftler bemühen sich um ein bestmöglich arbeitendes Mensch-Maschinen-System. Da zum Aufbau eines solchen Systems die Eigenschaften aller Teile bekannt sein müssen, muß auch das Grundverhalten des Menschen mit einbezogen werden. Experiment und Erfahrung haben ergeben, daß dieses Verhalten in einem geschlossenen Regelkreis (Transferfunktion) gekennzeichnet ist durch: 1.) begrenzte Schnelligkeit der Handlungen (Bandbreite); der Mensch beherrscht plötzlich auftretende Ereignisse in $1/2$–1 Sekunde. 2.) grundsätzliche Beschränkung auf eine Handlung in der Zeiteinheit (Ein-Kanal-System). 3.) geringe Genauigkeit; während sie bei mechanischen oder elektronischen Bauteilen mindestens 1 % beträgt, liegen die Abweichungen beim Menschen zwischen 10 und 50 %. 4.) Neigung zum Übersteuern durch Muskelzittern und verzögerte Reaktion auf dynamisch eintretende Ereignisse. 5.) Schwankungen in der Arbeitsfähigkeit sowohl von Mensch zu Mensch wie auch von Zeit zu Zeit (Tagesschwankungen bei demselben Menschen). (Aus: »Der große Brockhaus«, Wiesbaden.)

Antibiotika sind Stoffwechselprodukte von Mikroorganismen (Bakterien), die andere Mikroorganismen im Wachstum hemmen (= bakteriostatisch wirken) oder sie abtöten (= bakterizid wirken). Prof. Dr. Fleming fand das erste Antibiotikum Penicillin bei Schimmelpilzen. Antibiotika dienen auch zur Konservierung und als wachstumsfördernde Futterzusätze (Masthilfsmittel) in der Tierzucht. *Antibiotisch* = von wachstumshemmender Wirkung.

Breitbandantibiotika haben eine große Anwendungsbreite, sind also gegen eine große Zahl von Bakterien (= stäbchenförmige Krankheitserreger) wirksam.

Antiinfektiva sind Arzneimittel, die sich gegen eine Infektion richten. Infektion ist eine Ansteckung, ist das Eindringen krankheitserregender Stoffe in den Körper.

Aquakultur. Siehe: Fish-Farming.

Äthylen, gasförmiger ungesättigter Kohlenwasserstoff, erstes Glied der Olefine (s. ds.). Im Leuchtgas, Koksofengas und in Erdölraffinerie-Crackgasen enthalten. Infolge Doppelbindung reaktionsfähig und polymerisierbar (siehe: Polymere). Wichtiger Rohstoff für petrochemische Industrie, z. B. Ausgangsmaterial für Produktion von Polyäthylen (s. ds.). (Aus:»Lexikon der Büchergilde«, Büchergilde Gutenberg, Frankfurt/M. 1964.)

Äthylen-Propylen-Kautschuk ist ein Mischpolymerisat (siehe: Polymere) von Äthylen (s. ds.) und Propylen (ein gasförmiger ungesättigter Kohlenwasserstoff). Das gesättigte Copolymere (s. ds.) von Äthylen und Propylen ist nur mit Peroxiden vulkanisierbar. Diese Elastomeren (s. ds.) werden als EPM (früher auch als APK oder EPR) bezeichnet. Die mengenmäßig dominierenden ungesättigten Äthylen-Propylen-Kautschuk-Typen mit einem nichtkonjugierenden Dien (sprich: Di-en) sind Terpolymere bzw. Terpolymerisate. Sie werden nach der internationalen Kautschuk-Nomenklatur als EPDM (ethylene, propylene, diene, M-Symbol für die gesättigte Polymer-Kette) bezeichnet. Alte Bezeichnungen dafür: APTK, APUK oder EPT. Der wetterbeständige Äthylen-Propylen-Kautschuk »Buna AP« der Bunawerke Hüls AG hat eine große Anwendungsbreite. (Aus: Prospekt »Buna AP«, Chemische Werke Hüls AG.) *Terpolymere* oder Terpolymerisate sind aus drei verschiedenen Monomeren gleichzeitig oder nacheinander (z. B. durch Pfropfen) hergestellte Polymerisate (jedoch keine Gemische fertiger Polymerisate). (Siehe auch: Pfropfcopolymere.)

autothermische Kohlevergasung. Siehe auch: Kohlevergasung. Bei den autothermen Vergasungsverfahren wird ein Teil des Einsatzmaterials (Einsatzkohle) mit Sauerstoff oder Luft verbrannt. Bei den autothermen Verfahren unterscheidet man im wesentlichen 3 Arten der Vergasung: 1.) die Festbett-Vergasung wie bei der Lurgi-Druckvergasung, 2.) die Vergasung in der Wirbelschicht, z. B. beim Winkler-Verfahren und 3.) die Vergasung in einer Flugstaubwolke wie beim Koppers-Totzek-Verfahren. Im Gegensatz dazu gibt es die allothermische Kohlevergasung (s. ds.).

Barge-Carrier = Schutenmutterschiff, Leichtertransportschiff, Schwimmcontainerschiff, Schutenträgerschiff, Huckepackschiff. (Aus: Dluhy, »Schiffstechnisches Wörterbuch«, Hannover-Wülfel 1975.) Schuten oder Leichter (von »lichten« = entladen) sind Wasserfahrzeuge zur Übernahme der Ladung aus größeren (lt. dtv-Lexikon, 1976), um die Ladung über geringe Wassertiefen, wie Küstengewässer oder Flüsse, zu transportieren. Barge-Carriers ersparen die Umladung des Transportgutes, indem sie die normalerweise beladenen Schuten oder Leichter aufnehmen und deren Überseetransport gleichsam per Huckepackverfahren durchführen.

Bikomponent-Fasern. Durch eine Düse wird aus 2 Extrudern eine Faser gesponnen, deren 2 Komponenten unterschiedliche Eigenschaften haben. Zweck: Kräuseln durch verschieden starke Schrumpfung der beiden Komponenten oder Kombination von Eigenschaften, wie Wasseraufnahme oder Abriebbeständigkeit.

Biologie. Siehe bei: Ökologie.

Biologische Schädlingsbekämpfung ist Schutz der land- und forstwirtschaftlichen Kulturpflanzen durch Einpflanzen, Hegen oder Begünstigen von Pflanzen, Tieren oder Kleinstlebewesen, die als natürliche Konkurrenten Schädlinge sowie durch diese verursachte Krankheiten bekämpfen helfen. (Aus: Umwelt und Chemie von A–Z, herausgegeben vom Verband der Chemischen Industrie e. V., Frankfurt/M. 1975.) *Biologisch* = natürlich, naturbedingt. Siehe auch bei: Ökologie.

Biosynthese, auch Biogenese. Biogen sind im weiteren Sinne solche Naturprodukte, die durch lebende Zellen aus einfacheren Bestandteilen aufgebaut oder durch Abbau aus höher organisierten Stoffen hervorgebracht sind. Beispiele für biogene Abbauprodukte: Erdöl und Kohle. Im engeren Sinne versteht man unter Biosynthese (oder in diesem Fall weniger häufig: Biogenese) den Aufbau von Naturstoffen, insbesondere aus Mevalonsäure. (Aus: Römpp, »Chemie-Lexikon«, Stuttgart 1972.)

Biotechnik umfaßt alle technischen Verfahren, bestimmte Mikroorganismen für industrielle Produktionsprozesse nutzbar zu machen.

Blaupausen-Export ist eine Wortschöpfung, die darstellen soll, daß statt Fertigwaren nur das Wissen um die Herstellung dieser Fertigwaren in andere Länder verkauft, also exportiert wird. Siehe auch: Technologie-Transfer.

Boom (aus dem engl. Verbum to boom = brausen, stürmen, brummen, dröhnen abgeleitet) = konjunkturelle Aufschwungperiode, die bereits die obere Phase des Aufschwungs erreicht hat. Kennzeichen: Voll- oder Überbeschäftigung, verlängerte Fristen für die Auftragsbearbeitung, Bestreben zur Durchsetzung von Preiserhöhungen. Die Zentralbank tendiert dabei zu Kreditrestriktionen. (Aus: »Der Fachausdruck im Wirtschaftsleben«, zusammengestellt aus der Zeitschrift Volksbank-Wirtschaftsbericht, Wiesbaden.)

BRT = Bruttoregistertonnen. 1 BRT = 2,8316 cbm (Kubikmeter). Gewichtete BRT = CBRT, siehe: Seite 274.

Brüter ist ein Reaktor, der mehr Spaltstoff erzeugt, als er verbraucht. Weitere Angaben siehe: Schnelle Brutreaktoren.

Brutreaktoren. Siehe: Schnelle Brüter.

Bruttostreukosten. Siehe: Streukosten.

Bulk-Güter, auch Bulk-Ladung, sind lose und unverpackt zur Verschiffung gelangende Güter, wie beispielsweise Kohle oder Getreide. Bulk-Carriers sind speziell dafür konstruierte Schiffe. *Bulk* = Massengut-Schiffsladung, Schüttladung.

Bulk-Oil-carrier = Öltanker. (Aus: Dluhy, »Schiffstechnisches Wörterbuch«, Hannover-Wülfel, 1975.)

Butadien ist ein ungesättigter, gasförmiger Kohlenwasserstoff mit 2 Doppelbindungen. Butadien ist Ausgangsmaterial für Synthesekautschuk. Die von der ehemaligen IG Farben entwickelte Synthesekautschuk-Sorte »Buna« bildete ihren Namen aus den beiden Komponenten Butadien und Natrium. Siehe: Elastomere.

Butanol ist der primäre normale Butylalkohol, eine farblose, stark lichtbrechende, leichtentzündliche, mit stark leuchtender Flamme verbrennende Flüssigkeit mit alkoholartigem Geruch. Verwendung: Zur Darstellung von Weichmachern, Lacklösungsmitteln, zur Darstellung vieler duftender Ester

(Parfümerie), als Speziallösungsmittel zur Extraktion bestimmter Öle, Fette, Wachse, Harze usw. aus Naturstoffen, als orales Schmerzlinderungsmittel, zur Herbizidsynthese (siehe: Herbizide), als Extraktionsmittel bei der Herstellung von Antibiotika (s. ds.), Vitaminen, Hormonen und u. a. als Lösungsmittel für Alkyd-, Harnstoff- und Melamin-Harze. Butanol gewinnt man durch katalytische Hydrierung (s. ds.), in Ländern mit billigen Kohlenhydraten (USA) auch durch Vergären von Maisstärke mit Hilfe des Bacillus amylobacter.

Carriers. Allgemein: Stoffübertragende Substanzen, in der Biochemie cofermentartige (siehe bei: NAD-Lacke) Verbindungen, die imstande sind, Elektronen, Wasserstoffatome oder auch ganze chemische Gruppen von einem Molekül auf ein anderes zu übertragen. In der chemischen Technik sind Carriers allgemein Trägersubstanzen z. B. für Katalysatoren (s. ds.), Farbstoffe, Insektizide (s. ds.) u. dgl. – Schiffstechnische Bedeutung siehe bei: Combined-Carrier Flotte. – In der Luftfahrt (siehe: Seite 291): Transportunternehmen.

Catalog Showroom ist eine neue Vertriebsmethode, die in den USA bereits fest etabliert ist und gegenwärtig in Europa Fuß faßt. Es ist eine Kombination bisher üblicher Verkaufssysteme. Drei Grundsysteme werden gemischt: Der Verkauf nach Katalog (Versandgeschäft), der Verkauf nach Mustern und der Bedienungsverkauf. Der Kunde wählt die Ware zu Hause im Katalog aus. Im Catalog Showroom kann er sie betrachten und begutachten. Auf einem Bestellzettel trägt er die Nummer der gewünschten Ware ein. Im Kassenbereich wird der Bestellzettel in das hinter dem Catalog Showroom befindliche Lager weitergereicht und dort verpackt. Während der Kunde an der Kasse bezahlt, wandert die Ware an eine Ausgabestelle und liegt dort abholbereit. Nachteile: Preisstarre, dezentralisierte Läger, Sortimentsstarrheit. Vorteile: Ware kann vor dem Kauf begutachtet werden, der Verkäufer spart Versandkosten. Der Personalbedarf ist unverändert. (Aus: »Zu Hause auswählen, im Ausstellungsraum kaufen«, Handelsblatt 7. 9. 74.)

Ceefax-System. Siehe: Seiten 229–230. Siehe auch bei: Oracle-System.

Chromatographie ist ein meist zur Analyse verwendetes Trennungsverfahren von gelösten oder (bei Gas-Chromatographie) in einem Trägergas mitgeführten gas- bzw. dampfförmigen Verbindungen. (Aus: »Kleines Wörterbuch der Anwendungstechnik«, Hoechst AG.)

Club of Rome ist ein lockerer Zusammenschluß von führenden Wirtschaftlern, Wissenschaftlern und Technikern aus 25 Ländern der Erde, der sich seit 1968 bemüht, »die Ursachen und inneren Zusammenhänge der sich immer stärker abzeichnenden kritischen Menschheitsprobleme zu ergründen«. Im Auftrag und für den Club of Rome wurden inzwischen zwei Studien erarbeitet und veröffentlicht, die sich mit Weltmodellen befassen: Dennis Meadows u. a.: »Die Grenzen des Wachstums« und E. Pestel mit M. Mesarović: »Die Menschheit am Wendepunkt.« (Aus: Altenpohl, »TIP – Die Zukunftsformel. Möglichkeiten und Grenzen der Technologie-Planung«, Umschau-Verlag, Frankfurt/M. 1975.)

Combined-Carrier-Flotte = kombinierte Fracht-Flotte, eine Flotte, die sich aus Schiffen für verschiedenartigen Frachtentransport zusammensetzt. (Aus: Dluhy, »Schiffstechnisches Wörterbuch«, Hannover-Wülfel.) Siehe: Ore/Oil Carriers. Siehe auch: Ore-bulk-oil-carrier.

COMECON – Council of Mutual Economic Aid, auch *RGW* – Rat für gegenseitige Wirtschaftshilfe genannt, besteht seit 25. 1. 49. Er ist die Organisation für die wirtschaftliche Zusammenarbeit der im Warschauer Pakt zusammengeschlossenen Ostblockländer. Er ist gleichsam das Gegenstück zur OEEC – Organisation für europäische wirtschaftliche Zusammenarbeit.

Computer-Kriminalität ist eine neue Art von Wirtschaftsverbrechen, der zunehmende Aufmerksamkeit zukommen muß. Der immer häufiger werdende Einsatz von Computern – in der Bundesrepublik gab es Mitte 1976 bereits 25 000 elektronische Rechenanlagen – bringt nach den Worten des Frankfurter Diebold-Fachmannes Fritz Opel eine Potenzierung der Gefahren mit sich. Schon der Diebstahl eines einzigen Magnetbandes mit 25 cm Spulendurchmesser entspricht dem Verlust von 15 000 DIN-A4-Seiten Information. Wer die Codes kennt und die in den Rechenanlagen eingebauten Kontrollen zu umgehen weiß, kann den Computer so manipulieren, daß er für ihn kostenlos fast jede Aufgabe löst. Allzuschwer scheint das nicht zu sein. Computer-Berater Henry F. Sherwood aus Bad Homburg traut sich nach eigenen Worten zu, gemeinsam mit zwei Kollegen jede Rechenanlage in der Welt anzuzapfen entweder über Telefon oder durch direkten Zugriff. Manipulationen oder Diebstähle von Programmen zählen noch zu den einfachsten Fällen der Computer-Kriminalität. So etwa der Diebstahl der Kundenkartei des Versandhauses Quelle. Weitaus gefährlicher ist die Industriespionage mittels Computer. Kostspielig können Sabotageakte werden, die auf die Zerstörung eines Elektronengehirns abzielen. Manche Computer-Kriminelle nutzen die Arbeitsweise der Datenverarbeitungsanlagen aus, einmal programmierte Verfahren über Jahre hinweg mit gleichbleibender Präzision abzuwickeln. Auf diese Weise können sich unterschlagene Pfennigbeträge, die niemandem auffallen, zu erschwindelten Millionenbeträgen summieren. Eine Hamburger Bank fiel einem derartigen Zinsabrundungstrick zum Opfer. Der Programmierer dieses Instituts hatte einfach das Zinsabrechnungsprogramm in der Weise abgeändert, daß die Pfennig-Bruchteile, die der Computer zwar ausrechnete, dann aber unbeachtet ließ, durch die Maschine aufaddiert und auf sein Konto überwiesen wurden. Auf diese Weise sammelte der Bankangestellte immerhin 480 000 Mark an, bis der Schwindel platzte. Wieder war es der »Kommissar Zufall«, der die Sache ans Licht brachte. Nach Feststellung von Experten ist es dem Zufall oder einer kleinen Unachtsamkeit des Betrügers zuzuschreiben, wenn Delikte der Computer-Kriminalität ans Licht kommen, nicht jedoch innerbetrieblichen Kontrollen. So blieb bis heute der findige Täter unbekannt, der in der Schalterhalle einer US-amerikanischen Bank dort ausliegende Einzahlungsformulare mit dem nur für den Bank-Computer lesbaren Code versah. Wer auch immer anschließend sich dieser Formulare bediente, zahlte ungewollt auf das Konto des Täters ein, das innerhalb von vier Tagen auf 250 000 Dollar stieg. Der clevere Täter begnügte sich mit 100 000 Dollar und verschwand auf Nimmerwiedersehen. Nach Meinung vieler Experten sind Mängel an Sicherheitsvorkehrungen für das starke Anwachsen der Computer-Kriminalität verantwortlich. Marcel Kisseler von dem in Frankfurt/M. ansässigen Verein gegen Bestechung und Wirtschaftskriminalität schätzt, daß rund 70 % der elektronische Datenverarbeitung benutzenden Firmen nicht kontrollieren. (Aus: »Computer-Kriminelle stecken Firmen in die Tasche« in Mannheimer Morgen vom 27. 8. 76.)

Container ist ein geschlossener, dauerhafter, wiederholt verwendbarer, wetterfester und mit mindestens einer Tür versehener Transportbehälter, der bestimmten Normen entspricht und mit speziellem Gerät gehandhabt und per See (Container-Schiff), Land oder Luft befördert werden kann.

Convenience Produkte sind Verbrauchsgüter, in die industriell vorgefertigte, reproduzierbare Dienstleistungen eingegangen sind. Diese Dienstleistungen werden beim Verbrauch oder der Zubereitung des Produktes frei, indem sie sonst anfallende Arbeitsgänge ganz oder teilweise ersetzen, verkürzen oder erleichtern. *Convenience-Foods* ist der Sammelbegriff für alle vorverarbeiteten, vorbehandelten Lebensmittel-Zubereitungen. Es sind Lebensmittel, die dank industrieller Vorleistung der Hausfrau beim Einkauf und bei der Zubereitung der Mahlzeiten Zeit und vielfach Geld sparen und Arbeitsvorteile bringen. Beispiele: Instant (= sofortlösliche)-Getränke, Kartoffelfertigprodukte, Suppen in Päckchen und Dosen sowie Tiefkühl-Fertiggerichte. (Aus: Ernestus, Margit, »Moderne Lebensmittel im modernen Haushalt«, Vortrag am 18. 1. 77 in Augsburg.)

Copolymere oder *Mischpolymerisate* sind Kunststoffe, für deren Produktion verschiedene Ausgangsstoffe verwendet werden.

Datenstation. Siehe: Terminal.

Datenverarbeitung. Siehe bei: EDV.

DB = Deutsche Bundesbahn.

demographisch = die wirtschafts- und sozialpolitische Bevölkerungsbewegung betreffend. (Aus: »Duden Fremdwörterbuch«, Mannheim 1974.)

Devotion = Andacht, Unterwürfigkeit. Devotion bedeutet in der Denkart moderner Wirtschaftsführung die Hingabe für eine Aufgabe.

Diagnostik ist Fähigkeit und Lehre, eine Krankheit zu erkennen. (Aus: Lichtenstern, Hermann, »Wörterbuch der Medizin«, München 1969.)

Differential Dyeing ist das Einfärben unterschiedlicher Fasern miteinander in einem Färbebad. Dadurch entstehen gleichzeitig verschiedene Farbtöne. Die Anwendungsbreite dieses Verfahrens ist gering.

Diffusion = Verbreitung, Ausbreitung, Vermarktung, Vertrieb (einer Ware, eines Produktes). Siehe: Seite 63.

Digitaluhr, auch: Realzeituhr, ist eine Uhr mit Ziffern-Anzeige im Gegensatz zur Uhr mit Analog-Anzeige (Zeigern). (Lt. Dr. Puhl, Geschäftsführer im Verband der Deutschen Uhrenindustrie e. V., Bonn-Bad Godesberg.) Siehe auch: Seiten 192-193.

Dispersion ist 1. die feinste Verteilung eines Stoffes in einem anderen in der Art, daß seine Teilchen in dem anderen schweben; 2. (physikalisch) die Abhängigkeit der Fortpflanzungsgeschwindigkeit einer Wellenbewegung (z. B. Licht, Schall) von der Wellenlänge bzw. der Frequenz (s. ds.) oder auch die Zerlegung von weißem Licht in ein farbiges Spektrum; 3. (statistisch) die Streuung der Einzelwerte vom Mittelwert. (Aus: »Duden Fremdwörterbuch«, Mannheim 1974.) Siehe auch: nichtwäßrige Dispersionen.

Display. Siehe: Sichtgerät. *Display Panel* ist das Bedienungsfeld eines Bildgerätes.

Diversifikation oder Diversifizierung ist die bewußte, gezielte Ausweitung des Leistungsprogramms einer Unternehmung auf solche Leistungsbereiche, die für das Unternehmen grundsätzlich neu sind, aber dennoch in irgendeinem Zusammenhang mit der bisherigen Leistung stehen, um eine qualifizierte Steigerung der Leistungsfähigkeit zweck langfristigen Wachstums und Risikoausgleichs zu erreichen. *Nicht* Diversifikation ist Variation (= Produktdifferenzierung) oder einfache Erweiterung des Leistungsprogramms. Gegensatz: Simplifikation. (Aus: »Dr. Gablers Wirtschafts-Lexikon«, Wiesbaden 1971.)

Do-it-yourself = handwerkliche Selbsthilfe. Siehe auch: Seite 189.

Druckwasserreaktor. Siehe: Leichtwasserreaktoren.

Dry-Cargo-Bereich = Trockenfrachtbereich, also der Bereich, in dem sich die Verladung von Trockenfrachten abspielt. (Aus: Dluhy, »Schiffstechnisches Wörterbuch«, Hannover-Wülfel 1975.)

Dumping ist die Berechnung von besonders niedrigen Verkaufspreisen für Waren oder Dienstleistungen ohne Rücksicht auf Gewinn oder Verlust mit dem Ziel, im Ausland die Machtstellung der dort auftretenden Konkurrenz möglichst weitgehend auszuschalten. Siehe: Verdrängungswettbewerb. Siehe auch: Seite 272.

Duromere oder Duroplaste sind Kunststoffe, bei denen die einzelnen Makromoleküle nicht unverbunden nebeneinander liegen, sondern wie ein räumliches Netzwerk miteinander verbunden sind. Im Gegensatz zu den Thermoplasten (s. ds.) lassen sich Duromere, wenn sie einmal ausgehärtet sind, nicht mehr umformen. Die wichtigsten Duromere sind Polyester- (s. ds.) und Epoxidharze, ferner Aminoplaste und Phenolharze. (Aus: Blau, »Kunststoffe von A–Z«, Bertelsmann, 1973.)

DWT = Deadweighttons. Siehe: tdw.

EBM-Industrie = Eisen, Blech und Metall verarbeitende Industrie.

EDS – Elektronisches Datenvermittlungssystem – ist ein zentralgesteuertes elektronisches Datenvermittlungssystem mit eingespeichertem Steuerprogramm. Es kann gleichzeitig verschiedene Datendienste bedienen, wie z. B. Fernschreiben, Wetterdienste, Telegrammverkehr, Datenübertragung und andere.

EDV = Elektronische Datenverarbeitung, auch elektrische Nachrichtenverarbeitung. Im weitesten Sinn zählt zur Datenverarbeitung jedes Verarbeiten digitaler (= unter Verwendung ganzer Einheiten, ganzer diskreter physikalischer Größen) oder analoger (= in einer Darstellungsweise von Werten oder Fakten durch eine dem darstellenden Wert analoge bzw. ähnliche oder gleichartige physikalische Größe) Daten. *Daten* sind meist numerische (= zahlenmäßige) oder alphanumerische (= in Ziffern, Buchstaben und Zeichen dargestellte) Angaben über die verschiedensten Dinge und Sachverhalte, kurzum: alles, was sich in einer für die Datenverarbeitungsanlage erkennbaren Weise codieren (= zuordnen, verschlüsseln) läßt. (Zusammengestellt aus: »Lexikon der Datenverarbeitung«, Siemens AG, 1969.)

EFTA – European Free Trade Association – Europäische Freihandelsassoziation – entstand 1960 als vertraglicher Zusammenschluß von Dänemark,

Großbritannien, Island (ab 1970), Norwegen, Portugal, Österreich, Schweden und der Schweiz. Sitz des EFTA-Sekretariats ist Genf. Bis Ende 1966 hatte die EFTA praktisch alle Zölle und Kontingente für die Einfuhr von Industrieprodukten aus den Partnerländern beseitigt. Mit dem Beitritt zur Europäischen Gemeinschaft (EG) schieden mit Jahresanfang 1973 die Länder Dänemark und Großbritannien aus der EFTA aus. Seit 1961 gehört Finnland als assoziiertes Mitglied der EFTA an. Zwischen einzelnen EFTA-Ländern und der EG bestehen Freihandelsabkommen.

Eisenschwammpellets. Pellets = aufbereitetes Eisenerz. Eisenerz läßt sich durch ein besonderes Verfahren in Großanlagen zu Eisenschwamm verhütten. Eisenschwammpellets entstehen aus reduziertem (= Sauerstoff entzogenem) Erzstaub, der angefeuchtet wurde, zu einem schwammigen Agglomerat (= Sinterprodukt) verwandelt und auf Drehtellern zu Kugeln von Erbs- bis Nußgröße (8–15 mm) geformt wurde. Die Pelletierung ist heute neben dem herkömmlichen Sintern das bedeutendste Verfahren zum Stückigmachen feinkörniger Erze. Die Eisenschwammpellets werden unmittelbar bei der Stahlgewinnung vor allem in Elektroöfen (siehe: Elektrostahl), aber auch in SM-Öfen (siehe: SM-Stahl) eingesetzt, ohne den Hochofenprozeß durchgemacht zu haben. Siehe auch: Seiten 60 und 181–182.

Eiweiß auf fermentativer Basis: Neben Kohlehydraten und Fetten sind Eiweiße die wichtigsten Nahrungsmittel. Eiweiß, Eiweißstoffe, Eiweißkörper sind hochmolekulare, kolloidale Verbindungen aus Kohlenstoff (C), Wasserstoff (H), Sauerstoff (O), Stickstoff (N) und Schwefel (S). Eiweiße sind als Baustoffe und Enzyme Bestandteil jeder Zelle und bilden im Organismus u. a. Hormone, Schutz- und Transportstoffe. Eiweiß auf fermentativer Basis ist Eiweiß, hervorgerufen durch Fermente (Enzyme). *Enzyme* oder *Fermente* sind in der lebenden Zelle erzeugte Eiweißstoffe mit spezifischen Wirkgruppen (Kofermenten), die als Katalysatoren (s. ds.) an fast allen chemischen Umsetzungen, d. h. den Stoffwechselvorgängen, beteiligt sind, indem sie die für jede Reaktion notwendige Aktivierungsenergie herabsetzen und so eine Reaktion (z. B. bei Körpertemperatur) beschleunigen oder erst ermöglichen. (Nach: »Umwelt und Chemie von A–Z«, herausgegeben vom Verband der Chemischen Industrie e. V., 1975.) Die Kofermente sind häufig Vitaminabkömmlinge. Daraus erklärt sich die Notwendigkeit der Vitamine für die Ernährung. Viele Enzyme spielen auch in der Technik eine Rolle. Siehe: Seite 117.

Elastomere sind kautschukelastische Stoffe. Dazu zählt »Buna« (Chemische Werke Hüls). Siehe: Butadien.

Elektrostahl ist jeder in einem der Elektroverfahren (Lichtbogen-, Induktions- oder Tiegelofen) erzeugte Stahl, meist legierter Edelstahl. Elektrostahl wird hauptsächlich aus hochwertigem Stahlschrott, oft auch zusammen mit bereits in der Thomasbirne (= Konverter) oder im SM-Ofen (siehe: SM-Stahl) gefrischtem Stahl erschmolzen. Immer häufiger setzt man Eisenschwammpellets (s. ds.) ein. Elektrostähle haben eine höhere Reinheit, weil verunreinigende Einflüsse des Roheisens, der Heizgase und der Luft fehlen. (Zusammengestellt aus: »Stahl-Lexikon«, herausgegeben im Auftrage des Bundesverbandes Deutscher Stahlhandel, Düsseldorf 1971. – Ergänzt durch neuere Erkenntnisse.)

empirisch = auf Erfahrung oder Experiment oder Beobachtung beruhend.

Emulsion = die kolloide (= feinverteilte) Verteilung zweier nicht miteinander mischbarer Flüssigkeiten, z. B. Öl in Wasser. In der Fototechnik bezeichnet man die lichtempfindliche Schicht fotografischer Platten, Filme und Papiere als Emulsion. (Aus: »Duden Fremdwörterbuch«, Mannheim 1974.)

energetisch = die Energie betreffend.

Energieleistungsbedarf pro Kopf (siehe: Seite 106) ist auf keinen Zeitraum bezogen, da es sich um jederzeit zur Verfügung stehende Energie handelt.

Enquête = amtliche Untersuchung, Erhebung. In Österreich versteht man unter Enquête eine Arbeitstagung. (Zusammengestellt aus: »Duden Fremdwörterbuch«, Mannheim 1974.)

Entsorgung ist die Beseitigung von Abfällen, Abwässern und Abgasen, auch von Atommüll.

Enzyme = *Fermente*. Siehe bei: Eiweiß.

Ergonomie oder Ergonomik ist die Wissenschaft von den Leistungsmöglichkeiten und -grenzen des arbeitenden Menschen sowie der besten wechselseitigen Anpassung zwischen dem Menschen und seinen Arbeitsbedingungen. (Aus: »Duden Fremdwörterbuch«, Mannheim 1974.)

Erlebnissysteme sollen den Verbraucher ansprechen. Es ist nicht mehr das Einzelprodukt im Angebot des Einzelhandels, das unter vielen Produkten unterschiedlichster Art den Kunden zum Kauf oder Impulskauf (s. ds.) veranlaßt. Der moderne Verbraucher reagiert zunehmend positiv auf die Synthese neuer Bedarfs- und Erlebnisgruppensortimente, die Schönheit der Ladeneinrichtung und des Dekors, auf neue Dienste am Verbraucher in Form von gefälliger Warenpräsentation, offene Ladenzeiten, Imbißecken und viele weitere Ergebnisse moderner Image-, Verkaufs-, Werbe- und Standortstrategie. Das führt zum Shop-in-Shop, also zum Laden im Laden, zum Beispiel einer Boutique mitten im Kaufhaus, eines Schlüsseldienstes oder einer Tabakwaren-Spezialabteilung im Warenhaus. Das räumt gut sortierten Spezialgeschäften neue Chancen ein. Das erstreckt sich auch auf die Fußgängerzentren moderner Großstädte, auf Verkehrsbauten und Verkehrsmittel, auf Touristik und kulturelle Veranstaltungen. (Siehe auch: Gross, Dr. Herbert, »Das quartäre Zeitalter-Systemdenken in Wirtschaft, Gesellschaft und Politik«, ECON-Verlag, Düsseldorf und Wien 1973.)

Ernährungs-Physiologie. Siehe bei: Physiologie.

ERP – European Recovery Program – Europäisches Wiederaufbauprogramm. Nach George C. Marshall benannter, 1947 verkündeter Hilfsplan der USA zum Wiederaufbau Europas (Marshall-Plan). Im Rahmen dieses Planes flossen von 1948 bis 1952 rund 6,5 Mrd. DM als Wirtschaftshilfe in die Bundesrepublik Deutschland. Diese Mittel wurden zu einem besonderen Fonds als Sondervermögen zusammengefaßt. Sie sollen nicht (bzw. nur zu einem geringen Teil) in die USA zurückfließen. Sie werden revolvierend eingesetzt. Der deutschen Wirtschaft fließen dadurch immer wieder neue Kredithilfen zu. Sie dienen der Unterstützung privatwirtschaftlicher Rationalisierungsvorhaben, der Förderung wissenschaftlicher Forschung, der Entwicklungshilfe und anderen wirtschaftsfördernden Aufgaben. Der ERP-Wirtschaftsplan wird jährlich als Haushaltsplan über die Verwendung der Mittel aus dem ERP-Sondervermögen aufgestellt.

EURO COOP ist die Europäische Gemeinschaft der Konsumgenossenschaften (der Kooperativen). Das Büro der EURO COOP befindet sich in Brüssel. EURO COOP vertritt die Verbraucher- und wirtschaftspolitischen Interessen der Konsumgenossenschaften der EG-Länder (4 000 Einzelhandelsgenossenschaften, 19 Millionen Mitgliederhaushalte, 31 000 Läden, 35 Milliarden DM Jahresumsatz 1976) gegenüber der EG-Kommission und dem EG-Ministerrat. Experten von EURO COOP arbeiten in zahlreichen beratenden Gremien der EG-Kommission mit. Siehe auch: Seite 151.

Evolution = Entfaltung, allmählich fortschreitende Entwicklung.

EWS — Elektronisches Wähl-System ist ein zentralgesteuertes elektronisches Fernsprech-Vermittlungssystem mit eingespeichertem Steuerprogramm sowohl für Orts- als auch für Fernverkehr.

exogen = außen entstehend, von außen stammend.

Exploration = Untersuchung, Erforschung. *Erdölexploration* = geologische Aufschlußarbeit zur Feststellung von Erdöl- oder Erdgasvorkommen.

Extrusion ist die Formung von thermoplastischen Kunststoffen zu Bändern, Rohren, Schläuchen, Stangen, Ummantelungen und anderen Profilen. Der Kunststoff wird durch eine Schneckenpresse zugeführt. (Aus: »dtv-Lexikon«, 1976, Worterklärung »Extruder«.)

Faksimile-Zeitung ist ein Sonderfall des Fernkopierens (s. ds.), bei dem eine Zeitung nachrichtentechnisch (d. h. per Funk oder Draht) übermittelt und beim Empfänger als Kopie auf einem Papierbogen wiedergegeben wird.

FAO — Food and Agriculture Organization of the United Nations — Ernährungs- und Landwirtschafts-Organisation der Vereinten Nationen — ist eine bereits 1945 gegründete UN-Organisation. Ihre Aufgabe ist es, zur Hebung und Verbesserung der landwirtschaftlichen Produktion, zu besseren Arbeits- und Sozialverhältnissen bei der Landbevölkerung und allgemein zu einer Erhöhung des Lebensstandards beizutragen. (Aus: »Der Fachausdruck im Wirtschaftsleben«, zusammengestellt aus der Zeitschrift »Volksbank-Wirtschaftsbericht«, Wiesbaden.)

Fermente = Enzyme. Siehe bei: Eiweiß.

Fernkopieren dient der elektronischen Fernübertragung bereits fertiger Textvorlagen und Bilder (auch Handschriften). Die Entwicklung führt aus dem Bürobereich bis in private Haushaltungen, von denen allerdings jeder über einen Fernsprechanschluß verfügen müßte. An der technischen Entwicklung der Endgeräte wird unter Nutzung der Mikroelektronik gearbeitet.

ferroelektrisch ist ein Stoff, dessen dielektrische Polarisation ein ähnliches Verhalten zeigt wie die magnetische Induktion der Ferromagnetika (Eisen, Nickel, Kobalt sowie einiger Legierungen). (Auszug aus: »dtv-Lexikon«, 1976.) *Ferroelektrische Displays* (siehe: Sichtgerät) sind spezielle elektrische Anzeigebausteine.

Fischer-Tropsch-Verfahren, 1926 von Franz Fischer und Hans Tropsch aufgefundenes Verfahren zur künstlichen Gewinnung von Kohlenwasserstoffen aus den beiden Synthesegasen Kohlenoxyd und Wasserstoff. Durch Steuerung der Reaktionsbedingungen und Einsatz entsprechender Katalysatoren (s. ds.) lassen sich je nach Wunsch hauptsächlich Benzin, Paraffin (s. ds.), Aldehyde,

Alkohole und andere organische Verbindungen produzieren. (Aus: »Lexikon der Büchergilde«, Büchergilde Gutenberg, Frankfurt/M. 1964.) Siehe: Kohleverflüssigung. Siehe auch: Seite 89.

Fish-Farming ist Fischzucht in industriellem und damit in großem Rahmen. Zuchtfische werden im Gegensatz zu den Wildfischen künstlich in zweckbestimmten Gewässern gehalten, gezüchtet und gemästet. Diese Gewässer können Flußabschnitte, Teiche oder selbst Meeresbuchten sein. Auch warme Kraftwerksabwässer eignen sich dafür. Dem Fish-Farming kommt zunehmend Bedeutung zu a) zur Deckung der Eiweißlücke in der menschlichen Ernährung, b) bei Fangrückgang durch Überfischung der Meere, c) infolge Ausdehnung staatlicher Hoheitsrechte auf fischreiche Meeresteile und d) durch Verseuchung bestimmter Fischfanggebiete. Nach NZZ (Neue Zürcher Zeitung, »Tierfarmen unter Wasser«, 22. 2. 77.) kommt Fish-Farming, auch Aquakultur – die »Haustierhaltung« von Fischen und anderen Nutzorganismen des Süßwassers oder Meeres –, mit zunehmender Geschwindigkeit in Gang. Lagen die weltweiten Aquakulturerträge 1970 erst bei 2,7 Millionen Tonnen pro Jahr, so stiegen sie 1975 bis auf 6 Mio. t. Davon waren 66 % Fisch, 16 % Muscheln und 18 % Algen. Damit nähert sich der Ertrag der Aquakultur der Größenordnung von 10 % der Gesamternte der Weltfischerei. Diese Zahlen sind allerdings nur als Größenordnungen anzusehen, da die Unterlagen über die Erträge des wichtigsten Aquakulturlandes – China mit etwa 40 % Anteil am Weltertrag – nur zu schätzen sind. Auch die Produktionszahlen aus Indien, mit etwa 8 % Anteil am Weltertrag, sind nicht genau erfaßbar. Der zweitgrößte Produzent ist Japan, mit fast 14 % Anteil. Das überwiegende Gros der Erzeugung von Fisch stammt aus dem Süßwasser, während eine »Marikultur« für Fisch sich nur sehr langsam entwickelt. Muscheln und Algen dagegen werden fast ausschließlich im Meer kultiviert. Die Aquakulturfarmer »bebauen« zur Zeit über drei Millionen Hektaren in Form von Fischteichen, Netzkäfiganlagen, Muschel- und Austernbänken, Betonbecken für Fisch-, Garnelen- oder Algenzucht und Kulturflößen. Die FAO (s. ds.) schätzt, daß die Aquakulturflächen bis Ende dieses Jahrhunderts verzehnfacht werden könnten und dann Jahreserträge von etwa 50 Millionen Tonnen liefern würden. Die USA werden die Finanzierung von heute 30 Mill. Dollar in nächster Zeit bis auf 300 Mill. Dollar pro Jahr steigern. Während im Falle der Entwicklungsländer die Massenerzeugung von Eiweiß das primäre Motiv der Aquakultur ist, zielen die Bemühungen in den Industrieländern auf die Kultivierung von Arten mit hohem Marktwert, da nur diese die in solchen Ländern hohen Produktionskosten lohnen. Dementsprechend ist die Produktionsmenge in diesen Ländern nur sehr bescheiden. (USA: jährlich zur Zeit 23 000 t Fisch, DDR: 16 000 t, Bundesrepublik: 9 000 t, Schweiz: 300 t.) Der Produktionswert hingegen dürfte relativ hoch sein. Die Entwicklung zielt vor allem auf »Kultivierung« von Lachs (USA, Norwegen und England) oder von Austern (Bundesrepublik). Durch Einführung der Pazifik-Austern gelangen der Bundesforschungsanstalt für Fischerei, Hamburg, bereits beachtliche Erfolge auf diesem Gebiet. Die Käfighaltung scheint für die Marikultur die aussichtsreichste Form der Fischhaltung zu sein. Die Fischkultur in ganzen Meeresbuchten mit Tauchern als »Hirten« dürfte sich jedoch kaum durchsetzen; denn solche Riesenkulturen sind nicht ausreichend kontrollierbar. Bei der Teich- oder Käfighaltung sind die Fütterungskosten sehr hoch, da man normalerweise für die meisten Aquakultur-fische (der chinesische Graskarpfen ist eine Ausnahme) wiederum eiweiß-haltige Futtermittel benötigt. Um diese Schwierigkeiten zu umgehen, kombiniert man neuerdings Umweltschutz (s. ds.) und Aquakultur, indem man die Abwässer von Siedlungen und Städten in Fischteiche leitet. Diese Abwässer sind hochnährstoffhaltig, in ihnen entwickelt sich sehr schnell Pflanzenplankton und auf dieser Basis tierische Biomasse, das heißt tierisches Plankton und Bodenwürmer, also typische Fischnahrung. Mit dieser Abwasserkultur wurden in Indien, Israel usw. sehr hohe Teicherträge ohne Fütterung erzielt. – Siehe auch: Seiten 141, 288–289 und 304–305.

Flaggenprotektionismus, auch Flaggendiskriminierung, ist die willkürliche Beeinträchtigung der Freiheit des internationalen Handels auf dem Gebiet des Transportwesens. Diese Art des Protektionismus kommt vor allem im Seetransport vor, wenn ein Land verlangt, daß die Einfuhr oder Ausfuhr über See nur auf Schiffen solcher Reedereien erfolgen darf, die ihren Sitz in dem betreffenden Land haben und/oder deren Kapital bei Angehörigen des betreffenden Landes liegt. (Aus: »Der Fachausdruck im Wirtschaftsleben«, zusammengestellt aus der Zeitschrift »Volksbank-Wirtschaftsbericht«.) Das gilt entsprechend auch für den internationalen Lufttransport. Siehe: Seiten 191–192.

Floatglasverfahren (Fließ-Schwimm-Verfahren) zur kontinuierlichen Herstellung von Flachglas in bester Spiegelqualität wurde in den fünfziger Jahren von der britischen Firma Pilkington Brothers Ltd. entwickelt. Die aus der Dauerwanne fließende Glasschmelze wird auf die absolut ebene Oberfläche eines Zinnbades geleitet, das sich in einer umschlossenen Kammer mit genau abgestimmter Temperatur und unter Schutzglas befindet. Dadurch werden die dem Metallbad abgewandte Oberfläche des Glases feuerpoliert und eine Zersetzung des Metallbades und des Glases verhindert. Beim Verlassen der Kammer ist das Glas bereits so weit erstarrt, daß der Transport durch den anschließenden Kühlkanal keine Spuren hinterläßt. Man kann heute bis zu 3,2 m breite Glastafeln herstellen. die größte Floatglasanlage der USA hat einen Ausstoß von 1000 Quadratmetern pro Stunde. (Aus: Pfänder, Heinz G., »Glaskunde für Designer«, Darmstadt.)

Fluorpolymere oder Fluorkunststoffe sind chemisch sehr beständige Hochpolymere, bei denen der Wasserstoff völlig oder zu einem wesentlichen Teil durch Fluor ersetzt ist. Fluorpolymere niederen Molgewichts dienen als Schmierstoffe.

fraktionieren bedeutet in der Chemie: Flüssigkeitsgemische aus Flüssigkeiten mit verschiedenem Siedepunkt durch Verdampfung isolieren. Eine Fraktion (chem.) ist ein Produkt einer fraktionierten Destillation. (Zusammengestellt aus: »dtv-Lexikon«, 1976.) Eine *Fraktionierung* ist ein Destillationsverfahren, bei dem das Destillat in Form einer Anzahl getrennter Schnitte mit unterschiedlichem Siedebereich gewonnen wird. (Aus: »Das Buch vom Erdöl«, Deutsche BP AG, Hamburg 1967.)

Freezing ist Gefrieren. Das Einfrieren von Lebensmitteln bei Temperaturen von −12° bis −20° Celsius ergibt außerordentlich haltbare Erzeugnisse. Bewährt haben sich Schnellgefrierverfahren, bei denen teilweise mit Temperaturen bis −45° Celsius (Tiefgefrieren) gearbeitet wird. Geschmack und Ge-

368

füge erfahren dabei kaum Veränderungen. (Ausschnitt aus: »Dr. Oetker Warenkunde-Lexikon«, Bielefeld 1969.)

Frequenz bedeutet im allgemeinen Sprachgebrauch: Häufigkeit. Frequenz ist in der Physik die Zahl der Schwingungen in der Zeiteinheit, gemessen in Hertz (Hz). 1 Hz = 1 Schwingung pro Sekunde. Gigahertz = 1 Milliarde Hz (siehe bei: GVA). Bis 300 Hz = Niederfrequenz (NF). 30 bis 300 kHz ist der Bereich der Langwellen (LF). 300 bis 1650 kHz (Kilohertz) = Mittelfrequenz (MF) oder Mittelwellenbereich, zwischen 3 bis 30 MHz (Megahertz = Millionen Hz; siehe bei: Mega) liegt der Kurzwellenbereich mit der Hochfrequenz (HF). Das vor allem in der Fernsehtechnik verwendete UHF (ultra high frequency) erstreckt sich über Dezimeterwellen mit Frequenzen zwischen 300 und 3000 MHz. Der Bereich VHF (very high frequency) umfaßt Ultrakurzwellen zwischen 30 und 300 MHz. Siehe auch: Hochfrequenzfilter. Siehe ebenfalls: Mikrowellen.

Fungizide sind chemische Stoffe zur Bekämpfung schädlicher Pilze.

Fusionsreaktor. Siehe: Kernverschmelzung. Siehe auch: Seite 99.

Futurologie = Zukunftsforschung. *Futurologe* = Zukunftsforscher.

Galenik, benannt nach dem griechischen Arzt Galen, umfaßt die in der Apotheke aus Drogen zubereiteten Arzneimittel (im Gegensatz zum chemischen Fabrikerzeugnis). (Sinngemäß aus »Duden Fremdwörterbuch«, Mannheim 1974.)

Galliumarsenid-Lumineszenzdioden sind leuchtende Halbleiter (s. ds.) aus dem Mischkristall Gallium und Arsen. Sie zeichnen sich durch hohe Lichtausbeute bei geringer Erwärmung aus. Siehe auch: Seite 208.

Gasöl wird durch eine fraktionierte (s. ds.) Destillation von Erdöl oder Braunkohlenteer bei 190 bis 370 Grad Celsius (Siedekurve) gewonnen. Gasöl wird hauptsächlich als Dieselkraftstoff verwendet. Es dient auch zur Anreicherung von kohlenstoffarmem Wassergas mit Kohlenstoff.

Gefriertrocknung, Lyophilisation, ist eine schonende Vakuumtrocknung (Trocknung im luftleeren Raum) von temperaturempfindlichem wasserhaltigem Gut (Lebensmittel, biologisches Gewebe, Bakterien, Seren), das zuvor auf −20 bis −30° C gefroren wird. Es tritt dabei nahezu kein Schrumpfen ein, da das Eis verdampft (sublimiert), ohne zu schmelzen. Das Trocknen findet in druckfesten Behältern unter Hochvakuum statt. (Aus: »dtv-Lexikon«, 1976.)

Gesenkschmiede ist eine Schmiede zum Gesenkschmieden. Dabei benützt man das Gesenk, eine zweiteilige Hohlform zur Warm- oder Kaltverformung von Metall. Die Hohlform ermöglicht, eine größere Serie gleicher Schmiedestücke herzustellen. Das Werkstück liegt im Untergesenk. Das darübergelegte Obergesenk wird mit Vorschlag- oder Maschinen-Hammer (Presse) darübergeschlagen. Dadurch wird das Werkstück in die gewünschte Form gepreßt. Meistens sind 2–3 Paar Gesenke erforderlich, nämlich Vor- und Fertig-Gesenke.

Giga... siehe bei: GVA.

GVA = Gigavoltampère = 10^9 Voltampère (VA) = 1 Milliarde Voltampère. Das *Voltampère* entspricht in der Gleichstromtechnik dem Watt. Es

ist Maßeinheit der elektrischen Leistung. Siehe auch: TWh. Siehe auch Mega.
Gigaherz = 1 Milliarde Hertz (siehe bei: Frequenz).

G + V = Gewinn- und Verlustrechnung.

Halbleiter stehen zwischen metallischen Leitern und Nichtleitern. Sie können
den elektrischen Strom schlechter leiten als Metalle, aber in der Regel besser
als Isolatoren. Zu den Halbleitern zählen viele Oxyde und Sulfide der
Schwermetalle. Auch Verbindungen wie Kupferjodid, Kaliumbromid, Kup-
feroxydul und einzelne Elemente wie Selen, Tellur, Germanium und Silizium
haben als Gleichrichtermaterialien große technische Bedeutung. Die elektronischen Halbleiter sind für die gesamte Elektronik von überragender Wichtigkeit. Halbleiter-Bauelemente haben kleine Abmessungen, kleine Betriebs-
spannungen, sind zuverlässig, brauchen keine Wartung und können rationell
gefertigt werden. Der Transistor ist ein Halbleiter-Bauelement, mit dem
man sowohl Ströme verstärken als auch starke Ströme ein- und ausschalten
kann. Siehe auch: Thyristoren. (Zusammengestellt aus: a) »Kraftfahrtechnisches Wörterbuch«, Robert Bosch GmbH, Stuttgart, und b) »dtv-Lexikon«,
1976.) Siehe auch: Seite 206. Siehe ebenfalls: Galliumarsenid-Lumineszenzdioden.

Hardware. Unter Hardware versteht man sämtliche technischen (physika-
lischen) Teile einer Datenverarbeitungsanlage. Sinngemäß spricht man von
Hardware-Fehlern, wenn es sich um Fehler der Technik handelt. Siehe auch:
Software. (Aus: »Lexikon der Datenverarbeitung«, Siemens AG, 1969).

Herbizide sind chemische Unkrautbekämpfungsmittel, vegetative Pflanzen-
organe abtötende Stoffe. (Aus: »Umwelt und Chemie von A–Z«, herausgegeben vom Verband der Chemischen Industrie e. V., 1975.)

HGÜ = Hochspannungs-Gleichstrom-Übertragung. Diese Technik dient der
wirtschaftlichen Übertragung großer elektrischer Energie über weite Entfernungen. Als HGÜ-Kurzkuppelung bezeichnet man eine HGÜ-Kuppelung
zweier Netze und dies trägheitslos und ohne lange Übertragungsstrecke, wie
die Kuppelung asynchroner und frequenzverschiedener Drehstromnetze. Mit
HGÜ läßt sich neue Kraftwerksleistung in ein Drehstromnetz einspeisen,
ohne daß dadurch die Netzkurzschlußleistung erhöht wird. Auch bei Ausfall
eines Leiters läßt sich die Übertragung weiterführen durch Erdrückleitung
des Gleichstroms. (Entnommen aus HGÜ-Gemeinschaftsprospekt von AEG,
BBC und Siemens.)

Hochdruck ist ein Druckverfahren, bei dem die zum Abdruck kommenden
Teile der Druckform erhöht liegen. (Aus: »dtv-Lexikon«, 1976.) Siehe auch:
Seiten 235–236.

Hochfrequenzfilter ist ein elektrischer Wellenfilter zum Ausfiltern bestimmter Signale aus einem breiten Spektrum technischer Frequenzen. Er wird vor
allem in der Nachrichtentechnik angewandt. *Hochfrequenz* ist Wechselstrom
mit sehr hoher Schwingungszahl. Siehe auch: Frequenz.

Hochtemperaturreaktoren haben als Kühlmittel gasförmiges Helium. Die
Funktion des »Moderators« als bremsendes Medium für die bei der Kern-
spaltung freiwerdenden Neutronen übernimmt Graphit, in den man den
Brennstoff in Gestalt kleiner Körnchen einbettet. Die Graphit-Brennele-

mente haben bei dem in der Bundesrepublik Deutschland entwickelten Reaktorkonzept die Form tennisballgroßer Kugeln. Der Brennstoff besteht aus hochangereichertem Uran (also fast reinem Uran-235) (s. ds.) und Thorium (s. ds.), das als Brutstoff dient. Aus Thorium wird während des Betriebs des Reaktors Uran-233 »erbrütet«, das ebenso wie Uran-235 als Kernbrennstoff geeignet ist. Hochtemperaturreaktoren können deshalb Thorium als zusätzliche Kernbrennstoffquelle erschließen und damit den Uranbedarf senken. Im Gegensatz zum schnellen Brutreaktor (s. ds.) können sie aber nicht mehr Brennstoff erzeugen, als sie verbrauchen. Man bezeichnet sie daher nicht als »Brüter«, sondern als »Konverter«. (Siehe: »Kernenergie« – eine Bürgerinformation. Bundesministerium für Forschung und Technologie, Bonn 1976.)

Hybridsysteme. Der Ausdruck kommt aus den USA. Er bezieht sich auf Systeme für den Antrieb von Kraftfahrzeugen, bei denen zwei oder mehr unterschiedliche Energiequellen und/oder Antriebsarten verwendet werden. Beispiele: 1.) Verbrennungsmotor (Otto oder Diesel)/Elektroantrieb (Batterie oder Elektromotor). 2.) Verbrennungsmotor/E-Antrieb (Oberleitung). 3.) Verbrennungsmotor/E-Antrieb und Schwungrad. 4.) Verbrennungsmotor und Brennstoffzellen. Deutsche Firmen, die sich mit Hybridsystemen befassen, sind vor allem Daimler-Benz, Bosch, MAN und VW. (Lt. VDA, Verband der Automobilindustrie e. V., Frankfurt/M., Schreiben wg/es vom 21. 1. 77.)

Hydrierung ist die Anlagerung von Wasserstoff an chemische Elemente oder Verbindungen, gewöhnlich unter Druck, bei höherer Temperatur und in Gegenwart von Katalysatoren (s. ds.), industriell wichtig die Treibstoffgewinnung nach Fischer-Tropsch (s. ds.) und nach Bergius, die Fetthärtung nach Normann. (Aus: »Lexikon der Büchergilde«, Büchergilde Gutenberg, Frankfurt/M. 1956.) Siehe auch: Kohleverflüssigung.

Hydro-Kracken ist das Zerbrechen der langen Molekülketten in kürzere Ketten unter unmittelbarer Absättigung mit Wasserstoff. (Aus: »Das Buch vom Erdöl«, herausgegeben von Deutsche BP AG, Hamburg, 1967.)

Hydropulsanlage ist eine Hydraulik- (= mit Flüssigkeitsdruck arbeitende) Anlage, bei der über elektrisch gesteuerte Servo-Ventile Kolben in pulsierende Schwingungen versetzt werden. Diese Schwingungen lassen sich in einer gewünschten Frequenz (Häufigkeit oder Perioden pro Zeiteinheit) erzielen. Die Brücke baut man in besonderen Druckerzeugungsapparaten auf und führt sie über Leitungen den eigentlichen Hydropuls-Zylindern zu.

IATA – International Air Transport Association – Internationaler Luftverkehrs-Verband – führt diesen Namen seit 1945. Von 1919–1945 nannte sie sich International Air Traffic Association. Die IATA (französisch: AITA) ist der Zusammenschluß von nahezu allen bedeutenden Luftverkehrsgesellschaften der Welt. Dieses Kartell sorgt u. a. für Einhaltung der Flugpreise und Frachtraten und gibt sich mit Fragen des Luftrechts ab.

IMCO – Inter-Governmental Maritime Consultative Organization ist eine zwischenstaatliche Beratungsorganisation für maritime Belange. (Aus: Dluhy, »Schiffstechnisches Wörterbuch«, Hannover-Wülfel, 1974.)

Immunbiologische Prophylaxe. Immunität ist die Unempfindlichkeit des Organismus gegenüber Krankheitserregern. *Biologisch* ist naturbedingt, natürlich. *Prophylaxe* ist Vorbeugung, ist Maßnahme zur Verhütung von Krankheiten. Immunbiologische Prophylaxe ist demnach eine Vorbeugungsmaßnahme zur Erzielung einer Unempfindlichkeit des Organismus gegenüber Krankheitserregern. (Frei nach: Lichtenstern, »Wörterbuch der Medizin«, München 1969.)

Impulskauf ist ein Kaufentschluß, der im Käufer erst an der Einkaufsstätte durch die Ware selbst, ihre Verpackung oder ein Werbemittel ausgelöst wird bzw. wurde. (Gekürzt aus: »Dr. Gablers Wirtschafts-Lexikon«, Wiesbaden 1971.)

Indikation ist Heilanzeige, zwingender Grund zur Anwendung eines bestimmten Heilverfahrens. Eine Indikationsgruppe ist eine verwandte Gruppe von Indikationen.

Infrastruktur: a) In der Wirtschaft: Die Gesamtheit der staatlichen Investitionen, die der Schaffung und Verbesserung der allgemeinen Produktionsbedingungen in einem Wirtschaftsgebiet dienen, insbesondere Grundlageninvestitionen in Verkehrswesen und Energieversorgung. b) Beim Militär: Zusammenfassende Bezeichnung für militärische Anlagen, im weiteren Sinn auch Straßen, Brücken, Eisenbahnen, Fernmeldeeinrichtungen u. a. (Frei nach: »Dr. Gablers Wirtschafts-Lexikon«, Wiesbaden 1971.)

Ink-Jet-System ist die englische Übersetzung für das System des Flüssigkeitsstrahl-Oszillographen »Oscillomink« (Siemens AG). Ein Oszillograph ist ein Schwingungsschreiber. Anwendungsmöglichkeiten des »Oscillomink«: Druck- und Wegmessung bei Pelton-Turbinen, Oberleitungsmessungen bei hohen Elektrolokomotiv-Geschwindigkeiten, Bremsversuche am Pkw, Endprüfung bei der Fertigung elektronisch gesteuerter Filmkameras, Bewegungs- und Schwingungsmessungen an Werkzeugmaschinen u. a. m. Die Registrier-Schreibflüssigkeit (Ink) wird beim Ink-Set-System aus einer Düse (Jet) mit hohem Druck auf das senkrecht zur Auslenkung ablaufende Diagrammpapier gespritzt. Betriebsbereitschaft selbst nach längeren Schreibpausen. (Auszug aus Prospekt: »Flüssigkeitsstrahl-Oszillographen« der Siemens AG.) Der IBM-Systemdrucker 46/40, ein Schnelldrucker, besteht aus einem Magnetkartenleser und einem *Ink-Jet-Druckwerk*.

Innovation ist der zeitliche Ablauf von der Erfindung (»basic invention«) bis zur erfolgreichen Markteinführung eines Produktes oder Verfahrens, mit der der Innovationsablauf zum Abschluß kommt. (Aus: Altenpohl, »TP – Die Zukunftsformel«, Möglichkeiten und Grenzen der Technologie-Planung, Umschau-Verlag, Frankfurt/M., 1975.) Siehe auch: Seite 62.

Insektizide sind chemische Mittel zur Bekämpfung von Insekten. Sie dienen dem Pflanzen-, Vorrats- und Materialschutz und finden auch im Hygienebereich Anwendung. (Aus: »Umwelt und Chemie von A–Z«, herausgegeben vom Verband der Chemischen Industrie e. V., 1975.)

Invention. Siehe bei: Innovation. Siehe auch: S. 62.

Ionenaustausch erfolgt durch anorganische oder organische Stoffe, die ihre eigenen Ionen gegen andere austauschen können, ohne dadurch ihre Beständigkeit zu ändern. *Organische Ionenaustauscher* sind hochpolymere Kunstharze, die zur Trennung, Gewinnung, Reinigung und Analyse von Aminosäuren, Vitaminen, Alkaloiden usw. verwendet werden. (Aus: »dtv-Lexikon« 1976.)

jato = Tonnen pro Jahr, in der Fachsprache: »Jahrestonnen«.

Job-Enrichment bedeutet eine Verbreiterung der Zuständigkeitsbereiche von Mitarbeitern zur Erzielung größerer Leistungsfähigkeit. Das kann geschehen durch Übertragung der Leitung von Profit-Centers (s. ds.) an leitende Angestellte (Manager), durch Delegierung spezieller bisher nur Top-Managern (Spitzenkräften) vorbehaltener Entscheidungsfindung an ausgewählte Personen des Mittel-Managements oder auch durch Übertragung größerer Selbstverantwortung an jeden Mitarbeiter für dessen Aufgabenbereich.

juveniles Wasser ist Wasser aus dem Erdinneren, das aus magmatischen (= aus der heißen natürlichen Gesteinsschmelze Magma im Erdinneren stammenden) Dämpfen neu kondensiert (flüssig geworden) ist und zum erstenmal in den Kreislauf eintritt. (Zusammengestellt aus: »Duden Fremdwörterbuch«, Mannheim 1974.)

Kampfpreise. Siehe bei: Verdrängungswettbewerb.

Kassandraruf (nach der Seherin in der griechischen Sage): unheilverkündende Warnung. (Aus: »Duden Fremdwörterbuch«, Mannheim 1974.)

Katalysator ist ein Stoff, der durch seine bloße Anwesenheit chemische Reaktionen herbeiführt oder in ihrem Verlauf bestimmt, selbst aber unverändert bleibt. (Aus: »Duden Fremdwörterbuch«, Mannheim 1974.) In der Umgangssprache ist Katalysator gleichbedeutend mit Auslöser, auslösendes Element.

Kernfusion. Siehe: Kernverschmelzung.

Kernspaltung ist der Zerfall schwerster Atomkerne, entweder spontan oder hervorgerufen durch Energie-Zufuhr. Die dabei freigesetzte kinetische Energie wird in Wärmeenergie umgesetzt, die wirtschaftlich nutzbar ist. Der Kern kann durch den Einfang langsamer Neutronen gespalten werden. Bei einer solchen Spaltung wird aber nicht nur die Energie frei, die letztlich als Wärme in Erscheinung tritt, sondern es entstehen auch 2–3 freie Neutronen. Diese Neutronen können weitere Kerne spalten, wobei jeweils wieder 2–3 freie Neutronen entstehen usw. Durch eine solche Kettenreaktion werden ständig Uran-Kerne gespalten (siehe: Uran). Damit wird auch fortwährend Wärme-Energie freigesetzt. Voraussetzung ist nur, daß von jeder Kernspaltung im Mittel gerade eines der 2–3 freigesetzten Neutronen in einen anderen spaltbaren Uran-Kern wieder zur Spaltung führt. Eine Kettenreaktion kann also nicht eintreten oder herbeigeführt werden, wenn zu viele Neutronen anderweitig verlorengehen. (Siehe: »Kernenergie« – eine Bürgerinformation, Bundesministerium für Forschung und Technologie, Bonn 1976.)

Kernverschmelzung, auch Kernfusion genannt, ist der Aufbau von Atomkernen aus leichteren Bestandteilen. Dabei wird Energie frei. Hauptproblem ist, die Kernverschmelzung unter Kontrolle zu bekommen. Kernverschmelzungs-Vorgänge, die zu Helium-Kernen führen, setzen Energien frei, die rund zehnmillionenmal größer sind als chemische Energien. Eine kontrollierte Kernfusion soll kontinuierlich im Fusionsreaktor stattfinden, um nutzbare Energie zu schaffen. Siehe auch: Seite 99.

Know-how (engl. = gewußt wie), ursprünglich amerikanischer Begriff, ist die Bezeichnung für Spezialwissen aus betrieblichen oder technischen Erfahrungen, z. B. Produktionserfahrungen, besondere Absatzerfahrungen und dgl. Das Know-how kann im Wege der Erfahrungshingabe vertraglich

(Know-how-Vertrag) einem anderen Betrieb, ähnlich wie bei der Lizenz, zur Verfügung gestellt werden. (Aus: »Dr. Gablers Wirtschafts-Lexikon«, Wiesbaden 1971.)

Kohleverflüssigung, auch Kohlehydrierung. Anlagerung von Wasserstoff an Kohlenstoff. Produkt: Kohlenwasserstoffe. Verfahren: Fischer-Tropsch-Verfahren (s. ds.), Berginverfahren. (Aus: »Lexikon der Büchergilde Gutenberg«, Frankfurt/M. 1964.) Siehe auch: Seiten 89–90. Siehe ebenfalls: Hydrierung.

Kohlevergasung ist Teil der Kohleveredelung, einem chemischen Prozeß, bei dem Steinkohle unter Luftabschluß in eisernen Behältern erhitzt wird (trokkene Destillation). Leicht flüchtige Bestandteile werden als Gas, schwer flüchtige als Teer ausgetrieben. Rückstand ist Koks, der höheren Kohlenstoffgehalt hat als Steinkohle. Durch Kohlenveredelung wird der wirtschaftliche Wert der Kohle um ein Vielfaches gesteigert. (Aus: »Lexikon der Büchergilde«, Büchergilde Gutenberg, Frankfurt/M. 1964.) Siehe auch: autothermische Kohlevergasung; allothermische Kohlevergasung. Siehe ebenfalls: Seiten 89–90.

kommunal = eine Gemeinde oder die Gemeinden betreffend. (Aus: »Duden Fremdwörterbuch«, Mannheim 1974.)

Kommunikation = Austausch von Nachrichten oder Informationen. Siehe bei: Public Relations. Siehe auch bei: Marketing. Kommunikationsmittel (Medien, siehe: Medium) sind Film, Funk, Presse, Druck, Bild, Sprache und andere (siehe bei: Public Relations). Ohne Kommunikation ist das menschliche Leben nicht möglich, denn Kommunikation beginnt bereits dort, wo zwei Menschen zusammentreffen. Siehe auch: Seite 220 und folgende.

Komparative Kosten sind ein Kostenbegriff, der von Ricardo in die Außenwirtschaftstheorie eingeführt wurde. Die Produktionskosten eines Gutes A werden im Verhältnis zu den Produktionskosten eines Gutes B ausgedrückt. Auf diese Weise lassen sich für alle Güter komparative = vergleichsweise Kosten bilden. Ist das Kostenverhältnis, das in einem anderen Land mit den gleichen Gütern gebildet wird, kleiner, dann besitzt dieses Land in der Produktion des Gutes A einen komparativen Kostenvorteil. (Aus: »Dr. Gablers Wirtschafts-Lexikon«, Wiesbaden 1971.)

Kompatibilität = Vereinbarkeit, Zusammenpassung.

Konsumerismus ist ein amerikanischer Begriff. Er umfaßt eine soziale Bewegung, die danach strebt, Rechte und Macht des Konsumenten (Verbrauchers) gegenüber dem Verkäufer zu erhöhen. Diese Bewegung gilt als ein neuer Schritt in der Entwicklung des ökonomischen Systems. (Lt. Kotler, Prof. Philip, »What consumerism means for marketers«, Harvard Business Review, 5/6–1972.) In diesem Sinn werden die Verbraucherinteressen in der Bundesrepublik Deutschland u. a. vertreten durch Verbraucherzentralen und Verbraucherberatungsstellen der Länder sowie die Arbeitsgemeinschaft der Verbraucher (AGV) und die Stiftung Warentest in Berlin. Konsumerismus, eine vom amerikanischen Anwalt Ralph Nader geschaffene Bewegung ist lt. Herbert Gross (Gross, Dr. Herbert, »Das quartäre Zeitalter – Systemdenken in Wirtschaft, Gesellschaft und Politik«, ECON-Verlag Düsseldorf und Wien 1973.) allerdings weit mehr als der übliche Verbraucherverband oder die Consumers Union in den USA.

374

Kontrollierte Kernfusion. Siehe: Kernverschmelzung.

Konversionsanlagen sind Anlagen zur Erzeugung neuer spaltbarer Stoffe.

Koronartherapeutika. Therapeutika sind Heilmittel. *Koronar:* die Herzkranzgefäße betreffend. Koronartherapeutika sind Heilmittel für Herzkranzgefäß-Krankheiten. Siehe auch: Therapeutik.

Koronarthrombose ist eine Thrombose der Herzkranzgefäße. *Thrombose* ist ein teilweiser oder vollständiger Verschluß eines Blutgefäßes durch einen *Thrombus* (Blutpfropf). (Aus: Lichtenstern, »Wörterbuch der Medizin«, München 1969.)

Kreativität ist schöpferische Tätigkeit, Schöpferkraft. Kreativität ist ein Tatbestand von solcher Komplexität (Vielschichtigkeit), daß er durch die verschiedenen, in der Literatur vorgeschlagenen Begriffsfassungen nur mehr oder weniger umrissen wird, aber in keinem Falle exakt definitorisch (durch eine genaue Bestimmung festgelegt) abgegrenzt werden kann. Allgemein wird angenommen, daß Kreativität die Fähigkeit des Menschen ist, im wesentlichen neuartige und ihm vorher unbekannte Denkergebnisse hervorzubringen, ohne daß es sich dabei um eine bloße Zusammenfassung vorhandener kognitiver (auf Erkenntnis beruhender) Elemente handelt. Diese Abgrenzung, was bloße Zusammenfassung ist und was nicht, stellt auf die Identifizierung eines spezifischen Denkprozesses ab, über dessen Ablauf bislang nur recht bescheidene Erkenntnisse verfügbar sind. (Marr, Prof. Dr. Rainer, Dekan an der Hochschule der Bundeswehr München, »Innovation und Kreativität – Planung und Gestaltung industrieller Forschung und Entwicklung«, Betriebswirtschaftlicher Verlag Dr. Th. Gabler, Wiesbaden 1973.)

KW oder *KfW* ist die Abkürzung für *Kreditanstalt für Wiederaufbau,* ein öffentlich-rechtliches Kreditinstitut mit Sitz Frankfurt/M. Seine Aufgabe: 1. für Vorhaben, die dem Wiederaufbau oder der Förderung der deutschen Wirtschaft dienen, Darlehen zu gewähren und Bürgschaften zu übernehmen, soweit andere Kreditinstitute in der Lage sind, die erforderlichen Mittel aufzubringen, 2. im Zusammenhang mit Ausfuhrgeschäften inländischen Unternehmen Darlehen zu gewähren, 3. im Rahmen der Entwicklungshilfe Finanzkredite zu geben, wenn dies der Förderung von Entwicklungsvorhaben im Ausland dient oder zur Umschuldung von Verpflichtungen ausländischer Schuldner gegenüber deutschen Gläubigern erforderlich ist oder in besonderem staatlichen Interesse liegt. Die Kreditanstalt für Wiederaufbau gewährt die Kredite in der Regel über die Hausbanken den Kreditnehmern. (Deutsche Bank, »Außenhandelsalphabet«, 1972.)

Kybernetik ist die zusammenfassende Bezeichnung für eine Forschungsrichtung, die vergleichende Betrachtungen über die Steuerungs- und Regelungsvorgänge in Technik, Biologie und Soziologie anstellt. Im speziellen Fall evangelischer Theologie versteht man unter Kybernetik die Lehre von der Kirchen- und Gemeindeleitung. (Aus: »Duden Fremdwörterbuch«, Mannheim 1974.)

LD-Stahl hat seinen Namen von den österreichischen Stahlwerken Linz (L) und Donawitz (D), wo das LD-Verfahren entwickelt wurde. Man frischt phosphorarmes Roheisen in einem kippbaren Konverter (= birnenförmiges Stahlgefäß für 140 bis 350 Tonnen Roheisen) durch Aufblasen von reinem

Sauerstoff aus einer wassergekühlten Lanze. Der LD-Stahl ist durch seinen niedrigen Stickstoffgehalt dem SM-Stahl (s. ds.) gleichwertig, die LD-Anlage ist aber leistungsfähiger und wirtschaftlicher als ein SM-Ofen. (Aus: »Stahl-Lexikon«, herausgegeben im Auftrag des Bundesverbandes Deutscher Stahlhandel, Düsseldorf 1971.)

Leichtwasserreaktoren sind unter den drei erfolgreichsten bzw. aussichtsreichen Reaktorlinien Leichtwasser-, Hochtemperatur- (s. ds.) und schnelle Brutreaktoren (s. ds.) die heute bereits wirtschaftlich kommerziell einsatzfähigen. Sie können an nahezu allen Standorten mit herkömmlichen Kraftwerken konkurrieren. Im Grundlastbereich – d. h. bei Volleistungsbetrieb über mehr als 6 000 Stunden pro Jahr – sind sie sogar überlegen. Leichtwasserreaktoren verwenden normales Wasser als Kühlmittel im Reaktorkern. Dabei gibt es zwei unterschiedliche Konzeptionen: den Druckwasserreaktor und den Siedewasserreaktor. Bei Leichtwasserreaktoren ist der Kern von einem Stahlbehälter umgeben (Reaktordruckbehälter), der hohen Drücken standhalten muß. Ein Druckwasserreaktor arbeitet mit einem so hohen und stets gleichbleibenden Druck (etwa 160 Atmosphären), daß das Primär-Kühlmittel trotz hoher Temperatur nicht verdampfen kann. (Siehe: »Kernenergie« – eine Bürgerinformation, Bundesministerium für Forschung und Technologie, 1976.)

Linearmotor ist eine noch in Entwicklung befindliche Sonderbauform des Elektromotors, bei der eine geradlinige Bewegung erzeugt wird. (Aus: »dtv-Lexikon«, 1976.) Weitere Angaben: Seite 259.

M, MWe, Mt, MW usf. Siehe: *Mega*.

marginal = randständig, auf dem Rand stehend. Das *Marginalprinzip* ist eine Methode der modernen Wirtschaftstheorie, bei der die Effekte einer geringfügigen Veränderung von Variablen auf die Ausgangslage untersucht werden. (Aus: »Dr. Gablers Wirtschafts-Lexikon«, 1971.) Marginalbetriebe sind Betriebe, die an der Grenze zwischen Wirtschaftlichkeit und Unwirtschaftlichkeit stehen.

Marketing (engl. = auf den Markt bringen) ist ein vieldeutig ausgelegter amerikanischer Begriff der Absatzwirtschaft, eines Arbeitsgebietes der kaufmännischen Unternehmensführung. Ursprünglich verstand man unter Marketing die Gesamtheit aller Maßnahmen, die von einem Unternehmen ergriffen wurden, um den Strom der Güter und Dienstleistungen vom Produzenten (= Hersteller) bis zum Konsumenten (= Verbraucher) zu lenken, zu fördern und zu sichern. Marketing wurde als Funktion aufgefaßt und diente der Beschreibung. der Verteilungsvorgänge und der Vertriebstätigkeit. – Neuerdings spricht man nicht mehr von Marketing als Funktion, sondern vom Marketingdenken, vom *Marketingkonzept*, d. h. einer unternehmerischen Grundeinstellung, die nicht mehr dem Produktionsbereich, sondern dem Absatzbereich und der Gestaltung und Formung des Marktes den Vorrang gibt. Marketing ist daher jene unternehmerische Tätigkeit, deren Ziel und Zweck es ist, eine vorhandene Nachfrage zu erhalten und neue Nachfrage zu schaffen sowie die Summe der Maßnahmen, die, orientiert an den Bedürfnissen des Marktes und den Wünschen der Verbraucher, eine planmäßige Produktion ermöglicht. Marketing ist immer eine Managementfunktion.

Marketing-Kontrolle = Überprüfung der Maßnahmen des Marketing. *Marketing-Mittel* sind: 1. Das Produkt selbst, 2. die Aufmachung der Erzeugnisse, 3. die Marke, 4. der Preis, 5. die Politik gegenüber den Verteilerkanälen, 6. der Außendienst, 7. physische Distribution, 8. Marktforschung, 9. Kundendienst und Reparaturleistung, 10. Werbung und Kommunikation. (Aus: »Dr. Gablers Wirtschafts-Lexikon«, Wiesbaden 1971.) Zur Kommunikation zählen häufig auch Public Relations (s. ds.). – Siehe auch: Seiten 146–148.

Medium (Mehrzahl: Medien). Siehe bei: Kommunikation.

Mega (griechisch »groß«), Abkürzung M bzw. in Verbindung mit Maßeinheiten deren Millionenfaches. Megawatt = Millionen Watt = MW. Megatonnen = Millionen Tonnen = Mt. MWe = Megawatt-elektro, eine physikalische Größe. Siehe auch: TWh. Siehe ebenfalls: GVA.

Methanol ist Methylalkohol, in seinem Aufbau der einfachste Alkohol. Er wird auch als Holzgeist oder Holzspiritus bezeichnet. Er ist ein wasserklarer, weingeistartig riechender, aber giftiger Alkohol. Methylalkohol ist ein Bestandteil des Holzessigs (etwa 10 %) und wird auch aus diesem gewonnen. Wichtiger ist aber heute die synthetische Herstellung aus Kohlenoxid und Wasserstoff. Methylalkohol ist ein wichtiges Lösungsmittel für Nitrocellulose, Harze, Farbstoffe und Lacke. Er findet weiter industrielle Verwendung in der Sprengstoff-, Farbstoff-, Treibstoff- und Frostschutzmittelindustrie und ist Ausgangsstoff für eine Reihe wichtiger Synthesen. Es ist verboten, den giftigen Methylalkohol zur Herstellung von Lebensmitteln, Bedarfsgegenständen oder kosmetischen Präparaten zu verwenden. (Auszug aus: Dr. Oetker, »Warenkunde-Lexikon«, Bielefeld 1969.) Methanol hat als Kraftstoff eine hohe Klopffestigkeit von ROZ (Research-Octanzahl) 106. (Aus: »Kraftfahrtechnisches Taschenbuch«, Robert Bosch GmbH, Stuttgart.) Siehe: Seite 118.

mikrobiell = Mikroben betreffend. »Mikro« bedeutet »klein«. *Mikroben* oder Mikroorganismen sind einzellige Lebewesen, die nur mit dem Mikroskop erkennbar sind. Zu den Mikroben zählen besonders die Bakterien, viele Pilze, Algen und die Urtierchen. *Mikrobieller Abbau* = Abbau organischer Substanzen durch Mikroorganismen, z. B. im Abwasser. *Mikrobielle Eiweiße* = Eiweiße (s. ds.) aus zu den Mikroben zählenden Pilzen, Algen usw.

Mikrowellen = Sammelbegriff für Dezimeter-, Zentimeter- und Millimeterwellen. Mikrowellen sind Kurzwellen sehr hoher Frequenz (s. ds.), ähnlich wie Radio- oder Fernsehwellen. An Metall prallen sie ab. Durchdringen können sie Glas, Porzellan, Steingut oder Pappgeschirr. Verwendet werden Mikrowellen im medizinischen Bereich bei Diathermiegeräten (zur Durchwärmung von Geweben), bei Radar-Anlagen und bei Mikrowellengeräten für Haushalt und Gewerbe. Das *Mikrowellengerät* kann nicht den herkömmlichen Herd ersetzen. Es ist ein Zusatzgerät für den modernen Haushalt zum Erhitzen von Getränken und vorgegarten Speisen in etwa einer Minute, zum Auftauen von gefrorenen Lebensmitteln in 1–5 Minuten und zum Garen von frischen und tiefgefrorenen Lebensmitteln (alles in Haushaltsmengen) in Zeiten unter 12 Minuten. (Zusammengestellt aus: Wicht, Dr. Kurt, »Mikrowellen ... und was dahinter steckt« in Strompraxis 6/76 und aus Prospekten zum Mikrowellengerät Siemens-Meisterkoch-Electronic.) Siehe auch: Seite 225. Siehe ebenfalls: Frequenz.

Multinationale Unternehmen oder Konzerne. Multi = vielfach. Multinational = vielstaatlich. Welche Unternehmen oder Konzerne multinational sind, ist bis heute nicht einwandfrei festgestellt. Es gibt darüber die unterschiedlichsten Meinungen. Zum Beispiel die Definition der *»Multis«* durch die Vereinten Nationen. Danach gelten alle Unternehmen als multinational, die über Besitz, Fabriken, Bergwerke, Verkaufsbüros und ähnliche Einrichtungen in mehr als einem Land verfügen. In der Tat bedeutet das, daß man außerhalb des Ostblocks (und auch hier wächst die Multinationalität im Sinn der UN-Definition) kaum noch Unternehmen von Rang findet, die damit *nicht* multinational sind. Die Europäische Gemeinschaft hat diese extrem weit gefaßte UN-Definition übernommen. (Aus: Ludwig, Dr. Karlheinz, »Multinationale unter Beschuß«, Mannheimer Morgen, 5. 4., 10. 4., 22. 4. 75 und u. a. Die Wirtschaft, Wien 13. und 20. Mai 1975.) Anfang 1976 waren bereits über 40 Sowjet-»Multis« im Westen tätig. (Lt. L. M. Taubinger in Schweizerische Handels-Zeitung vom 5. 2. 76.)

Multiplikator ist in der Wirtschaftstheorie eine Zahl, die die durch eine Investition ausgelöste Zunahme des volkswirtschaftlichen Gesamteinkommens zum Ausdruck bringt. Die multiplikative (vervielfachende) Wirkung einer Investition hängt ab von dem Verhältnis, in dem das aus der zusätzlichen Güternachfrage entstandene Mehreinkommen für Verbrauch oder Investition ausgegeben oder gespart bzw. gehortet wird. (Aus: »dtv-Lexikon« 1976.)

Multiplikator-Effekt = Auswirkung der Tätigkeit in einem Wirtschaftszweig auf andere Wirtschaftsbereiche. In der Öffentlichkeitsarbeit: Verbreitung einer für einen beschränkten Kreis vorgesehenen Information anschließend durch Massenmedien (siehe bei: Kommunikation).

NAD-Lacke. NAD (früher DPN) ist die Abkürzung für Nicotinamidadenindinucleotid, ein wasserstoffübertragendes Coenzym für Dehydrogenasen oder Dehydrasen (= Ferment, das seinem Substrat Wasserstoff entzieht). *Coenzym* = Koferment, Wirkungsgruppe eines Fermentes (s. ds.).

NASA – National Aeronautics and Space Administration – Nationale Luftfahrt- und Raumbehörde – besteht seit 1958 in den USA. Sie ist eine zivile Organisation zur Durchführung der Weltraumforschung zu friedlichen Zwecken. Sitz: Washington. Die NASA betreibt eigene Forschungsanstalten und Raketen-Startplätze.

Natriumkreislauf. Da Brutreaktoren (siehe: Schnelle Brutreaktoren) mit schnellen Neutronen arbeiten, können sie als Kühlmittel nicht Wasser verwenden, das beim Leichtwasserreaktor (s. ds.) gleichzeitig die Neutronen abbremst. Unter den verschiedenen Möglichkeiten der Kühlung (z. B. mit Gas oder Dampf) haben sich alle Länder, die Brüterentwicklung betreiben, für Natrium entschieden. *Natrium* ist ein Metall, das bei ca. 100° C flüssig ist. Natrium als Kühlmittel zeichnet sich aus durch gute Wärmetransporteigenschaften und durch relativ geringen Druck. Dagegen besteht die Gefahr von Natrium-Reaktionen mit Wasser oder Luft. (Siehe »Kernenergie« – eine Bürgerinformation. Bundesministerium für Forschung und Technologie, Bonn 1976.)

Natur-Uran. Siehe: Uran.

NE-Metall = Nichteisenmetall. Das sind alle technisch genutzten Metalle und ihre Legierungen außer Eisen und Stahl. (Aus: »dtv-Lexikon«, 1976.)

Nichtwäßrige Dispersionen sind – im Gegensatz zu Wasserlacken (s. ds.) – beispielsweise lösungsmittelhaltige Lacke, wobei das Bindemittel der dispergierte (= fein verteilte) Stoff ist und als Dispersionsmittel organische Lösungsmittel verwendet werden.

Nonfoods = Gebrauchsgüter außerhalb des Lebensmittel-Sektors, die im Lebensmittel-Einzelhandel gewöhnlich neben Nahrungs- und Genußmitteln angeboten werden.

Nukleinsäuren sind besonders in den Zellkernen vorkommende Verbindungen von Phosphorsäure, Nukleinbasen und Kohlenhydrat. Die *Nukleinbasen* sind zum Teil Purin-, zum Teil Pyrimidinabkömmlinge. Das *Kohlenhydrat* ist eine Pentose entweder der Ribose (davon RNS = Ribonukleinsäuren) oder Desoxyribose (davon DNS = Desoxyribonukleinsäuren). Einfache Nukleinsäuren, Mononukleotide, kommen als Wirkgruppen von Enzymen (s. ds.) oder als Zwischenprodukte des Zellstoffwechsels vor. Polymere Nukleinsäuren, Polynukleotide (Nukleinsäuren im engeren Sinn), sind durch wechselnde Anordnung der Basen ähnlich verwickelt aufgebaut wie Eiweiße (s. ds.), mit denen sie sich zu Nukleoproteiden verbinden können. (Aus: »dtv-Lexikon«, 1976.) Siehe: Seite 118.

Nutzladefaktor, auch Auslastungsfaktor, ist der Prozentsatz der durch Passagiere, Fracht und Post ausgenutzten Gesamtkapazität des in Tonnenkilometern oder Tonnenmeilen ausgedrückten Verkehrsangebotes.

Obligo = (wirtschaftlich) Verbindlichkeit, Verpflichtung.

OBM/LWS-Stahl wird erzeugt durch das Oxygen (O)-Bodenblasverfahren (B), bei dem ebenso wie beim LD-Stahl (s. ds.) phosphorarmes Eisen in einem Konverter gefrischt wird, allerdings durch eine Sauerstofflanze vom Boden des Konverters aus. Die Kühlung der Lanze erfolgt mit Öl nach dem LWS-Verfahren, das seinen Namen den französischen Stahlwerken Loire (L) – Wendel (W) – Sidélor (S) entlehnte. (Lt. Auskunft der August-Thyssen-Hütte AG am 23. 2. 77.)

OECD – Organization for Economic Cooperation and Development = Organisation für wirtschaftliche Zusammenarbeit und Entwicklung. Ihr gehören 23 Länder an: neben den EWG- und EFTA-Ländern auch Australien, Finnland, Griechenland, Irland, Japan, Kanada, Spanien, Türkei und USA. Jugoslawien ist assoziiertes Mitglied. Die OECD befaßt sich mit Problemen des langfristigen Wirtschaftswachstums in der modernen Wirtschaftsgesellschaft. Ihre Tätigkeit erstreckt sich auf Konjunktur- und Kredit- und Strukturpolitik, auf Arbeitskräftefragen und Wissenschaftspolitik sowie auf Außenwirtschafts- und Entwicklungspolitik. (Aus: Deutsche Bank, »Außenhandelsalphabet«, 1972.)

Offshore-Technik befaßt sich mit der Erdöl- und Erdgaserschließung auf dem die Kontinente umgebenden Schelfgürtel. Bereits 1974 wurden aus Offshore-Vorkommen mehr als 500 Mill. t Öl gewonnen, also rund 18 Prozent der gesamten Welterdölförderung. Siehe auch: Seite 282.

Ökologie ist die Wissenschaft von den Beziehungen der Lebewesen zu ihrer Umwelt. Ökologie ist ein Teilgebiet der *Biologie,* der Wissenschaft von der belebten Natur und den Gesetzmäßigkeiten im Ablauf des Lebens von

Pflanze, Tier und Mensch. (Aus: »Duden Fremdwörterbuch«, Mannheim 1974.)

Ökonometrie ist ein Teilgebiet der Wirtschaftswissenschaft, auf dem mit Hilfe mathematisch-statistischer Methoden wirtschaftstheoretische Modelle und Hypothesen (= zunächst unbewiesene Annahmen) auf ihren Realitätsgehalt, ihre Verifikation (= Bewahrheitung durch Überprüfung oder logischen Beweis) untersucht werden. (Zusammengestellt aus: »Duden Fremdwörterbuch«, Mannheim 1974.)

Olefine, auch Alkene bzw. Alkylene, sind offenkettige, ungesättigte Kohlenwasserstoffe mit einer Kohlenstoff-Kohlenstoff-Doppelbindung im Molekül. Dazu zählen Äthylen (s. ds.), Propylen usw. Auch *alicyclische Verbindungen* (ringförmige Verbindungen ohne aromatischen Charakter, z. B. Cyclohexan oder Kampfer) werden zum Teil ebenfalls als Olefine angesprochen. (Aus: »Kleines Wörterbuch der Anwendungstechnik«, Hoechst AG.) Siehe auch: Polyolefine.

OPEC – Organization of Petroleum Exporting Countries = Organisation erdölexportierender Länder, wurde als Selbstschutzorganisation gegründet mit dem Ziel, »Mittel und Wege zu finden, um die Stabilisierung der Preise auf den internationalen Ölmärkten sicherzustellen sowie unerwünschte und unnötige Preisschwankungen zu verhindern«. 1960 in Bagdad gegründet durch Irak, Iran, Kuwait, Saudi-Arabien und Venezuela. Die übrigen Mitgliedsländer sind Algerien, Ecuador, Indonesien, Katar, Libyen, Nigeria und die Vereinigten Arabischen Emirate. Gabun ist assoziiertes Mitglied (ohne Stimmrecht), der karibische Staat Trinidad and Tobago hat einen Beobachterstatus. Die OPEC hat sich seit 1973 zunehmend zu einer Kampforganisation der ölproduzierenden Länder gegen die Ölverbraucherländer und die multinationalen Ölkonzerne gewandelt. (Berliner Bank, »Mitteilungen für den Außenhandel« 6/76.) OPEC-Anteil 1974 an der Weltölförderung 1,5 Mrd. t = 52,2 Prozent, an den Welterdölreserven 62,8 Mrd. t = 64,5 Prozent. (»Aus der Sprache des Öls«, Mineralölwirtschaftsverband 1975.)

Optical Character Recognition (OCR) ist eine optische Zeichenerklärung, ein optischer Leser oder optischer Abtaster. Hierzu gehören alle Geräte, die Aufzeichnungen auf Datenträgern mit optischen Abtastverfahren erkennen. Diese Art des Abtastens hat den Vorteil höherer Geschwindigkeit und beansprucht den Datenträger bei der Abtastung selbst nicht. Im engeren Sinn versteht man unter einem optischen Leser einen Klarschriftleser (z. B. einen Belegleser), der das Erkennen von Schriftzeichen auf optischem Weg möglich macht (optischer Schriftleser). Die wichtigste optische Schrift ist die genormte OCR-A-Schrift. Wenn ein optischer Leser mehrere Schriftarten (engl. = font) lesen kann, bezeichnet man ihn als Multifontleser (Auszug aus: »Lexikon der Datenverarbeitung«, Siemens AG, 1969.)

Oracle-System, ein britisches System (entsprechender deutscher Ausdruck: Videotext), ist eine Form der Telekommunikation, bei der Textnachrichten innerhalb des Fernseh-Bildsignals über das Fernseh-Verteilernetz (d. i. Rundfunk-Sendernetz plus Teilnehmer-Empfangsanlagen) übertragen und mittels Decoder (Entschlüsselungsgerät) auf dem Bildschirm eines Fernseh-Empfängers wiedergegeben werden. Dem Oracle-System technisch gleichwertig ist das Ceefax-System (siehe: Seiten 229–230).

Orbitalsysteme sind Satelliten, Raumfahrzeuge und Raumstationen in der Umlaufbahn um einen Himmelskörper wie Erde oder Mars. (Lt. Schiemann, Heinrich, ZDF-Mainz.)

Ore-bulk-oil-carrier = Erz-Bulk-Öl-Frachter, auch *OBO-Frachter*. Bulk = Massengutschiffsladung. (Aus: Dluhy, »Schiffstechnisches Wörterbuch«, Hannover-Wülfel, 1975.)

Ore/Oil-Carriers sind Schiffe für den wahlweisen Transport von Erz oder Öl.

Organische Chemie ist die Chemie (= Lehre von den Eigenschaften und Umwandlungen der Stoffe) der Kohlenstoffverbindungen, von denen man früher (bis 1828) fälschlicherweise annahm, daß sie ihre Entstehung ausschließlich Lebensvorgängen von Pflanzen und Tieren verdanken. Siehe auch: Anorganische Chemie. (Zusammengestellt aus: »dtv-Lexikon«, 1976.)

Osmose ist der Durchtritt von Lösemitteln durch halbdurchlässige, für den gelösten Stoff nicht durchlässige Trennwände (meist Membranen). Die Flüssigkeitswanderung geschieht aufgrund des osmotischen Drucks zwischen beiden Seiten der Membrane und strebt einen Konzentrationsausgleich an, bis der hydrostatische Druck der konzentrierten Lösung dem osmotischen Druck entspricht. Als umgekehrte Osmose (Umkehrosmose, Reversosmose) bezeichnet man die unter mechanischem Druck erfolgende Wanderung von Lösemittel in umgekehrtem Sinn. Sie kann zur Entsalzung von Wasser verwendet werden, z. B. mit Celluloseacetat-Membranen. (Aus: »Kleines Wörterbuch der Anwendungstechnik«, Hoechst AG.)

Paraffin ist eine wachsartige, weiße, geruch- und geschmacklose Masse, die bei der Destillation und Aufbereitung von Erdöl und Braunkohlenteer gewonnen, aber auch synthetisch hergestellt wird. Natürlich vorkommendes Paraffin ist Ceresin bzw. Ozokerit. Man unterscheidet Hart- und Weichparaffin. Paraffin ist recht beständig und ungiftig. Es kommt in Tafeln, als Pulver und als Weichparaffin in Fässern in den Handel. Paraffin findet in erster Linie technische Verwertung: als Gleitmittel, zur Herstellung von Kerzen, zum Imprägnieren von Papier, Holz, Korken, Geweben und Streichhölzern, zur Herstellung von Fußbodenpflegemitteln, Polituren usw. Daneben dient es auch als Salbengrundlage usw. (Aus: »Dr. Oetker Warenkunde-Lexikon«, Bielefeld 1969.)

PCM – Puls Code Modulation – ist eine Technik zur Mehrfachausnutzung eines elektrotechnischen Übertragungsweges, z. B. metallischer Leiter (Drähte, Kabel usw.) oder Trägerschwingung im freien Raum (Funk). Bei der PCM-Technik werden Nachrichten in Impulsfolgen umgewandelt und als Zifferncode zum Empfänger transportiert.

PE = Polyäthylen (s. ds.), auch Polyäthylenfasern (Normung nach DIN).

Pelletieranlagen. Siehe bei: Eisenschwammpellets.

Peripheriegeräte in der Datentechnik. Siehe: Seiten 217–218.

Petrochemie, auch Petrolchemie, umfaßt alle technischen Verfahren und chemischen Synthesen, die der industriellen Gewinnung von Produkten aller Art aus Erdöl und Erdgas dienen. Der Schwerpunkt liegt bei der Gewinnung leichter Olefine (s. ds.) mit einer großen Anzahl von Folgeprodukten. (Aus:

»Umwelt und Chemie von A–Z«, herausgegeben vom Verband der Chemischen Industrie e. V., 1975.)

Pfropfcopolymere. Die Polymerisation (siehe: Polymere) von monomerem Styrol (siehe: Polystyrol) kann unter Lichteinwirkung schon bei Raumtemperatur erfolgen. Technisch verwendet man jedoch Katalysatoren (s. ds.). Je nach Polymerisationsart gewinnt man ein pulverförmiges Produkt (Emulsions- und Peripolymerisation) oder eine Schmelze (Massepolymerisation). Durch Polymerisieren mit anderen Monomeren (Copolymerisate, s. ds.), Pfropfen oder Mischen mit anderen Polymeren (Polyblende) lassen sich die Eigenschaften des Normalpolystyrols (siehe: Polystyrol) modifizieren. (Aus: Domininghaus, Dipl.-Ing. Hans, »Einführung in die Technologie der Kunststoffe«, S. 62, Hoechst AG.) Pfropfcopolymere oder Graft-Copolymere liegen vor, wenn die Nebenketten verzweigter Makromoleküle von den Hauptketten strukturell verschieden sind.

Photosynthese ist der Aufbau chemischer Verbindungen durch Einwirkung von Lichtenergie, beispielsweise bei grünen Pflanzen die Bildung von organischen Stoffen aus Kohlendioxyd und Wasser durch Aufnahme von Energie aus dem (Sonnen-)Licht.

Physiologie = Lehre von den Lebensvorgängen. *Physiologisch* = die Physiologie betreffend. Nach der Art der untersuchten Lebensvorgänge gibt es eine ganze Reihe verschiedener Physiologien. Hierzu zählt die Ernährungs-Physiologie. *Ernährungsphysiologisch* = die Ernährungs-Physiologie betreffend.

Pilling, Pill-Bildung, Pillen = Bildung von Faserknötchen oder Faserkügelchen (Büseln) auf der Oberfläche von Textilien, besonders bei Mischgeweben, -gestricken und -gewirken mit Synthesefasern, während des Gebrauchs. Pilling kommt dadurch zustande, daß aus den Geweben austretende Enden von Synthesefasern wegen ihrer hohen Knickbruchfestigkeit nicht wie bei Naturfasern im Gebrauch wieder abbrechen. Abhilfe durch Modifizierung der Faser, durch die Stapellänge und gröbere Titer (= Maß für die Feinheit), durch Kräuselung, Spinn- und Webtechnik sowie durch Thermofixierung, Bürsten, Sengen, Scheren, Finishdekatur. (Aus: »Kleines Wörterbuch der Anwendungstechnik«, Hoechst AG.)

Plutonium ist ein radioaktives metallisches Element aus der Gruppe der Transurane. Zeichen Pu, Ordnungszahl (= Platz im Periodischen System) 94, Atomgewicht 242. Das Isotop Pu 239 wird durch Neutronenbeschuß von Uran 238 (siehe: Uran) im Kernreaktor erhalten und kann – wie Uran 238 – eine energieliefernde Kettenreaktion (siehe: Kernspaltung) ausführen. (Weitere Angaben siehe: »dtv-Lexikon«, 1976.)

Polyacetal entsteht durch Polymerisation (siehe: Polymere) von Formaldehyd. Es handelt sich um Thermoplaste mit teilkristallinem Gefüge. Polyacetalharze sind im Sinn des Lebensmittelgesetzes unbedenklich, sind umweltfreundlich und bei ihrer Beseitigung unproblematisch. Bekannteste Polyacetale: »Ultraform« (BASF), »Hostaform« (Hoechst AG), »Delrin« (Du-Pont).

Polyacrylnitrilfasern werden hergestellt aus Polyacrylnitril, das durch Polymerisation (siehe: Polymere) von Acrylnitril (s. ds.) entstand. Die wichtigste Anwendung von Polyacrylnitril ist das Verspinnen zu Chemiefasern, z. B.

»Dralon« und »Dolan«. (Nach: Blau, »Kunststoffe von A–Z«, Bertelsmann 1973.)

Polyamide sind Kondensationsprodukte von aliphatischen Dicarbonsäuren mit Diaminen. Verwendung: Textilfaser (Polyamidfaserstoffe), Spritzgußmaterial, Treibriemen und benzinbeständige Rohre. (Aus: »Umwelt und Chemie von A–Z«, herausgegeben vom Verband der Chemischen Industrie e. V., 1975.)

Polyäther sind thermoplastische Hochpolymere (siehe: Polymere) mit C-O-C oder C-S-C-Bindungen in der Hauptkette. Polyäther werden auch als Konstruktionswirkstoffe verarbeitet. Chlorisierte Polyäther enthalten das Chlor sehr fest gebunden und sind als thermoplastische Kunststoffe verwendbar (Aus: »Kleines Wörterbuch der Anwendungstechnik«, Hoechst AG.)

Polyäthylen (siehe auch: Polyolefine) ist ein thermoplastischer, vollsynthetischer Kunststoff. In allen bisher bekannten Lösungsmitteln unlöslich, wasserundurchlässig, geruchs- und geschmacksfrei, nicht schimmelnd, tropenfest, ungiftig und physiologisch (siehe: Physiologie) unbedenklich. Die Eigenschaften können weitgehend den vorgesehenen Verwendungszwecken angepaßt werden. Außer vielseitigen technischen Anwendungsmöglichkeiten geeignet zur Herstellung von Behältern und Verpackungsfolien in Form von Tüten, Beuteln oder Einschlägen (Einwicklern) für Lebensmittel. (Aus: »Dr. Oetker Warenkunde-Lexikon«, Bielefeld 1969.)

Polyester sind Stoffe mit hohem Molekulargewicht, die aus mehrwertigen Säuren und mehrwertigen Alkoholen gebildet wurden. Ungesättigte Polyesterharze sind wichtige Grundstoffe für Lackindustrie und für glasfaserverstärkte Kunststoffe mit 10- bis 30fach größerer Festigkeit.

Polymere = Kunststoffe. Polymerchemie = Kunststoffchemie. Polymerlegierungen = Kunststofflegierungen. *Polymerisation* = Syntheseverfahren zur Herstellung von Kunststoffen bzw. bestimmte räumliche Anordnung der Moleküle. *Hochpolymere* sind makromolekulare Stoffe, entstanden aus Makromolekülen aus bis zu mehreren tausend Grundbausteinen (Monomeren).

Polyolefine sind Kunststoffe auf der Grundlage von polymerisierten Olefin-Kohlenwasserstoffen. In erster Linie versteht man darunter Polyäthylen (s. ds.) und Polypropylen (s. ds.), doch gehören auch die Polymerisate höherer Olefine (s. ds.), etwa das schon länger bekannte Polyisobutylen, dazu. (Aus: »dtv-Lexikon«, 1976.)

Polypropylen (siehe auch: Polyolefine) ist ein durch Polymerisation (bestimmte räumliche Anordnung der Moleküle) (siehe: Polymere) erhaltener Kunststoff von niedrigem spezifischem Gewicht und hoher Festigkeit, geeignet zur Herstellung von Fasern. Polypropylen ist in Zugfestigkeit der Nylonfaser vergleichbar. (Aus: »dtv-Lexikon«, 1976.)

Polystyrol ist ein glasklarer, bei etwa 90° C erweichender Kunststoff, der durch Polymerisation (siehe Polymere) des Styrols (s. ds.) entsteht. Polystyrol wird vor allem durch Spritzguß zu Massenartikeln verarbeitet. (Aus: »dtv-Lexikon«, 1975.)

Polyvinylchlorid ist einer der bedeutendsten Kunststoffe. Kurzbezeichnung PVC. Wird aus Vinylchlorid durch Polymerisation (siehe: Polymere) hergestellt. Ist wegen seines hohen Chlorgehalts nicht brennbar und chemisch widerstandsfähig. Weichmacherfrei sind die PVC-Kunststoffe hornartig, schlag- und biegefest und schlecht Elektrizität leitend. Verwendung im Bau chemischer Apparate zum Auskleiden von Behältern und Rohrleitungen. PVC eignet sich zur Verwendung im Preß- und Spritzgußverfahren. Durch Weichmacher flexibler gemacht, findet PVC bei der Isolierung von Drähten und Kabeln Verwendung, bei der Herstellung von Boden- und Wandbelägen, Regenkleidung, Täschnerwaren u. a. m. Siehe: Seite 123.

Präventivmedizin = Zweig der Medizin, der sich mit der vorbeugenden Gesundheitsfürsorge befaßt. (Aus: Lichtenstern, Hermann, »Wörterbuch der Medizin«, München 1969.)

Preiselastizität ist die relative Veränderung der Angebotsmengen oder der Nachfragemengen gegenüber einer relativen Preisänderung. (Aus: »Dr. Gablers Wirtschafts-Lexikon«, Wiesbaden 1971.)

Primärenergie leitet ihren Namen ab von primär (lateinisch), was »ursprünglich entstanden« bedeutet. Primärenergieträger sind Energierohstoffe, wie Erdöl, Erdgas, Kohle, Uran, Wasser, Wind, Sonnenenergie usw., aus denen durch Umwandlung eine andere Energieform entsteht. Beispiele: Kohle gibt Wärme, und diese wird umgewandelt in elektrische Energie. Dasselbe gilt für Öl oder Gas. Wasser in Energie durch Fall ergibt elektrische Energie. Der Wind als Rotationsenergie durch Propeller wird ebenfalls in elektrische Energie umgewandelt. Siehe auch: Solarzelle. Siehe ebenfalls: Sonnenkollektor.

Priorität = Vorrang, Vorzug, zeitliches Vorziehen. Börsentechnisch: Prioritätsaktie = Aktie mit Vorzugsrecht (= Vorzugsaktie).

Produktivität umfaßt volkswirtschaftlich die Leistungen aller Wirtschaftsbereiche in Beziehung zum Produktionsfaktor Arbeit bzw. Kapital. Die betriebswirtschaftliche Produktivität bedeutet die Ergiebigkeit der betrieblichen Faktorkombination. Sie ist nicht gleichbedeutend mit Wirtschaftlichkeit, auch nicht mit Rentabilität, sondern ist das Verhältnis von Output (= Warenausstoß) zu Input (= Energieeinsatz). Darunter versteht man in der Industriestatistik die ursprünglich anfallenden Kostenarten: Materialverbrauch, Verbrauch an Energie, Brenn- und Treibstoffen sowie Kosten für fremde Lohnarbeiten, Personalkosten und Kostensteuern. (Zusammengestellt aus: »Dr. Gablers Wirtschaftslexikon«, Wiesbaden 1971.) Siehe auch: Seite 56.

Profit-Centers. Man versteht darunter eine dezentrale, die Kosten- und Gewinnverantwortung delegierende, vorwiegend im Betriebsbereich angewandte Führungsmethode. Dabei wird die unternehmerische Kompetenz und hier besonders die Erfolgsverantwortung auf einzelne Funktionsträger delegiert. Die Kosten und Leistungen werden auf diese Funktionsträger bezogen bewertet und abgerechnet. (Lt. Dr. Reimund Müller, Inhaber der Dr. Reimund Müller Marketing und Marktforschung, Hamburg.)

Prognose = Vorhersage einer zukünftigen Entwicklung auf Grund kritischer Beurteilung des Gegenwärtigen. *Prognostik* = Lehre von der Prognose. *Prognostizieren* = voraussagen, vorhererkennen. (Aus: »Duden Fremdwörterbuch«, Mannheim 1974.)

Prophylaxe = Vorbeugung.

Prospektion (bergmännisch) oder *Prospektierung* = Erkundung nutzbarer

Bodenschätze. (Zusammengestellt aus: »Duden Fremdwörterbuch«, Mannheim 1974.)

Protein = Sammelbezeichnung für einfache Eiweiße (s. ds.), die beim Abbau nur Aminosäuren ergeben. Siehe auch: Texturiertes Gemüse-Protein.

Proteus: Gattung vielgestaltiger Bakterien.

Pseudomonas ist eine Gruppe von Bakterien, die Krankheiten übertragen können. (Aus: Lichtenstern, »Wörterbuch der Medizin«, München 1969.)

Psychiatrie = Lehre von den Geisteskrankheiten und ihrer Behandlung. *Psychiatrisch* = die Psychiatrie betreffend. *Psychiater* = Facharzt für Geistes- und Gemütskrankheiten. (Aus: Lichtenstern, Hermann, »Wörterbuch der Medizin«, München 1969.)

Psychopharmaka sind Arzneimittel mit vorwiegend antriebssteigernder, erregender oder beruhigender Wirkung, die Stimmung und Verhaltensweisen des Menschen beeinflussen. (Auszug aus: »dtv-Lexikon«, 1976.) Die *Vorsilbe »psycho«* bedeutet »Seele, Geist«.

Public Relations (PR) = Bemühungen eines Unternehmens, einer führenden Persönlichkeit des Staatslebens oder einer Personengruppe um Vertrauen in der Öffentlichkeit; Öffentlichkeitsarbeit, Kontaktpflege. (Aus: »Duden Fremdwörterbuch«, Mannheim 1974.) Die PR-Arbeit bedient sich eigener feuilletonistischer, graphischer oder bildlicher Abhandlungen, der Presse, des Rundfunks, Films, Vorträgen in kleinen Kreisen, persönlicher Besuche, Betriebsführungen, besonders auch der Unterrichtung der eigenen Mitarbeiter des Betriebs. In zunehmendem Maße werden Marktforschungen berücksichtigt und wissenschaftliche Voraussagen erarbeitet. (Aus: »dtv-Lexikon«, 1976.) PR-Arbeit ist in der Tat Vertrauenswerbung = Werbung um Vertrauen, auch in Produkte der PR treibenden Firma. PR zählt vielfach zum Unternehmensbereich Kommunikation (s. ds.). PR unterscheidet sich theoretisch streng von der Werbung. In der Praxis ist diese Abgrenzung oft unklar.

Pulverlacke sind pulverförmige Bindemittel-Pigmentgemische, die meist elektrostatisch auf den Untergrund aufgebracht und anschließend bei Temperaturen von etwa 180° Celsius ausgehärtet werden.

PVC = Polyvinylchlorid (s. ds.), auch Polyvinylchlorid-Faser (Normung nach DIN).

Reagenzien sind Prüfsubstanzen, Stoffe, die eine chemische Reaktion bewirken. (Aus: Lichtenstern, Hermann, »Wörterbuch der Medizin«, München 1969.)

Reaktionskinetische Verbrennungsführung ist ein Verbrennungsprozeß, der durch Wahl der Randbedingungen (Drücke, Temperaturen, Mischungsvorgänge etc.) derart geführt wird, daß die reaktionskinetischen Vorgänge dabei im Sinne einer Zielsetzung optimal ablaufen. *Reaktionskinetik,* ein Teilbereich der physikalischen Chemie, beschreibt die zeitliche Änderung von Stoffkonzentrationen infolge chemischer Reaktionen.

Recycling ist technisch die Zurückführung gebrauchter bzw. nicht mehr gebrauchter Werkstoffe oder Abfallstoffe in den Produktionskreislauf (z. B. Wiedereinschmelzung von Glas). Siehe: Seite 203.

Rezession = Verminderung der wirtschaftlichen Wachstumsgeschwindigkeit, leichter Rückgang der Konjunktur (= Wirtschaftsentwicklung). (Aus: »Duden Fremdwörterbuch«, Mannheim 1974.)

RGW. Siehe: COMECON.

RoRo-Schiffe = Roll-on/Roll-off-(Roll-auf/Roll-ab-) Schiffe, die nach einer besonderen Methode des Lagerumschlags für Räder- oder Containerfahrzeuge be- oder entladen werden. (Aus: Dluhy, »Schiffstechnisches Wörterbuch«, Hannover-Wülfel, 1975.) RoRo-Schiffe bedienen sich des Roll-off-Verfahrens. Es ist der Betrieb eines Verfahrens, wie es auch bei Autofähren angewendet wird. Es gestattet die Auf- und Abfahrt von Kraftwagen über eine Rampe oder über aufklappbare Bug- oder Heckklappen ohne Hilfe eines Verladekranes.

Schnelle Brutreaktoren arbeiten unmittelbar mit dem bei der Kernspaltung entstehenden »schnellen« Neutronen. Durch Umwandlung von Uran 238 (s. ds.) entsteht spaltbares Plutonium 239 (s. ds.). Nach einer anfänglichen Betriebsphase benötigen Schnelle Reaktoren keine Anreicherung von Uran 235 im Brennstoff mehr. Sie können vielmehr das inzwischen erbrütete Plutonium 239 verbrennen, das aus dem über 100fach häufigeren Uran 238 entsteht. Dadurch entsteht eine etwa 60fach bessere Ausnutzung der Uranvorräte im Vergleich zum Leichtwasserreaktor (s. ds.). Schnelle Brüter können deshalb die Versorgung mit elektrischer Energie langfristig sichern. (Siehe: »Kernenergie« – eine Bürgerinformation. Bundesministerium für Forschung und Technologie, Bonn, 1976.) Siehe auch: Seite 98. Siehe ebenfalls: Brüter.

Sexual-Lockstoffe sind organische Verbindungen, die besonders bei Insekten von den Weibchen aus Duftdrüsen abgesondert werden und die Männchen der gleichen Art anlocken. (Aus: »dtv-Lexikon«, 1975.)

Sichtgerät. In der Datentechnik können Daten nicht nur mit Druckaggregaten gedruckt oder mit Zeichengeräten gezeichnet werden, sondern auch auf dem Bildschirm einer Kathodenstrahlröhre sichtbar gemacht werden. Sichtgeräte dieser Art (auch Analogsichtgeräte, Schirmbildgeräte, Datensichtgeräte oder Displays genannt) arbeiten nach verschiedenen Prinzipien. (Auszug aus: »Lexikon der Datenverarbeitung«, Siemens AG, 1969.)

Siedewasserreaktor. Siehe: Leichtwasserreaktoren.

Sitzladefaktor ist der Prozentsatz der ausgenutzten und verkauften Passagier-Kilometer/Meilen des in gleichen Werten ausgedrückten Verkehrsangebotes.

SKE = Steinkohleeinheiten. 1 Kilogramm SKE entspricht 7 000 Kilokalorien (kcal). Siehe auch: Seite 82.

sm = Seemeile. 1 sm = 1853,23 m (Meter).

SM-Stahl – Siemens-Martin-Stahl – wird im SM-Ofen hergestellt, einem gas- oder ölbeheizten Stahlwerksofen zur Erzeugung von Massen-, Qualitäts- und Edelstählen. Ofengrößen 25–500 t Fassungsvermögen; auch mit kippbarem Herd. Zum Einsatz kommt Schrott (rund 75 Prozent) und festes (auch als Eisenschwammpellets, s. ds.) oder flüssiges Roheisen (rund 25 %), vereinzelt auch vorgeblasener Stahl (Duplexverfahren). Dauer einer Schmelze etwa 8 Stunden. Die Sauerstoffblasverfahren (siehe: LD-Stahl) mit ihrer bedeutend höheren Schmelzleistung engen das Anwendungsgebiet des SM-Ofens mehr und mehr ein. (Gekürzt aus: »Stahl-Lexikon«, herausgegeben im Auftrag des Bundesverbandes Deutscher Stahlhandel, Düsseldorf 1971.)

SNG. Siehe: Substitute natural gas.

Software. In der Datentechnik unterscheidet man zwei Arten von (Waren-) Leistungen eines Herstellers von Datenverarbeitungsanlagen: die Hardware (s. ds.), auch materielle Ware genannt, und die Software, auch immaterielle Ware genannt. Software umfaßt alle vom Hersteller oder einem Programmierinstitut für die betreffende Anlage zur Verfügung gestellten Programme. Systemsoftware ist in den Betriebssystemen zusammengefaßt, ist für den Betrieb einer Datenverarbeitungsanlage unerläßlich, geht aber nicht auf anwenderspezielle Probleme ein. Anwendersoftware dagegen ist branchen- bzw. anwenderproblembezogen und enthält Programme, die so formuliert sind, daß ein größerer Kreis von Benutzern sie für seine allgemeinen Probleme verwenden kann. Beispiele für Systemsoftware: Organisations-, Übersetzungs- und Dienstprogramme. Beispiele für Anwendersoftware: Netzplanprogramme, Management-Informationssysteme, Operations Research, Informations-Wiedergewinnungssysteme, Lagerbestandsführung, Fertigungssteuerung, Bauabrechnung. (Aus: »Lexikon der Datenverarbeitung«, Siemens AG, 1969.)

Solargenerator ist ein Stromerzeuger auf Basis von Sonnenenergie. Die Stromerzeugung kann hierbei auf direktem Wege mittels Solarzellen (s. ds.) erfolgen oder auf indirektem Wege über einen Sonnenkollektor (s. ds.) mit nachgeschaltetem thermoelektrischem Wandler (z. B. Turbogenerator).

Solarzelle ist eine Vorrichtung auf Halbleiterbasis (fotoelektrischer Wandler), die Sonnenstrahlungsenergie unmittelbar in elektrische Energie umwandelt. Siehe: Sonnenkollektor. Siehe auch: Solargenerator.

Sonnenkollektor ist eine Einrichtung, die Sonnenstrahlung absorbiert, in Wärme umwandelt und diese an einen strömenden Wärmeträger abgibt. Siehe: Solarzelle. Siehe auch: Solargenerator.

Status quo = gegenwärtiger Zustand.

Strangguß ist das ununterbrochene Gießen flüssiger Metalle zu Strängen beliebigen Profils. (Aus: »dtv-Lexikon«, 1975.) Beim Stranggießen erstarrt der flüssige Stahl bei langsamer Abwärtsbewegung in einer lotrecht aufgehängten, gekühlten Mantelkokille (Kokille = wiederholt verwendbare Gießform aus Metall). In dem Umfang, wie der festgewordene Strang das untere Kokillenende verläßt, wird oben Stahl nachgegossen. Das Verfahren hat gegenüber dem bisher üblichen Kokillenguß erhebliche Vorteile: Höheres Ausbringen, weil weniger Endenabfall, geringere Verformungsarbeit, weil kleinere Blockquerschnitte möglich. 1971 standen in der ganzen Welt bereits rd. 250 Stranggußanlagen in Produktion. Man geht zu immer größeren Gießleistungen bis 200 t/h über, so daß auch schwere Brammen (= Rohstahlblöcke) für Warmbandstraßen im Strang gegossen werden. Um an Bauhöhe zu sparen und um das Unterteilen des Stranges zu erleichtern, wird das Strangende in die Waagrechte abgebogen. (Aus: »Stahl-Lexikon«, herausgegeben im Auftrag des Bundesverbandes Deutscher Stahlhandel, Düsseldorf 1971.)

Streukosten sind die durch Streuung des Werbematerials verursachten Aufwendungen. Sie bilden einen Teil der Werbekosten. (Aus: »Dr. Gablers Wirtschafts-Lexikon«, Wiesbaden 1971.)

Styrol. Ausgangsstoffe sind Äthylen (s. ds.), das unter anderem aus Erdöl-spaltgasen, Erd- oder Kokereigas gewonnen werden kann, und Benzol. Äthylen wird an Benzol angelagert; es entsteht das monomere Styrol. (Weiter siehe: Pfropfcopolymere.) (Aus: Domininghaus, Dipl.-Ing. Hans, »Einführung in die Technologie der Kunststoffe«, S. 61, Hoechst AG.) Styrol (Phenyläthylen, Vinylbenzol) ist eine farblose, benzolartig riechende, ungesättigte, leicht polymerisierende Flüssigkeit, in Wasser sehr wenig löslich, mit Alkohol und Äther beliebig mischbar. Durch Polymerisation (siehe bei: Polymere) erhält man die als Kunststoffe verwendeten Polystyrole (s. ds.). Der größte Styrol-Produzent Europas ist die Chemische Werke Hüls AG, Marl-Recklinghausen.

Styrolpolymere. Siehe: Polystyrol. Siehe auch: Styrol. Siehe ebenfalls-Pfropfcopolymere.

Substitute natural gas (SNG) = Ersatz von Erdgas durch Vergasung von Braun- oder Steinkohle. Siehe: Seite 109.

Substitution bedeutet in der Wirtschaftstheorie die Ersetzbarkeit eines wirtschaftlichen Gutes oder eines Produktionsmittels durch andere. Bei Preissteigerungen eines Gutes verlagert sich ein Teil der Nachfrage auf andere, meist billigere Güter (= *Substitutionsgüter*); dadurch wirken diese preisregulierend. Die Substitution ist wichtig bei der Wahl des kostengünstigsten Produktionsverfahrens, z. B. bei Ersetzung von Handarbeit durch Maschinenkraft. – Substitution bedeutet in der Chemie: Austausch von Atomen oder Atomgruppen durch gleichwertige andere Substituenten unter Erhaltung des übrigen Atomgerüsts einer chemischen Verbindung. – Substitution in der Medizin ist der arzneiliche Ersatz eines vom Körper selbst nicht mehr ausreichend gebildeten Stoffes, so eines Hormons oder Enzyms (s. ds.). (Zusammengestellt aus »dtv-Lexikon«, 1975.)

Subvention = Unterstützung, insbes. an private Unternehmungen gezahlte Beihilfe aus öffentlichen Mitteln. (Aus: »dtv-Lexikon«, 1975.) Subventionen sind zweckgebunden.

supranational = übernational (von Kongressen, Gemeinschaften, Parlamenten). (Aus: »Duden Fremdwörterbuch«, Mannheim 1974.)

Suspension ist Aufschwemmung feiner, fester, unlöslicher Teilchen in einer Flüssigkeit, z. B. von anorganischen Pigmenten in Ölfarbe oder Lack. (Aus: »Lexikon der Büchergilde«, Büchergilde Gutenberg, Frankfurt/M. 1964.)

Synthesegas ist $CO + H_2$, also Kohlenoxid (Kohlenmonoxid) plus Wasserstoff.

Systemkonsum ist der Verbrauch, der sich nicht mehr nach dem Bedarf richtet, sondern sich aus Problem- und Wunschbereichen entwickelt. Der Konsum (Verbrauch) wird zu einer Fülle von Systemen und Subsystemen: Wohnungseinrichtung, Do-it-yourself (s. ds.), Gesundheit, Reisen, Grillparty, Körperpflege u. a. m. Selbst der Hunger nach einzelnen Lebensmitteln wird abgelöst durch Bedarfssysteme: Frühstück, Lunch, Imbiß, Diner. Die Produzenten stellen sich darauf ein: Verzehrfertige Tiefkühlgerichte, pflegeleichte Kleidung, problemlose Billigware für nur kurzfristigen Gebrauch als sogenannte »Wegwerfware« und u. a. auch Convenience Foods (s. ds.). Der Verbraucher wird durch Systemangebote angesprochen, durch Systeme, die wieder eine neue Synthese (Verknüpfung) von Produktion und Handel bedingen. Ein System optimiert sich erst durch die Optimierung von Herstellung und Vertrieb. Als Folge entstehen völlig neue Absatzprobleme des modernen Marketing (s. ds.). (Lt. Gross, Dr. Herbert, »Das quartäre Zeitalter-Systemdenken in Wirtschaft, Gesellschaft und Politik«, ECON-Verlag, Düsseldorf und Wien 1973.)

tdw (tons deadweight) ist die Tragfähigkeit eines Schiffes in englischen tons (1 ton oder long ton = 1016,05 kg). Es umfaßt die Gesamt-Tragfähigkeit eines Schiffes einschließlich Ladung, Vorräte, Heizöl, technischer Ausrüstung und Besatzung.

Technologie ist im deutschen Sprachgebrauch »die Lehre von der Umwandlung von Rohstoffen in Fertigprodukte«. Im Englischen besitzt das Wort »technology« eine viel umfassendere Bedeutung und ist praktisch gleichbedeutend mit dem deutschen Wort »Technik«, d. h. der »Wissenschaft von der Nutzbarmachung der natürlichen Stoffe und Kräfte«. Da heute viele englische Ausdrücke, die den Begriff »technology« enthalten, unverändert oder in direkter Übersetzung Eingang in die deutsche Sprache gefunden haben, wird das Wort »Technologie« praktisch als Synonym (= bedeutungsgleiches Wort) zu »Technik« verwendet. (Aus: Altenpohl, Dieter, »TP Die Zukunftsformel – Möglichkeiten und Grenzen der Technologie-Planung«, Umschau-Verlag, Frankfurt/M. 1975.)

Technologie-Transfer ist die Übertragung von technologischen Know-how (s. ds.) von einem Geschäftspartner auf einen anderen. Siehe auch: Blaupausen-Export. Siehe ebenfalls: Seiten 185–186.

Terminal = Synonym (sinnverwandtes Wort) für Datenstation. Eine Anzahl von Datenstationen steht in der Regel einer zentral installierten Datenverarbeitungsanlage gegenüber. Ihre Ausgabe ist die Sichtbarmachung der von der Zentralanlage ausgesendeten Daten bzw. die Übermittlung von Daten an die zentrale Datenverarbeitungsanlage.

Texturiertes Gemüse-Protein ist auf dem Markt als geformtes, entfettetes Sojamehl mit hydrolisiertem pflanzlichem Eiweiß, Kräutern und Salz. The British Arcady Co. Ltd., eine Halbtochter des US-Konzerns Archer Daniels Midland Co. (ADM), beliefert den europäischen Markt aus ihrem Sojamehlwerk Manchester mit TVP. TVP ist die 1970 rechtlich für ADM geschützte Abkürzung für »Textured Vegetable Protein« auf Soja-Basis, also strukturiertes Speise-Protein. Vor Jahren erschien es erstmals auf dem deutschen Markt, je nach Wunsch mit Rind- oder Schweinefleischgeschmack, bestehend aus 50 Prozent Eiweiß, 32 Prozent Kohlenhydraten, 6 Prozent Mineralien, maximal 1 Prozent Fett, 8 Prozent Feuchtigkeit und 3 Prozent Fasern. Außerdem ist TVP fast unbegrenzt haltbar. Man findet es heute vor allem in den USA vielfach in Pasteten, Pizzas, Soßen, Suppen, im Schmorfleisch und vorbereiteten Mahlzeiten. Ohne Zweifel ist TVP aus dem Speisezettel der Zukunft nicht mehr wegzudenken. (Aus: Ludwig, Dr. Karlheinz, Artikel »Protein von ADM«, 17. 3. 75.)

Therapeutik ist die Lehre von der Behandlung der Krankheiten. *Therapeut* ist ein behandelnder Arzt. *Therapie* ist Heilverfahren, Behandlung von Krankheiten. *Therapeutisch:* die Behandlung von Krankheiten betreffend.

(Aus: Lichtenstern, Hermann, »Wörterbuch der Medizin«, München 1969.) Siehe: Koronartherapeutika.

Thermoplaste sind Kunststoffe, die durch Einwirkung von Wärme weich und verformbar werden und nach dem Abkühlen wieder erhärten. (Aus: Blau, »Kunststoffe von A–Z«, Bertelsmann, 1973.)

Thorium ist ein chemisches Element mit dem Zeichen Th und der Ordnungszahl 90. Reines Thorium, fast ausschließlich als Th-232, ist ein graues, glänzendes, weiches Metall. (Weitere Angaben siehe: »dtv-Lexikon«, 1975.)

Thrombose. Siehe: Koronarthrombose.

Thyristoren sind steuerbare Leistungsgleichrichter auf Halbleiterbasis (siehe: Halbleiter) zur Umwandlung von Wechselstrom in Gleichstrom. Thyristoren sind zeitgesteuerte Schaltdioden. Sie werden überall dort eingesetzt, wo elektrische Ströme bis zu 1000 Ampère in vorgegebenem Takt zu schalten sind. Im Sperrzustand müssen Thyristoren Spannungen bis 2500 Volt standhalten. Die Zeitsteuerung ist sehr wirtschaftlich, weil zum Einschalten des Laststroms lediglich ein kurzzeitiger Schwachstromimpuls notwendig ist. Thyristoren bleiben auch dann eingeschaltet, wenn der Impuls zu bestehen aufgehört hat. (Aus: »Kraftfahrtechnisches Wörterbuch«, Robert Bosch GmbH, Stuttgart.) Siehe auch: Seite 208.

Tiefdruck bedeutet im weiteren Sinn alle Druckverfahren, bei denen eine durch Ätzung, Gravur oder Stich vertieft in die Platte eingearbeitete Zeichnung eingefärbt und durch scharfen Druck auf meist gefeuchtetes Papier herausgehoben wird. (Aus: »dtv-Lexikon«, 1975.) Bei Tiefdruck in engerem Sinn werden Bild, Schrift oder Noten in Kupferplatten geätzt, die Vertiefungen mit Farbe gefüllt, die übrige Fläche blank gewischt und dann von ebenliegenden Platten (Bogentiefdruck) oder von Tiefdruckzylindern (Rotationstiefdruck) auf in Rollen zugeführtes Papier gedruckt. (»Lexikon der Büchergilde«, Büchergilde Gutenberg, 1964.) Siehe auch: Seiten 235–237.

Tiefkühlung. Siehe bei: Freezing.

Transplantation = Überpflanzung von lebendem Gewebe. (Aus: Lichtenstern, Hermann, »Wörterbuch der Medizin«, München 1969.)

Trial-and-Error-Methode, Versuch- und Irrtum-Methode, ein experimentelles Prinzip der amerikanischen Lernpsychologie. Es ist bei der elektronischen Datenverarbeitung in der Prozeßrechnung das schrittweise Herantasten an einen optimalen Wert durch systematisches Vorgehen. Es ist ein statistisches Verfahren zur Vorausberechnung sehr häufig eintretender Ereignisse, wobei die Komplexität (= Gesamtheit aller Merkmale) die Hilfe eines Computers voraussetzt.

TWh = Terawattstunden = 10^{12} Wattstunden oder 10^9 kWh = eine Billion Kilowattstunden. Die Bezeichnung Terawattstunden wird bei sehr großer elektrischer Arbeit verwendet. In der Elektrotechnik ist die *Wattstunde* eine Einheit der Arbeit, nämlich diejenige Arbeit, die von einem Watt während einer Stunde geleistet wird. Watt ist die Maßeinheit der Leistung. 1000 W = 1 kW = 1,36 PS bzw. 1 PS = 730 Watt = 0,735 kW. Nach dem neuen internationalen Maßeinheitensystem wird PS künftig durch Watt (W) ersetzt. Siehe auch: Mega. Siehe ebenfalls: GVA.

U-235 und *U-238* siehe bei: Uran.

UHF. Siehe bei: Frequenz.

Ultrafiltration ist ein Verfahren zur fraktionierten Trennung kolloider Teilchen verschiedener Größe voneinander oder zu ihrer Abtrennung von Lösemittel (Dispersionsmittel, s. ds.) mit Hilfe halbdurchlässiger Membranen (aus Celluloseestern usw.). (Aus: »Kleines Wörterbuch der Anwendungstechnik«, Hoechst AG.)

Umkehrosmose. Siehe: Osmose.

Umweltschutz. Das Anliegen des Umweltschutzes ist die Bewahrung oder Wiederherstellung einer gesunden, lebensfähigen Umwelt, die aus Luft, Wasser, Erde, Tier- und Pflanzenwelt sowie natürlicher Strahlung und ähnlichen Faktoren besteht. Das Hauptaugenmerk des Umweltschutzes gilt dabei der Belastung dieser Umwelt durch das Auftreten von festen oder flüssigen Abfällen, von chemischen Verbindungen, von toxischen (giftigen) Spurenverunreinigungen, von Wärme oder auch von radioaktiven Abfällen, d. h. jeder Art von chemisch, physikalisch oder biologisch feststellbarer Veränderung der Umwelt. (Aus: Altenpohl, Dieter, »TP, Die Zukunftsformel – Möglichkeiten und Grenzen der Technologie-Planung«, Umschau-Verlag, Frankfurt/M. 1975.)

Universalrechner. Ein Rechner oder eine Datenverarbeitungsanlage, die im Rahmen ihrer Leistungsmöglichkeit nicht nur eine bestimmte, sondern jede beliebige Datenverarbeitungsaufgabe lösen kann. Ein Universalrechner besitzt also kein unabänderliches Programm, sondern ist universell programmierbar. Diese Forderung erfüllt in hervorragendem Maße die Speicherprogrammierung, d. h. die Fähigkeit einer Datenverarbeitungsanlage, in ihrem Speicher beliebige Programme aufzunehmen und nach ihnen zu arbeiten. (Aus: »Lexikon der Datenverarbeitung«, Siemens AG, 1969.)

Uran (Abkürzung U) ist das schwerste in der Natur vorkommende Element. Es kommt im wesentlichen in zwei Isotopen (Isotop = Abart eines chemischen Elements mit gleicher Ordnungs-, aber verschiedener Massenzahl) vor: als U-235, dem leichteren Isotop mit 92 Protonen und 143 Neutronen, und als U-238, dem schwereren Isotop mit 92 Protonen und 146 Neutronen. Natur-Uran besteht zu 0,7 Prozent aus U-235 und zu 99,3 Prozent aus U-238. Im wesentlichen sind es die Eigenschaften des leichteren Uran-Isotops, also des U-235, auf denen heute die praktische Nutzung der Kernspaltung (s. ds.) zur Energiegewinnung beruht. (Siehe: »Kernenergie« – eine Bürgerinformation. Bundesministerium für Forschung und Technologie, Bonn 1976.) Siehe auch: Seiten 102–105.

Uranprospektion = Erkundung nutzbarer Uranvorkommen. Wie groß die abbauwürdigen Uranvorräte der Welt sind, ist heute nur schwer abzuschätzen. In vielen Regionen, in denen wegen ihrer geologischen Beschaffenheit Uranfunde möglich erscheinen, beginnt man erst heute mit den Prospektionsarbeiten (siehe: Prospektion). Ende 1974 waren, ohne Berücksichtigung der kommunistischen Länder, von denen keine Angaben vorliegen, Lagerstätten mit ewa 2 Millionen Tonnen Uranoxid zu Kosten bis zu 70 US-Dollar je Kilogramm bekannnt. (Siehe: »Kernenergie« – eine Bürgerinformation.

Bundesministerium für Forschung und Technologie, Bonn 1976.) Siehe auch: Seiten 103–104.

vaskular = die Blutgefäße betreffend, sie enthaltend. Eine *»vaskuläre Katastrophe«* ist demnach eine Störung im Gehirnkreislauf, die zu Sauerstoff-Mangelschäden der grauen Zellen im Gehirn führt. Folgeerscheinungen: Ausfall lebenswichtiger Gehirnbezirke.

Verdrängungswettbewerb unterscheidet sich vom normalen Wettbewerb durch aggressives Verhalten, z. B. durch Kampfpreise, bei denen das Gewinnstreben weitgehend ausgeschaltet ist, und die statt dessen dazu dienen, die Konkurrenz unbedingt vom Markt zu verdrängen. Siehe: Dumping.

VHF. Siehe bei: Frequenz.

Video-Display-Terminal (VDT) ist ein Endgerät mit Fernsehbildschirm. Siehe: Display. Siehe auch: Sichtgerät.

Videotext. Siehe: Oracle-System.

Vinylchlorid. Siehe Polyvinylchlorid.

Wasserlacke sind wasserverdünnbare Lacke, die technologisch (s. ds.) den herkömmlichen Lacktypen nicht nachstehen, als Hauptlösungsmittel Wasser enthalten und mit Wasser weiter verdünnt werden können. Praktische Unbrennbarkeit, physiologische (siehe: Physiologie) Harmlosigkeit, frei von verdampfenden und damit umweltbelastenden Lösungsmitteln, Transportverbilligung wegen Beimischung des Lösungsmittels Wasser am Einsatzort und u. a. die sofortige Beseitigung etwa fehlgeratener Lackierungen durch Abwaschen mit Wasser machen Wasserlacke zunehmend interessanter. Für wasserverdünnbare Lacke ist bereits eine breite Basis von Lackrohstoffen vorhanden. Für Einbrennqualitäten wurde der komplette Aufbau von der Grundierung über den Füller bis zu den Vor- und Decklacken entwickelt. Die Lacke können durch Spritzen, Tauchen oder Fluten aufgetragen werden. (Zusammengestellt aus: »Glasurit-Handbuch Lacke und Farben«, Hamburg 1969.)

Wertschöpfung. a) Begriff der volkswirtschaftlichen Gesamtrechnung für den während eines Rechnungsabschnittes (Rechnungsperiode) in den verschiedenen Wirtschaftsbereichen durch Einsatz von Arbeit und Kapital sowie durch Bodennutzung dem zum Beginn der Periode vorhandenen Vermögen durch Dienstleistung und Herstellung von Sachgütern hinzugefügten Wert. b) Statistisch: Der Wertzuwachs der im Produktionsprozeß verwendeten Güter durch den Einsatz der Produktionsfaktoren Arbeit, Kapital und Boden. c) Betriebswirtschaftlich: Der Beitrag einer Betriebswirtschaft zum Volkseinkommen. (Weitere Angaben siehe: »Dr. Gablers Wirtschafts-Lexikon«, Wiesbaden.)

Wirbelsintern. Bei diesem Verfahren wird Preßluft oder ein inertes (= träges, reaktionsträges) Gas durch einen gasdurchlässigen Behälterboden in das darüberliegende Kunststoffpulver (Polyäthylen, Polyamid) geleitet, wodurch dieses zu einer Wirbelschicht aufgewirbelt wird. Man hält das auf 200–400° erhitzte Werkstück mit Zangen in die Wirbelschicht, wobei der pulverisierte Kunststoff auf dem heißen Werkstück eine schützende und gut haftende Sinterschicht bildet.

Zitronensäure, arzneilich als Acidum citricum, eine kristallisierte organische Säure im Saft der Zitronen, außerdem in Preiselbeeren, Himbeeren, Johannisbeeren u. a. Zitronensäure wird aus Zitronensaft und durch Vergären von Zuckern mit bestimmten Schimmelpilzen dargestellt. Sie hat viel Ähnlichkeit mit Weinsäure. Verwendet wird sie zur Bereitung von Getränken, Fruchtbonbons, in der Pharmazie, im Zeugdruck. (Aus: »dtv-Lexikon«, 1975.)